수학으로 만드는 기초 AI

지은이 신재민 jmshin20@chungbuk.ac.kr

고려대학교 수학과를 졸업한 후 동 대학원에서 이학석사 및 이학박사 학위를 취득했다. 이화여자대학교에서 박사후연구원과 연구교수를 지냈으며, 현재 충북대학교 수학과 교수로 재직 중이다. 주요 연구 분야는 응용수학, 수치해석, 수치편미분방정식이다.

수학으로 만드는 기초 AI : 단계별로 구현하는 인공신경망

초판발행 2024년 8월 9일

지은이 신재민 / **펴낸이** 전태호
펴낸곳 한빛아카데미(주) / **주소** 서울시 서대문구 연희로2길 62 한빛아카데미(주) 2층
전화 02-336-7112 / **팩스** 02-336-7199
등록 2013년 1월 14일 제2017-000063호 / **ISBN** 979-11-5664-040-0 93000

책임편집 김은정 / **기획·편집** 윤세은 / **교정** 권수연
디자인 이아란 / **전산편집** 이소연 / **제작** 박성우, 김정우
영업 김태진, 김성삼, 이정훈, 임현기, 이성훈, 김주성 / **마케팅** 김호철, 심지연

이 책에 대한 의견이나 오탈자 및 잘못된 내용은 출판사 홈페이지나 아래 이메일로 알려주십시오.
파본은 구매처에서 교환하실 수 있습니다. 책값은 뒤표지에 표시되어 있습니다.
홈페이지 www.hanbit.co.kr / 이메일 question@hanbit.co.kr

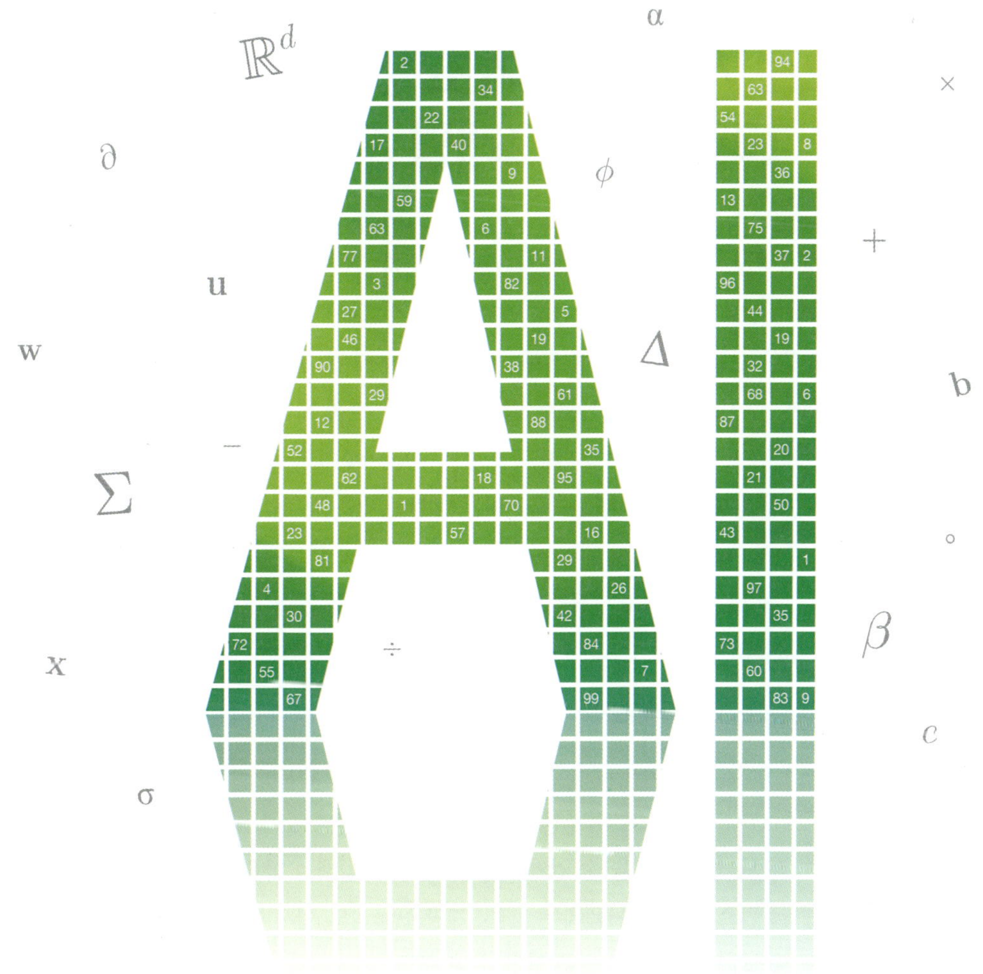

단계별로
구현하는
인공신경망

수학으로 만드는 기초 AI

신재민 지음

한빛아카데미
Hanbit Academy, Inc.

수학으로 시작하는 기초 인공신경망, 그리고 프로그래밍 구현

2016년 이세돌 9단과 알파고AlphaGo의 바둑 대국은 전 국민이 딥러닝deep learning이라는 단어를 접하게 했고, 2020년 챗GPT의 등장은 인공지능이 인간의 업무를 전격적으로 대체할 시대가 가까이 왔음을 알렸다. 지금은 그 어느 때보다 인공지능의 효용성에 대한 기대감이 높다. 학문과 산업 모두 인공지능 분야에 소용돌이처럼 집중되어, 수천, 수만 건의 논문이 발표되고 수십, 수백 개의 애플리케이션이 출시된다. 이제는 새로운 것이 발표되는 주기가 너무 짧아져서 앞선 기술을 세부적으로 설명하는 과정이 그 속도를 따라갈 수 있을지 걱정될 정도다. 너무 빠르게 움직이는 바퀴는 멈춘 것처럼 보이듯이, 비전문가는 인공지능에 어떤 변화가 있는지 가늠하기도 어렵다. 하지만 바퀴가 아무리 빠르게 움직여도 축은 고정되어 있다. 즉 인공지능이 빠르게 발전하더라도 흔들리지 않는 중요한 기저가 있다. 이러한 발전의 핵심 기저 중 하나는 단언컨대 수학이다.

알파고와 챗GPT는 모두 인공신경망을 기반으로 한다. 인공신경망의 기저에는 수학, 특히 미분과 행렬 연산이 있으므로 인공신경망과 수학을 같이 학습해야 한다. 게다가 인공신경망은 프로그래밍으로 구현하므로 프로그래밍 언어도 학습해야 한다. 즉 인공신경망 개념을 이해하고 이를 실제로 구현하려면 수학과 프로그래밍이라는 두 마리 토끼를 다 잡을 수 있어야 한다. 다행히 이 책을 학습하기 전에 수학과 프로그래밍을 모두 완벽하게 알 필요는 없다. 처음에는 인공신경망을 몰라도 쉽게 이해할 수 있는 질문과 해결 과정을 담았고, 점점 수학과 프로그래밍 수준을 높여 여러분이 혼자서도 최종 목적지까지 도달할 수 있도록 프로그래밍 문법과 수학 개념, 예제를 단계별로 구성했다.

최근에 발표되는 인공신경망 참고문헌은 대부분 파이토치Pytorch나 텐서플로TensorFlow 등 파이썬 프레임워크를 사용한다. 프레임워크를 이용하면 이미 검증된 기존 코드로 신속하게 개발할 수 있다는 장점이 있다. 그런데 이러한 프레임워크를 익숙하게 다루려면 파이썬을 일정 수준 이상으로 이해해야 한다. 프레임워크에 업데이트가 발생하면 이전 코드가 작동하지 않을 위험이 있어서, 코드가 오류 없이 실행되는지 지속해서 확인해야 한다. 만약 일정 수준으로 프로그래밍을 할 수 없다면 이와 같은 상황은 치명적일 것이다. 게다가 어떤 언어를 쓸지, 또는 어떤 프레임워크를 사용할지 등 어느 생태계에 진입할지를 결정하기도 쉽지 않으므로 인공신경망 관련 학습을 할 때 특정 프레임워크를 활용하기 어려운 면이 있다.

이 책의 최종 목표는 기존 프레임워크를 그대로 재현하는 게 아니라, 최대한 라이브러리에 의존하지 않고 기초 프로그래밍으로 인공신경망을 구현하는 것이다. 이 책은 파이썬을 사용했지만, 설명하는 프로그래밍 기술과 수준은 프로그래밍 언어와 무관하다. 즉 파이썬이 아니더라도 어떤 프로그래밍 언어에 익숙하다면 누구나 이 책을 쉽고 빠르게 이해할 수 있다. 하지만 프로그래밍에 익숙하지 않은 학습자도 있으므로 프로그래밍 수준과 관계없이 인공신경망 구축 과정을 부담 없이 학습할 수 있도록 전체 과정을 작은 단계로 나누어 촘촘하게 구성했다. 다시 말해 이 책의 모든 과정은 특정한 목표에 따라 설계되어 있다. 다른 방식으로 접근할 수 있는 여지가 있더라도 전체 과정을 처음부터 끝까지 경험해 보기를 권장한다.

끝으로 이 책을 출간하는 데 조언을 주신 여러 선생님과 기획부터 출판까지 힘써주신 한빛아카데미(주)에 깊은 감사를 드린다.

지은이 **신재민**

이 책에 대하여

미리 알아두면 좋을 내용

학부 수준의 미분적분학과 선형대수학을 공부하면 좋다. 프로그래밍 언어(특히 파이썬)를 알면 조금 더 수월하게 이해할 수 있지만, 파이썬을 처음 접해도 따라할 수 있도록 구성했다.

이 책의 구성

PART 1은 파이썬 기초를 다룬다.

- 파이썬 개발 환경을 소개하고 구축한다.
- 파이썬의 간단한 명령어를 학습한다.

PART 2는 수치 최적화 기법을 다룬다.

- 일변수, 다변수함수의 최적화 문제를 소개하고 반복문을 이용해서 구현한다.
- 일변수, 이변수함수의 그래프를 그려본다.
- 수치 최적화 알고리즘을 학습하고 적용한다.

PART 3은 분류함수를 다룬다.

- 최소제곱법을 반복문을 이용해서 구현한다.
- 평균 제곱 오차를 이용해서 비선형 회귀를 소개한다.
- 단순, 복합, 다중 분류기 순서대로 분류함수와 기초 인공신경망을 이해한다.

PART 4는 행렬 표현법을 다룬다.

- 함수 표현과 목적함수의 미분을 행렬 표현법으로 설명한다.
- 은닉층을 추가한 다층 구조를 소개한다.
- 소프트맥스, ReLU 함수와 같은 활성화 함수를 소개한다.
- 교차 엔트로피 오차와 같은 목적함수를 소개한다.

PART 5는 데이터 배치 처리를 다룬다.

- 행 기준 데이터 처리 방식을 이해하고 배치 처리를 소개한다.
- 학습 속도 향상을 위한 확률경사하강법과 적응성 방법을 소개한다.

실습 권장 환경

이 책의 내용은 다음 환경에서 실습하기를 권한다.

- **운영체제 :** Windows 10 이상, 또는 macOS 10.9 이상
- **프로그래밍 언어 :** Python 3.10 이상

파이썬 코드 색상

코드에서 파이썬 환경과 기초 라이브러리를 구분할 수 있도록 다음과 같은 규칙을 사용한다.

- **초록색 :** 주석
- **꽃분홍색 :** 내장함수
- **보라색 :** 문자열
- **파란색 :** 라이브러리
- **와인색 :** 예약어

강의 및 학습 보조자료

- **강의자용 : 강의 보조자료 다운로드**
  한빛출판네트워크(http://www.hanbit.co.kr) 접속 → [교수전용] 클릭 → [강의자료] 클릭 → 도서명 검색
- **학습자용 : 공개용 정답 다운로드**
  한빛출판네트워크(http://www.hanbit.co.kr) 접속 → [고객센터] 클릭 → [자료실] 클릭 → 도서명 검색

미리보기

간단한 문제를 통해서 **최적화 문제**optimization problem가 무엇인지 알아보자. 최적화 문제를 일변수 함수로 한정하면 다음과 같은 **최솟값 문제**minimum value problem로 이해할 수 있다.

$$\min_{x \in D} f(x) = \min\{f(x) \mid x \in D\}$$

즉 최적화 문제는 주어진 정의역 D에서의 함숫값 $f(x)$ 중 가장 작은 값을 찾는 문제이다. 예를 들어 실수 영역 $\mathbb{R}$에서 이차함수 $f(x) = x^2 - 4x + 6$을 생각해보자.

주요 용어

본문에서 핵심이 되는 용어나 내용을 한눈에 볼 수 있도록 강조한다.

코드 5-4

```
1    import numpy as np
2    import matplotlib.pyplot as plt
3
4    x = np.linspace(0, 4)
5    y = x**2 - 4*x + 6
6    plt.plot(x, y, '.-')
7    plt.show()
```

실행 결과

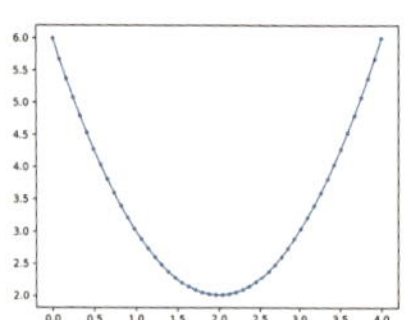

- **4줄** linspace를 통해 구간 [0, 4]에 대응하는 배열 x를 만든다.
- **5줄** 성분별 합과 곱의 연산을 통해 x와 동일한 크기의 배열 y를 얻는다.
- **6줄** 세 번째 인수에 '.-'을 입력하면 배열 x의 50개 점을 부분구간마다 선분으로 연결할 수 있다. 점이 많을수록 선분이 짧아지므로 부드러운 곡선처럼 보인다. 적당한 점의 개수는 상대적인 것이라 출력된 그래프가 충분히 부드럽지 않다면 개수를 크게 설정하는 것만으로도 해결할 수 있다.

한 화면에 여러 가지 그래프를 나타내려면 plot 함수를 반복하여 사용한다. [코드 5-5]의 9줄에서 show( )를 호출하기 전에 7~8줄에서 plot을 출력한 그래프가 한 화면에 중첩되어 나타난다.

코드와 실행 결과

파이썬 언어를 이용해 각 주제에 맞는 프로그램을 실습하고 결과를 확인할 수 있다.

코드 설명

코드를 쉽게 이해할 수 있도록 각 부분의 의미를 상세하게 설명한다.

1이므로 데이터의 약 68%가 −1과 1 사이에 분포한다는 의미이다. 약 95%의 데이터는 −2와 2 사이에, 약 99.7%의 데이터는 −3과 3 사이에 분포한다. 따라서 이상치[6]를 더 쉽게 식별할 수 있고, 일반적으로 값이 −3 이하 또는 3 이상이면 이상치로 간주한다.

6 이상치(outlier) : 다른 관측값과 비교할 때 현저히 다른 값을 가지는 데이터를 의미한다. 이상치는 다양한 이유로 발생할 수 있는데, 데이터 분석에서 중요한 정보를 제공할 수도 있고 데이터 오류를 나타낼 수도 있다.

각주

개념을 간단하게 소개하거나 알아두면 좋을 자료를 부연 설명한다.

참고

- 경사하강법으로 구한 수렴값은 극소점이다. 따라서 아무런 해석 없이 경사하강법의 결과를 최소점이라고 이해하면 안 된다. 최소점은 극소점이므로 극소점을 찾음으로써 최소점 후보를 아는 것이기 때문이다.
- 문제를 쉽게 정의하기 위해 최적화 문제의 표현 argmin을 이용하는데, 경사하강법을 적용하여 무조건 최소점을 구하는 문제라고 생각하기보다 오히려 어떤 시작점에서 최선을 다한 결과를 찾는다고 이해하는 게 좋다.

참고

본문 전개에 참고할 만한 개념을 소개한다.

[실습예제 14-2]의 결과 데이터를 보다 명확하게 분석하기 위해 중간 과정의 노드값 z_1과 z_2, 그리고 $y = \phi(u)$의 이차원 곡면을 [그림 14-7]에서 확인해보자. z_1과 z_2는 두 가지 계단 형태의 함수이며, 적당한 선형결합을 통해 $u = v_0 + v_1 z_1 + v_2 z_2$를 얻고 활성화 함수로 주어진 데이터의 분류함수 $y = \phi(u)$를 만든다.

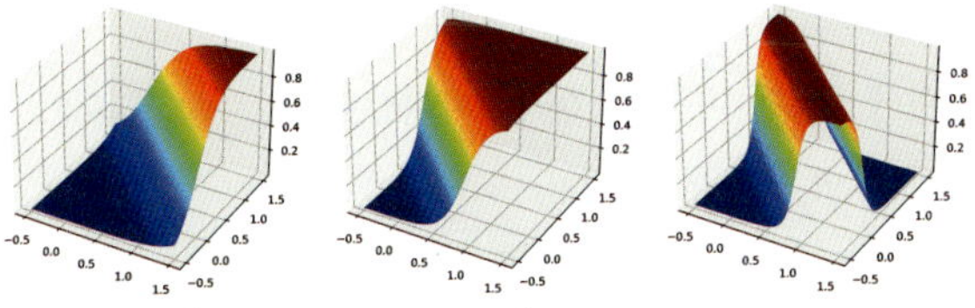

(a) $z_1 = \phi(u_1^h)$ (b) $z_2 = \phi(u_2^h)$ (c) $y = \phi(v_0 + v_1 z_1 + v_2 z_2)$

그림 14-7 [실습예제 14-2]의 노드별 함수

tip 13절 [실습예제 13-1]과 [그림 13-7]을 비교하여 이해하자. [실습예제 14-2]의 모범 답안을 직접 수정하여 [그림 14-7]과 함수 u의 이차원 곡면을 그려도 좋다.

tip

본문 내용을 이해하는 데 도움되는 내용을 조언한다.

기본예제 4-3

$\log(x^2 - 3x + 2)$의 도함수를 구하라.

모범 답안

$f(x) = \log x$와 $g(x) = x^2 - 3x + 2$로 표현하고 합성함수의 미분법을 적용하면 다음과 같다.

$$(\log(x^2 - 3x + 2))' = \frac{1}{x^2 - 3x + 2} \cdot (2x - 3) = \frac{2x - 3}{x^2 - 3x + 2}$$

기본예제

인공신경망 모델을 구성하는 데 필수로 알아두어야 할 수학 개념을 묻는다.

실습예제 2-1

화씨(F)와 섭씨(C)는 $F = 1.8C + 32$의 관계가 있다. 섭씨에 대응하는 화씨의 계산 함수를 구현하고 섭씨 17도에 대응하는 화씨를 출력하라.

문제 해석

섭씨를 입력으로 하는 관계식을 계산하고 계산된 화씨 값을 반환하는 함수를 구현한다. 특정 값을 대입하여 결과를 확인한다. 손계산으로도 값을 확인할 수 있는 간단한 예제를 통해서 함수 구현을 경험한다.

모범 답안

```
def celsius_to_fahrenheit(celsius):
    fahrenheit = 1.8*celsius + 32
    return fahrenheit

cel = 17
fah = celsius_to_fahrenheit(cel)
print('For the celcius degree of', cel, ', the fahrenheit degree is', fah)
```

실행 결과

```
For the celcius degree of 17 , the fahrenheit degree is 62.6
```

실습예제

각 절에서 설명하는 구조를 이해하기 위한 문제이다. 문제 해석에서 아이디어를 확인하고, 모범 답안의 코드를 직접 입력하면서 구조를 파악할 수 있다. 도전 아이콘이 있는 문제는 먼저 풀어본 뒤, 온라인으로 제공되는 풀이를 확인하면 된다.

SECTION 06 연습문제

1 경사하강법을 사용하여 함수 $f(x) = \exp x - x$의 극소점을 찾는 코드를 구현하라. 초기 추정을 $x^{(0)} = 1$, 단계 크기는 $\alpha = 0.12$로 정의하고 연속오차의 절댓값이 10^{-6}보다 작아지면 반복을 중단한다. 단, 마지막 추정 위치와 그때의 절대연속오차를 출력하라.

연습문제

조금 더 심화된 문제를 통해 기본예제와 실습예제에서 쌓은 실력을 확인한다.

참고문헌

- 고두원, 권오상, 김선광, 김세정, 박병도, 신재민, 양창훈, 류미수, 윤영호, 이은정, 정대웅, 지운식, 진상돈, 황숙정(2024), 『미적분학』, 경문사.
- 김기현(2022), 『김기현의 딥러닝 부트캠프 with 파이토치 : 기초부터 수식, 실습까지 담은 올인원 딥러닝 입문 교과서』, 한빛미디어.
- 김준석, 김상권, 한현수, 김영록(2018), 『25시간만에 배우는 머신러닝 예제 : 파이썬 활용』, 이모션미디어.
- 박유성(2021), 『텐서플로 케라스를 이용한 딥러닝(2판)』, 자유아카데미.
- 오상훈(2019), 『기계학습 : 수학적 이해에서 알고리즘까지』, 홍릉과학출판사.
- 오일석(2017), 『기계 학습』, 한빛아카데미.
- 오일석(2023), 『컴퓨터 비전과 딥러닝』, 한빛아카데미.
- 윤성진(2021), 『Do it! 딥러닝 교과서 : 퍼셉트론부터 GAN까지 핵심 이론 총망라!』, 이지스퍼블리싱.
- 이경택, 방성수, 안상준(2020), 『파이썬 딥러닝 파이토치』, 정보문화사.
- 이병준(2022), 『머신러닝을 위한 수학 : 핵심 알고리즘 3가지로 배우는 최적화』, 한빛아카데미.
- 이정주(2019), 『파이썬과 NumPy로 배우는 선형대수』, 비제이퍼블릭.
- 임동훈(2022), 『딥러닝, 파이토치를 만나다』, 자유아카데미.
- 장철원(2021), 『선형대수와 통계학으로 배우는 머신러닝 with 파이썬 : 최적화 개념부터 텐서플로를 활용한 딥러닝까지』, 비제이퍼블릭.
- 조준우(2020), 『머신 러닝·딥 러닝에 필요한 기초 수학 with 파이썬』, 인사이트.
- 황윤구, 양한별(2020), 『딥러닝을 위한 최적화와 수치해석』, 남가람북스.
- 길버트 스트랭(2020), 『딥러닝을 위한 선형대수학』(부산대학교 산업수학센터(FFMIMC), 번역), 한빛아카데미.(원서는 2019년에 출판)
- 사이토 고키(2017), 『밑바닥부터 시작하는 딥러닝』(개앞맵시, 번역), 한빛미디어.(원서는 2016년에 출판)
- 스티븐 H. 프리드버그, 아놀드 J. 인셀, 로렌스 E. 스펜스(2020), 『프리드버그 선형대수학』(한빛수학교재연구소, 번역), 한빛아카데미.(원서는 2019년에 출판)
- 아즈마 유키나가(2019), 『실체가 손에 잡히는 딥러닝, 기초부터 실전 프로그래밍』(최재원, 번역), 책만.(원서는 2018년에 출판)
- 아즈마 유키나가(2020), 『핵심 딥러닝 입문 : RNN, LSTM, GRU, VAE, GAN 구현』(최재원 외 1인, 번역), 책만.
- 아카이시 마사노리(2022), 『차근차근 실습하며 배우는 파이토치 딥러닝 프로그래밍 : 파이썬부터 머신러닝 기초, 이미지 인식, 파인 튜닝까지』(하승민, 번역), 위키북스.(원서는 2021년에 출판)
- James Stewart, Daniel Clegg and Saleem Watson (2023), 『스튜어트 미분적분학(9판)』(미분적분학 교재편찬위원회, 번역), 북스힐.(원서는 2020년에 출판)

목차

목차

들어가기 전에

이 책으로 인공신경망을 학습하기 전에 알아두어야 할 개념을 간략히 소개한다.

빅데이터와 데이터 마이닝

빅데이터big data는 대량의 데이터 집합을 의미하며, 기존의 데이터 관리 및 처리 도구로 처리하기 어려운 양의 데이터를 표현한다. **데이터 마이닝**data mining은 데이터 집합에서 유용한 정보를 추출하고 패턴을 발견하기 위해 사용하는 과정이나 기술을 의미한다. 즉 빅데이터는 대량의 데이터에서 가치를 추출함에 의미를 두고, 데이터 마이닝은 데이터에서 규칙 또는 관계를 찾음에 의미를 둔다. 분류, 회귀, 군집화가 데이터 마이닝에서 사용되는 중요한 데이터 분석 기술의 예이다. **분류**classification는 입력 데이터를 미리 정의된 범주 중 하나로 할당하는 것이고, **회귀**regression는 입력 데이터와 해당하는 그에 연속적인 출력값 사이의 관계를 찾는 것이다. **군집화**clustering는 비슷한 특성을 가진 데이터를 그룹으로 묶는 것을 의미한다. 이 책은 분류문제에 집중한다.

인공지능과 기계학습, 그리고 딥러닝

인공지능(AI) Artifical Intelligence은 컴퓨터 시스템이 학습, 추론, 문제 해결 등의 작업을 수행할 수 있는 능력을 갖추도록 설계된 기술이나 시스템을 의미한다. **기계학습**machine learning은 컴퓨터가 데이터로부터 추론을 통해 스스로 규칙을 형성하는 학습 과정을 의미한다. 따라서 기계학습은 인공지능의 하위 개념으로 이해할 수 있다. 기계학습 중에는 K-최근접 이웃(KNN)K Nearest Neighbors, 서포트 벡터 머신(SVM)Support Vector Machine, 결정 트리decision tree, 인공신경망 등 다양한 방법이 존재한다. 여기서 **인공신경망(ANN)**Artificial Neural Network은 생물학적 신경망에서 뉴런의 작동 방식을 모방하여 만들어진 수학적 모델이다. 인공신경망은 일반적으로 입력층, 은닉층, 출력층으로 구성된다. 입력층은 데이터의 특징을 나타내고 출력층은 결과를 나타낸다. 중간에 있는 은닉층은 데이터의 특징을 추출하고 패턴을 학습하는 역할인데, 층이 많을수록 더 많은 패턴을 표현할 수 있다. 인공신경망의 다층 구조를 활용하여 복잡한 패턴을 학습하고 문제를 해결하는 것을 **딥러닝**deep learning이라 한다. 따라서 딥러닝은 기계학습의 한 분야이다. 딥러닝은 표현할 수 있는 패턴의 복잡도가 높다는 장점이 있지만 학습 속도와 수렴성의 문제가 있는데, 최근 알파고와 챗GPT의 수행 능력에서 알 수 있듯이 많은 해결방안이 제시되었다. 이 책은 기초 수준의 인공신경망을 이해하고 구현하는 것에 목적을 둔다.

들어가기 전에

기계학습의 형태

기계학습은 보통 지도학습과 비지도학습, 강화학습으로 구분한다. **지도학습** supervised learning은 컴퓨터에게 함수를 학습시킬 때 입력과 출력을 갖는 데이터를 이용한다는 큰 특징이 있다. 이렇게 입력과 출력이 모두 존재하는 데이터를 **라벨 데이터** labeled data라 한다. 지도학습의 목적을 간단히 정리하면 '주어진 입력값에 대해 적절한 출력값을 주는 함수를 찾는 것'이라 할 수 있다. **비지도학습** unsupervised learning은 출력값 없이 입력값만을 이용하여 데이터의 규칙을 파악하는 학습 방법이다. 이렇게 입력만 존재하는 데이터를 **라벨이 없는 데이터** unlabeled data라 한다. 비지도학습의 주요 목적은 '데이터에서 숨겨진 패턴이나 관계를 찾는 것'이다. **강화학습** reinforcement learning은 주어진 상태에 대해 최적의 행동을 학습하는 방법을 의미한다. 특정 상태에서 행동에 따른 보상을 설계하고 보상을 최대화하는 방법으로 최적화된 행동을 학습한다. 따라서 강화학습의 목적은 '주어진 환경에서 최상의 성능을 위한 행동을 찾는 것'이다. 이 책은 지도학습을 구현하는 것으로 한정한다.

PART 1

파이썬 기초

SECTION

01 파이썬 개발 환경 구축하기

이 책은 최대한 간단하게 파이썬 개발 환경을 구축할 수 있도록 아나콘다[1] 설치법을 설명한다. 파이썬 공식 사이트[2]에서 설치 프로그램을 다운받아 설치할 수도 있지만, 아나콘다를 이용하면 파이썬을 포함한 주피터랩JupyterLab, 주피터 노트북Jupyter Notebook, 스파이더Spyder와 같은 여러 개발 환경을 쉽게 구축할 수 있다.

아나콘다 공식 사이트[3]에서 상단 오른쪽의 [Free download]를 클릭하고, 이메일 주소를 [Submit]하거나 [Skip registration]을 누르면 [그림 1-1]과 같은 다운로드 페이지[4]로 접속할 수 있다. [Download] 아이콘을 클릭하여 설치 프로그램 'anaconda installer'를 다운로드한다.

설치 프로그램 버전은 다운로드 시기에 따라 조금씩 달라질 수 있지만, 기본적인 프로그래밍 구문을 주로 사용하기에 버전이 다르더라도 본문 내용을 구현하는 데는 문제가 없을 것이다.

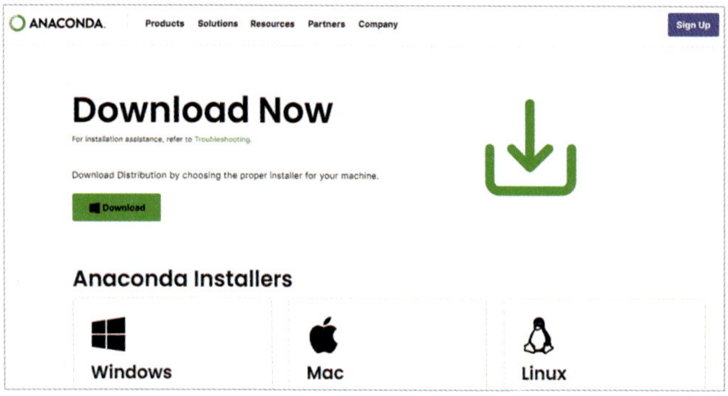

그림 1-1 아나콘다 공식 사이트의 다운로드 페이지[5]

1 아나콘다anaconda는 파이썬 기반의 오픈 소스 배포판으로, 데이터 과학 및 기계학습에 필요한 다양한 도구와 라이브러리를 제공한다. 이를 통해 파이썬을 포함한 필요한 도구를 쉽게 설치하고 관리할 수 있다. 아나콘다는 파이썬 인터프리터와 함께 주요 데이터 과학 도구와 라이브러리를 포함하며, 필요한 환경을 빠르게 설정하고 버전 간 충돌을 최소화하여 환경을 관리하기 쉽도록 도와준다.

2 파이썬 공식 사이트(https://www.python.org)

3 아나콘다 공식 사이트(https://www.anaconda.com)

4 아나콘다 다운로드 페이지(https://www.anaconda.com/download/success)

5 사이트의 페이지 구성은 시기별로 조금씩 다를 수 있다.

설치 후에는 아나콘다 네비게이터anaconda navigator를 실행하여 다양한 개발 환경을 이용할 수 있다. 이 중 주피터랩을 실행하면 크롬 웹 브라우저chrome web browser에서 아이파이썬[6] 환경을 사용할 수 있다. 주피터랩을 실행할 때 접근 오류가 발생하면 아나콘다 네비게이터를 관리자 권한으로 실행해보자.

tip 주피터랩은 다른 웹 브라우저에서도 실행할 수 있다. 개발 환경이 지속해서 개선되겠지만, 크롬 웹에서 시작되었으니 크롬 웹에서 실행하는 게 가장 안정적일 것이다. 이 책을 통해 파이썬 개발 환경을 처음 구축한다면 크롬 웹을 기본 웹 브라우저로 설정하고 아나콘다를 실행하자. 이 책과 가장 유사한 환경에서 결과를 얻을 수 있다. 이미 익숙한 다른 개발 환경이 있으면 그 환경을 사용해도 좋다.

아나콘다 설치와 실행 과정이 너무 복잡하다면 구글 코랩[7]을 추천한다. 구글 계정에 로그인하고 코랩 사이트[8]에 접속하면 주피터랩과 매우 유사한 파이썬 개발 환경을 사용할 수 있다. 또한 이 책에서 다루는 대부분의 코드가 문제없이 작동한다.

6 아이파이썬(IPython)Interactive Python은 파이썬 언어를 위한 대화형 쉘이다. 사용자와 컴퓨터가 대화 형식으로 상호 작용할 수 있는 환경을 제공하여 프로그램을 보다 효율적으로 작성하고 실행할 수 있다.

7 구글 코랩Google Colab은 구글이 제공하는 클라우드 기반의 무료 주피터 노트북 환경이다. 웹 브라우저를 통해 파이썬 코드를 작성하고 실행할 수 있다. 코랩은 구글 드라이브와 연동되어 작업한 노트북을 쉽게 저장하고 공유할 수 있다. 또한, 코랩은 다양한 라이브러리와 패키지를 미리 설치해 놓은 상태로 제공되므로 사용자가 별도로 설정하거나 설치할 필요가 없다.

8 구글 코랩 사이트(https://colab.research.google.com)

SECTION

02 파이썬 시작하기

이 책은 기존 파이썬 프로그래밍 도서와 달리 파이썬의 모든 용어와 구문[1]을 설명하지 않는다. 기초 구문이라고 해도 본문에서 바로 사용하지 않으면 과감하게 배제했다. 꼭 필요할 때 구문을 설명하고, 여러 예제를 실행하거나 연습문제를 풀 때 알아야 하는 정도만 다룬다. 그래서 기본 구조나 명령어에 대한 설명이 다소 생략될 수 있다. 그 대신 배운 것만으로도 구현할 수 있게 수준별로 설계했으므로 가능한 한 본문에서 설명한 구문만으로 예제와 연습문제를 해결하길 바란다.

주어진 문제에 대응하는 계산 프로그래밍은 길어도 100줄이 넘지 않는 간단한 수준으로 구현할 수 있다. 내용을 전개할수록 주요 요소가 추가되고 복잡해지지만 수학적인 도구가 반영되면서 코드는 오히려 단순해짐을 경험할 것이다. 문제를 작성하고 결과를 확인하는 코드를 포함해도 150줄을 넘지 않도록 구성했기에 문제를 독립적으로 구현할 수 있다. 필요한 경우 코드의 줄 번호를 연결하여 하나의 코드임을 강조한다. 연결성이 분명한 코드를 제외하고는 모두 독립적으로 실행되도록 설계했다.

이번 절에서는 파이썬 프로그래밍의 기초 구문을 몇 가지 소개한다.

출력

문자열 또는 수를 출력하고자 할 때 print를 사용한다. 어떤 데이터 값을 확인하는 가장 기본적인 단계이고, 코드 디버깅 및 결과 확인에 유용하게 사용한다. [코드 2-1]의 간단한 예제를 통해 print 함수 사용법을 이해하자. 단순히 문자 또는 숫자만 출력하는 경우에도 사용하지만, 여러 개의 인수를 콤마(,)로 나열하여 변형할 수도 있다. 문자열은 작은따옴표('') 또는 큰따옴표("")로 구분한다.

코드 2-1

```
print('Hello, World!')
print(3.14)
print('pi=', 3.14)
```

1 구문syntax : 프로그래밍 언어의 문법

실행 결과
```
Hello, World!
3.14
pi= 3.14
```

비교 연산

수의 크기를 비교하는 비교 연산자comparison operator로는 <, ≤, >, ≥, =, ≠를 생각할 수 있는데 파이썬에서는 각각 <, <=, >, >=, ==, !=에 대응한다. 이 책에서 앞으로 많이 사용하게 될 비교 연산을 예시로 소개하면 [코드 2-2]와 같다. 비교 연산의 결괏값은 참(True)과 거짓(False)이라는 부울값boolean value으로 나타난다. print에서 콤마로 나열하면 출력도 나열됨을 배웠으므로 크게 혼동이 없는 경우에는 예제도 한 줄로 표현한다.

코드 2-2

```python
print(2<4, 2==4)
```

실행 결과
```
True False
```

논리 연산

참과 거짓 간의 연산은 and, or, not과 같은 논리 연산자logical operator로 정의한다. [코드 2-3]의 간단한 예를 통해 이해해보자. and는 두 부울값이 모두 참인 경우에만 참인 결괏값을 반환하고 or는 하나의 부울값이 참이면 참인 결괏값을 반환한다. not은 입력값이 참이면 거짓인 결괏값을, 입력값이 거짓이면 참인 결괏값을 반환한다. 즉 부정의 결괏값을 반환한다.

코드 2-3

```python
print(True and False, True or False, not True)
```

실행 결과
```
False True False
```

산술 연산

사칙연산을 포함하여 다양한 산술 연산자arithmetic operator를 사용할 수 있다. [코드 2-4]를 통해서 덧셈, 뺄셈, 곱셈, 나눗셈, 거듭제곱의 연산 형식을 이해하자. 연산을 익히는 데 큰 어려움은 없겠지만, 거듭제곱은 별표asterisk (*)가 두 번 반복된다는 점을 유의하자.

코드 2-4

```python
print(1+3, 1-3, 2*3, 2/4, 2**3)
```

실행 결과 `4 -2 6 0.5 8`

산술 연산 중에 나머지와 몫 연산도 유용하다. 정수 13과 5는 13 = 5 · 2 + 3의 관계가 있음을 이해하자. 13의 5에 대한 나머지는 3이고 몫이 2임을 파이썬으로 나타내면 [코드 2-5]와 같다.

코드 2-5

```python
print(13%5, 13//5)
```

실행 결과 `3 2`

수 저장 형식

[코드 2-4]에서 2/4의 결과가 `0.5`인 것에서 알 수 있듯이 파이썬은 수를 표현할 때 소수점을 포함하기도 하고, 포함하지 않기도 한다. 소수점이 없는 1과 소수점이 있는 1.0은 컴퓨터가 수를 나타내는 방식에 따라 달라진다. 이 책에서 이러한 표현 방법을 모두 소개하기는 어렵지만, 1은 정수형이고 1.0은 실수형이라고 간단히 이해하면 된다.

저장 형식을 사용자가 변경할 수 있도록 허용하는데, 이를 형변환casting이라고 한다. 예를 들어 [코드 2-6]과 같이 실수형을 정수형으로, 정수형을 실수형으로 변경할 수 있다. 여기서 `int`에 의한 형변환은 반올림이 아닌 버림임을 참고하자.

코드 2-6

```python
print(int(2.6), float(3))
```

실행 결과 `2 3.0`

간단한 파이썬 예를 통해서 정수와 실수의 차이를 경험하자. [코드 2-7]에서 볼 수 있듯이 실수 연산을 논리 연산과 같이 사용할 때는 주의가 필요하다. 이와 같은 현상은 정수형과 실수형의 저장 방식의 차이에서 발생하는데, 그 이유를 설명하면 책의 목적에 벗어나기에 생략한다. 적어도 실수 연산의 결과가 같은지를 비교하는 것은 피하자. 필요하다면 얼마나 가까운지를 확인하도록 한다. 일반적으로 계산 과정이 모두 정수일 때 소수점 없이 수를 정의하고, 계산 과정에 실수가 필연적으로 발생할 때 실수형으로 정의하는 것이 좋다. 단순 계산에서는 큰 문제가 없지만 이를 구분하지 않으면 문제가 생길 수 있으니 유의해야 한다.

코드 2-7

```
print(19-9==10, 1.9-0.9==1.0)
```

실행 결과

```
True False
```

부울값인 참과 거짓은 각각 1과 0에 대응하며, [코드 2-8]과 같이 `float`에 의한 형변환을 통해서 확인할 수 있다. 참고로 `int`도 부울형을 정수형으로 형변환할 수 있다. 코드에서 `float`를 `int`로 바꾸면 소수점이 없는 결과를 확인할 수 있다.

코드 2-8

```
print(float(True), float(False))
```

실행 결과

```
1.0 0.0
```

변수 정의

반복적인 연산에는 값을 저장할 공간이 필요하다. 이는 변수variable를 선언하여 해결할 수 있는데, [코드 2-9]에서 볼 수 있듯이 = 왼쪽에 특정 변수를 선언하고 = 오른쪽에 대입할 값을 입력하는 방식이다. 여기서 =를 할당 연산자assignment operator라 한다. 변수를 선언하면 그 변수로 여러 가지 연산을 수행할 수 있다.

코드 2-9

```
a0 = 1
a1 = 2
a2 = 3
print(a0+a1-a2)
```

실행 결과

```
0
```

변수명을 만드는 규칙을 살펴보자. 변수명에는 영문자와 밑줄(_), 그리고 숫자를 사용할 수 있다. 영문자는 대소문자를 구분하며, 숫자로 변수명을 시작할 수 없다. 파이썬에는 특정 기능을 수행하는 변수인 예약어reserved word가 지정되어 있다. 예약어를 변수명으로 사용할 수 없으므로 변수명을 지정하기 전에 예약어가 아닌지 확인해두면 좋다. [코드 2-10]을 작성하면 파이썬 예약어를 출력할 수 있다.

코드 2-10

```
import keyword
print(keyword.kwlist)
```

[코드 2-10]의 실행 결과를 [표 2-1]에 표현했다. 파이썬 버전에 따라서 예약어가 수정될 수 있으므로 변수명을 지정하기 전에 예약어가 정확한지 직접 확인하길 바란다.

표 2-1 파이썬 예약어

False	None	True	__peg_parser__	and	as	assert	async
await	break	class	continue	def	del	elif	else
except	finally	for	from	global	if	import	in
is	lambda	nonlocal	not	or	pass	raise	return
try	while	with	yield				

변수명은 적절하게 잘 짓는 것이 중요하다. 프로그래밍이 익숙하더라도 변수명 때문에 컴파일 오류를 내거나 계산 오차가 발생하는 경우가 많으므로 변수명을 마구잡이식으로 짓지 않는 것이 중요하다. 이 책에서는 수학 변수와 수식을 잘 동기화하여 이해할 수 있도록 변수명을 설계했다.

자료구조

파이썬이 대중적인 프로그래밍 언어가 된 이유 중 하나는 자료구조를 편리하게 설계할 수 있기 때문이다. 파이썬에서 사용하는 대표적인 자료구조는 리스트list, 튜플tuple, 딕셔너리dictionary, 셋set이다. 이 책에서는 리스트와 튜플만 알아도 충분하다.

[코드 2-11]은 리스트를 작성하는 예를 나타낸다. 대괄호로 데이터 1, 2, 'three'를 묶어서 하나의 변수로 저장한다.

코드 2-11

```
aa = [1, 2, 'three']
print(aa)
print(aa[0], aa[1], aa[2])
```

실행 결과

```
[1, 2, 'three']
1 2 three
```

[코드 2-12]는 튜플을 작성하는 예를 나타낸다. 리스트와는 달리 소괄호로 데이터를 묶어서 하나의 변수로 저장한다.

코드 2-12

```
aa = (1, 2, 'three')
print(aa)
print(aa[0], aa[1], aa[2])
```

실행 결과

```
(1, 2, 'three')
1 2 three
```

리스트와 튜플 내부의 데이터는 콤마로 구분하고, 인덱스index를 이용하여 호출할 수 있다. 파이썬은 인덱스가 0부터 시작함에 유의하자. 주어진 데이터를 출력하면 리스트는 대괄호[ ]로, 튜플은 소괄호( )로 출력되므로 형식만으로도 구분할 수 있다. 리스트와 튜플 모두 서로 다른 자료형을 저장할 수 있다. 이러한 점에서 리스트와 튜플은 매우 비슷한 자료구조로 보이지만 사용 방법이 다르다. 리스트는 [코드 2-13]처럼 데이터 값의 수정을 허용하지만 튜플은 수정을 허용하지 않는다. 튜플에서 데이터의 수정을 시도하면 오류가 발생하며 실행되지 않는다.

코드 2-13

```
aa = [1, 2, 'three']
aa[0] = 'one'
print(aa)
```

실행 결과

```
['one', 2, 'three']
```

이 책에서 튜플을 강조하며 사용하진 않지만, 튜플은 변수를 정의하고 입력할 때 유용하다. [코드 2-14]는 튜플을 활용한 변수 정의의 예이다. (a,b)=(1,2)는 a=1과 b=2로 나누어 변수를 정의한 것과 동일한 결과를 얻는다. 특히 2줄과 같이 괄호를 입력하지 않고 선언할 수도 있으므로 보다 간결하게 튜플을 활용하여 변수를 정의할 수 있다.

코드 2-14

```python
(a, b) = (1, 2)
c, d, e = 3, 4, 5
print(a, b, c, d, e)
```

실행 결과

```
1 2 3 4 5
```

조건문

특정 조건을 만족할 때 특정 명령을 실행하려면 if-문을 사용한다. [코드 2-15]는 변수 VAL 값이 10을 넘었는지를 확인하는 간단한 프로그램이다. if-문에서는 조건문을 콜론(:)으로 구분하며, 콜론 아랫줄은 들여쓰기한다. 파이썬은 들여쓰기로 정렬align한 구간을 if-문을 위한 하나의 블록block으로 이해한다. 파이썬 환경에 따라서 다르기는 하지만 들여쓰기는 일반적으로 4칸으로 구분한다. 정렬에 따라 블록을 구분하므로 블록이 끝나면 다시 이전 정렬로 돌아가서 명령어를 작성해야 한다.

코드 2-15

```python
VAL = 11
if VAL > 10:
    print('We are in a If-Block')
    print('VAL is larger than 10')
```

실행 결과

```
We are in a If-Block
VAL is larger than 10
```

주석

파이썬에서는 해시(#) 뒤에 있는 문장을 인식하지 않는다. 그래서 [코드 2-16]과 같이 # 뒤에 변수나 구문에 대한 설명을 주석으로 추가하거나, 특정 명령어 앞에 #를 붙여 그 명령어를 일시적으로 실행하지 않을 수 있다.

코드 2-16

```python
print('active code') # uncommented code
# print('inactive code') # comment out
```

실행 결과 active code

def 함수 정의

어떤 프로그램을 여러 번 반복하여 사용한다면 이를 구조화하여 함수로 만들 수 있다. [코드 2-17]은 def를 사용하여 함수를 정의하는 프로그램이다. 1줄은 def와 콜론 사이에 함수명 add가 있고, 소괄호 안에 입력변수인 a와 b가 있다. 2줄에 함수 add의 동작(인수의 합 a+b를 계산하여 val에 저장)을 입력한다. 3줄은 val을 반환return하는 과정이다. 이처럼 함수에 속하는 명령문은 def의 다음 줄에서 정렬을 맞춰서 하나의 블록으로 입력해야 한다.

코드 2-17

```python
1   def add(a,b):
2       val = a + b
3       return val
4
5   print(add(1,2))
```

실행 결과 3

함수는 기본적으로 입력과 반환을 통해 함수 밖의 변수와 상호작용한다. 그런데 [코드 2-18]의 8줄에서 m과 n 값을 변경하면 interp 함수의 입력값에는 변화가 없지만 실행 결과가 바뀐다. 이처럼 함수를 정의할 때 입력 변수에 없는 변수를 사용한다면 변수를 변경할 때 유의해야 한다. 함수가 접근할 수 있는 변수의 범위를 함수가 정의되는 시점에 설정하기 때문에, 6줄과 9줄의 함수 호출의 두 결과에 차이가 생긴다.[2] 직관적인 프로그래밍 경험을 위해 앞으로도 이러한 함수 정의를 사용할 텐데 초심자는 의도와 다르게 사용하지 않도록 주의해야 한다.

2 정적 스코핑lexical scoping : 함수는 기본적으로 함수가 정의된 범위 내에서 변수에 접근할 수 있다. 즉 함수가 호출될 때가 아니라 정의될 때 변수가 결정된다. 따라서 함수 내에서 변수를 입력으로 선언하지 않아도, 함수가 정의된 범위의 변수에 접근할 수 있다.

코드 2-18

```
m, n = 3, 2
def interp(a,b):
    val = (n*a+m*b)/(m+n)
    return val

print(interp(0,5))

m, n = 4, 1
print(interp(0,5))
```

실행 결과

```
3.0
4.0
```

[코드 2-18]과 반대로 함수 밖에서는 함수 구조를 정의할 때 사용한 변수를 확인할 수 없다. 예를 들어 [코드 2-19]의 1줄과 3줄처럼 val이라는 변수명을 함수의 안과 밖에 모두 사용한다면, 파이썬은 두 변수를 구분하여 인식한다.[3] 이와 같은 변수 사용은 실행하는 데 문제가 없긴 하지만 코드는 유지 및 보수가 불편하지 않아야 하므로 가능하면 def 안에서 사용한 변수명을 def 밖에서 사용하지 않는 것이 좋다.

코드 2-19

```
1    val = 0
2    def add(a,b):
3        val = a + b
4        return val
5
6    print(add(1,2))
7    print(val)
```

실행 결과

```
3
0
```

3 변수는 크게 전역 변수global variable와 지역 변수local variable로 구분한다. 전역 변수는 프로그램 어디서든지 접근할 수 있는 변수이고 프로그램이 종료될 때까지 메모리에 유지된다. 반면에 지역 변수는 함수 내에서 정의되어 함수 내에서만 유효하고, 함수 외부에서는 접근할 수 없다. 지역 변수는 함수가 호출될 때 생성되고, 함수가 종료될 때 소멸된다.

처음에 소개한 print도 함수 형식으로 파이썬 인터프리터[4]에 미리 정의되어 있다. 이런 함수를 내장함수[5]라 한다. 직접 정의한 add와 interp 함수는 인수의 개수가 정해져 있고, 정의한 표현에 맞게 사용해야 한다. 그에 반해 print 함수는 직접 정의한 함수보다 활용도가 높다. 활용도가 높은 함수를 구현하려면 프로그래밍의 이해도가 높아야 하고, 이 책의 목표에도 맞지 않으므로 깊게 다루지 않는다.

실습예제 2-1

화씨(F)와 섭씨(C)는 $F = 1.8C + 32$의 관계가 있다. 섭씨에 대응하는 화씨의 계산 함수를 구현하고 섭씨 17도에 대응하는 화씨를 출력하라.

문제 해석

섭씨를 입력으로 하는 관계식을 계산하고 계산된 화씨 값을 반환하는 함수를 구현한다. 특정 값을 대입하여 결과를 확인한다. 손계산으로도 값을 확인할 수 있는 간단한 예제를 통해서 함수 구현을 경험한다.

모범 답안

```python
def celsius_to_fahrenheit(celsius):
    fahrenheit = 1.8*celsius + 32
    return fahrenheit

cel = 17
fah = celsius_to_fahrenheit(cel)
print('For the celcius degree of', cel, ', the fahrenheit degree is', fah)
```

실행 결과 For the celcius degree of 17 , the fahrenheit degree is 62.6

SECTION 02 연습문제

1 원/유로 환율은 1,457원이고 원/달러 환율은 1,412원인 날에 어떤 재화의 구매가가 117유로 또는 120달러라고 한다. 이 재화를 구매할 때 원화로 환전해서 결제해야 하며, 유로 결제 시 0.17%, 달러 결제 시 0.15%의 수수료가 발생한다고 한다. 이 재화를 구매할 때 어떤 통화로 결제하는 것이 유리할지 확인하는 코드를 작성하라.

2 XOR Exclusive OR 연산은 입력된 두 부울값을 비교하여 값이 서로 다르면 참을 반환하고, 같으면 거짓을 반환하는 논리 연산이다. XOR 연산을 함수로 구현하고, 입력값이 참과 거짓일 때의 결괏값을 출력하라.

4 인터프리터 interpreter : 코드를 읽고 해석하여 실행하는 데 사용되는 프로그램

5 내장함수 built-in function : 사용자가 직접 정의하는 것이 아닌 파이썬 인터프리터에 내부 코드로 구현되어 있는 함수

PART 2

수치 최적화 기법

SECTION

03 수열과 급수

수열sequence은 정의역이 자연수 ℕ인 함수 또는 간단하게 수의 나열 a_1, a_2, a_3, ⋯ 를 의미한다. a_1을 초항, a_n을 n항이라 하며 기호로는 $\{a_n\}$으로 표기한다. 수열은 for-문 구조의 반복문을 활용하여 표현하기 좋다. [코드 3-1]은 for-문을 단순하게 사용한 예이다. 구간을 나타내는 함수 range의 인수에 3을 입력하면 인덱스index n이 0부터 시작해서 3이 되기 전까지 for-문의 블록(2줄)을 순차적으로 반복한다.

코드 3-1

```
for n in range(3):
    print('n =', n)
```

실행 결과

```
n = 0
n = 1
n = 2
```

일반적으로 수열의 초항을 a_1으로 두기 때문에 [코드 3-1]이 어색할 수 있다. 따라서 다른 형태의 코드도 소개한다. [코드 3-2]는 range 함수의 인수가 1과 4로 두 개이며, 첫 번째 인수인 1에서 시작하여 4가 되기 전까지 다음 코드 블록을 순차적으로 반복한다. [코드 3-1]과 [코드 3-2]는 이 책 전반에서 가장 많이 사용하는 형식이다. 이때 변수명 n이 반복하는 인덱스이고 range의 인수로 반복 범위를 지정할 수 있다. for-문의 구조상 콜론(:)을 문장 마지막에 반드시 추가해야 하며, for-문 첫 줄 이후의 명령문은 모두 한 블록 안에 정렬되어 있어야 한다.

코드 3-2

```
for n in range(1,4):
    print('n =', n)
```

실행 결과

```
n = 1
n = 2
n = 3
```

break-문은 해당 블록의 for-문을 중단한다. 보통 if-문과 결합하여 특정 조건에 대해 반복을 멈추고자 할 때 자주 활용한다. [코드 3-3]을 통해 for-문에서 if-문과 break-문을 모두 사용하는 간단한 예를 살펴보자. for-문에서 인덱스 n이 아래 코드 블록(2~4줄)을 12회 반복하라고 지시했지만, n이 2와 동일한 값일 때 if-문의 조건을 만족하므로 break를 만나고 for-문을 종료하게 된다. 따라서 이 코드의 결과는 [코드 3-1]과 동일함을 쉽게 이해할 수 있다.

코드 3-3

```
1   for n in range(12):
2       print('n =', n)
3       if n == 2:
4           break
```

실행 결과

```
n = 0
n = 1
n = 2
```

이제 간단한 수학 문제를 파이썬으로 해결해보자.

실습예제 3-1

초항이 $a_0 = 1$이고 점화식이 $a_n = 1.2a_{n-1}$인 수열 $\{a_n\}$을 생각하자. 이 수열 $\{a_n\}$의 값 중 10을 넘는 가장 작은 자연수 n을 구하기 위한 프로그램을 구현하라.

문제 해석

점화식의 인덱스는 1씩 지속적으로 증가한다. 따라서 반복문을 이용하여 점화식의 수열값을 반복적으로 계산할 수 있다. 특정 조건의 만족 여부를 확인하고 조건문을 통해서 반복문을 중단한다.

모범 답안

```
a = 1.0
for n in range(24):
    a = 1.2*a
    if a > 10:
        print('n =', n, 'an =', a)
        break
```

실행 결과

```
n = 12 an = 10.699320537907196
```

[실습예제 3-1]의 모범 답안에서 수열의 각 항을 모두 a라는 변수명으로 표현하고, 수열의 인덱스를 나타내는 형식을 사용하지 않았다. 실제로 for-문의 인덱스 n과 변수 a가 함께 a_n을 나타낸다. 또한, for-문의 구조는 인덱스 n이 24가 되기 전까지 반복하도록 의도했지만 4줄의 if-문 조건을 만족하면 print가 활성화되고, break를 만나면서 for-문이 종료된다. 실행 결과를 살펴보면 n은 12까지만 반복했음을 알 수 있다. 여기서 24를 선택한 이유는 목적 결과에 도달할 수 있는 적당히 큰 자연수를 선택한 것일 뿐이다.

주어진 수열 $\{a_k\}$에 대해 초항부터 n항까지의 **유한급수**finite series S_n을 다음과 같이 정의할 수 있다.

$$S_n = \sum_{k=1}^{n} a_k$$

이때, 자연수 $\mathbb{N}$에 대응하는 수열 $\{S_n\}$을 **부분합 수열**partial sum sequence이라 하고 부분합 수열의 극한 $\lim_{n\to\infty} S_n$이 존재하면 **무한급수**infinite series $\sum_{k=1}^{\infty} a_k$를 정의한다.

실습예제 3-2

$S_n = \sum_{k=1}^{n} k$ 값 중 100을 넘는 가장 작은 n을 구하기 위한 프로그램을 구현하라.

문제 해석

급수도 점화식으로 이해할 수 있으므로 주어진 급수를 $S_n = S_{n-1} + n$ 으로 나타낼 수 있다. 따라서 급수를 반복문으로 계산할 수 있다. 반복문이 계속될 때마다 문제의 요구 조건에 맞는지 확인하고 조건문을 통해 반복문을 중단한다.

모범 답안

```
1  SUM = 0
2  for n in range(24):
3      SUM = SUM + n
4      if SUM > 100:
5          print('n =', n, 'SUM =', SUM)
6          break
```

실행 결과 n = 14 SUM = 105

[실습예제 3-2]의 모범 답안의 3줄에서는 SUM 변수에 n 값을 더한 후, 다시 SUM에 대입한다. 이와 같이 하나의 변수에 특정 값을 더할 때 할당 연산자 중 축약형 연산자assignment operator를 사용할 수 있다. 축약형을 사용하면 덧셈은 +=로, 곱셈은 *=로 바뀐다. 즉 모범 답안의 3줄을 SUM += n으로 변경해도 동일한 과정을 구현한다. [코드 3-4]를 통하여 축약형을 어떻게 사용하는지 확인하자. 뺄셈과 나눗셈에 대한 축약형은 -=과 /=이다.

tip 2절 [코드 2-9]에서 설명한 연산은 기본 할당 연산자로 구분하고, [코드 3-4]의 축약형은 복합 할당 연산자라고 한다.

코드 3-4

```python
a = 10
a += 1
print(a)
a *= 2
print(a)
```

실행 결과

```
11
22
```

실습예제 3-3 도전!

$S_n = \sum_{k=1}^{n} k$ 값 중 1,000을 넘는 가장 작은 n을 구하기 위한 프로그램을 구현하라.

프로그래밍에서는 특정 조건에서 중단하는 반복문을 for-문과 if-문으로 구현할 수도 있지만 단순하게 while-문으로도 구현할 수 있다. 수열과 급수를 구현하기 위해서 for-문을 주로 소개했지만, 일반적으로 수학에서 수열은 무한수열을 의미하므로 완전히 적합하지는 않다. 어떤 면에서는 수열을 while-문으로 구현하는 게 적절하지만, 프로그래밍 초심자가 while-문을 바로 사용하기에는 위험 요소가 있다. 잘못 사용하면 무한 루프[1]가 나타날 수 있기 때문이다. 따라서 이 책에서는 다소 번거로워 보일지라도 최소한의 프로그래밍 문법만으로도 학습할 수 있도록 while-문보다는 for-문과 if-문을 사용하려고 한다. 추후 프로그래밍을 따로 학습한다면 지금까지 배운 내용을 더욱 다양한 알고리즘으로 얼마든지 다양하게 구현할 수 있을 것이다.

SECTION 03 연습문제

1 연이율이 3%인 정기적금[2] 통장에 매월 말 70만 원씩 36개월 동안 입금할 때, 원금[3]과 이자[4]는 각각 얼마인가? 여기서 계산 코드는 만원 단위로 작성하라.

2 연이율이 4%인 정기적금 통장에 매월 말 50만 원씩 입금할 때, 원리금[5]이 1억 원 이상이 되려면 최소한 몇 개월짜리 상품에 가입해야 하는가? 여기서 계산 코드는 만원 단위로 작성하라.

1 무한 루프infinite loop : 프로그램이 종료되지 않고 계속 반복하는 상태

2 정기적금 : 매월 일정 금액을 정기적으로 납입하고 만기일에 원리금을 지급받는 상품

3 원금principal : 상품에 납입된 원래의 금액

4 이자interest : 납입된 원금에 대해 발생하는 금전적 보상

5 원리금final value : 원금과 이자를 합한 액수

SECTION

04 일변수함수의 최적화 문제

간단한 문제를 통해서 **최적화 문제** optimization problem 가 무엇인지 알아보자. 최적화 문제를 일변수 함수로 한정하면 다음과 같은 **최솟값 문제** minimum value problem 로 이해할 수 있다.

$$\min_{x \in D} f(x) = \min\{f(x) \mid x \in D\}$$

즉 최적화 문제는 주어진 정의역 D에서의 함숫값 $f(x)$ 중 가장 작은 값을 찾는 문제이다. 예를 들어 실수 영역 $\mathbb{R}$에서 이차함수 $f(x) = x^2 - 4x + 6$ 을 생각해보자.

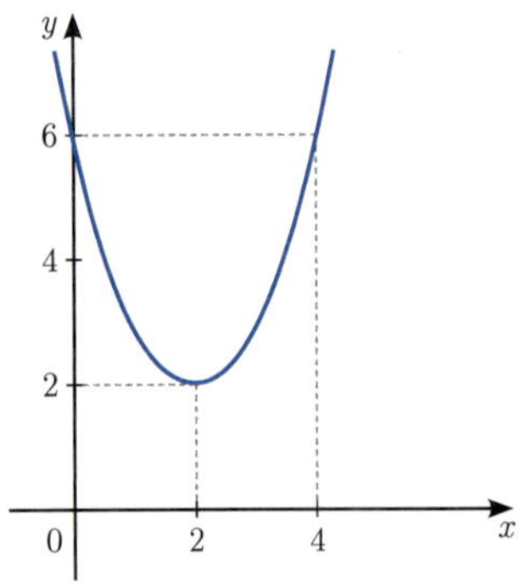

그림 4-1 이차함수 $f(x) = x^2 - 4x + 6$ 의 그래프

주어진 함수 $f(x)$가 이차 다항함수이므로 완전제곱식을 활용할 수 있다. 즉 임의의 $x \in \mathbb{R}$ 에 대하여 $f(x) = (x-2)^2 + 2 \geq 2$이므로 $f(x)$의 최솟값은 2이다.

정의역의 원소 a에 대하여 극한

$$\lim_{h \to 0} \frac{f(a+h) - f(a)}{h}$$

가 수렴하면 a에서 **미분가능** differentiable 하다고 하고 그 값을 **미분계수** differential coefficient $f'(a)$ 라 한다. 정의역의 원소 x에 대한 미분계수를 대응한 함수를 $f(x)$의 **도함수** derivative 라 하고 이를 기호로는 $f'(x)$로 표기한다. 정의역의 모든 원소 x에 대해 미분계수 $f'(x)$가 존재하면 함수 $f(x)$를 **미분가능한 함수**라고 한다.

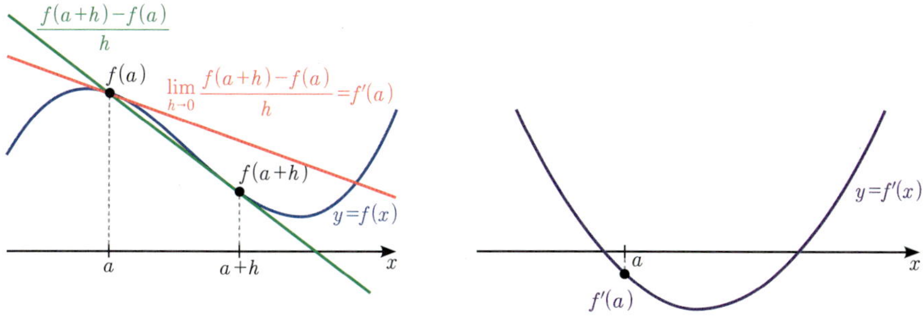

(a) 미분계수 $f'(a)$ (b) 도함수 $f'(x)$

그림 4-2 미분계수와 도함수

$f'(x)$도 일변수함수이므로 $f'(x)$가 미분가능한 함수이면 $f''(x)=(f'(x))'$을 정의할 수 있다. 이때 $f(x)$를 두 번 미분가능한 함수라 하고 $f''(x)$를 **이계도함수**라 한다. 미분가능한 두 함수 $f(x)$, $g(x)$와 상수 $a, b \in \mathbb{R}$에 대해 미분은 다음과 같은 **선형성**linearity을 갖는다.

$$(af(x)+bg(x))' = af'(x)+bg'(x)$$

정수 n에 대한 다항식 x^n의 미분은 $(x^n)' = nx^{n-1}$이다. 예를 들어 $(x^2)' = 2x$이고 $(x)' = 1$이다. 따라서 $f(x) = x^2 - 4x + 6$에 다항식의 미분과 선형성을 적용하면 $f'(x) = 2x - 4$이고 $f''(x) = 2$이다.

극소점local minima은 근방의 함숫값보다 작은 값을 갖는 점을 의미한다. 극소점 $x = a$는 미분가능한 함수에 대해 $f'(a) = 0$을 만족하고, 두 번 미분가능한 함수에 대해 $f''(a) > 0$을 만족한다. **최소점**minima은 가장 작은 함숫값을 갖는 점을 의미한다. 따라서 최소점은 극소점이기에 극소점을 모두 구하는 방식으로 최적화 문제를 풀 수 있다. 참고로, 극소점에서의 함숫값을 **극솟값**local minimum value, 최소점에서의 함숫값을 **최솟값**minimum value이라 한다.

주어진 함수가 두 번 미분가능한 함수라면 이계도함수 $f''(x)$를 이용하여 최적화 문제를 풀 수 있다. $f''(x) > 0$이면 x의 근방에서 **아래로 볼록**convex하고, $f''(x) < 0$이면 **위로 볼록**concave하다. 예를 들어 $f(x) = x^2 - 4x + 6$에 대해 방정식 $f'(x) = 2x - 4 = 0$을 생각할 수 있다. 이 방정식의 해는 정점stationary point $x = 2$이며, 이 값을 이계도함수에 대입하면 $f''(2) = 2 > 0$이므로 $f(2) = 2$가 유일한 극솟값이다. 또한 모든 x에 대해 $f''(x) > 0$이므로 주어진 함수 $f(x)$는 2에서 최솟값을 가짐을 알 수 있다.

최솟값 문제는 말 그대로 특정 함수의 최솟값을 찾는 문제인데, 사실 '최솟값을 찾는 것'은 '최솟값이 되는 최소점을 찾는 것'과 동일하다. 따라서 최소점을 찾는 것을 강조하려면 다음과 같이 argmin을 사용한다.

$$\underset{x\in D}{\operatorname{argmin}} f(x)=\left\{x^* \,\middle|\, f(x^*)=\min_{x\in D} f(x)\right\}$$

min과 argmin은 비슷한 개념을 의미하지만 min은 최솟값에 집중하고 argmin은 최소점에 집중한다는 차이가 있다. 최솟값 문제는 **최소화 문제**minimization problem라고 하기도 한다. 예를 들어 두 함수의 차이를 다음과 같이 정리할 수 있다.

- 함수 $f(x)=x^2-4x+6$에 대해 $\underset{x\in\mathbb{R}}{\operatorname{argmin}} f(x)=\{2\}$이고 $\min_{x\in\mathbb{R}} f(x)=2$이다.
- 함수 $g(x)=(x^2-1)^2$에 대해 $\underset{x\in\mathbb{R}}{\operatorname{argmin}} g(x)=\{-1,1\}$이고 $\min_{x\in\mathbb{R}} g(x)=0$이다.

위 내용에 따르면 argmin은 분명히 집합을 가리킨다. 편의성을 위해서 $x^*=\operatorname{argmin} f(x)$로 두어 argmin이 하나의 값을 가리키는 것처럼 표현하기도 한다. 예를 들어 위의 두 가지 예를 각각 $2=\operatorname{argmin} f(x)$와 $1=\operatorname{argmin} g(x)$로 나타낼 수 있다.

지금까지 살핀 내용을 통해 최적화 문제는 주어진 함수 $f(x)$의 최솟값 또는 최소점을 찾는 문제로 이미 익숙한 개념임을 알 수 있다. 최적화 문제는 다양한 분야에서 활용된다. 분야에 따라 함수 $f(x)$를 비용cost, 손실loss, 목적objective, 에너지energy 등으로 표현하지만 함수 $f(x)$의 본질이 바뀌는 것은 아니다. 이 책에서는 **목적함수**objective function를 기본으로 사용한다. 최적화 문제는 최소화 문제뿐만 아니라 **최대화 문제**maximization problem도 포함한다. 참고로 주어진 함수 $f(x)$의 최댓값을 찾는 문제는 음수를 곱한 함수 $-f(x)$의 최솟값을 찾는 문제와 동일하므로 최소화 문제와 최적화 문제를 동일시 하기도 한다.

파이썬으로 과학 계산[1]을 구현하려면 프로그래밍 말고도 수학 개념을 잘 숙지해야 한다. 이제 이 책에서 꼭 알아야 하는 개념을 간단히 소개한다. 먼저 자주 사용하는 함수와 그 도함수를 소개한다.

- $(\sin x)'=\cos x$
- $(\cos x)'=-\sin x$
- $(\tan^{-1}x)'=\dfrac{1}{1+x^2}$
- $(e^x)'=e^x$
- $(\log x)'=\dfrac{1}{x}$
- $(\tanh x)'=\operatorname{sech}^2 x$

tip 지수함수 e^x은 $\exp x$로 나타내기도 한다. 또한 $\tan^{-1}x$는 $\tan x$의 역함수로서 $\arctan x$로 표기하기도 한다.

미분가능한 두 함수 $f(x)$와 $g(x)$에 대해 곱과 몫으로 정의된 함수의 미분은 다음과 같다.

$$(f(x)\cdot g(x))'=f'(x)\cdot g(x)+f(x)\cdot g'(x) \qquad \text{[곱의 미분법]}$$

$$\left(\frac{f(x)}{g(x)}\right)'=\frac{f'(x)\cdot g(x)-f(x)\cdot g'(x)}{(g(x))^2} \qquad \text{[몫의 미분법]}$$

1 과학 계산scientific computing : 수학적인 모델을 구현하고 이를 통해 데이터를 분석하거나 문제를 해결하는 과정

합성함수 $(f \circ g)(x) = f(g(x))$의 미분은 다음과 같다.

$$(f \circ g)'(x) = f'(g(x)) \cdot g'(x) \qquad \text{[합성함수의 미분법]}$$

곱셈을 의미하는 곱 연산자($\cdot$)는 생략할 수 있으나 필요한 경우에 강조하기 위해 사용한다.

기본예제 4-1

$x \sin x$의 도함수를 구하라.

모범 답안

$f(x) = x$와 $g(x) = \sin x$로 표현하고 곱의 미분법을 적용하면 다음과 같다.

$$(x \cdot \sin x)' = 1 \cdot \sin x + x \cdot \cos x = \sin x + x \cos x$$

기본예제 4-2

$\frac{1}{1+e^x}$의 도함수를 구하라.

모범 답안

$f(x) = 1$과 $g(x) = 1 + e^x$으로 표현하고 몫의 미분법을 적용하면 다음과 같다.

$$\left(\frac{1}{1+e^x}\right)' = \frac{0 \cdot (1+e^x) - 1 \cdot e^x}{(1+e^x)^2} = -\frac{1}{(1+e^x)^2}$$

기본예제 4-3

$\log(x^2 - 3x + 2)$의 도함수를 구하라.

모범 답안

$f(x) = \log x$와 $g(x) = x^2 - 3x + 2$로 표현하고 합성함수의 미분법을 적용하면 다음과 같다.

$$(\log(x^2 - 3x + 2))' = \frac{1}{x^2 - 3x + 2} \cdot (2x - 3) = \frac{2x - 3}{x^2 - 3x + 2}$$

SECTION 04 연습문제

1 $x \log x$의 도함수를 구하라.

2 $\frac{e^x}{1+e^x}$의 도함수를 구하라.

SECTION

05 일변수함수의 그래프

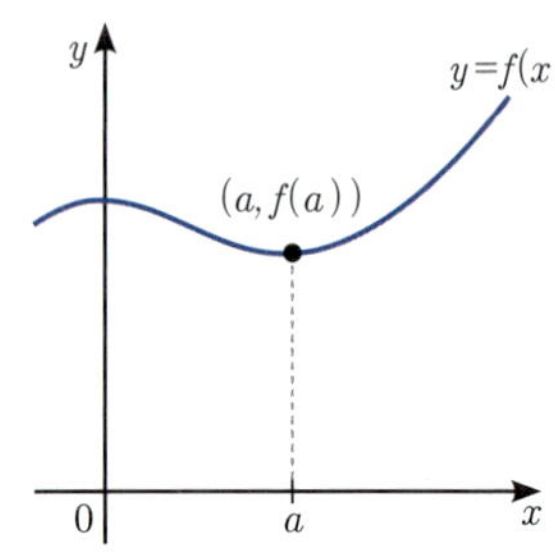

그림 5-1 일변수함수의 그래프

일변수함수의 최적화 문제는 그래프graph를 그리면 쉽게 이해할 수 있다. 정의역 $D \subset \mathbb{R}$에서 정의된 일변수함수 $y=f(x)$의 그래프는 $G(f)=\{(x,f(x)) \mid x \in D\}$로 표현한다. 따라서 일변수함수의 그래프는 [그림 5-1]과 같이 이차원 좌표에서 일차원 영역의 원소에 대응하는 점들의 집합을 의미하고 곡선curve으로 나타난다.

이 책에서는 데이터 저장 및 연산, 그리고 시각화를 위해서 넘파이numpy와 맷플롯립matplotlib 라이브러리를 사용한다. 넘파이는 과학 계산을 위한 핵심 라이브러리로서 주로 배열과 행렬의 연산을 쉽게 처리할 수 있도록 지원하며, 수학 관련 프로그래밍에서 자주 호출된다. 맷플롯립은 그래픽을 생성하여 데이터를 시각화하는 데 사용되는 다양한 기능을 제공하고, 넘파이와 통합하기가 용이해서 데이터 분석, 과학 계산, 기계학습 등 다양한 분야에서 활용된다.

이 절에서는 파이썬에서 넘파이와 맷플롯립을 이용하여 일변수함수를 그리는 방법을 살펴본다. array, linspace, plot 함수 순으로 살펴보고 일변수함수의 그래프를 그려보자.

배열

array 함수는 넘파이에 정의된 함수로, 입력한 데이터를 배열array로 만들어준다. [코드 5-1]은 일차원 배열을 정의하는 간단한 코드이다.

코드 5-1

```
import numpy as np

aa = np.array([1,2,3])
print(aa)
print(aa[0], aa[1], aa[2])
print(len(aa))
```

실행 결과

```
[1 2 3]
1 2 3
3
```

- **1줄** import numpy는 넘파이를 호출하기 위해서 필수적인 명령이고 np는 numpy의 별칭이다. 다른 별칭으로 수정해도 되지만 넘파이 공식 문서[1]에서 사용되는 np를 그대로 사용할 것을 권장한다.
- **3줄** array 함수의 인수는 대괄호와 콤마를 사용하여 데이터를 순서대로 입력한다.
- **4줄** print 함수로 배열 이름을 호출하면 데이터를 대괄호로 묶었음을 확인할 수 있다.
- **5줄** 배열에 속한 각각의 데이터가 필요하다면 인덱스 번호로 호출한다. 참고로 배열의 첫 번째 데이터의 인덱스는 1이 아니라 0이다.
- **6줄** 파이썬 내장함수 len을 사용하면 배열의 길이인 3을 출력할 수 있다.

배열은 2절에서 소개한 자료구조 중 리스트와 매우 유사하지만, 리스트와는 다르게 서로 다른 자료형을 하나의 배열에 저장할 수 없다. 배열은 리스트와는 다르게 성분별 연산[2]을 허용한다. 이 책에서 자주 사용하게 될 연산을 [코드 5-2]에서 소개한다.

코드 5-2

```
import numpy as np

aa = np.array([1,2,3])
bb = np.array([4,2,-3])
print(aa+bb)
print(aa-bb)
print(4*aa)
print(aa*bb)
print(bb/aa)
print(aa**2)
```

실행 결과

```
[5 4 0]
[-3  0  6]
[ 4  8 12]
[ 4  4 -9]
[ 4.  1. -1.]
[1 4 9]
```

1 넘파이 공식 홈페이지(https://numpy.org)

2 성분별 연산component-wise computation : 동일한 위치에 있는 요소들 간의 연산을 수행

- **5~7줄** 두 배열의 성분별 합과 차, 그리고 상수곱을 나타낸다.
- **8~10줄** 두 배열의 성분별 곱과 나눗셈, 그리고 거듭제곱을 나타낸다.

균일 간격 배열

이번에는 넘파이의 또 다른 함수인 linspace를 알아보자. [코드 5-3]은 linspace를 다루는 간단한 코드이다. linspace 함수는 구간의 값을 등간격으로 만들어준다.

코드 5-3

```
1  import numpy as np
2
3  x = np.linspace(0, 1)
4  print(x)
5
6  y = np.linspace(0, 1, 11)
7  print(y)
```

실행 결과

```
[0.         0.02040816 0.04081633 0.06122449 0.08163265 0.10204082
 0.12244898 0.14285714 0.16326531 0.18367347 0.20408163 0.2244898
 0.24489796 0.26530612 0.28571429 0.30612245 0.32653061 0.34693878
 0.36734694 0.3877551  0.40816327 0.42857143 0.44897959 0.46938776
 0.48979592 0.51020408 0.53061224 0.55102041 0.57142857 0.59183673
 0.6122449  0.63265306 0.65306122 0.67346939 0.69387755 0.71428571
 0.73469388 0.75510204 0.7755102  0.79591837 0.81632653 0.83673469
 0.85714286 0.87755102 0.89795918 0.91836735 0.93877551 0.95918367
 0.97959184 1.        ]
[0.  0.1 0.2 0.3 0.4 0.5 0.6 0.7 0.8 0.9 1. ]
```

- **3줄, 6줄** 처음 두 인수는 각각 구간의 처음과 끝을 가리킨다.
- **6줄** 세 번째 인수는 배열의 크기를 지정한다. 여기서 세 번째 인수는 옵션[3]으로서 값을 지정하지 않으면 디폴트[4] 값으로 50을 지정한다. len 함수로 확인하면 배열 x와 y의 길이가 각각 50과 11임을 확인할 수 있다.
- **실행 결과** x는 등간격 $1/49 \approx 0.0204$로 증가하는 배열이고 y는 등간격 $1/10 = 0.1$에 대응하는 배열임을 확인할 수 있다.

3 옵션option은 함수에서 선택적으로 적용되는 설정을 의미한다. 필수로 매개변수를 정의할 필요는 없다.

4 디폴트default는 함수의 매개변수에 대해 미리 정의된 기본값이다. 명시적으로 값을 지정하지 않은 경우에 디폴트 값이 적용된다.

그래프 출력

맷플롯립은 이차원 형태의 그래프나 이미지를 그릴 때 사용한다. 여기서는 매트랩[5]과 비슷한 기능을 제공하는 pyplot을 사용한다. pyplot은 [코드 5-4]의 2줄과 같이 import matplotlib.pyplot으로 호출하고 as plt와 함께 명령하여 별칭을 plt로 지정한다.

이제 pyplot이 제공하는 plot 함수에 대하여 알아보자. plot 함수는 일차원 그래프를 그리는 함수로, 첫 번째 인수에 그래프의 가로축을 입력하고 두 번째 인수에 세로축을 입력한다. 세 번째 인수는 옵션으로서 색과 스타일을 지정할 수 있다. plot 함수로 그린 그래프는 show( ) 함수로 화면에 출력할 수 있다.

코드 5-4

```
1    import numpy as np
2    import matplotlib.pyplot as plt
3
4    x = np.linspace(0, 4)
5    y = x**2 - 4*x + 6
6    plt.plot(x, y, '.-')
7    plt.show()
```

실행 결과

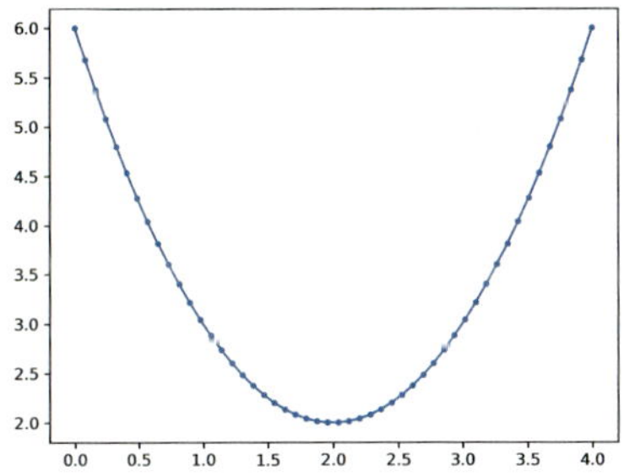

- **4줄** linspace를 통해 구간 [0, 4]에 대응하는 배열 x를 만든다.
- **5줄** 성분별 합과 곱의 연산을 통해 x와 동일한 크기의 배열 y를 얻는다.
- **6줄** 세 번째 인수에 '.-'을 입력하면 배열 x의 50개 점을 부분구간마다 선분으로 연결할 수 있다. 점이 많을수록 선분이 짧아지므로 부드러운 곡선처럼 보인다. 적당한 점의 개수는 상대적인 것이라 출력된 그래프가 충분히 부드럽지 않다면 개수를 크게 설정하는 것만으로도 해결할 수 있다.

한 화면에 여러 가지 그래프를 나타내려면 plot 함수를 반복하여 사용한다. [코드 5-5]의 9줄에서 show( )를 호출하기 전에 7~8줄에서 plot을 출력한 그래프가 한 화면에 중첩되어 나타난다.

5 매트랩MATLAB은 MathWorks에서 개발한 상용 소프트웨어로 공학, 과학 및 수학 분야에서 널리 사용되는 프로그래밍 및 수치 계산 플랫폼이다. 행렬 연산, 데이터 시각화, 알고리즘 개발 등에 특화되어 있으며 다양한 응용 분야에서 사용된다.

코드 5-5

```python
import numpy as np
import matplotlib.pyplot as plt

x = np.linspace(0, 4)
y = x**2 - 4*x + 6
yp = 2*x - 4
plt.plot(x, y, '.-')
plt.plot(x, yp)
plt.show()
```

실행 결과

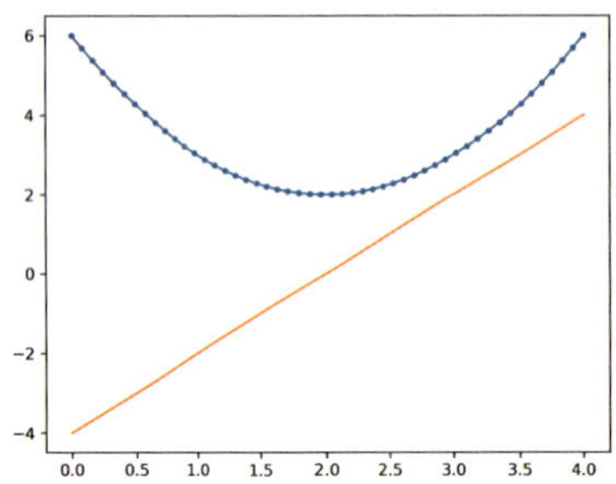

수학 연산

넘파이는 다양한 수치 계산 기능을 제공하므로 수학 관련 프로그래밍에서 자주 활용된다. 넘파이를 호출하면 원주율 π와 같은 수학 상수와 삼각함수, 지수함수 등과 같은 수학 함수를 사용할 수 있다. 앞으로 자주 사용할 여러 가지 수학 함수를 [표 5-1]에 정리했다.

표 5-1 넘파이의 수학 함수

넘파이 함수명	수학 함수	함수 이름
sin	sin	사인sine
cos	cos	코사인cosine
exp	exp	지수exponent
arctan	$\tan^{-1}$	역탄젠트arc tangent
sqrt	$\sqrt{}$	제곱근square root
tanh	tanh	쌍곡탄젠트hyperbolic tangent
cosh	cosh	쌍곡코사인hyperbolic cosine
log	log	자연로그natural logarithm
abs	$\lvert \cdot \rvert$	절댓값absolute value

[표 5-1]의 함수는 몇 가지 코드 예를 보면 사용법을 쉽게 유추할 수 있다. [코드 5-6]은 실수 x에 대한 절댓값 함수 $|x|$를 이용하여 $|-1|$ 값을 구하는 예이다. numpy의 별칭인 np와 점 연산자(.), 그리고 abs를 모두 입력해야 함을 유의하자.

코드 5-6

```
import numpy as np

print(np.abs(-1))
```

실행 결과

```
1
```

[코드 5-7]은 배열에 sqrt 함수를 사용한 예이다. 결과에서 배열의 성분마다 sqrt 함수가 적용되었음을 알 수 있다. 즉 [표 5-1]의 함수는 배열에 적용하면 성분별 연산의 결과를 도출한다.

코드 5-7

```
import numpy as np

a = np.array([1,4,16])
print(np.sqrt(a))
```

실행 결과

```
[1. 2. 4.]
```

[표 5-1]의 함수가 배열의 성분별로 연산을 적용했다면, 배열의 전체 성분 중에서 전체 합, 최댓값, 최솟값 등을 구하는 배열 연산 함수도 있다. 이 책에서 다룰 함수를 [표 5-2]에 정리했다.

표 5-2 넘파이의 배열 연산 함수

넘파이 함수명	함수 기능
sum	배열의 모든 요소의 합
max	배열의 요소 중 최댓값
min	배열의 요소 중 최솟값
argmax	배열에서 최댓값의 인덱스
argmin	배열에서 최솟값의 인덱스
unique	배열에서 중복되지 않는 값

3절 [실습예제 3-2]는 수열을 강조하기 위해 for-문을 사용하여 유한급수를 구현했다. 만약 수열이 배열로 주어지면 sum 함수를 사용하여 전체 합을 간단하게 구현할 수 있다. [코드 5-8]은 유한수열 1, 2, 3, 4, 5의 합을 구하는 예이다.

코드 5-8

```
import numpy as np

aa = np.array([1,2,3,4,5])
print(np.sum(aa))
```

실행 결과

```
15
```

[코드 5-9]는 [표 5-2]의 함수를 설명하는 간단한 예이다.

코드 5-9

```
1	import numpy as np
2	
3	aa = np.array([1,3,5,1,5])
4	print(np.max(aa), np.min(aa))
5	print(np.argmax(aa), np.argmin(aa))
6	print(np.unique(aa))
```

실행 결과

```
5 1
2 0
[1 3 5]
```

- **4줄** max와 min은 주어진 배열의 최댓값과 최솟값을 출력한다.
- **5줄** argmax와 argmin은 배열에서 최댓값과 최솟값이 있는 인덱스를 알려준다. 단, 최댓값과 최솟값이 나타나는 인덱스 중 작은 값을 출력함을 확인하자.
- **6줄** unique는 값을 중복되지 않게 정렬하여 배열로 출력한다.

[코드 5-10]은 넘파이와 맷플롯립을 사용하여 삼각함수를 그래프로 나타내는 예이다.

코드 5-10

```
import numpy as np
import matplotlib.pyplot as plt
```

```
3
4    x = np.linspace(-2*np.pi, 2*np.pi)
5    plt.plot(x, np.sin(x))
6    plt.show()
```

실행 결과

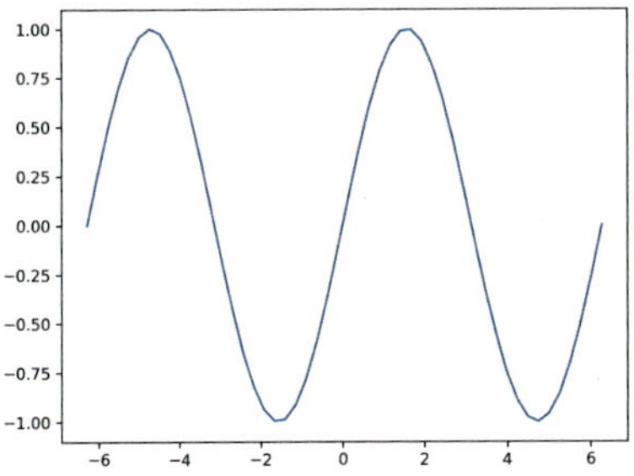

- **4줄** 구간 $[-2\pi, 2\pi]$에 대해 `linspace` 함수를 이용하여 배열 x로 정의한다.
- **5줄** x에 대한 사인함수를 계산하여 `plot` 함수로 나타낸다.

심화 학습

여기까지 책의 코드를 따라 입력하고 구현하는 데 큰 어려움을 겪진 않았을 것이다. 하지만 [코드 5-4]의 1~2줄과 같은 `import`와 6~7줄과 같은 변수명 뒤의 점 연산자(.)가 무엇인지 설명한 적이 없으므로 코드가 생소하게 느껴질 수 있다. 사실 이 책에서는 두 개념을 몰라도 괜찮지만 파이썬 프로그래밍 초심자들의 막연한 불안감을 해소할 수 있도록 파이썬 구조를 간단히 소개하고자 한다. 만약 이 문단을 읽기 전까지도 크게 어색하지 않았다면, 이 절이 끝날 때까지의 내용은 지금 깊게 학습하지 않는 것도 좋다.

클래스

파이썬은 필요한 자료나 작업을 객체object로 추상화하여 사용하는 이른바 객체지향 프로그래밍[6]이며, 클래스class라고 하는 구조를 자주 활용한다. 여기에서는 클래스의 구조를 간단히 살펴보자. 이 책에서는 클래스를 직접 만들지는 않지만 지속적으로 호출하여 사용한다.

6 프로그래밍 패러다임에는 세 가지 주요 유형이 있다. 순차적 프로그래밍sequential programming은 코드의 흐름과 순서에 중점을 두며 직관적이다. 절차적 프로그래밍procedural programming은 함수를 중심으로 구성되며, 반복될 가능성이 있는 모듈을 재사용 가능한 함수 단위로 나누어 프로그래밍한다. 객체지향 프로그래밍object-oriented programming은 객체들의 상호작용을 통해 프로그램을 설계하고 개발하는 것으로, 상태와 행위로 구성된 객체를 관리한다.

[코드 5-11]은 summation이라는 클래스를 정의하고 사용하는 예이다.

코드 5-11

```
1  class summation:
2      def __init__(self):
3          self.value = 0
4
5      def add(self,data):
6          self.value += data
7
8      def getvalue(self):
9          return self.value
10
11 aa = summation()
12 print(aa.getvalue())
13
14 for i in range(11):
15     aa.add(i)
16
17 print(aa.getvalue())
```

실행 결과

```
0
55
```

- summation 클래스는 2줄의 __init__, 5줄의 add, 8줄의 getvalue라는 메소드[7]를 포함한다.
- __init__은 생성자constructor라고 하는 특별한 메소드이며 클래스를 초기화하는 방법을 정의한다. 11줄에서 summation 클래스가 aa라는 인스턴스[8]를 만들 때, 2줄의 __init__이 작동한다. 그러면 3줄의 value라는 변수가 생성되고 그 값은 0으로 초기화된다.
- 클래스에서의 변수와 메소드는 멤버member로 구분한다. 5줄의 덧셈 연산을 위한 멤버 메소드 add는 data 값을 value에 더한다. 클래스 하나가 여러 가지 멤버 변수와 멤버 메소드를 가질 수 있음을 강조하기 위해 8줄에 데이터를 얻는 getvalue 메소드를 추가했다.
- 12줄, 17줄과 같이 인스턴트의 멤버를 호출할 때에는 멤버 앞에 해당 인스턴트와 점 연산자를 붙인다. getvalue 메소드를 통해서 멤버 변수 value를 출력할 수 있도록 설계했지만, 점 연산자를 이용하여 aa.value로 출력해도 동일한 결과를 얻는다. 즉 print(aa.value)로 수정하여 실행해보자.
- getvalue 메소드의 첫 번째 인수에 self가 있지만, 15줄처럼 멤버 메소드를 사용할 때 self를 호명하지는 않는다.

7 메소드method : 클래스에 정의된 함수

8 인스턴스instance는 클래스의 구체적인 객체이다. 클래스는 객체를 생성하는 일종의 틀이며, 인스턴스는 그 틀을 기반으로 실제 메모리에 할당된 구체적인 객체를 의미한다.

모듈

모듈module을 간단하게 정의하면 상수, 함수, 그리고 클래스를 모아 둔 py 확장자[9] 파일이라고 할 수 있다. 클래스와 마찬가지로 이 책에서는 모듈을 직접 만들지는 않지만 지속적으로 호출하여 사용한다. 간단한 예를 통해서 구조와 사용법을 이해하자. 파이썬을 실행 중인 디렉토리에 [코드 5-12]의 내용을 mymodule.py라는 이름으로 저장하자. 모듈 이름은 파일명과 동일하다. 즉 [코드 5-12]는 원주율을 나타내는 PI 상수(2줄), 반지름이 radius인 원의 넓이를 구하는 area 함수(4~5줄)와 hello( )라 입력하면 'Hello!'를 출력하는 sayhi 클래스(7~9줄)가 정의된 mymodule 모듈이다.

코드 5-12

```
1   # mymodule.py
2   PI = 3.14
3
4   def area(radius):
5       return PI*radius**2
6
7   class sayhi:
8       def hello():
9           print('Hello!')
```

[코드 5-12]를 디렉토리에 저장함으로써 mymodule 모듈을 정의하고 사용할 준비를 마쳤다. 이렇게 정의한 모듈을 [코드 5-13]의 1줄처럼 import로 호출하면, 모듈에 정의된 상수 PI와 함수 area를 모두 사용할 수 있다. 참고로 [코드 5-13]의 4줄에서 area 멤버를 호출할 때 PI를 직접 호출하지 않았다. 즉 area 멤버는 mymodule 모듈 안에서의 PI 멤버를 알고 있다는 의미이다.

코드 5-13

```
1   import mymodule
2
3   print(mymodule.PI)
4   print(mymodule.area(2))
5   mymodule.sayhi.hello()
```

9 확장자extension는 파일 이름 끝에 붙는 점(.) 다음의 문자열이며, 파일 형식을 나타낸다. 예를 들어 example.py라 하면 파이썬 형식으로 작성된 example 파일을 의미한다. 참고로 아이파이썬 환경을 사용하면 보통 ipynb 확장자로 저장한다.

실행 결과

```
3.14
12.56
Hello!
```

모듈을 import로 호출하면 모듈 내의 함수 또는 클래스를 호출할 때 [코드 5-13]의 3~5줄처럼 모듈 이름과 점 연산자를 붙여야 하는 번거로움이 있다. 모듈 이름을 붙이지 않고 직접 호출하고 싶으면 from을 사용한다. from을 사용하면 모듈 내에서 클래스를 호출할 때 점 연산자를 붙이지 않아도 되므로 반복되는 코드를 줄일 수 있다. [코드 5-14]와 같이 from과 import를 이용하면 mymodule 모듈 내의 sayhi 클래스를 점 연산자 없이 바로 호출할 수 있다.

코드 5-14

```
from mymodule import sayhi
sayhi.hello()
```

실행 결과

```
Hello!
```

지금까지 연습한 코드가 간단했지만 mymodule이라는 모듈명은 다소 길다. [코드 5-1]처럼 반복되는 코드를 줄이고 가독성을 높이기 위해 as를 사용하여 별칭alias을 지을 수 있다. [코드 5-15]의 1줄에서 as 뒤에 있는 my가 mymodule의 별칭이 된다. 별칭은 코드의 단축과 가독성을 위해서 활용하지만 남용하면 오히려 코드의 가독성을 낮출 수 있으니 주의가 필요하다.

코드 5-15

```
1    import mymodule as my
2
3    print(my.area(2))
```

실행 결과

```
12.56
```

모듈, 패키지, 라이브러리, 그리고 프레임워크

파이썬의 모듈은 단위 크기에 따라 패키지와 라이브러리 등으로 분류한다. 각 용어를 살펴보자.

- **모듈**module : 지금까지 코드 시작 부분에서 import로 호출한 넘파이numpy와 맷플롯립matplotlib, 그리고 keyword는 모두 모듈이라고 할 수 있다.

- **패키지**package : 여러 개의 모듈을 그룹화하여 하나의 디렉토리 형식으로 구조화한 것이다. 넘파이는 패키지의 한 예이다.
- **라이브러리**library : 여러 개의 패키지를 모아서 방대한 기능을 제공하는 것이다. 맷플롯립은 라이브러리의 한 예이다.
- **프레임워크**framework : 라이브러리가 어떤 업무를 수행하기 위해 최적화된 기초 프레임을 제공하면 이를 프레임워크라고 한다. 프레임워크의 예로 파이토치Pytorch, 텐서플로TensorFlow 등이 있다.

tip 넘파이는 패키지와 라이브러리의 경계에 있으며, 관점에 따라서 라이브러리로 구분하기도 한다.

모듈을 실행하려면 py 확장자 파일이 현재 실행 디렉토리에 저장되어 있어야 한다. 어떤 모듈은 파이썬에 기본으로 내장되어 있어 현재 실행 디렉토리에 저장하지 않아도 실행할 수 있다. 지금까지 사용한 넘파이 패키지 등이 그렇다. 이러한 모듈은 적당한 라이브러리 디렉토리에 저장되어 있으며, [코드 5-16]과 같이 실행하면 모듈이 저장된 디렉토리 경로를 확인할 수 있다. 실행 결과는 컴퓨터 환경마다 다르기에 생략한다.

코드 5-16

```
import sys
print(sys.path)
```

이 책의 코드는 모두 독립적이라 디렉토리 환경이 크게 중요하지 않지만 모듈을 다룰 때 현재 디렉토리를 아는 것이 필요할 수 있다. [코드 5-17]과 같이 실행하면 파이썬의 현재 실행 디렉토리 경로를 확인할 수 있다. 실행 결과는 컴퓨터 환경마다 다르기에 생략한다.

코드 5-17

```
import os
print(os.getcwd())
```

SECTION 05 연습문제

1 정의역 $[0,5]$에서 함수 $f(x)=x\sin x$의 그래프를 그려라.

2 정의역 $[-5,5]$에서 함수 $f(x)=\dfrac{e^x}{1+e^x}$의 그래프를 그려라.

3 정의역 $[-2\pi,2\pi]$에서 함수 $f(x)=\sin x$와 $g(x)=\cos x$의 그래프를 중첩하여 그려라.

SECTION

06 일변수함수의 수치 최적화 알고리즘

이차함수에 대한 최솟값 문제의 해법은 완전제곱식을 만들어 극솟값을 찾는 방법이 잘 알려져 있지만, 이를 모든 함수에 적용할 수는 없다. 예를 들어 함수가 $f(x)=x\sin x$로 주어지면 완전제곱식을 이용한 해법을 적용할 수 없음이 자명하다. 다른 방법을 찾아보기 위해 미분을 계산해보자.

$$f'(x)=\sin x + x\cos x, \quad f''(x)=2\cos x - x\sin x$$

함수 $f(x)$의 정점을 구하려면 방정식 $f'(x)=0$의 해를 알아야 하지만 해를 구하기는 쉽지 않다. 사실 극값을 이용하여 함수의 최적해를 구하는 방법은 대수적으로 풀기 어려운 방정식을 풀어야 하는 경우가 많아 일반적으로 실용적이지 않다. 그렇다면 최적해를 구하는 다른 방법이 필요한데, 이때 수치 최적화 방법이 한 가지 대안이 될 수 있다.

수치 최적화 방법은 어떤 점이 최소점이 될 수 있는지 바로 찾기 어려울 때 쓰는 한 가지 방법으로, **초기 추정**initial guess $x^{(0)}$ 값과 **반복법**iterative method

$$x^{(n+1)}=x^{(n)}+\alpha\Delta x^{(n)}, \quad \text{for } n=0,1,2,\cdots$$

를 생각할 수 있다. 여기서 $\alpha>0$을 단계 크기step size, $\Delta x^{(n)}$을 **탐색 방향**search direction이라 한다. 위 식은 익히 알고 있는 점화식 형태이며 각각의 n에 따라 수열 $\{x^{(n)}\}$을 생성한다. 이제 최적해를 구하기 위해 생성된 수열 $\{x^{(n)}\}$이 주어진 함수의 최소점으로 수렴하기를 기대한다.

4절에서 살펴본 목적함수 $f(x)=x^2-4x+6$의 최소점 찾기 문제인 argmin $f(x)$를 다시 생각해보자. [그림 6-1]은 함수 $f(x)$와 그 도함수 $f'(x)=2x-4$의 그래프를 나타내며, 최소점은 $x=2$이다.

$f(x)=x^2-4x+6$의 최소점을 모른다고 가정하고 목적지를 어떻게 찾을 수 있을지 생각해보자. 현재 위치 $x^{(n)}$이 0이라면 탐색 방향 $\Delta x^{(n)}$은 양수와 음수 중 무엇을 선택해야 할까? 또는 현재 위치 $x^{(n)}$이 4라면 무엇을 선택해야 할까?

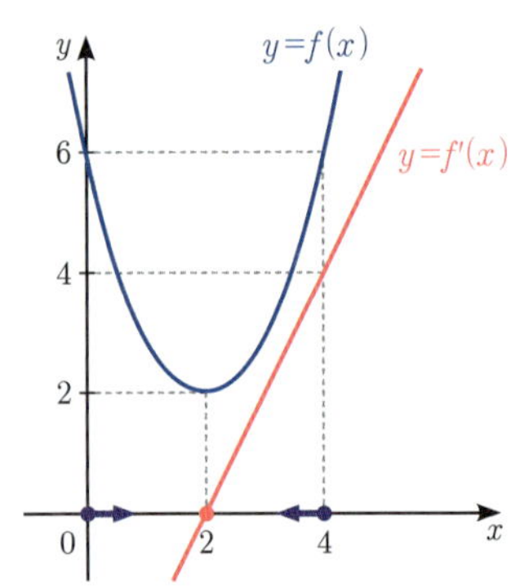

그림 6-1 함수 $f(x)=x^2-4x+6$과 도함수 $f'(x)=2x-4$의 그래프

우리는 이 함수의 그래프를 알고 있으므로 현재 위치가 0이면 탐색 방향을 양수로 선택하고 현재 위치가 4이면 탐색 방향을 음수로 선택하는 게 합리적이지만, 목적지가 어디 있는지 모른다고 가정하자. 함수 자체가 탐색 방향을 알려주면 좋겠는데 $f'(x^{(n)})$이 우리가 원하는 방향의 반대 방향을 가리키고 있다. 이는 $x^{(n)}$이 0이나 4가 아닌 다른 위치에 있다고 하더라도 성립한다. 따라서 탐색 방향을 $\Delta x^{(n)} = -f'(x^{(n)})$으로 정하여 다음과 같은 반복법을 제안할 수 있다.

$$\text{Given } x^{(0)} \in \mathbb{R},$$
$$x^{(n+1)} = x^{(n)} - \alpha f'(x^{(n)}), \quad \text{for } n = 0, 1, 2, \cdots$$

이를 **경사하강법(GDM)** gradient descent method 이라 한다. 편의상 단계 크기 α를 상수로 가정한다.

tip 위 식에서 'Given'은 '~이 주어지면'으로, 'for'는 '~에 대해'라 해석하면 충분하다.

초기 추정 $x^{(0)}$가 선택되면 $n = 0$일 때 $x^{(1)}$을 계산하고, $n = 1$일 때 $x^{(2)}$를 계산하는 방식으로 순차적으로 무한히 반복한다는 것이 중요하다. 따라서 경사하강법은 항상 현재 위치에서 기울기의 반대 방향으로 변화하며 수열 $\{x^{(n)}\}$을 발생하고 그 값이 극소점 x^*로 수렴하기를 기대한다.

참고

- 경사하강법으로 구한 수렴값은 극소점이다. 따라서 아무런 해석 없이 경사하강법의 결과를 최소점이라고 이해하면 안 된다. 최소점은 극소점이므로 극소점을 찾음으로써 최소점 후보를 아는 것이기 때문이다.
- 문제를 쉽게 정의하기 위해 최적화 문제의 표현 argmin을 이용하는데, 경사하강법을 적용하여 무조건 최소점을 구하는 문제라고 생각하기보다 오히려 어떤 시작점에서 최선을 다한 결과를 찾는다고 이해하는 게 좋다.

지금까지 제시한 최적화 문제를 구현할 수 있도록 파이썬 개념을 간단히 알아보자.

lambda 함수

파이썬에서 한 줄로 간결하게 함수를 정의하고자 할 때는 lambda를 이용하여 구현한다. 그래서 간단한 계산을 반복적으로 사용하고 싶을 때 lambda 함수로 정의하면 유용하다. [코드 6-1]의 1줄과 같이 lambda 뒤에 매개변수를 적고, 콜론(:) 뒤에 변수에 따른 표현식을 입력한다.

코드 6-1

```
1    ff = lambda x: x**2 - 4*x + 6
2    print(ff(0), ff(2), ff(4))
```

실행 결과 6 2 6

출력 형식

이번에는 데이터를 출력하는 방식을 알아보자. print 함수만으로도 문자열과 수를 다양한 방식으로 표현할 수 있지만 경우에 따라 수정하기 불편하고 보기에도 불편할 수 있다. 이럴 때는 문자열 객체의 format 멤버함수가 유용하다.

코드 6-2

```
1    print('a=', 1.234, ', b=', 2.456)
2    print('a={}, b={}'.format(1.234,2.456))
3    print('a={:.2f}, b={:.2f}'.format(1.234,2.456))
```

실행 결과

```
a= 1.234 , b= 2.456
a=1.234, b=2.456
a=1.23, b=2.46
```

- **2줄** 중괄호 안에 출력 형식을 지정하고 format 함수의 인수에 출력할 값을 입력하면 해당 형식이 입력값에 순서대로 대응한다.
- **3줄** 출력 형식에 콜론(:)과 f를 넣으면 실수 형식을 출력하는데, 중간의 점과 숫자를 이용하여 소수점과 반올림 위치를 조절할 수 있다.

반복되는 출력을 간단하게 표현하기 위해 [코드 6-3]과 같이 변수를 임시로 저장할 수도 있다. msg라는 변수에 문자열과 중괄호 형식을 정의하되, format 함수에 대응하여 출력될 수 있도록 한다. 단, 변수 msg와 format이 잘 대응할 수 있도록 출력 형식을 적절히 지정해야 한다. 1줄에서 {:.2f}는 실숫값에 대응하고 소수점 2자리까지 출력한다는 뜻이고, {:2d}는 정숫값에 대응하고 수의 입력 공간을 두 칸 지정한다는 뜻이다.

코드 6-3

```
1    msg = 'n={:2d}, a={:.2f}'
2    for n in range(3):
3        print(msg.format(n,(2*n+1)/3))
```

실행 결과

```
n= 0, a=0.33
n= 1, a=1.00
n= 2, a=1.67
```

실습예제 6-1

일변수함수의 최적화 문제를 푸는 경사하강법을 프로그래밍으로 구현하려고 한다. 함수 $f(x)=x^2-4x+6$의 최소점을 구하는 문제에서 초기 추정을 $x^{(0)}=0$, 단계 크기는 $\alpha=0.25$로 정의하고 10회 반복한 결과를 출력하라. 단, 반복 횟수와 추정 위치, 그리고 이에 대응하는 함숫값을 출력하여 확인하라.

문제 해석

목적함수인 일변수함수의 기울기를 구하고 경사하강법을 표현한다. 반복문을 이용하여 반복법을 구현한다. 기울기 계산과 경사하강법 적용 구조를 명확히 이해한다.

모범 답안

```
ff = lambda x: x**2 - 4*x + 6
fp = lambda x: 2*x - 4 # Derivative of a function

oldx = 0.0 # Initial Guess
MaxIter = 10 # Maximum Iteration Number
alpha = 0.25 # Step size
msg = 'n={:2d}, xn={:.5f}, f(xn)={:.5f}'
print(msg.format(0,oldx,ff(oldx)))
for n in range(MaxIter): # For loop
    newx = oldx - alpha*fp(oldx) # Gradient Descent Method
    oldx = newx # update for iteration
    print(msg.format(n+1,oldx,ff(oldx)))
```

실행 결과

```
n= 0, xn=0.00000, f(xn)=6.00000
n= 1, xn=1.00000, f(xn)=3.00000
n= 2, xn=1.50000, f(xn)=2.25000
n= 3, xn=1.75000, f(xn)=2.06250
n= 4, xn=1.87500, f(xn)=2.01562
n= 5, xn=1.93750, f(xn)=2.00391
n= 6, xn=1.96875, f(xn)=2.00098
n= 7, xn=1.98438, f(xn)=2.00024
n= 8, xn=1.99219, f(xn)=2.00006
n= 9, xn=1.99609, f(xn)=2.00002
n=10, xn=1.99805, f(xn)=2.00000
```

[실습예제 6-1]의 모범 답안을 상세하게 살펴보자.

- **6줄** alpha는 단계 크기를 나타내는 α를 의미한다. for-문에서 최대 반복 횟수는 MaxIter로 지정했는데, 문제에 따라서 적당한 자연수를 정하면 된다.
- **10줄** oldx와 newx는 경사하강법에서 $x^{(n)}$과 $x^{(n+1)}$에 대응한다.
- **11줄** oldx에 newx를 **갱신**update함으로써 for-문에 의한 **반복**iteration을 완성한다.
- **12줄** print 함수로 oldx와 인덱스 n이 대응되어 출력된다.
- **실행 결과** 반복 횟수를 10으로 설정했음에도 추정 위치가 충분히 2에 가까워지며 함숫값도 특정 값에 수렴하고 있음을 확인할 수 있다.

추정 위치를 출력하여 추이를 확인할 수도 있지만 그래프를 출력하여 진행 과정을 직관적으로 이해할 수도 있다. [실습예제 6-1]의 모범 답안에서 7~8줄, 그리고 12줄의 print를 지운 뒤 plot과 text를 사용하여 [코드 6-4]와 같이 구현할 수 있다. 이 코드를 실행하며 경사하강법의 진행 과정을 확인해보자.

코드 6-4

```
import numpy as np
import matplotlib.pyplot as plt

ff = lambda x: x**2 - 4*x + 6
fp = lambda x: 2*x - 4 # Derivative of a function

xx = np.linspace(-1, 6)
plt.plot(xx, ff(xx), 'k-')

oldx = 0.0 # Initial Guess
MaxIter = 10 # Maximum Iteration Number
alpha = 0.25 # Step size
plt.plot(oldx, ff(oldx), 'ko')
plt.text(oldx, ff(oldx)+1, 'x{:d}'.format(0))
for n in range(MaxIter): # For loop
    newx = oldx - alpha*fp(oldx) # Gradient Descent Method
    oldx = newx # update for iteration
    plt.plot(oldx, ff(oldx), 'ko')
    plt.text(oldx, ff(oldx)+1, 'x{:d}'.format(n+1))

plt.show()
```

실행 결과

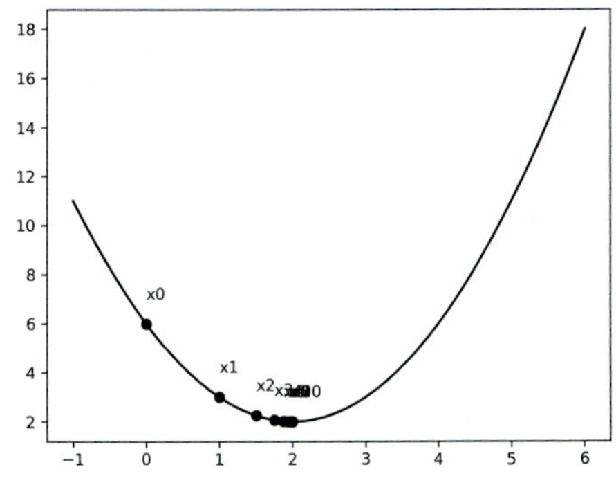

$x^{(n)}$의 위치와 목적함수의 값인 $f(x^{(n)})$의 변화를 강조하기 위해, 그래프 위의 점을 $x^{(n)}$의 위치가 아니라 $(x^{(n)}, f(x^{(n)}))$으로 나타냈음을 확인하라.

참고로 text 함수의 구문은 14줄 또는 19줄과 그 결과로 충분히 파악할 수 있다. 함수 사용법에 관심이 있다면 적절한 참고자료와 검색을 통해 직접 확인해보길 바란다. 이처럼 코드의 예시와 결과로 이해할 수 있는 문법은 따로 설명하지 않을 수 있다.

[코드 6-4]에서 α 값을 변경하면 결과가 어떻게 달라지는지 [그림 6-2]를 통해서 확인해보자. (b)와 같이 α 값이 0.25이면 10번의 반복만으로도 최소점에 충분히 가까워진다. 하지만 (a)와 같이 α 값이 0.05이면 최소점 위치에 근접하기는 하지만 접근 속도가 느리다. 그렇다고 α에 무조건 큰 값을 주는 게 좋다고 할 수도 없다. (c)와 같이 α 값이 1.05이면 수열값은 최소점에서 오히려 멀어진다.

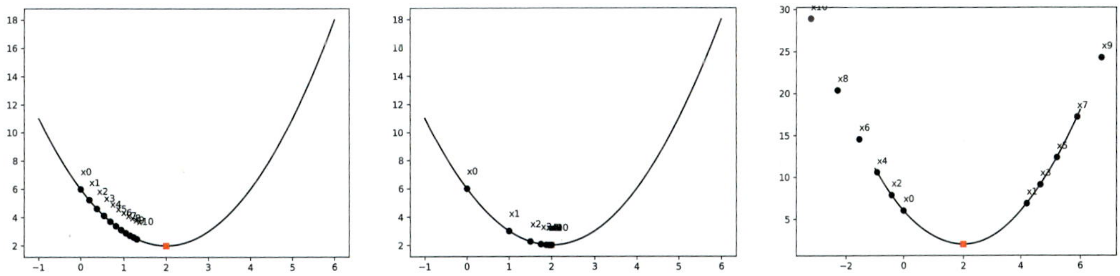

(a) $\alpha = 0.05$ (b) $\alpha = 0.25$ (c) $\alpha = 1.05$

그림 6-2 단계 크기 선택에 따른 결과 추이 변화

이렇게 한 가지 문제만으로는 경사하강법을 적용할 때 α 값을 얼마로 주어야 할지를 설명하기 어렵다. 적당한 α 값을 정하는 방법을 알면 좋겠지만, 지금은 α 값을 너무 작게도 너무 크게도 두지 않는 게 좋다는 정도로만 이해하고 다음 단계로 넘어가자.

[그림 6-2(b)]가 눈으로 보면 충분히 최소점에 가까워졌다고 할 수도 있겠지만 수렴한 것은 아니다. 수열의 극한은 무한의 개념이기에 무한히 반복했을 때 나타나는 현상을 의미한다. 따라서 수열 $\{x^{(n)}\}$이 x^*에 완전히 수렴하기를 기다릴 수가 없기에 적당한 수준에서 시행을 중단해야 한다. 이 시행을 중단하는 기준은 **연속오차**consecutive error

$$e^{(n+1)} = x^{(n+1)} - x^{(n)}$$

을 이용하여 정할 수 있다. 연속오차의 절댓값 $|e^{(n+1)}|$을 **절대연속오차**라 한다. 문제에 따라서 절대연속오차가 주어진 허용오차[1]보다 작으면 중단하기도 한다.

실습예제 6-2 도전!

경사하강법을 사용하여 함수 $f(x) = x\sin x$의 극소점을 찾는 코드를 구현하라. 초기 추정을 $x^{(0)} = 3$, 단계 크기는 $\alpha = 0.1$로 정의하고 연속오차의 절댓값이 10^{-6}보다 작아지면 반복을 중단한다. 단, 마지막 추정 위치와 그때의 절대연속오차를 출력하라.

SECTION 06 연습문제

1 경사하강법을 사용하여 함수 $f(x) = \exp x - x$의 극소점을 찾는 코드를 구현하라. 초기 추정을 $x^{(0)} = 1$, 단계 크기는 $\alpha = 0.12$로 정의하고 연속오차의 절댓값이 10^{-6}보다 작아지면 반복을 중단한다. 단, 마지막 추정 위치와 그때의 절대연속오차를 출력하라.

1 허용오차tolerance는 측정된 값과 실제 값 간의 허용 가능한 차이를 나타낸다. 즉 주어진 상황에서 실험, 측정 또는 계산의 결과가 기준값에서 얼마나 벗어날 수 있는지를 정의하는 것이다.

SECTION 07 다변수함수의 최적화 문제

이차원 평면 $\mathbb{R}^2$의 좌표는 (a,b)와 같이 순서쌍ordered pair으로 표현하는 것이 자연스럽다. 비슷하게 삼차원 공간 $\mathbb{R}^3$의 좌표는 (a,b,c)로 표현한다. 이렇게 직교좌표계에서 순서쌍으로 나타낸 좌표를 데카르트 좌표Cartesian coordinates라 한다. [그림 7-1]은 이차원과 삼차원에 직교좌표계에서의 좌표점을 나타낸다. 그림으로 표현하기는 어렵지만, 자연스럽게 일반화하여 d차원 공간 $\mathbb{R}^d$에서의 좌표점을 순서쌍 $(x_1, x_2, \cdots, x_d)$로 나타낼 수 있다.

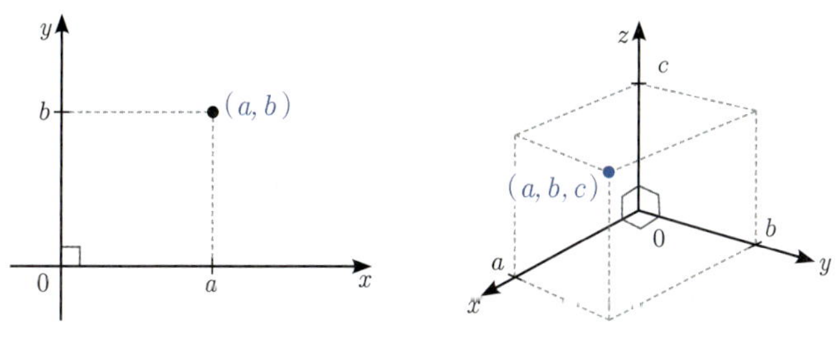

(a) 이차원 공간

(b) 삼차원 공간

그림 7-1 데카르트 좌표

이차원 공간 $\mathbb{R}^2$에서 순서쌍 (a,b)에 상수 k를 곱하면 $k(a,b)=(ka,kb)$이고, 두 순서쌍 (a,b)와 (c,d)를 더하면 $(a,b)+(c,d)=(a+c,b+d)$임을 알고 있다. 이는 선형연산linear combination으로 이해할 수 있는데, 상수 α, $\beta \in \mathbb{R}$에 대해

$$\alpha(a,b)+\beta(c,d)=(\alpha a+\beta c, \alpha b+\beta d)$$

임을 의미한다. 이와 같은 선형연산은 d차원 공간 $\mathbb{R}^d$에서도 동일한 형식으로 나타난다. 즉 두 순서쌍을 $\mathbf{x}=(x_1, x_2, \cdots, x_d)$와 $\mathbf{y}=(y_1, y_2, \cdots, y_d)$라 할 때, 상수 α, $\beta \in \mathbb{R}$에 대해

$$\alpha\mathbf{x}+\beta\mathbf{y}=(\alpha x_1+\beta y_1, \alpha x_2+\beta y_2, \cdots, \alpha x_d+\beta y_d)$$

이다.

독립변수 x가 종속변수 y에 대응시키는 관계를 일변수함수 $y=f(x)$라 하는데, 독립변수가 x와 y이고 종속변수가 z인 대응 관계는 이변수함수 $z=f(x,y)$로 볼 수 있다. 동일한 방식으로 d변수함수를 $y=f(x_1,x_2,\cdots,x_d)$로 일반화할 수 있다. 여기서 이변수 이상을 **다변수함수**라 한다.

정의역 $D\subset\mathbb{R}^2$에서 정의된 이변수함수 $z=f(x,y)$의 그래프는

$$G(f)=\{(x,y,f(x,y))\mid(x,y)\in D\}$$

로 정의한다. 따라서 [그림 7-2]와 같이 삼차원 좌표에서 이차원 영역의 원소에 대응하는 점들의 집합을 의미하고 곡면surface을 나타낸다.

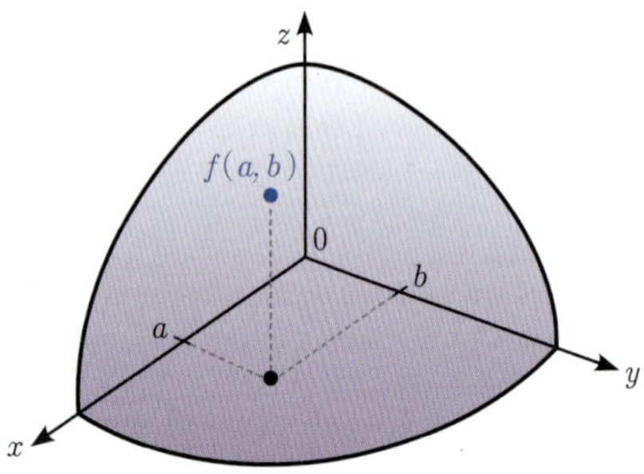

그림 7-2 이변수함수의 그래프

4절에서 다룬 일변수함수의 최적화 문제를 이변수함수의 최적화 문제로 확장하면 다음과 같다.

$$\underset{(x,y)\in D}{\operatorname{argmin}}\, f(x,y)$$

즉 이변수함수의 최적화 문제는 이차원 정의역 $D\subset\mathbb{R}^2$에서 목적함수 $f(x,y)$의 최소점을 찾는 문제이다. 이를 일반적인 다변수함수의 최적화 문제로 확장하면 다음과 같다.

$$\underset{\mathbf{x}\in D}{\operatorname{argmin}}\, f(\mathbf{x})$$

이는 d차원 정의역 $D\subset\mathbb{R}^d$에서 목적함수 $f(\mathbf{x})$의 최소점을 찾는 문제이다. 변수가 많아질수록 최소점을 찾는 일이 쉽지 않음을 예측할 수 있다.

이변수함수 $f(x,y)$의 미분은 x축과 y축 방향의 움직임으로만 한정하여 **편미분**partial differentiation을 구하는 데에서 시작한다. x에 대한 편미분과 y에 대한 편미분의 정의는 다음과 같다.

$$\frac{\partial f}{\partial x}(a,b)=\lim_{h\to 0}\frac{f(a+h,b)-f(a,b)}{h},\quad \frac{\partial f}{\partial y}(a,b)=\lim_{k\to 0}\frac{f(a,b+k)-f(a,b)}{k}$$

편미분은 함수의 아래첨자를 활용하여 $f_x = \frac{\partial f}{\partial x}$와 $f_y = \frac{\partial f}{\partial y}$로 표현하기도 한다. [그림 7-3]은 정의역의 원소 (a, b)를 기준으로 x축 방향의 움직임을 제한한 곡면 위에서의 함수의 파란색 궤적과 y축을 제한한 빨간색 궤적을 나타낸다.

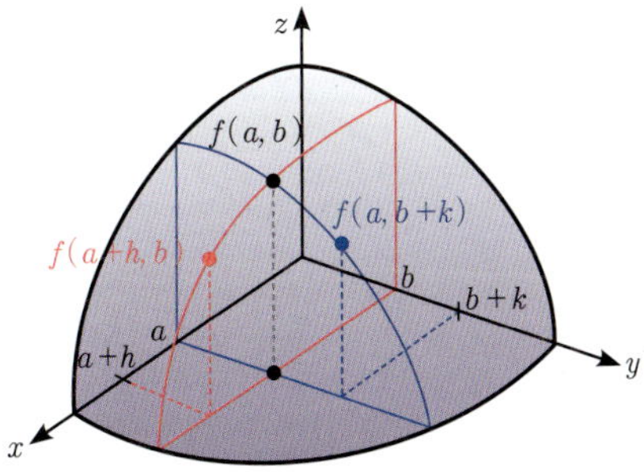

그림 7-3 이변수함수의 편미분

정의역의 원소 (x, y)에서 x에 대한 편미분계수와 y에 대한 편미분계수를 대응한 함수를 각각 $f_x(x, y)$와 $f_y(x, y)$로 표기하고 함수 $f(x, y)$의 **편도함수**partial derivative라 한다. f_x와 f_y가 모두 이변수함수이고 편미분가능하면 이계편도함수

$$f_{xx} = (f_x)_x, \quad f_{xy} = (f_x)_y, \quad f_{yx} = (f_y)_x, \quad f_{yy} = (f_y)_y$$

를 정의한다.

일변수함수에서 미분계수가 0이 되는 정점을 통해 극소점을 찾는 방식과 유사하게 이변수함수에서도 정점stationary point을 구할 수 있다. 이변수함수의 정점은 $f_x = f_y = 0$이 되는 점 (x, y)를 의미한다. 이변수함수 $f(x, y) = x^2 + y^2$을 생각해보자. 주어진 함수의 정점은 $f_x = 2x = 0$과 $f_y = 2y = 0$으로부터 $(x, y) = (0, 0)$임을 알 수 있다. [그림 7-4(a)]에서 자연스럽게 $(0, 0)$이 함수 $f(x, y)$의 극소점이며 최소점임을 이해할 수 있다. 이변수함수 $g(x, y) = xy$도 마찬가지로 $g_x = y = 0$과 $g_y = x = 0$으로부터 함수 f와 동일하게 정점이 $(0, 0)$임을 알 수 있다. 하지만 [그림 7-4(b)]에서 볼 수 있듯이 함수 $g(x, y)$는 $(0, 0)$에서 극소점을 갖지 않는다. 이와 같이 정점이지만 극값[1]을 갖지 않는 점을 안장점[2]이라 한다.

1 극값local extremum : 극솟값과 극댓값을 모두 포괄하는 용어

2 안장점saddle point : 특정 방향으로는 극댓값을 갖고 다른 방향으로는 극솟값을 가지므로 그래프의 모양이 말의 안장과 유사함

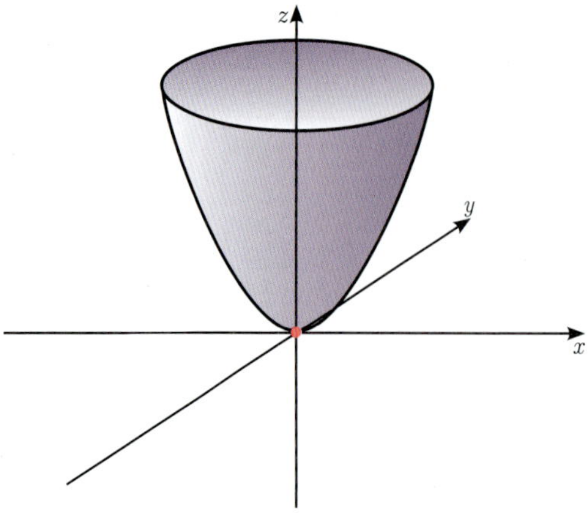

(a) $f(x,y)=x^2+y^2$ 의 극소점 $(0,0)$

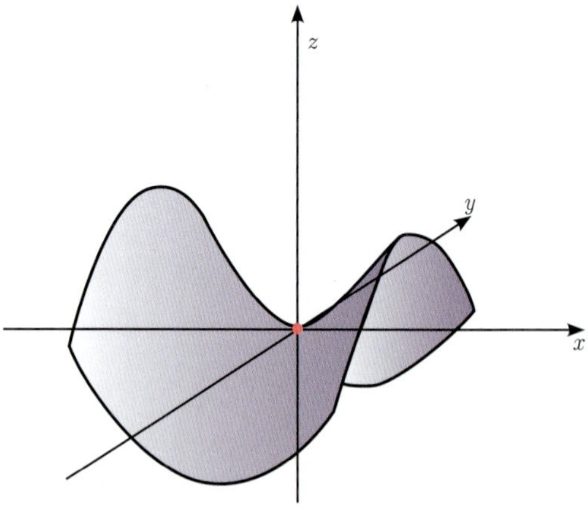

(b) $g(x,y)=xy$ 의 안장점 $(0,0)$

그림 7-4 극소점과 안장점

이변수함수의 편도함수에 대한 정의와 정점과 같이 다변수함수의 편도함수에 대한 정의와 정점도 비슷하게 생각할 수 있다. $\mathbf{x}=(x_1,x_2,\cdots,x_d)\in\mathbb{R}^d$ 에서 정의된 함수 $f(\mathbf{x})$에 대해 x_i에 관한 편도함수는 다음과 같이 정의된다.

$$\frac{\partial f}{\partial x_i}=\lim_{h\to 0}\frac{f(\mathbf{x}+h\mathbf{e}_i)-f(\mathbf{x})}{h}$$

여기서 $\mathrm{e}_i\in\mathbb{R}^d$는 i번째 성분만 1이고 나머지는 0인 i번째 표준기저벡터 standard basis vector를 의미한다. 다변수함수에서의 정점은 모든 i에 대해 $f_{x_i}=0$인 점을 의미한다.

미분적분학에서 이변수함수 $f(x,y)$에 대하여 정점에서 $f_{xx}>0$이고 $f_{xx}f_{yy}-f_{xy}^2>0$이면 극소점이고 $f_{xx}f_{yy}-f_{xy}^2<0$이면 안장점임을 배웠다. 이를 확장하여 다차원 공간에서도 안장점 여부를 확인하는 방식을 어느 정도 유도할 수 있다. 하지만 이는 이 책의 범위를 벗어나기 때문에 따로 언급하지 않는다. 일변수함수와는 다르게 다변수함수에서는 복잡한 현상이 존재할 수 있음을 이해하고 넘어가자.

다변수함수의 편미분이 일변수함수의 미분의 정의와 크게 다르지 않으므로 곱의 미분법 또는 몫의 미분법을 자연스럽게 적용할 수 있다. 곱의 미분법만 간단하게 정리하면 다음과 같다.

$$\frac{\partial}{\partial x_i}(f(\mathbf{x})\cdot g(\mathbf{x}))=\frac{\partial f(\mathbf{x})}{\partial x_i}\cdot g(\mathbf{x})+f(\mathbf{x})\cdot\frac{\partial g(\mathbf{x})}{\partial x_i}$$

다변수함수에서 합성함수의 미분법은 다소 복잡하므로 이를 **연쇄법칙**chain rule으로 확장하여 설명한다. 이변수함수 $f(x,y)$의 독립변수가 매개변수 t에 의해 정의된다고 하자. 즉 $f(x,y)$가 $x=x(t)$와 $y=y(t)$로 정의된다면 그 도함수는

$$\frac{df}{dt}=\frac{\partial f}{\partial x}\cdot\frac{dx}{dt}+\frac{\partial f}{\partial y}\cdot\frac{dy}{dt}$$

와 같다. 곱 연산자($\cdot$)는 일반적으로 생략하지만, 연쇄법칙을 강조할 때 선택적으로 사용한다.

기본예제 7-1

$\sin^2 t+\cos^3 t$의 도함수를 구하라.

모범 답안

$f(x,y)=x^2+y^3$, $x=\sin t$, 그리고 $y=\cos t$로 표현하고 연쇄법칙을 적용하면 다음과 같다.

$$(\sin^2 t+\cos^3 t)'=2x\cdot\cos t+3y^2\cdot\sin t=2\sin t\cdot\cos t+3\cos^2 t\cdot\sin t$$

이변수함수 $f(x,y)$의 독립변수가 매개변수 u와 v에 의해 정의된 이변수함수라고 하자. 즉 $f(x,y)$가 $x=x(u,v)$와 $y=y(u,v)$로 정의된다면 그 도함수는 다음과 같다.

$$\frac{\partial f}{\partial u}=\frac{\partial f}{\partial x}\cdot\frac{\partial x}{\partial u}+\frac{\partial f}{\partial y}\cdot\frac{\partial y}{\partial u},\quad \frac{\partial f}{\partial v}=\frac{\partial f}{\partial x}\cdot\frac{\partial x}{\partial v}+\frac{\partial f}{\partial y}\cdot\frac{\partial y}{\partial v}$$

연쇄법칙에서 변수 사이의 관계를 [그림 7-5]와 같은 다이어그램으로 나타낼 수 있다. u 또는 v에 대한 미분을 선언하면 함수 f까지 연결된 모든 경우에 대하여 연쇄 과정을 적용한다.

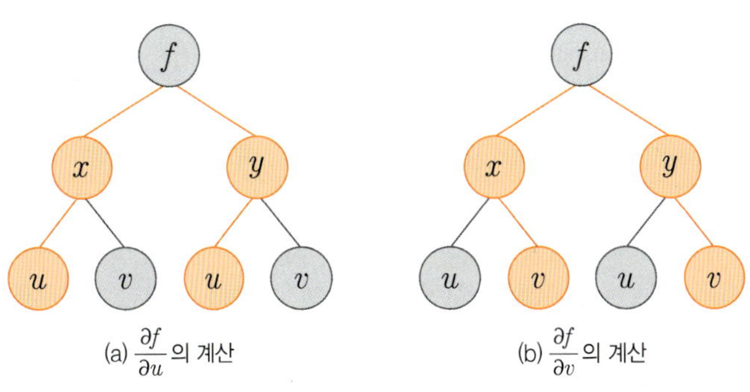

그림 7-5 연쇄법칙

기본예제 7-2

$f(a,b)=\frac{1}{2}(ax_1+b)^2+\frac{1}{2}(ax_2+b)^2$일 때, 함수 f의 a에 대한 편도함수를 구하라.

모범 답안

$x=ax_1+b$, $y=ax_2+b$라 정의하면 $f(x,y)=\frac{1}{2}(x^2+y^2)$이라 할 수 있다. 연쇄법칙을 적용하면 다음과 같다.

$$\begin{aligned}\frac{\partial f}{\partial a}&=\frac{\partial f}{\partial x}\cdot\frac{\partial x}{\partial a}+\frac{\partial f}{\partial y}\cdot\frac{\partial y}{\partial a}\\&=x\cdot x_1+y\cdot x_2=(ax_1+b)x_1+(ax_2+b)x_2\end{aligned}$$

심화 학습

두 집합 X와 Y의 **데카르트 곱**Cartesian product은 순서쌍 (x,y)의 집합으로 정의한다. 즉

$$X\times Y=\{(x,y)\mid x\in X \text{ and } y\in Y\}$$

이다. 자연스럽게 실수집합 $\mathbb{R}$에 대하여 이차원 공간을 $\mathbb{R}^2=\mathbb{R}\times\mathbb{R}$로 표현함을 이해할 수 있다. 순서쌍의 연산은 (x_1,y_1), $(x_2,y_2)\in\mathbb{R}\times\mathbb{R}$와 α, $\beta\in\mathbb{R}$에 대하여 선형연산

$$\alpha(x_1,y_1)+\beta(x_2,y_2)=(\alpha x_1+\beta x_2,\alpha y_1+\beta y_2)$$

로 나타낼 수 있다. 삼차원 공간은 $\mathbb{R}^3=\mathbb{R}^2\times\mathbb{R}$로 확장할 수 있는데, 여기서 $(x_1,x_2)\in\mathbb{R}^2$와 $x_3\in\mathbb{R}$에 대해 $(x_1,x_2,x_3)=((x_1,x_2),x_3)$로 정의할 수 있다. 일반화하여 차원이 더 큰 d차원 공간을 $\mathbb{R}^d=\mathbb{R}^{d-1}\times\mathbb{R}$로 정의하고 d차원 공간 $\mathbb{R}^d$의 점을 $\mathbf{x}=(x_1,x_2,\cdots,x_d)$로 나타내는 것 또한 같은 맥락으로 이해할 수 있다.

일반적으로 어떤 집합 X의 임의의 원소 x_1, x_2에 대하여 x_1, x_2의 선형결합 $\alpha x_1+\beta x_2$가 X의 원소라면 이러한 집합 X를 **벡터공간**vector space이라 한다. 이차원 공간 $\mathbb{R}^2$는 명확히 벡터공간이고, 이를 확장한 d차원 공간 $\mathbb{R}^d$도 벡터공간임을 쉽게 확인할 수 있다.

좌표의 순서쌍 표현이 파이썬의 튜플 형식과 매우 비슷하게 보이지만 튜플은 순서쌍과는 다소 다른 의미로 구현된다. 특히 파이썬에서 튜플의 곱과 합은 순서쌍의 연산과 다르다. [코드 7-1]은 튜플의 상수 곱과 튜플의 합 연산을 위한 예이다. 순서쌍의 상수 곱과 합 연산에서 어떤 차이가 있는지를 간략하게 확인하고 넘어가자.

코드 7-1

```
aa = (1, 2)
bb = (3, 4)
print(2*aa)
print(aa+bb)
```

실행 결과

```
(1, 2, 1, 2)
(1, 2, 3, 4)
```

SECTION 07 연습문제

1 함수 $f(x,y,z)=x^2+2xy+z^2$에 대하여 $x=-\cos t$, $y=\sin t$, $z=e^t$일 때 $f'(t)$를 구하라.

2 함수 $f(x,y)=f_1(x,y)+f_2(x,y)+f_3(x,y)$에 대하여 $x=x(u,v)$이고 $y=y(u,v)$일 때, 함수 f의 u에 대한 편도함수를 구하라.

SECTION

08 이변수함수의 그래프

이변수함수를 그래프로 표현하기 위해서는 행렬matrix 개념을 이해해야 한다. 행렬은 수를 직사각형 형태로 배치한 이차원 배열을 의미한다. 예를 들어 행이 2개이고 열이 3개인 행렬을

$$A = \begin{bmatrix} a_{11} & a_{12} & a_{13} \\ a_{21} & a_{22} & a_{23} \end{bmatrix}$$

로 정의한다. i행과 j열의 성분을 a_{ij}라 표기하면 행렬을 $A = (a_{ij})$로 표현하기도 한다. 위와 같은 행렬 A의 크기는 2×3이고, a_{ij}가 실수이면 $A \in \mathbb{R}^{2\times 3}$이라 표현한다. 행렬을 행 벡터row vector와 열 벡터column vector로 나누어서 이해하기도 한다. 예를 들어

$$\begin{bmatrix} a_{11} \\ a_{21} \end{bmatrix}, \quad \begin{bmatrix} a_{12} \\ a_{22} \end{bmatrix}, \quad \begin{bmatrix} a_{13} \\ a_{23} \end{bmatrix}$$

를 각각 1번째, 2번째, 3번째 열 벡터라 한다.

넘파이의 이차원 배열 구문을 이용하여 행렬을 정의해보자. 행렬의 행과 열을 모두 대괄호 [ ]로 구분한다. [코드 8-1]은 2×3 행렬을 정의하고 호출하는 간단한 예이다.

코드 8-1

```
import numpy as np

A = np.array([[1,2,3],[4,5,6]])
print(A)
print(A[0,0], A[0,1], A[0,2], A[1,0], A[1,1], A[1,2])
print(A.shape)
```

실행 결과

```
[[1 2 3]
 [4 5 6]]
1 2 3 4 5 6
(2, 3)
```

- **3줄** [1,2,3]과 [4,5,6]을 행 벡터로 이해하고 다시 대괄호를 이용해서 [[1,2,3],[4,5,6]]과 같이 행으로 엮는다.
- **5줄** 행렬 $A=(a_{ij})$의 원소에 접근하려면 a_{ij}와 유사한 형태로 A[i,j]와 같이 접근하면 된다. 단, 일반적으로 행렬의 첫 성분을 a_{11}으로 표현하는 것에 비해 파이썬에서는 행렬의 첫 성분을 a_{00}로 둔다는 점이 다르다.
- **6줄** shape 멤버를 호출하여 행렬의 크기를 튜플 형식으로 확인할 수 있다.

행렬의 상수 곱 $\alpha A=(\alpha a_{ij})$는 성분에 모두 상수 $\alpha \in \mathbb{R}$을 곱하는 연산이고, 행렬의 합 $A+B=(a_{ij}+b_{ij})$와 차 $A-B=(a_{ij}-b_{ij})$ 또한 성분별로 더하거나 빼는 연산이다. 두 행렬의 크기가 다르면 합과 차가 정의되지 않기에 행렬 연산시 행렬의 크기에 유의해야 한다. [코드 8-2]는 2×2 크기의 행렬을 정의하고 5줄에서 상수 곱, 6줄에서 행렬의 합, 그리고 7줄에서 행렬의 차의 결과를 확인하는 간단한 예이다.

코드 8-2

```
1    import numpy as np
2
3    A = np.array([[1,2],[3,4]])
4    B = np.array([[1,-2],[-3,4]])
5    print(2*A)
6    print(A+B)
7    print(A-B)
```

실행 결과

```
[[2 4]
 [6 8]]
[[2 0]
 [0 8]]
[[0 4]
 [6 0]]
```

5절에서 살펴본 일차원 배열과 동일하게 이차원 배열에서도 성분별 곱과 나눗셈, 그리고 거듭제곱이 허용된다. [코드 8-3]은 2×3 행렬을 대상으로 계산한 결과이다. 일차원 배열에 대한 예인 5절 [코드 5-2]와 비교해보기 바란다.

코드 8-3

```
import numpy as np

A = np.array([[1,2,3],[4,6,8]])
```

```
B = np.array([[1,-1,1],[-2,3,2]])
print(A*B)
print(A/B)
print(B**2)
```

실행 결과

```
[[ 1 -2  3]
 [-8 18 16]]
[[ 1. -2.  3.]
 [-2.  2.  4.]]
[[1 1 1]
 [4 9 4]]
```

이변수함수부터는 함수의 개형을 예상하기 어렵다. 그래서 그래프의 개형을 이해하는 데 도움이 될 **레벨셋**level-set 개념을 먼저 소개한다. 레벨셋은 **등위곡선**iso-contour $\{(x, y) \mid f(x, y) = h\}$와 등위곡면iso-surface $\{(x, y, z) \mid f(x, y, z) = h\}$를 포함하는 개념이다. 일반적으로 다변수함수의 레벨셋은 $\{f = h\} = \{\mathbf{x} \in D \mid f(\mathbf{x}) = h\}$로 표현한다.

이제 공간에서 정의된 다변수함수를 표현하는 방법을 알아보자. 삼차원 이상의 차원은 구체적으로 그리기도, 이해하기도 어렵다. 그래서 이차원에서 정의된 이변수함수 $f(x, y) = \sin\sqrt{x^2 + y^2}$을 출력하는 예시 두 가지를 살펴보며 의미를 충분히 이해하고자 한다.

이변수함수를 표현하는 첫 번째 방법은 [코드 8-4]와 같이 곡면을 그대로 출력하는 것이다.

코드 8-4

```
import numpy as np
import matplotlib.pyplot as plt

X = np.linspace(-5, 5)
Y = np.linspace(-5, 5)
xx, yy = np.meshgrid(X, Y)
zz = np.sin(np.sqrt(xx**2+yy**2))

fig = plt.figure()
ax = plt.axes(projection='3d')
ax.plot_surface(xx, yy, zz, cmap='jet')
plt.show()
```

실행 결과

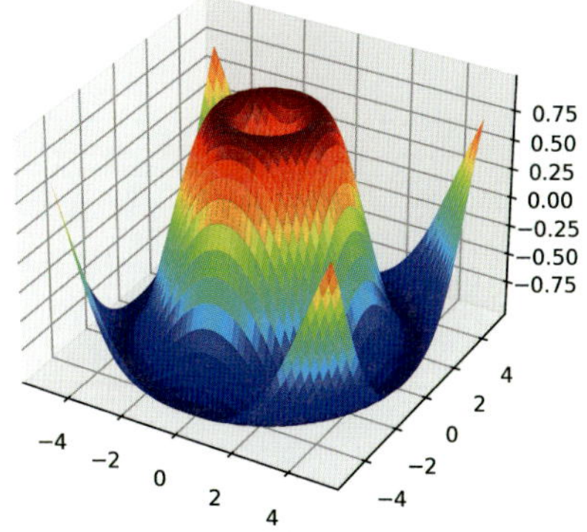

- **4~5줄** `linspace`로 정의된 X와 Y는 각각 50개의 성분을 갖는 일차원 배열이다.
- **6줄** `meshgrid`는 각각 X와 Y의 크기에 대응하는 이차원 배열을 만들어 xx와 yy에 저장한다. shape 멤버를 확인하면 X와 Y는 `(50,)`이고 xx와 yy는 `(50,50)`임을 알 수 있다.
- **7줄** xx와 yy의 연산으로 만들어진 zz가 이변수함수에 대응한다.
- **11줄** `plot_surface` 함수는 이차원 배열로 정의된 동일한 크기의 xx, yy, zz를 삼차원 공간에 대응하는 곡면으로 그려주는 함수이다. 그래프의 색상을 표현하는 cmap을 선택할 수 있는데, 양 극단의 값을 확인하기 좋도록 `'jet'`를 선택했다. 이때 작은 값은 파란색, 중간 값은 초록색, 큰 값은 빨간색으로 나타났음을 확인하라.

이변수함수를 표현하는 두 번째 방법은 곡면의 등위곡선을 그리는 것이다. [코드 8-5]와 같이 이차원 배열 xx, yy, zz를 만들고 이변수함수 $f(x,y)=\sin\sqrt{x^2+y^2}$ 의 등위곡선을 그려보자.

코드 8-5

```
import numpy as np
import matplotlib.pyplot as plt

X = np.linspace(-5, 5)
Y = np.linspace(-5, 5)
xx, yy = np.meshgrid(X, Y)
zz = np.sin(np.sqrt(xx**2+yy**2))

fig = plt.figure()
ax = plt.axes()
ax.contour(xx, yy, zz, 10, cmap='jet')
ax.set_aspect('equal')
plt.show()
```

실행 결과

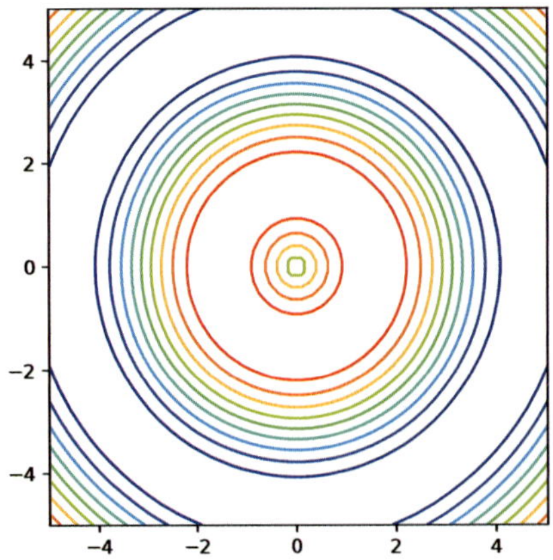

- **11줄** contour는 이차원 배열로 정의된 동일한 크기의 xx, yy, zz를 이차원 공간에 대응하는 그림으로 그려주는 함수이다. 4번째 인수에는 레벨(등고선) 개수를 지정한다.
- **12줄** set_aspect 함수에 'equal' 옵션을 주면 가로축과 세로축 비율을 동일하게 설정한다.

지금까지 구현한 두 가지 그림이 이해되었다면 [코드 8-4]의 plot_surface로 구현한 함수의 그래프만 보고 등위곡선이 어떻게 그려질지 상상해보자. 또는 [코드 8-5]의 contour로 구현한 등위곡선만 보고 함수의 그래프가 어떻게 그려질지 상상해보자.

[코드 8-5]를 조금 변형하면 레벨을 제한하여 등위곡선을 그릴 수 있다. [코드 8-6]은 [코드 8-5]의 11줄을 변형했는데, contour의 4번째 인수에 리스트 형식으로 레벨셋 h를 부여한 것이다.

코드 8-6

```
1   import numpy as np
2   import matplotlib.pyplot as plt
3
4   X = np.linspace(-5, 5)
5   Y = np.linspace(-5, 5)
6   xx, yy = np.meshgrid(X, Y)
7   zz = np.sin(np.sqrt(xx**2+yy**2))
8
9   fig = plt.figure()
10  ax = plt.axes()
11  ax.contour(xx, yy, zz, [-0.4,-0.2,0.0,0.2,0.4], cmap='jet')
12  ax.set_aspect('equal')
13  plt.show()
```

실행 결과

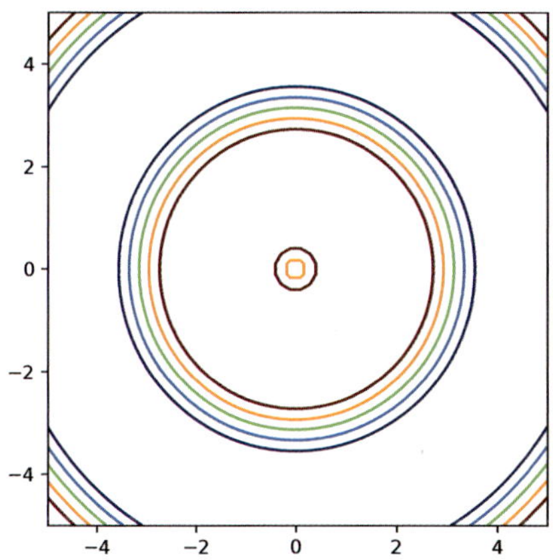

이 책에서 자주 사용하는 색상 분포color map를 [그림 8-1]에 소개한다. 이 옵션은 모두 plot_surface, contour 함수 등에서 사용할 수 있다. 선택된 색상 분포에 대응하여 함수의 최솟값과 최댓값의 선형 비율에 따라 왼쪽부터 오른쪽으로 색을 부여한다.

그림 8-1 색상 분포의 예

실습예제 8-1 도전!

사각형 영역 $\Omega=[-2, 2]\times[-2, 2]$에서 정의된 이변수함수 $f(x, y)=x^2+y^2$의 등위곡선을 그려라. 단, 등위곡선의 레벨셋은 $h=0.25, 0.5, 0.75, \cdots, 1.75$로 둔다.

실습예제 8-2 도전!

사각형 영역 $\Omega=[-2, 2]\times[-2, 2]$에서 정의된 이변수함수 $f(x, y)=x^2+y^2$의 곡면을 그려라.

SECTION 08 연습문제

1 사각형 영역 $\Omega=[-2,2]\times[-2,2]$에서 정의된 이변수함수 $f(x,y)=x^2+y^2$의 등위곡선을 그려라. 단, 등위곡선의 레벨셋은 $h=0.25, 0.5, 0.75, \cdots, 1.75$로 둔다.

2 사각형 영역 $\Omega=[-2,2]\times[-2,2]$에서 정의된 이변수함수 $f(x,y)=\sqrt{x^2+y^2}$의 등위곡선을 그려라. 단, 등위곡선의 레벨셋은 $h=0.25, 0.5, 0.75, \cdots, 1.75$로 둔다.

3 사각형 영역 $\Omega=[-3,3]\times[-3,3]$에서 정의된 이변수함수 $f(x,y)=1/\left(1+e^{5\sqrt{x^2+y^2}-10}\right)$의 곡면을 그려라.

SECTION

09 다변수함수의 수치 최적화 알고리즘

8절에서 이변수함수의 곡면과 등위곡선을 그리는 방법을 알아보았다. 그럼에도 일반적인 다변수함수의 형태는 여전히 예상하기 어렵다. 6절에서 일변수함수에 대한 경사하강법을 다루었으므로 이때의 주요 아이디어를 생각해보면 다변수함수의 경사하강법도 쉽게 이해할 수 있다. 이제 다변수함수의 기울기를 살펴보자. 일차원에서는 왼쪽과 오른쪽 방향에서만 곡선의 기울기를 생각했지만 다차원에서는 왼쪽과 오른쪽보다는 더 많은 방향이 필요하다.

이차원 공간의 점을 $\mathbf{x}=(x_1, x_2)\in\mathbb{R}^2$의 위치벡터position vector로 나타내자. 점 $\mathbf{x}$에서 원점 $(0,0)$까지의 거리는 $\|\mathbf{x}\|_2=\sqrt{x_1^2+x_2^2}$임을 알 수 있다. 여기서 $\|\mathbf{x}\|_2$는 $\mathbf{x}$의 **l_2-노름**l_2-norm이라 하고 피타고라스 정리로 설명할 수 있다. 두 점 $\mathbf{x}=(x_1, x_2)$와 $\mathbf{y}=(y_1, y_2)$의 **내적**inner product은 다음과 같이 정의한다.

$$\langle \mathbf{x}, \mathbf{y}\rangle = x_1y_1+x_2y_2$$

d차원 공간의 점 $\mathbf{x}=(x_1, x_2, \cdots, x_d)\in\mathbb{R}^d$에 대한 l_2-노름은 $\|\mathbf{x}\|_2=\sqrt{x_1^2+x_2^2+\cdots+x_d^2}$으로 둘 수 있다. $\|\mathbf{x}\|_2=1$인 벡터 $\mathbf{x}$를 **단위벡터**unit vector라 한다. 두 점 $\mathbf{x}=(x_1, x_2, \cdots, x_d)$와 $\mathbf{y}=(y_1, y_2, \cdots, y_d)$의 내적은 다음과 같이 정의한다.

$$\langle \mathbf{x}, \mathbf{y}\rangle = \sum_{i=1}^{d} x_iy_i$$

벡터의 내적은 두 벡터 $\mathbf{x}$와 $\mathbf{y}$의 사잇각 θ를 이용하여 다음과 같이 정의할 수도 있다.

$$\langle \mathbf{x}, \mathbf{y}\rangle = \|\mathbf{x}\|_2\|\mathbf{y}\|_2\cos\theta$$

위치벡터 $\mathbf{x}$는 차원에 상관없이 [그림 9-1(a)]와 같이 표현할 수 있으며, 벡터 $\mathbf{x}$의 크기를 $\|\mathbf{x}\|_2$로 이해할 수 있다. 어떤 공간에 두 위치벡터 $\mathbf{x}$와 $\mathbf{y}$가 [그림 9-1(b)]처럼 있다고 하자. 그러면 두 벡터를 포함하는 평면이 존재하고 두 벡터의 사잇각이 유일하게 존재한다.

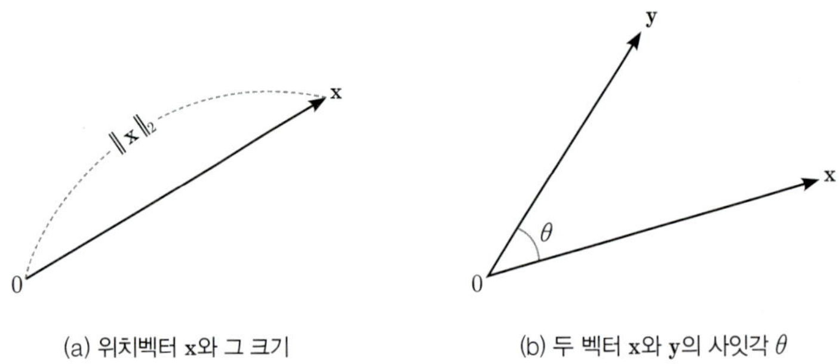

그림 9-1 위치벡터와 두 벡터의 사잇각

이변수함수 $f(x,y)$의 기울기는 편미분 및 방향미분에 밀접한 관련이 있다. 함수 $f(x,y)$ 위의 한 점 (x,y)에서 단위벡터 $\mathbf{u}=(h,k)$ 방향으로의 기울기를 함수 f의 $\mathbf{u}$ 방향으로의 **방향미분** directional derivative이라 하고 다음과 같이 정의한다.

$$D_{\mathbf{u}}f(x,y)=\lim_{s\to 0}\frac{f(x+sh,y+sk)-f(x,y)}{s}$$

[그림 9-2]는 이변수함수의 방향벡터에 따른 정의역과 그래프에서의 변화를 나타낸다. [그림 9-2(a)]는 이차원 영역의 점 (a,b)에서 방향벡터 (h,k)로의 궤적을 나타내고 [그림 9-2(b)]는 이변수함수의 곡면에서 궤적을 따라 나타나는 곡선과 방향미분의 의미를 보여준다.

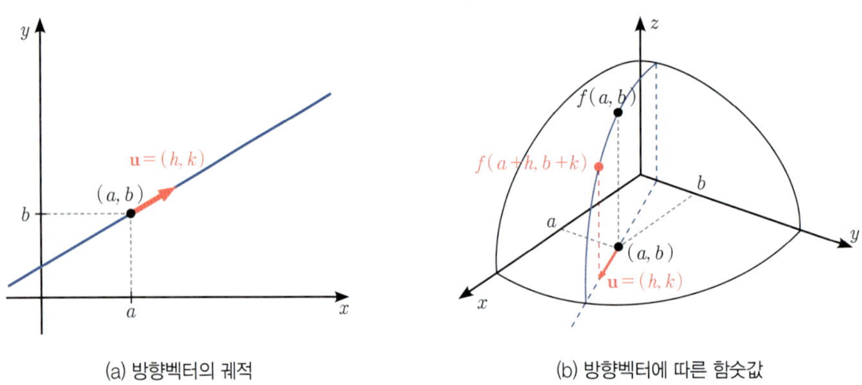

그림 9-2 이변수함수의 방향벡터

$F(s)=f(x+sh,y+sk)$를 정의하면 $D_{\mathbf{u}}f(x,y)=F'(s)$임을 알 수 있다. $x(s)=x+sh$와 $y(s)=y+sk$로 정의하고 연쇄법칙을 적용하면 다음과 같다.

$$F'(s)=\frac{dF}{ds}=\frac{\partial f}{\partial x}\frac{dx}{ds}+\frac{\partial f}{\partial y}\frac{dy}{ds}=\frac{\partial f}{\partial x}h+\frac{\partial f}{\partial y}k$$

마지막 식에서 $f_x h + f_y k = \langle (f_x, f_y), (h, k) \rangle$이므로 내적을 관찰할 수 있다. 따라서 $\nabla f(x, y) = (f_x, f_y)$를 f의 **기울기** gradient라 정의하면 방향미분은

$$D_{\mathbf{u}} f(x, y) = \langle \nabla f(x, y), \mathbf{u} \rangle$$

로 나타낼 수 있다. 비슷한 방식으로 정의역 $D \subset \mathbb{R}^d$에서 함수 f 위의 점 $\mathbf{x}$에서 단위방향벡터 $\mathbf{u}$ 방향으로의 방향미분 $D_{\mathbf{u}} f(\mathbf{x})$는 $\mathbf{u}$에 대하여

$$D_{\mathbf{u}} f(\mathbf{x}) = \langle \nabla f(\mathbf{x}), \mathbf{u} \rangle$$

이다. 여기서 기울기 벡터는 $\nabla f(\mathbf{x}) = (f_{x_1}, f_{x_2}, \cdots, f_{x_d})$이다. 내적의 정의를 이용하면

$$\langle \nabla f(\mathbf{x}), \mathbf{u} \rangle = \| \nabla f(\mathbf{x}) \|_2 \| \mathbf{u} \|_2 \cos\theta = \| \nabla f(\mathbf{x}) \|_2 \cos\theta$$

이고 $\cos\theta$에 따라 그 값이 결정된다. 따라서 방향미분은 방향벡터 $\mathbf{u}$가 기울기 벡터 $\nabla f(\mathbf{x})$와 평행할 때 가장 큰 값을 갖는다.

6절에서 살펴보았듯이 일변수함수의 경사하강법은 기울기가 증가하는 방향의 반대 방향으로 이동한다. 마찬가지로 현재 위치 $\mathbf{x}^{(n)}$이 다변수함수의 극소점이 아니면 기울기 벡터 $\nabla f(\mathbf{x}^{(n)})$이 가리키는 방향의 반대 방향으로 이동한다. 따라서 다변수함수의 경사하강법은 다음과 같이 정리한다.

$$\begin{aligned} &\text{Given } \mathbf{x}^{(0)} \in \mathbb{R}^d, \\ &\mathbf{x}^{(n+1)} = \mathbf{x}^{(n)} - \alpha \nabla f(\mathbf{x}^{(n)}), \quad \text{for } n = 0, 1, 2, \cdots \end{aligned}$$

lambda 함수 : 다변수

6절에서 `lambda`를 이용하여 최적화 문제를 한 줄로 간결하게 구현하는 방법을 알아보았다. 지금처럼 매개변수가 여러 개일 때에도 적용할 수 있다. 다음 [코드 9-1]을 6절 [코드 6-1]과 비교해보기 바란다.

코드 9-1

```
ff = lambda x, y: x + y
gg = lambda x, y, z: x + y + z
print(ff(1,2), gg(1,2,3))
```

실행 결과 3 6

배열 초기화

데이터는 배열로 저장할 때 처음에 명시적으로 입력하지 않고 계산 과정에서 정의하는 경우가 있다. [코드 9-2]는 넘파이의 zeros 함수로 일차원 배열을 할당한 뒤 인덱스를 이용하여 데이터를 정의하는 간단한 예를 소개한다.

코드 9-2

```
1  import numpy as np
2
3  aa = np.zeros(5)
4  print(aa)
5
6  for i in range(5):
7      aa[i] = 2*i + 1
8
9  print(aa)
```

실행 결과

```
[0. 0. 0. 0. 0.]
[1. 3. 5. 7. 9.]
```

- **3줄** zeros에 자연수 인수를 입력하면 해당 개수의 0으로 초기화된 일차원 배열 공간이 할당된다.
- **7줄** zeros는 실수형 데이터를 저장하므로 7줄에서 자연수 연산을 지정해도 계산 결과는 실수형이다.

실습예제 9-1

정의역이 $\mathbb{R}^2$인 이변수함수 $f(x,y)=3(x-6)^2+(y-5)^2$의 최적화 문제를 푸는 경사하강법을 구현하라. 단, 초기 추정을 $\left(x^{(0)},y^{(0)}\right)=(1,1)$, 단계 크기는 $\alpha=0.25$로 정의하고 10회 반복한 결과를 출력하라.

문제 해석

목적함수인 이변수함수의 기울기를 구하고 경사하강법을 표현한다. 반복문을 통해 반복법을 구현한다. 변수가 늘어나도 기울기 계산과 경사하강법 적용, 그리고 갱신 구조에는 변함이 없다. 차원 증가에 따른 프로그래밍의 복잡도 변화를 이해한다.

모범 답안

주어진 이변수함수 $f(x,y)$에 대하여 편도함수를 각각 계산하면

$$f_x(x,y)=6(x-2),\quad f_y(x,y)=2(y-2)$$

이다. 따라서 f의 기울기는 $\nabla f(x,y)=(6(x-2),2(y-2))$이다. 이변수함수 $f(x,y)=3(x-6)^2+(y-5)^2$에 대한 경사하강법을 표현하면 다음과 같다.

$$\text{Given } \left(x^{(0)},y^{(0)}\right)\in\mathbb{R}^2,$$
$$\left(x^{(n+1)},y^{(n+1)}\right)=\left(x^{(n)},y^{(n)}\right)-\alpha\nabla f\left(x^{(n)},y^{(n)}\right),\quad \text{for } n=0,1,2,\cdots$$

식을 간단하게 나타내기 위해 순서쌍으로 표현했음을 참고하자. 앞의 식을 성분별로 표현하면

$$x^{(n+1)} = x^{(n)} - \alpha f_x\left(x^{(n)}, y^{(n)}\right), \qquad y^{(n+1)} = y^{(n)} - \alpha f_y\left(x^{(n)}, y^{(n)}\right)$$

과 같다. 이를 코드로 표현하면 다음과 같다.

```
1   ff = lambda x, y: 3*(x-6)**2 + (y-5)**2
2   fx = lambda x, y: 6*(x-6)
3   fy = lambda x, y: 2*(y-5)
4
5   ox, oy = 1, 1
6   MaxIter = 10
7   alpha = 0.25
8
9   msg = 'n={:3d}, xn=({:.3f},{:.3f}), f(xn)={:6.3f}'
10  print(msg.format(0,ox,oy,ff(ox,oy)))
11  for n in range(MaxIter):
12      gradx, grady = fx(ox,oy), fy(ox,oy) # Compute Gradients
13      nx, ny = ox-alpha*gradx, oy-alpha*grady # Gradient Descent Method
14      ox, oy = nx, ny # Update Iteration
15      print(msg.format(n+1,ox,oy,ff(ox,oy)))
```

실행 결과

```
n= 0, xn=(1.000,1.000), f(xn)=91.000
n= 1, xn=(8.500,3.000), f(xn)=22.750
n= 2, xn=(4.750,4.000), f(xn)= 5.688
n= 3, xn=(6.625,4.500), f(xn)= 1.422
n= 4, xn=(5.688,4.750), f(xn)= 0.355
n= 5, xn=(6.156,4.875), f(xn)= 0.089
n= 6, xn=(5.922,4.938), f(xn)= 0.022
n= 7, xn=(6.039,4.969), f(xn)= 0.006
n= 8, xn=(5.980,4.984), f(xn)= 0.001
n= 9, xn=(6.010,4.992), f(xn)= 0.000
n=10, xn=(5.995,4.996), f(xn)= 0.000
```

[실습예제 9-1]의 모범 답안의 코드와 실행 결과를 살펴보자.

- **13~14줄** 변수 ox와 nx는 기존 코드에서 oldx와 newx로 정의하던 변수명을 짧게 정의한 것이다.
- **실행 결과** 반복이 진행됨에 따라 추정 위치점 $\left(x^{(n)}, y^{(n)}\right)$은 점 $(6,5)$에 가까워지고 함숫값 $f\left(x^{(n)}, y^{(n)}\right)$은 0에 가까워짐을 알 수 있다.

tip 앞으로 변수명이 많아지거나 길어지면 변수명을 줄여서 소개하겠다. 다만 변수명이 너무 짧으면 의미가 명확하지 않아, 프로그래밍 구현 과정에서 실수할 우려가 있다. 직접 코딩할 때에는 변수명을 줄이지 않고 가능한 old와 new를 모두 쓰는 방향을 추천한다.

이번에는 [실습예제 9-1]의 모범 답안을 일부 변형하여 다른 분석 결과를 표현해보자. zeros 함수로 데이터 저장 공간을 할당한 후 반복에 의한 결과를 저장하여 분석할 수 있다. [코드 9-3]은 등위곡선과 함께 추정 위치를 그림으로 표현한 것이다. 일차원에서는 text 함수를 사용하여 위치의 변화를 강조했지만(6절 [코드 6-4] 참고) 이차원에서는 점의 이동을 점선으로 연결했다.

코드 9-3

```
import numpy as np
import matplotlib.pyplot as plt

ff = lambda x, y: 3*(x-6)**2 + (y-5)**2
fx = lambda x, y: 6*(x-6)
fy = lambda x, y: 2*(y-5)

ox, oy = 1, 1
MaxIter = 10
alpha = 0.25

xp, yp = np.zeros(MaxIter+1), np.zeros(MaxIter+1)
xp[0], yp[0] = ox, oy
for n in range(MaxIter):
    gradx, grady = fx(ox,oy), fy(ox,oy) # Compute Gradients
    nx, ny = ox-alpha*gradx, oy-alpha*grady # Gradient Descent Method
    ox, oy = nx, ny # Update Iteration
    xp[n+1], yp[n+1] = ox, oy

xx, yy = np.meshgrid(np.linspace(0,10), np.linspace(0,10))
fig = plt.figure()
ax = plt.axes()
ax.contour(xx, yy, ff(xx,yy), 20, cmap='jet')
ax.set_aspect('equal')
plt.plot(6, 5, 'rs')
plt.plot(xp, yp, 'ko--')
plt.show()
```

실행 결과

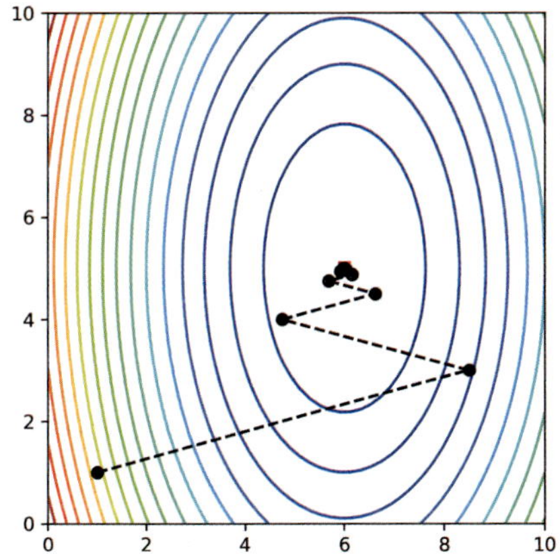

- **12줄, 18줄** 이차원 점의 이동을 구현하기 위해 12줄에서 새로운 배열 xp와 yp를 선언하고 각 반복마다 18줄에서 점의 위치를 저장한다.
- **13줄** 초기 위치를 저장한다.

6절에서도 다루었듯이 일차원 경사하강법은 단계 크기 α 값을 얼마로 주어야 하는지 선택하기 어려운 문제가 있다. 이 문제는 이차원 경사하강법에서도 여전히 나타난다. [그림 9-3]은 α 값의 선택에 따른 결과 추이를 비교한다. [그림 9-3(a)]와 같이 α 값이 0.05이면 부드러운 궤적을 그리며 최소점에 근접하기는 하지만 접근 속도가 느리다. [그림 9-3(b)]와 같이 α 값이 0.25이면 궤적이 지그재그이긴 하지만 10번의 반복만으로도 최소점에 충분히 가까워진다. 수렴 속도를 올리기 위해 [그림 9-3(c)]와 같이 α 값을 상대적으로 크게 0.3으로 두면 접근이 불안정해진다. 예를 들어 이보다 더 큰 값인 0.35를 적용하면 발산한다.

이처럼 경사하강법에서는 α 값을 적절하게 정하는 일이 중요하다. 그런데 차원이 높아지고 함수가 달라질 때마다 적당한 α 값을 찾는 작업은 다소 경험적인데다 상황에 따라 시간이 소요되는 문제가 있다. 적당한 α 값을 정하는 방법의 필요성이 느껴지겠지만, 이 책의 내용을 벗어나기 때문에 따로 다루지 않는다.

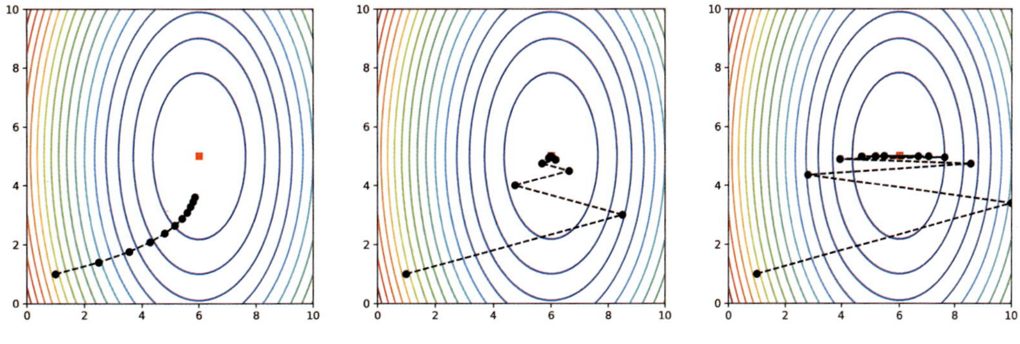

(a) $\alpha = 0.05$ (b) $\alpha = 0.25$ (c) $\alpha = 0.3$

그림 9-3 단계 크기 선택에 따른 결과 변화 추이

실습예제 9-2 도전!

이변수함수 $f(x, y) = 3x^2 + 4\sin x\cos y + 2y^2$의 최적화 문제를 위한 경사하강법을 구현하라. 주어진 정의역은 $\mathbb{R}^2$이고 초기 추정은 $(x^{(0)}, y^{(0)}) = (1, 1)$이다. 여기서 단계 크기는 $\alpha = 0.05$를 적용하고 20회 반복한 결과를 그림으로 출력하라.

참고

다변수함수의 경사하강법에서는 함수의 최솟값을 알기 어려우므로 $f(\mathbf{x}^{(n)})$ 값이 어디로 수렴하는지 알기 어렵다. 따라서 경사하강법 시행을 중단하는 기준이 중요하다. 시행을 무한히 반복할 수는 없으므로 연속오차 $\mathbf{e}^{(k+1)} = \mathbf{x}^{(k+1)} - \mathbf{x}^{(k)}$의 크기 $\|\mathbf{e}^{(k+1)}\|_2$를 이용하여 정할 수 있다.

SECTION 09 연습문제

1 두 벡터 $\mathbf{u} = [1, 3, 5, 7, 9]$와 $\mathbf{v} = [-1, 1, -1, 1, -1]$의 내적을 계산하는 프로그램을 구현하라.

2 삼변수함수 $f(x, y, z) = 2x^2 - 2xy + 2y^2 - 2yz + 2z^2$의 최적화 문제를 위한 경사하강법을 구현하라. 주어진 정의역은 $\mathbb{R}^3$이고 초기 추정은 $(x^{(0)}, y^{(0)}, z^{(0)}) = (1, 1, 1)$이라 한다. 여기서 단계 크기는 $\alpha = 0.25$를 적용하고 10회 반복한 결과를 출력하라.

PART 3

분류함수

SECTION

10 최소제곱법

특정 현상에서 발생한 N개의 데이터 (x_i, t_i)가 주어져 있다고 하자. 예를 들어 [그림 10-1]과 같이 5개의 데이터가 주어져 있으며, 이는 독립변수인 공부 시간 x_i와 종속변수인 시험 성적 t_i로 이루어진 데이터라고 생각해보자. 이때 주어진 데이터를 관찰하거나 공부 시간과 시험 성적은 비례한다고 이해하고 있다면 이 데이터가 직선의 추세trend 임을 주장할 수 있다.

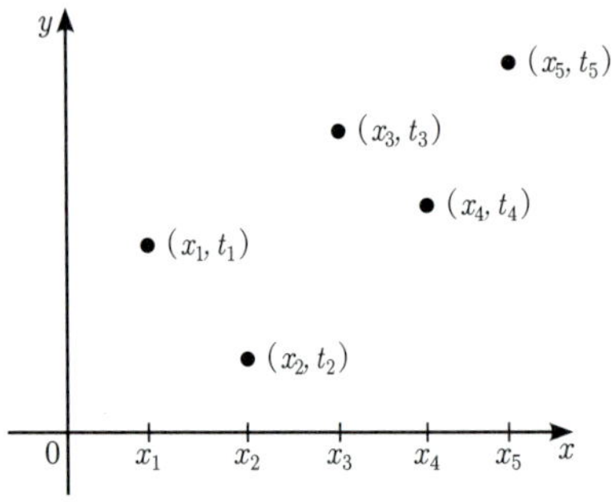

그림 10-1 직선의 추세를 갖는 데이터

주어진 데이터가 일정한 직선의 추세를 갖는다면 [그림 10-2]와 같이 대표 직선 $y = ax + b$를 정할 수 있다. 이러한 대표 직선을 **추세선**trend line 이라 하고, 추세선이 데이터의 종속변수인 t_i 값에 최대한 가깝기를 바라기에 t_i를 **타겟값**target value 이라 한다. 즉 주어진 i번째 데이터의 타겟값 t_i와 추세선의 함숫값 $y_i = ax_i + b$의 오차error 를 $e_i = y_i - t_i$로 표현하고 이 값이 최대한 작기를 바란다.

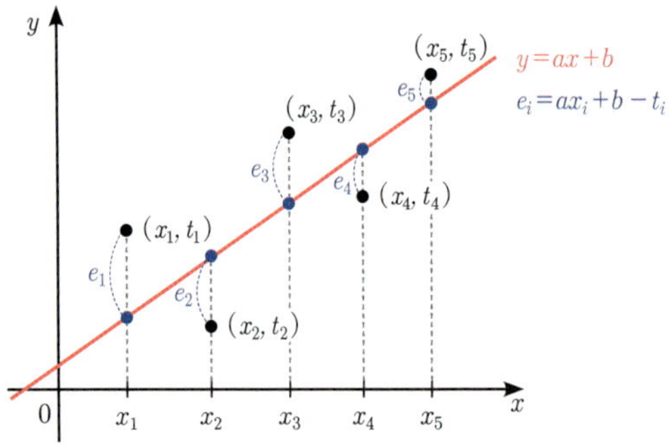

그림 10-2 직선 추세를 갖는 데이터와 추세선

모든 i에 대해 타겟값과 함숫값이 같은 것이 최선이지만, 데이터가 완벽한 선형을 이루지 않는다면 하나의 직선이 모든 데이터를 지나가는 것을 기대하기 어렵다. 따라서 모든 데이터의 타겟값과 추세선에 의한 함숫값의 오차를 제곱한 값의 합이 최소가 되는 직선을 찾고자 한다. 이를 정리하여 최적화 문제로 정의하면

$$\underset{(a,b)\in\mathbb{R}^2}{\operatorname{argmin}} \sum_{i=1}^{N} |ax_i + b - t_i|^2$$

으로 표현할 수 있다. 이를 **최소제곱법**least squared method이라 한다. argmin에 걸려있는 목적함수를

$$E(a,b) = \sum_{i=1}^{N} |ax_i + b - t_i|^2 \tag{10.1}$$

으로 정의하면 최소제곱법을 식 (10.1)의 최적화 문제로 이해할 수 있다.

추세선과 데이터의 거리가 충분히 가깝더라도 데이터의 양이 많아지면 목적함수의 값 자체가 커질 수 있다. 많은 데이터가 주어지더라도 함숫값의 크기가 일관적이어야 결과를 해석하기 좋다. 따라서 일반적으로 식 (10.1)을 데이터의 개수로 나누어 목적함수를 정형화하여 정의한다. 또한 경사하강법을 적용하기 위해 미분을 계산하다 보면 제곱항에 의해 2가 생기므로 1/2을 곱하기도 한다. 즉

$$E(a,b) = \frac{1}{N}\sum_{i=1}^{N} \frac{1}{2}|ax_i + b - t_i|^2 \tag{10.2}$$

으로 최종 목적함수를 정의할 수 있다. 이때 식 (10.1)과 식 (10.2)의 극솟값은 다르지만 극소점은 동일하다. 식 (10.2)는 모든 데이터의 오차를 제곱하여 평균을 계산한 것이므로 **평균 제곱 오차**mean squared error라고 한다. 따라서 최소제곱법은 평균 제곱 오차를 목적함수로 갖는 최적화 문제라고 이해할 수 있다.

참고

목적함수를 표현할 때 거리를 강조하기 위해 절댓값을 쓴다. 실수 x에 대해 $|x|^2 = x^2$ 이므로 계산에서는 차이가 없다.

사실상 함수 E가 a와 b에 대한 이변수함수이기에 7절에서의 최적화 문제와 다를 바가 없다. 이제 기울기를 구하기 위해 a와 b에 대한 편미분을 계산해보면 다음과 같다.

$$\frac{\partial E}{\partial a} = \frac{1}{N}\sum_{i=1}^{N}(ax_i + b - t_i)\cdot x_i$$
$$\frac{\partial E}{\partial b} = \frac{1}{N}\sum_{i=1}^{N}(ax_i + b - t_i)\cdot 1 \tag{10.3}$$

tip 실수의 곱셈 기호(·)는 생략할 수 있지만 합성함수의 미분법 또는 연쇄법칙을 강조하기 위해 표시한다.

기울기 표현 $\nabla E(a,b) = \left(\frac{\partial E}{\partial a}, \frac{\partial E}{\partial b}\right)$를 이용하여 경사하강법을 표현하면 다음과 같다.

$$\text{Given } \left(a^{(0)}, b^{(0)}\right) \in \mathbb{R}^2$$
$$\left(a^{(n+1)}, b^{(n+1)}\right) = \left(a^{(n)}, b^{(n)}\right) - \alpha \nabla E\left(a^{(n)}, b^{(n)}\right), \quad \text{for } n = 0, 1, 2, \cdots$$

히스토그램

히스토그램histogram은 데이터를 일정한 간격의 구간으로 나누고, 각 구간에 속하는 데이터의 개수를 막대그래프로 나타낸다. 각 막대의 높이는 해당 구간의 데이터 개수를 의미하며, 막대의 너비는 구간의 범위를 나타낸다. 히스토그램은 대량의 데이터를 시각적으로 요약하여 데이터의 분포와 경향을 빠르게 파악하도록 이해를 돕기 때문에 데이터 분석에서 사용하는 중요한 도구 중 하나이다. [코드 10-1]은 성적 분포를 히스토그램으로 나타내는 간단한 예이다.

코드 10-1

```
import matplotlib.pyplot as plt

scores = [55, 70, 65, 80, 90, 65, 85, 81, 78, 72, 70, 60, 77, 83, 75]
plt.hist(scores, bins=5, range=(50,100), edgecolor='k')
plt.show()
```

실행 결과

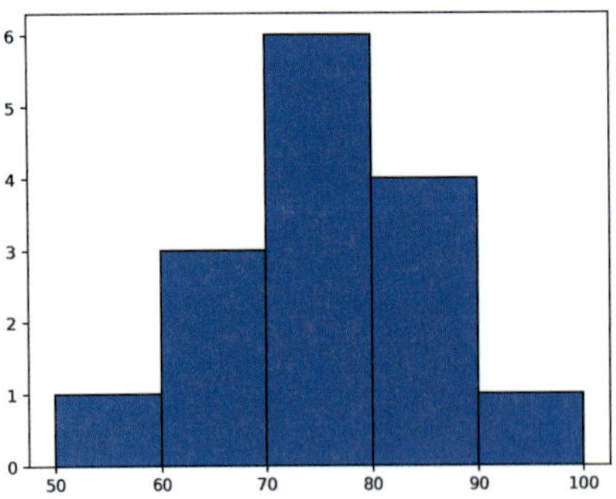

[코드 10-1]의 4줄에는 다음과 같은 옵션을 설정할 수 있다.

- bins는 데이터 구간의 개수를 나타낸다.
- range는 히스토그램으로 나타낼 구간을 의미한다. 구간을 지정하지 않으면 데이터의 최솟값과 최댓값이 디폴트 값이다.
- edgecolor는 막대그래프의 경계선에 색을 부여하는 옵션이다. 구간을 강조하기 위해 검정색으로 설정했다.

난수

문제를 간단히 연습할 수 있도록 노이즈[1]를 갖는 데이터를 인위적으로 만들어 사용한다. 넘파이의 rand 또는 randn 함수를 이용하면 [코드 10-2]와 같이 난수random number를 생성할 수 있다.

코드 10-2

```
import numpy as np

print(np.random.rand())
print(np.random.randn())
```

실행 결과

```
0.864012103546211
0.6845688877076841
```

[코드 10-2]는 실행할 때마다 결괏값이 다르다. 실제로 난수처럼 보이는 알고리즘, 즉 유사난수 생성기[2]에 의한 결과인데, [코드 10-3]처럼 난수의 시드seed를 고정하면 코드를 실행할 때마다 동일한 난수를 얻는다. 3줄의 seed(1)은 시드를 자연수 1로 선택한 것이다. 다른 자연수를 입력하면 실행할 때마다 다른 난수를 동일하게 얻는다.

tip 책에 있는 대부분의 시드는 반드시 필요한 것이 아니지만, 앞으로 난수를 이용한 코딩에 익숙해지도록 시드를 고정하여 코딩하고자 한다. 파이썬 업데이트로 인해 넘파이의 함수가 수정되지 않는다면 책과 동일한 결과를 확인할 수 있다.

1 노이즈noise : 원하는 정보와 관련이 없는 무작위 잡음이나 오류로 인한 손실

2 유사난수 생성기pseudo-random number generator는 알고리즘을 사용하여 예측할 수 없는 패턴의 숫자를 생성한다. 무작위처럼 보이지만 알고리즘의 초기 상태인 시드에 따라 완전히 결정된다.

코드 10-3

```
import numpy as np

np.random.seed(1)
print(np.random.rand())
print(np.random.randn())
```

실행 결과

```
0.417022004702574
-0.8021728386486427
```

[코드 10-4]처럼 rand의 인수에 자연수를 입력하면 그 크기의 일차원 배열을 만들 수 있다. randn도 자연수 인수를 입력하면 일차원 배열을 얻을 수 있다.

코드 10-4

```
import numpy as np

np.random.seed(2)
print(np.random.rand(3))
print(np.random.randn(3))
```

실행 결과

```
[0.4359949  0.02592623 0.54966248]
[-1.95379641 -1.58688169 -1.07445552]
```

rand와 randn은 모두 난수를 생성하지만 다른 분포를 나타낸다. rand는 0과 1 사이의 균등분포uniform distribution에서 난수를 생성한다. 이는 모든 수가 발생할 확률이 동일함을 의미한다. 반면에 randn은 표준정규분포standard normal distribution에서 난수를 생성한다. 표준정규분포는 평균이 0이고 표준편차는 1인 종 모양의 분포를 나타내고 대부분 평균 주위에 집중되어 있다. [그림 10-3]은 각 함수를 사용할 때 10,000개의 난수가 어떻게 분포되는지를 보여주는 히스토그램이며, 각각 20개의 구간으로 나누어져 있다. [그림 10-3(a)]와 같이 rand 함수를 이용하면 각 구간마다 500개 정도의 난수가 균일하게 생성되고 [그림 10-3(b)] randn 함수를 이용하면 난수가 주로 평균 근처에 분포함을 확인할 수 있다.

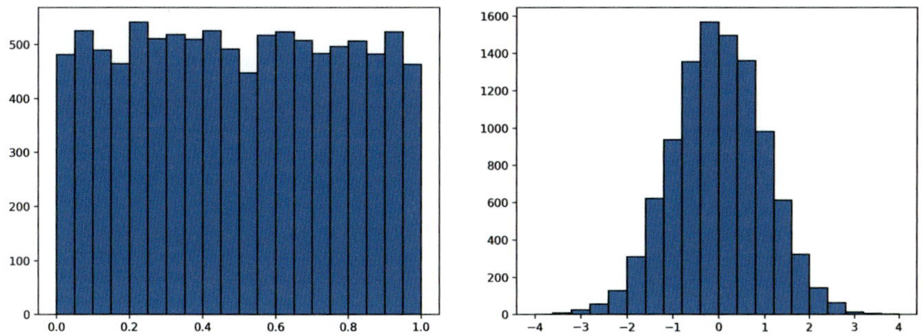

(a) rand 함수　　　　(b) randn 함수

그림 10-3 균등분포와 표준정규분포

rand는 동등한 확률분포가 필요할 때, randn은 자연스러운 변동을 나타내거나 정규분포를 가정하는 경우에 주로 사용한다. 표준정규분포는 **가우시안 분포**Gaussian distribution라고도 하고, 노이즈가 정규분포를 따르면 **가우시안 노이즈**Gaussian noise라고 한다.

실습예제 10-1

다음과 같이 직선 $y = 0.5x + 0.8$을 기준으로 표준편차가 0.25인 가우시안 노이즈를 갖는 데이터가 50개 주어졌다고 하자. 주어진 데이터에 대한 최소제곱법을 정의하고 경사하강법을 적용하여 추정 직선 추세선을 찾아라. 단, 단계 크기를 0.25로 정의하고 최대 50회 반복한 결과를 출력하라.

```
import numpy as np
import matplotlib.pyplot as plt

np.random.seed(316)
N = 50 # Data Size
x = np.linspace(-1, 1, N)
t = 0.5*x + 0.8 + 0.25*np.random.randn(N)
plt.plot(x, t, 'k.') # Data Plot
plt.show()
```

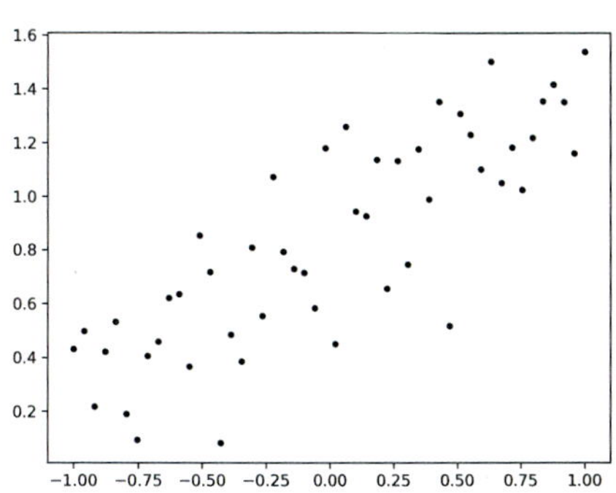

문제 해석

주어진 데이터를 대표하는 직선 추세선을 가정하고 최소제곱법을 통해 목적함수를 정의한다. 직선 추세선을 표현하는 계수가 2개이므로 이변수함수의 최적화 문제가 되고 경사하강법을 적용할 수 있다. 따라서 이변수함수의 최적화 문제와 동일하게 반복문을 통해 경사하강법을 구현할 수 있다.

모범 답안

식 (10.2)와 같이 목적함수 $E(a, b)$를 정의하면 편미분 $E_a(a, b)$와 $E_b(a, b)$를 식 (10.3)과 같이 구할 수 있다. 주어진 데이터 x와 타겟값 t에 대해 a와 b에 대한 def 함수를 먼저 정의하자. 그런 다음에 기울기를 계산하고 경사하강법을 적용한 뒤 갱신하는 과정을 반복한다.

```
def E(a,b):
    val = 0.0
    for i in range(N):
        val += (a*x[i]+b-t[i])**2
    return 0.5*val/N

def Ea(a,b):
    val = 0.0
    for i in range(N):
        val += (a*x[i]+b-t[i])*x[i]
    return val/N

def Eb(a, b):
    val = 0.0
    for i in range(N):
        val += (a*x[i]+b-t[i])
    return val/N

np.random.seed(17)
olda, oldb = np.random.rand(), np.random.rand()
MaxIter = 50
alpha = 0.25
print('n={:3d}, En={:.4f}'.format(0,E(olda,oldb)))
for n in range(MaxIter):
    grada, gradb = Ea(olda,oldb), Eb(olda,oldb) # Compute Gradient
    newa, newb = olda-alpha*grada, oldb-alpha*gradb # Gradient Descent Method
    olda, oldb = newa, newb # Update Iteration
    if (n+1)%10 == 0:
        print('n={:3d}, En={:.4f}'.format(n+1,E(olda,oldb)))
```

실행 결과

```
n=  0, En=0.0798
n= 10, En=0.0260
n= 20, En=0.0243
n= 30, En=0.0241
n= 40, En=0.0241
n= 50, En=0.0240
```

최종 결과를 그림으로 표현하면 다음과 같다.

```
xx = np.linspace(-1, 1)
yy = olda*xx + oldb
plt.plot(xx, yy, 'r') # Result Plot
plt.plot(x, t, 'k.') # Data Plot
plt.show()
```

실행 결과

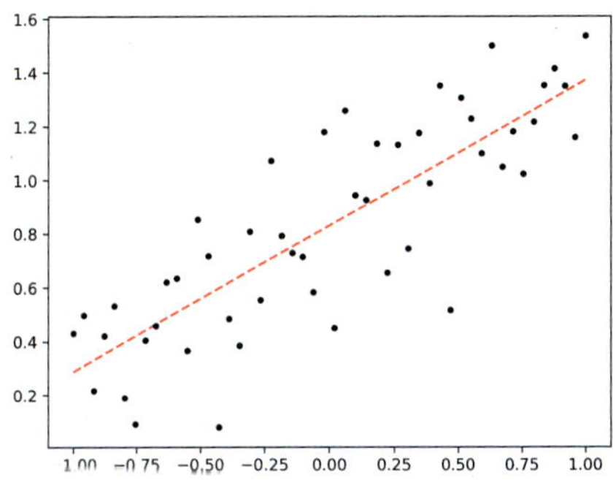

[실습예제 10-1]의 모범 답안을 약간 수정하면 [그림 10-4]와 같은 그림을 출력할 수 있다. 이때 빨간색 점선은 $n = 50$일 때의 추세선이고 파란색 실선은 해당 반복수에 대한 추정 결과를 나타낸다. 이를 통해 최소제곱법으로 목적함수를 정의하고 경사하강법으로 주어진 최적화 문제를 푸는 과정을 이해할 수 있다. 모범 답안에서 En 값의 추이를 보면 $n = 30$부터 큰 변화가 없으며, [그림 10-4(c)]를 보면 육안으로도 매우 가까워졌음을 알 수 있다.

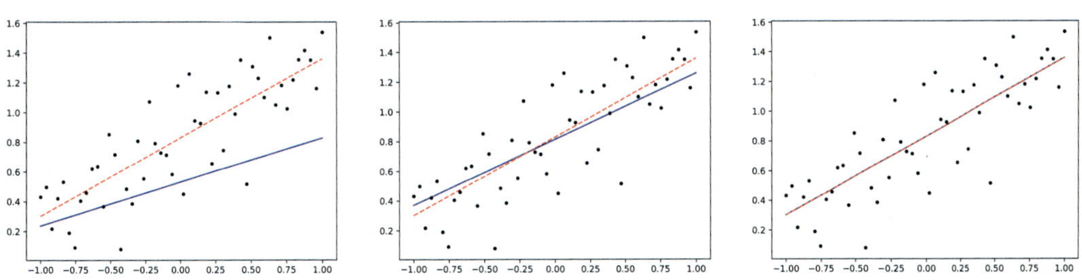

(a) $n = 0$ (b) $n = 10$ (c) $n = 30$

그림 10-4 [실습예제 10-1]의 반복수 변화에 대한 결과 추이

참고

[그림 10-4]는 반복수에 대응하는 파란색의 추정 추세선이 빨간색 점선의 마지막 추정 추세선에 가까워지는 것을 보여줄 뿐, 직선 $y = 0.5x + 0.8$에 근접하는 것이 아니라는 점에 유의하자.

특정 데이터가 항상 직선의 추세를 갖는 것은 아니고 최소제곱법이 일차함수에 국한되는 것도 아니다. [실습예제 10-2]는 곡선의 추세를 갖는 데이터에 대해 이차함수를 이용하여 최소제곱법을 정의하고 경사하강법을 적용하여 최적의 이차함수를 찾는 예제이다.

실습예제 10-2 도전!

이차함수 $y = 3x^2 - 1.5x + 1$을 기준으로 표준편차가 0.75인 가우시안 노이즈를 갖는 50개의 데이터가 주어졌다고 하자. 주어진 데이터에 대해 최소제곱법을 정의하고 경사하강법을 적용하여 이차함수 형식의 추세곡선 $y = ax^2 + bx + c$를 찾아라. 절대연속오차의 크기가 10^{-5}보다 작으면 반복을 중단하고 추정 곡선과 주어진 데이터를 같이 그려서 결과를 확인하라. 단, 단계 크기를 0.25로 정의하고 최대반복수를 1,000으로 정한다.

```
import numpy as np
import matplotlib.pyplot as plt

np.random.seed(378)
N = 50
x = np.linspace(-1, 1, N)
t = 3*x**2 - 1.5*x + 1 + 0.75*np.random.randn(N)

plt.plot(x, t, 'k.')
plt.show()
```

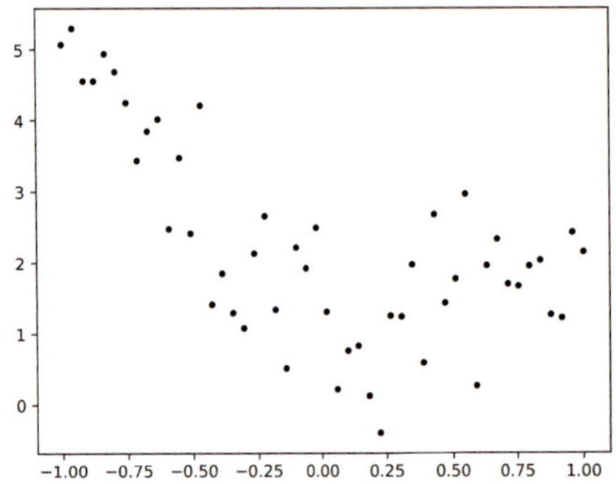

SECTION 10 연습문제

1 삼차함수 $y = -x^3 + 0.3x^2 + 0.72x + 0.1$을 기준으로 표준편차가 0.15인 가우시안 노이즈를 갖는 50개의 데이터가 주어졌다고 하자. 주어진 데이터에 대해 최소제곱법을 정의하고 경사하강법을 적용하여 삼차함수 형식의 추세곡선 $y = ax^3 + bx^2 + cx + d$를 찾아라. 절대연속오차의 크기가 10^{-5}보다 작으면 반복을 중단하고 추정 곡선과 주어진 데이터를 같이 그려서 결과를 확인하라. 단, 단계 크기를 0.5로 정의하고 최대반복수를 1,000으로 정한다.

```
import numpy as np
import matplotlib.pyplot as plt

np.random.seed(21)
N = 50
x = np.linspace(-1, 1, N)
t = -x**3 + 0.3*x**2 + 0.72*x + 0.1 + 0.15*np.random.randn(N)

plt.plot(x, t, 'k.')
plt.show()
```

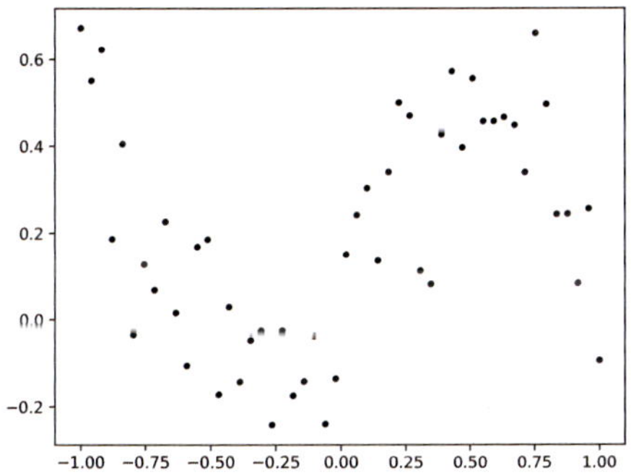

SECTION

11 비선형 회귀

10절에서 직선 추세선을 찾는 문제는 선형 회귀linear regression라 하고, 곡선 추세선을 찾는 문제는 비선형 회귀nonlinear regression라 구분한다. 지금까지는 비선형 회귀라 하더라도 다항함수 정도의 복잡도만 경험했다. 이와 같이 독립 변수의 고차항을 포함하는 비선형 추세선을 찾는 문제를 다항 회귀polynomial regression로 분류하기도 한다. 이번 절에서는 특정 현상에서 발생한 N개의 데이터 (x_i, t_i)가 다항함수가 아닌 비선형 추세를 갖는다고 하자. [그림 11-1]은 비선형 추세를 갖는 5개의 데이터로 이루어진 예시이다.

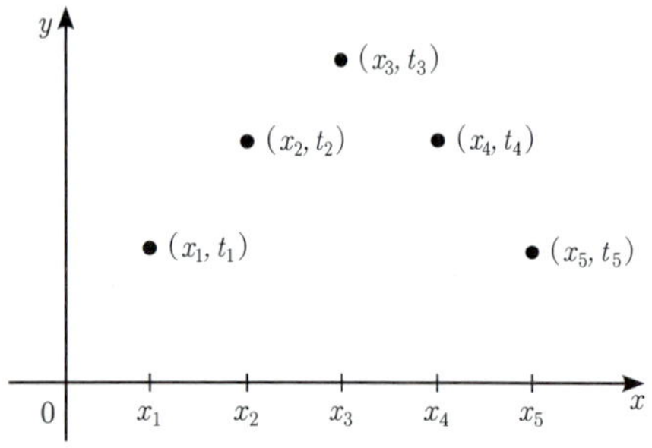

그림 11-1 비선형 추세를 갖는 데이터

데이터가 일정 추세를 갖는다면 [그림 11-2]와 같이 어떠한 비선형 함수 $f(x)$에 의한 대표 곡선 $y=f(x)$를 정할 수 있다. 여전히 이와 같은 대표 곡선을 추세선이라 하고 추세선의 함숫값 $y_i=f(x_i)$와 타겟값 t_i가 최대한 가깝기를 바란다.

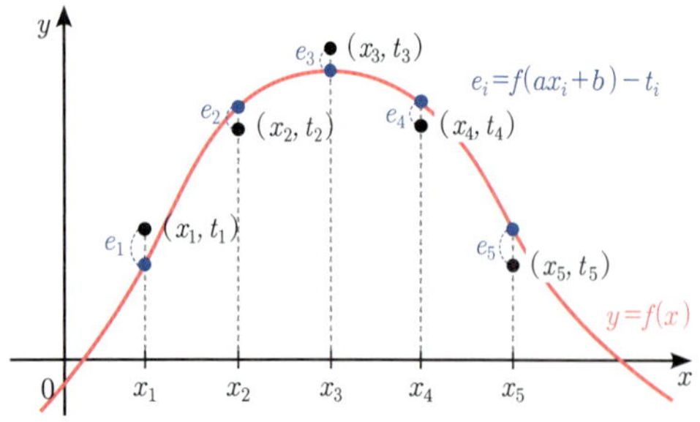

그림 11-2 비선형 추세를 갖는 데이터와 비선형 곡선의 추세선

추세선이 모든 데이터의 타겟값을 만족하는 것이 최선이겠지만 일반적으로 이를 기대하기 어렵다. 따라서 함숫값과 타겟값의 차이를 오차 $e_i = y_i - t_i$로 정의하고 모든 데이터에 대해 오차를 제곱하고 더한 값이 최소가 되는 함수를 찾고자 한다. 이를 정리해서 평균 제곱 오차를 목적함수로 두고 최적화 문제로 정의하면

$$\operatorname{argmin} \frac{1}{N}\sum_{i=1}^{N}\frac{1}{2}|f(x_i)-t_i|^2$$

으로 표현할 수 있다. argmin의 정의역을 언급하지 않은 이유는 아직 함수 $f(x)$가 어떤 형태인지 파악하지 못했기 때문이다. 비선형 회귀 문제에서 추세 함수 $f(x)$를 일반적으로 정하기는 어렵다. 주어진 데이터가 적정한 주파수와 진폭을 갖는다고 가정하면 주기함수인 사인함수 $f(x) = m\sin(ax+b)$를 적용해볼 수 있다. 그러면 비선형 회귀 문제는 목적함수

$$E(m,a,b) = \frac{1}{N}\sum_{i=1}^{N}\frac{1}{2}|m\sin(ax+b)-t_i|^2$$

에 대한 최적화 문제로 이해할 수 있다. 목적함수가 삼변수함수이므로 삼차원 공간에서의 경사하강법을 적용하여 적당한 극소점을 찾아볼 수 있다. 기울기를 구하기 위해 다음과 같은 편미분이 필요하다.

$$E_m = \frac{1}{N}\sum_{i=1}^{N}(m\sin(ax_i+b)-t_i)\cdot\sin(ax_i+b)$$

$$E_a - \frac{1}{N}\sum_{i=1}^{N}(m\sin(ax_i+b)-t_i)\cdot m\cdot\cos(ax_i+b)\cdot x_i$$

$$E_b = \frac{1}{N}\sum_{i=1}^{N}(m\sin(ax_i+b)-t_i)\cdot m\cdot\cos(ax_i+b)\cdot 1$$

tip 실수의 곱(·)을 생략하지 않고 합성함수의 미분법의 적용을 강조하기 위해서 표시한다.

기울기 표현 $\nabla E(m,a,b) = \left(\frac{\partial E}{\partial m}, \frac{\partial E}{\partial a}, \frac{\partial E}{\partial b}\right)$를 적용하여 경사하강법을 표현하면 다음과 같다.

$$\text{Given } (m^{(0)}, a^{(0)}, b^{(0)}) \in \mathbb{R}^3,$$
$$(m^{(n+1)}, a^{(n+1)}, b^{(n+1)}) = (m^{(n)}, a^{(n)}, b^{(n)}) - \alpha\nabla E(m^{(n)}, a^{(n)}, b^{(n)}), \quad \text{for } n = 0,1,2,\cdots$$

실습예제 11-1

삼각함수 $y = \sin(3.18x + 0.87)$을 기준으로 표준편차가 0.47인 가우시안 노이즈를 갖는 100개의 데이터가 주어졌다고 하자. 주어진 데이터에 대한 목적함수를 설계하고 경사하강법을 적용하여 추세곡선 $m\sin(ax+b)$를 찾아라. 단, 절대연속 오차의 크기가 10^{-5}보다 작으면 반복을 중단하고 추정 추세곡선과 주어진 데이터를 같이 그려서 결과를 확인하라. 단, 단계 크기를 0.5로 정의하고 최대반복수를 1,000으로 정한다.

```
import numpy as np
import matplotlib.pyplot as plt

np.random.seed(378)
N = 100
x = np.linspace(-1, 1, N)
t = np.sin(3.18*x+0.87) + 0.47*np.random.randn(N)

plt.plot(x, t, 'k.')
plt.show()
```

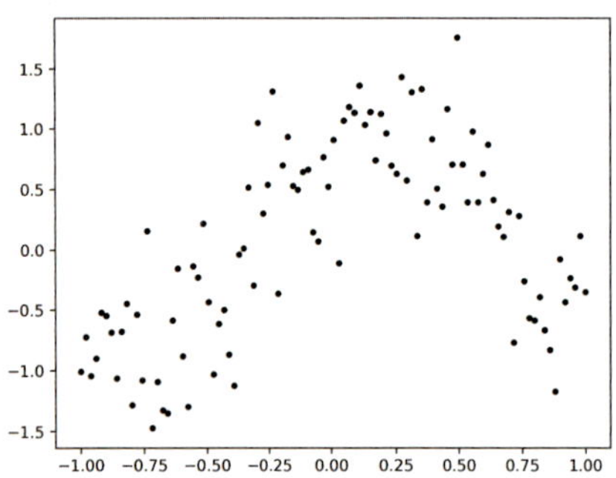

문제 해석

주어진 데이터를 대표하는 사인함수 형태의 추세선을 가정하고 최소제곱법을 통해 목적함수를 정의한다. 비선형 추세선을 표현하는 계수가 3개이므로 삼변수함수의 최적화 문제가 되고 경사하강법을 적용할 수 있다. 따라서 다변수함수의 최적화 문제와 동일하게 반복문을 통해 경사하강법을 구현할 수 있다.

모범 답안

```
def E(m,a,b):
    val = 0.0
    for i in range(N):
        val += (m*np.sin(a*x[i]+b)-t[i])**2
    return 0.5*val/N

def Em(m,a,b):
    val = 0.0
    for i in range(N):
```

```
        val += (m*np.sin(a*x[i]+b)-t[i])*np.sin(a*x[i]+b)
    return val/N

def Ea(m,a,b):
    val = 0.0
    for i in range(N):
        val += (m*np.sin(a*x[i]+b)-t[i])*m*np.cos(a*x[i]+b)*x[i]
    return val/N

def Eb(m,a,b):
    val = 0.0
    for i in range(N):
        val += (m*np.sin(a*x[i]+b)-t[i])*m*np.cos(a*x[i]+b)
    return val/N

om, oa, ob = np.random.rand(), np.random.rand(), np.random.rand()
MaxIter = 1000
ns = MaxIter/10
alpha = 0.5
print('n={:4d}, En={:.4f}'.format(0,E(om,oa,ob)))
for n in range(MaxIter):
    gradm, grada, gradb = Em(om,oa,ob), Ea(om,oa,ob), Eb(om,oa,ob)
    nm, na, nb = om-alpha*gradm, oa-alpha*grada, ob-alpha*gradb
    err = np.sqrt((nm-om)**2+(na-oa)**2+(nb-ob)**2)
    om, oa, ob = nm, na, nb
    if (n+1)%ns == 0:
        print('n={:4d}, En={:.4f}'.format(n+1,E(om,oa,ob)))
    if err < 1.0e-5:
        break

print('n={:4d}, En={:.4f}'.format(n+1,E(om,oa,ob)))
```

실행 결과

```
n=    0, En=0.3217
n= 100, En=0.0397
n= 200, En=0.0328
n= 226, En=0.0328
```

```
xx = np.linspace(-1, 1, 100)
yy = om*np.sin(oa*xx+ob)
plt.plot(xx, yy, 'r--')
plt.plot(x, t, 'k.')
plt.show()
```

실행 결과

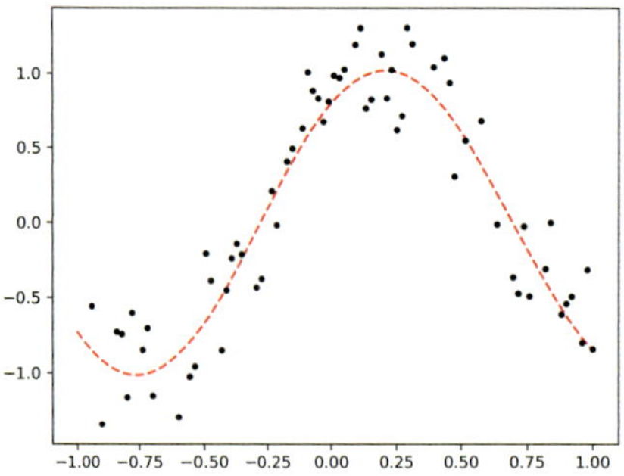

[실습예제 11-1]은 단순히 사인 형태의 대표 곡선을 가정하고 오차가 어느 정도 존재하는 추세곡선을 찾을 수 있는지에 대한 문제를 해결하는 과정일 뿐이다. 데이터의 추세는 여러 맥락에 따라 파악하며, 사용자가 직관에 따라 새롭게 제안할 수도 있다. 예를 들어 $f(x)=m\sin(ax+b)$가 아닌 $f(x)=m\sin(ax+b)+n$을 대표 곡선으로 제안한다면 기존보다 더 의미있는 결과를 도출할 수도 있다.

[그림 11-3]은 [실습예제 11-1]로 주어진 데이터를 무작위로 부분 추출하고, 동일한 비선형 회귀 문제를 푼 결과이다. 파란색 곡선은 노이즈를 부여하기 전의 함수 $\sin(3.18x+0.87)$을 의미하고 빨간색 곡선은 허용 오차에 수렴한 추정 결과를 의미한다. 데이터 양이 많아지면서 빨간색 회귀 곡선이 노이즈가 없는 파란색 곡선에 가까워짐을 확인할 수 있다. 비록 데이터가 의도적으로 만들어졌지만 데이터 양에 따라 추세곡선의 수렴성을 직관적으로 확인할 수 있다.

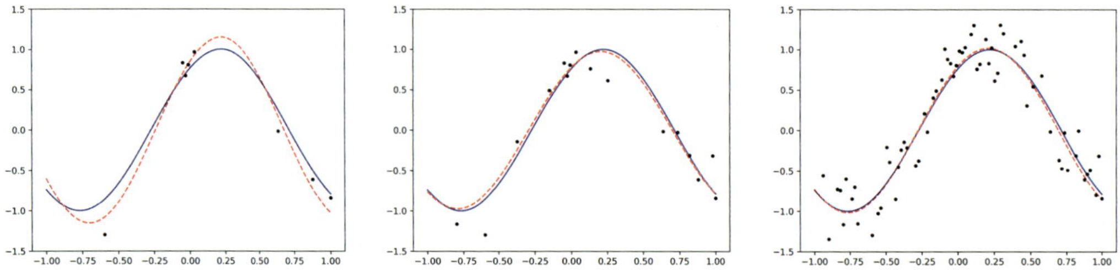

(a) N = 8 (b) N = 16 (c) N = 64

그림 11-3 데이터 양에 따른 추정 회귀 곡선의 수렴성

참고

수치 최적화 알고리즘은 초기 추정에 따라 특정 극솟값으로 수렴하여 최소점을 찾지 못하는 문제가 있으므로 무작위 추출 데이터에 따라 결과가 다소 달라질 수 있음을 유의하자.

실습예제 11-2 **도전!**

역탄젠트함수 $y = \tan^{-1}(7.1x - 0.82)$를 기준으로 표준편차가 0.27인 가우시안 노이즈를 갖는 100개의 데이터가 주어졌다고 하자. 주어진 데이터에 대한 목적함수를 설계하고 경사하강법을 적용하여 추세곡선 $m\tan^{-1}(ax+b)$를 찾아라. 절대연속오차의 크기가 10^{-3}보다 작으면 반복을 중단하고 추정 회귀 곡선과 주어진 데이터를 같이 그려서 결과를 확인하라. 단, 단계 크기를 0.5로 정의하고 최대반복수를 2,000으로 정한다.

```
import numpy as np
import matplotlib.pyplot as plt

np.random.seed(378)
N = 100
x = np.linspace(-1, 1, N)
t = np.arctan(7.1*x-0.82) + 0.27*np.random.randn(N)

plt.plot(x, t, 'k.')
plt.show()
```

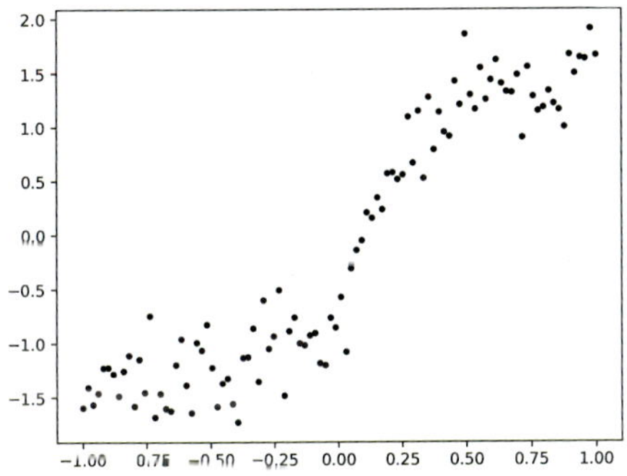

심화 학습

최소제곱법을 통해서 목적함수를 정의할 때, 데이터 개수로 나눈 것과 나누지 않은 것으로 구분할 수 있다. 편의상 다음과 같이 구분하여 나타내자.

$$E = \frac{1}{N}\sum_{i=1}^{N}\frac{1}{2}|f(x_i) - t_i|^2 \text{과} \quad \hat{E} = \sum_{i=1}^{N}\frac{1}{2}|f(x_i) - t_i|^2$$

우리는 최종 목적함수를 E로 정의하는데, $\hat{E}$에 의한 최적화 문제의 결과에서도 동일한 최소점을 얻는다. 여기서 $\hat{E}$을 데이터 개수 N으로 나누는 것을 **평균화**normalization라 한다.

이를 '데이터 개수에 따라서 목적함수 값이 크게 나타날 수 있으므로 평균화한다'고 이해할 수도 있다. 예를 들어 [그림 11-3]을 살펴보자. 목적함수를 평균화하지 않으면 목적함수 $\hat{E}$의 값이 각각 0.077, 0.38, 2.10으로 수렴하며, 수렴값의 스케일[1]이 다르다. 평균화한 목적함수 E에 대해서는 각각 0.0096, 0.024, 0.033으로 수렴하며, 수렴값의 스케일이 비슷하다. 따라서 목적함수를 평균화하고 결과를 비교하면 데이터 개수에서 받는 영향을 줄일 수 있으므로 더 공정하게 비교할 수 있다.

평균화는 데이터 크기에 따라 스케일이 달라지는 목적함수를 조정하는 것 말고도 다른 효과가 있다. 두 목적함수 E와 $\hat{E}$은 $\hat{E} = NE$라는 관계가 있다. 이 목적함수의 기울기도 비슷하게

$$\nabla \hat{E} = N \nabla E$$

를 만족한다. 각각의 목적함수에 경사하강법을 적용할 때의 단계 크기를 α와 $\hat{\alpha}$이라 하자. 그러면 평균화된 목적함수 E의 경사하강법은 평균화하지 않은 목적함수 $\hat{E}$에 대해 단계 크기 $\hat{\alpha}$을 α/N으로 정한 경사하강법과 동일하다. 즉 [실습예제 11-1]의 목적함수를 평균화하지 않고 단계 크기를 $\hat{\alpha} = 1$로 선택하면 상대적으로 매우 큰 단계 크기를 사용한 것이 되어 불안정한 결과를 얻을 수 있다. 6절과 9절에서도 언급했듯이 적당한 단계 크기를 선택하는 것이 꽤나 중요하고 어려운 문제인데, 데이터 양이 달라짐에 따라 동일 현상에 대해 단계 크기의 스케일이 바뀔 수 있는 점은 데이터를 분석할 때 불편을 야기한다. 이 책에서는 적당한 α 값이 무엇인지 분석하지는 않는다. 다만 목적함수의 평균화 여부에 따라 어떤 차이가 발생하는지 이해하고 넘어가자.

SECTION 11 연습문제

1 함수 $y = 1/(0.24 + 4.2x^2)$을 기준으로 표준편차가 0.26인 가우시안 노이즈를 갖는 50개의 데이터가 주어졌다고 하자. 주어진 데이터에 대한 목적함수를 설계하고 경사하강법을 적용하여 추세곡선 $y = 1/(a + bx^2)$을 찾아라. 절대연속오차의 크기가 10^{-4}보다 작으면 반복을 중단하고 추정 회귀 곡선과 주어진 데이터를 같이 그려서 결과를 확인하라. 단, 단계 크기를 0.02로 정의하고 최대반복수를 10,000으로 정한다.

```
import numpy as np
import matplotlib.pyplot as plt

np.random.seed(11)
N = 50
```

1 스케일scale : 1, 0.1, 0.01 등의 단위

```
x = np.linspace(-1, 1, N)
t = 1/(0.23+4.2*x**2) + 0.26*np.random.randn(N)

plt.plot(x, t, 'k.')
plt.show()
```

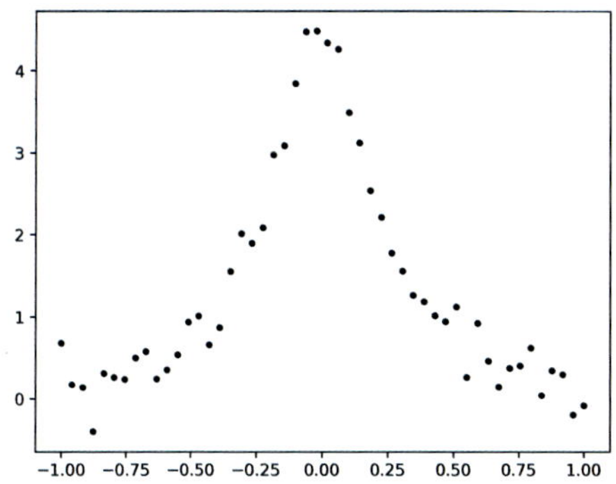

SECTION

12 일차원 단순 분류기

분류문제를 알아보기 위해 우리가 데이터를 어떻게 이해하고 이 데이터로 무엇을 하려는지 알아보자. 간단하게 일차원을 가정하여 [그림 12-1]과 같이 어떤 지역의 금광 지도를 생각해보자. $x = 0, 1, 2$에는 금광이 존재하고 $x = -2, -1$에는 금광이 없다고 알려져 있다. 지도에 표시된 금광은 이미 주인이 있고, 아직 발견되지 않은 금광은 찾는 사람이 주인이 될 수 있다고 하자.

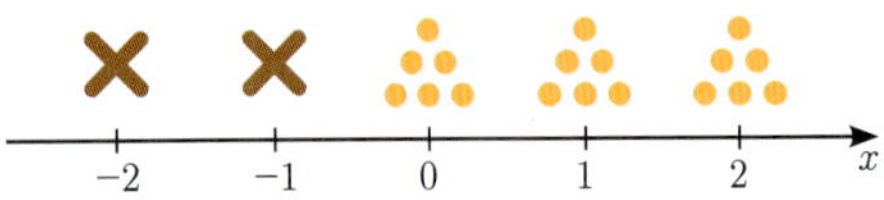

그림 12-1 어떤 지역의 금광 지도

그러면 $x = 0.5$에 금광이 존재한다고 기대할 수 있을까? 이 질문에 대한 답변은 사람마다 다를 수 있다. 누군가는 금광이 있을 것이라고 기대하고, 다른 누군가는 어찌 아느냐고 물어볼 수도 있다. 질문을 조금 바꿔보자. $x = -1.5$와 $x = 0.5$ 중에 한 군데만 선택해서 금광이 있는지를 확인한다면 어떤 곳을 확인해야 할까? 경험론적 관점에서 $x = 0.5$를 선택할 가능성이 높지만, $x = 0.5$에 금광이 확실하게 존재하기 때문에 그런 것은 아니다. 이러한 상황을 염두에 두고 영역을 어떻게 나누어야 할지 수학적으로 가늠해보자.

[그림 12-1]의 데이터를 표로 나타내면 [표 12-1]과 같다. 변수 t를 사용하여 위치 x에 금광이 있으면 $t = 1$로 두고, 위치 x에 금광이 없으면 $t = 0$으로 둔다. 데이터에 인덱스를 부여하여 위치 x_i에 대응하는 타겟값을 t_i로 정의한다. [표 12-1]을 [그림 12-2]처럼 일차원 함수로 나타내는 방식도 유용하다.

표 12-1 위치에 따른 금광 존재 데이터

i	x	t
0	−2	0
1	−1	0
2	0	1
3	1	1
4	2	1

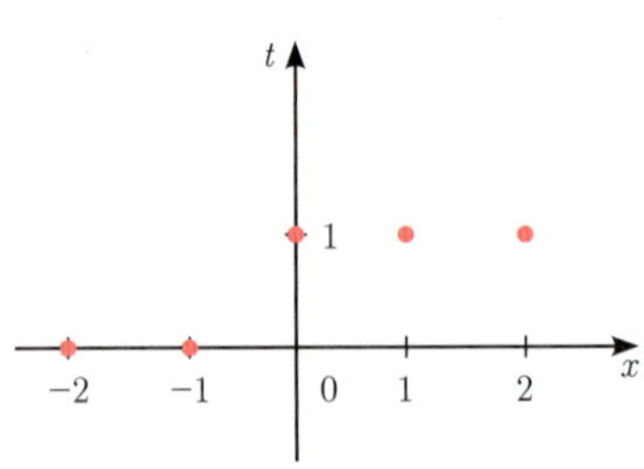

그림 12-2 [표 12-1]의 함수 표현

일차함수 $f(x)=x+0.5$를 생각하고 각각의 점 x_i에서 함수 f의 값을 계산하면 다음과 같다.

$$f(x_0)=-1.5, \quad f(x_1)=-0.5, \quad f(x_2)=0.5, \quad f(x_3)=1.5, \quad f(x_4)=2.5$$

주어진 함수 f는 위치 x_2, x_3, x_4에서 양수이고, 위치 x_0, x_1에서 음수이다. 이제 함숫값이 양수인지 음수인지에 따라 변수 t_i가 1인지 0인지 구분할 수 있다. 이처럼 주어진 데이터를 분류할 수 있는 함수 f를 **분류기** classifier라 한다.

> **참고**
>
> 분류함수는 유일하지 않다. 예를 들어 $y = 4x + 2$, $y = 2x + 1$도 분류함수가 될 수 있다.

함숫값의 부호 sign를 기준으로 데이터를 분류했는데, 분류기를 정의하는 방식이 유일한 것은 아니다. 이를 설명하기 위해 다음과 같은 **계단 함수** step function g를 생각해보자.

$$g(x)=\begin{cases} 0, & \text{if } x<-0.5 \\ 1, & \text{otherwise} \end{cases}$$

일차함수 $f(x)$처럼 각 점 x_i에서 계단 함수 g의 값을 계산하면 다음과 같다.

$$g(x_0)=0=t_0, \quad g(x_1)=0=t_1, \quad g(x_2)=1=t_2, \quad g(x_3)=1=t_3, \quad g(x_4)=1=t_4$$

[그림 12-3]은 일차함수 $f(x)$와 계단 함수 $g(x)$를 주어진 데이터와 함께 나타낸 그래프이다. 함수 f는 함숫값이 양수와 음수인지에 따라서 데이터를 분류했다. 반면에 계단 함수 g는 함숫값이 0인지 1인지를 확인하여 데이터를 분류했다. 따라서 계단 함수는 함숫값이 결국 타겟값이기에 데이터의 의미를 더욱 명확하게 포함한다고 볼 수 있다.

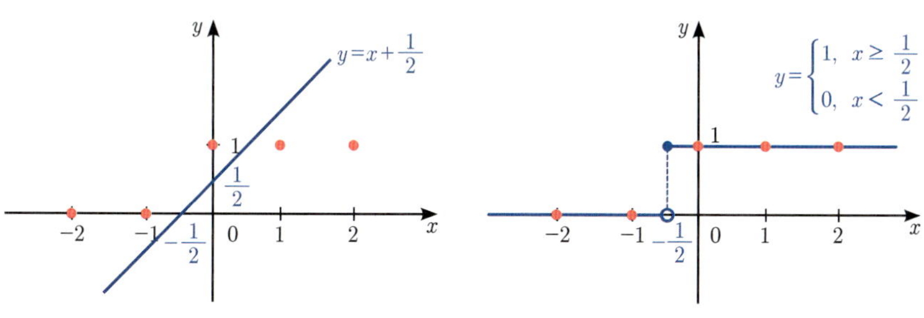

(a) 일차함수 $f(x)$

(b) 계단 함수 $g(x)$

그림 12-3 데이터와 분류기 예시

계단 함수 g가 주어진 데이터의 분류기가 될 수 있지만 $x = 0.5$에서 미분불가능하고 연속도 아니다. 이렇게 연속도 아니고 미분가능하지도 않은 함수는 수치 최적화 방법으로 경사하강법을 적용할 때 달가운 존재가 아니다. 그러므로 계단 함수와 비슷하면서 경사하강법을 적용하기 좋은 함수를 소개한다.

시그모이드 함수sigmoid function는 그래프의 형태가 S 모양 곡선S-shaped curve이다. 시그모이드 함수의 예로 로지스틱 함수logistic function, 쌍곡탄젠트함수, 역탄젠트함수 등이 있다. 로지스틱 함수의 정의는 다음과 같다.

$$\phi(u) = \frac{1}{1+e^{-u}}$$

조만간 함수 ϕ의 미분이 필요하니 도함수를 계산해두자. 몫의 미분법을 적용하면

$$\phi'(u) = \frac{0\cdot(1+e^{-u}) - 1\cdot(-e^{-u})}{(1+e^{-u})^2} = \frac{e^{-u}}{(1+e^{-u})^2}$$

이다. 로지스틱 함수 $\phi(u)$는 시그모이드 함수의 일종으로 [그림 12-4(a)]와 같이 S 모양 곡선이고, 그 도함수 $\phi'(u)$는 [그림 12-4(b)]와 같이 종상 곡선bell-shaped curve이다.

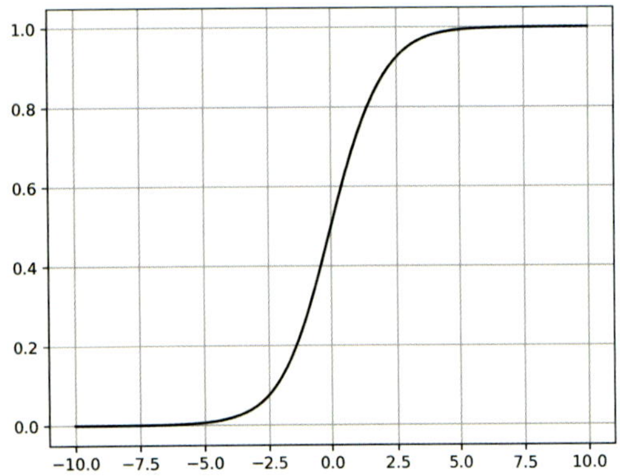

(a) 로지스틱 함수 $\phi(u)$

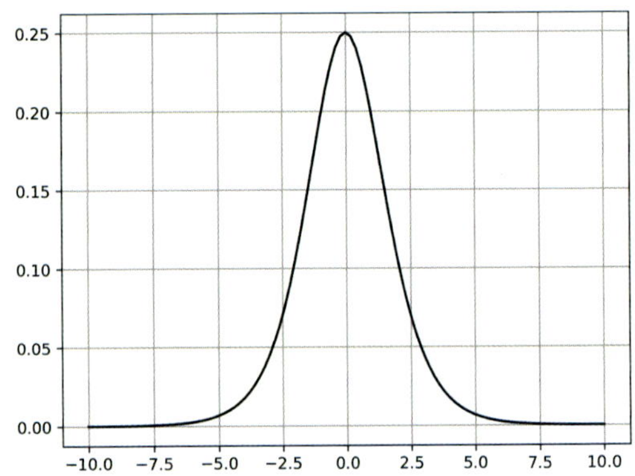

(b) 로지스틱 함수의 도함수 $\phi'(u)$

그림 12-4 로지스틱 함수와 그 도함수의 그래프

tip 인공신경망 분야에서는 시그모이드 함수와 로지스틱 함수를 동일시하는 경향이 있지만, 이 책에서는 시그모이드 함수와 로지스틱 함수를 구분한다.

로지스틱 함수 $\phi(u)$의 그래프는 계단 함수에 비해 완만하지만 단조증가함수[1]이며 무한 극한이 각각

$$\lim_{u \to \infty} \phi(u) = 1, \quad \lim_{u \to -\infty} \phi(u) = 0$$

으로 수렴하고 0과 1 사이에만 값이 있는 유계 함수[2]라는 특징이 있다. 따라서 로지스틱 함수를 $\phi(ax)$로 두고 x축의 축소와 확장을 활용할 수 있다. 구체적으로 [그림 12-5(a)]와 같이 x축을 10배 축소하면 $\phi(10x)$가 되고, 이 함수를 x축으로 -0.5만큼 평행이동하면 [그림 12-5(b)]와 같이 $\phi(10x+5)$가 된다. 함수 $\phi(10x+5)$는 [그림 12-3(b)]의 계단 함수 g와 상당히 비슷하지만, 모든 점에서 미분가능하고 부드럽다.

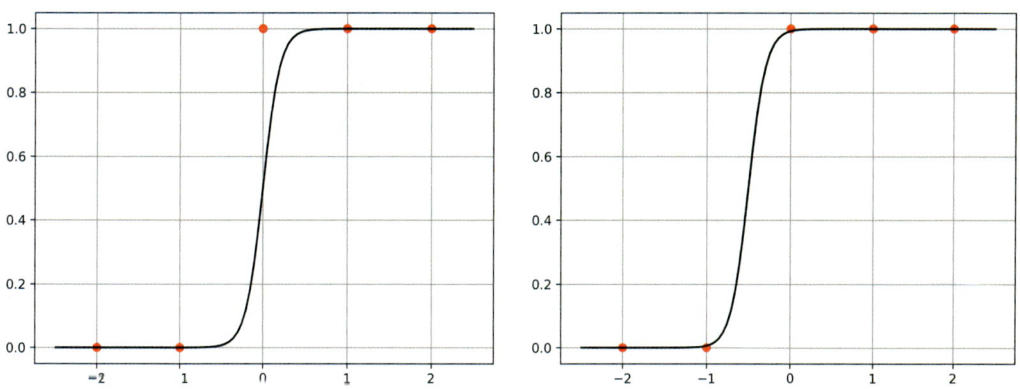

(a) $\phi(10x)$ (b) $\phi(10x+5)$

그림 12-5 로지스틱 함수를 축소하고 좌표이동하여 얻은 부드러운 계단 형태의 분류함수

일차함수 $f(x)$가 입력 데이터 x_i에 대응하는 함숫값이 양수인지 음수인지로 데이터를 분류했는데, 함숫값이 음수인 영역 $x<-0.5$와 양수인 영역 $x \geq -0.5$로 영역을 나눈다는 의미도 있다. 편의상 함숫값이 0인 경우를 양수 영역이라 한다. 계단 함수 $g(x)$에 대해서도 함숫값이 0인 영역과 1인 영역을 확인하면 동일한 영역으로 나누어진다. 반면에 $\phi(10x+5)$는 완전한 계단 함수가 아니므로 함숫값이 0인지 1인지에 따라서 영역을 분류하는 것은 충분하지 않다. 이와 같이 부드러운 계단 함수에 대해서는 0.5를 기준으로 하여 함숫값이 0.5보다 작은 영역과 큰 영역으로 구분한다.

이제 일반화된 수치 최적화 문제를 정의하여 체계적인 반복법을 통해 적당한 분류기 결과를 도출해보자. 먼저 $y=\phi(wx+b)$ 형태의 분류기를 생각하자. 여기서 w를 **가중치**weight라 하고 b를

1 단조증가함수monotonic increasing function : 정의역의 값이 커질수록 함숫값이 같거나 커지는 함수

2 유계 함수bounded function : 함수의 모든 값이 특정 범위 내에 있는 함수

편향bias이라 한다. 분류함수가 목적값에 최대한 가까워지는 게 목표이므로 최소제곱법을 적용하여 평균 제곱 오차

$$E(w,b)=\frac{1}{N}\sum_{i=1}^{N}\frac{1}{2}|\phi(wx_i+b)-t_i|^2$$

을 목적함수로 정하고 최적화 문제 $\operatorname{argmin} E(w,b)$를 푼다. 편의상 보조 변수 $u=wx+b$를 추가하는데, 데이터 위치 점 x_i에 대응하여 $u_i=wx_i+b$라 표현한다. 그러면 목적함수는

$$E(w,b)=\frac{1}{N}\sum_{i=1}^{N}\frac{1}{2}|\phi(u_i)-t_i|^2$$

으로 표현할 수 있다. 함수 E가 w와 b에 의한 이변수함수이므로 지금까지 학습한 이변수함수의 최적화 문제를 벗어나지 않는다. 이제 w와 b에 대해 편미분을 계산하면 다음과 같다.

$$\frac{\partial E}{\partial w}=\frac{1}{N}\sum_{i=1}^{N}(\phi(u_i)-t_i)\phi'(u_i)\cdot x_i$$

$$\frac{\partial E}{\partial b}=\frac{1}{N}\sum_{i=1}^{N}(\phi(u_i)-t_i)\phi'(u_i)\cdot 1$$

기울기 표현 $\nabla E(w,b)=\left(\frac{\partial E}{\partial w},\frac{\partial E}{\partial b}\right)$를 이용하여 경사하강법을 표현하면 다음과 같다.

$$\begin{aligned}&\text{Given } \left(w^{(0)},b^{(0)}\right)\in\mathbb{R}^2,\\ &\left(w^{(n+1)},b^{(n+1)}\right)=\left(w^{(n)},b^{(n)}\right)-\alpha\nabla E\left(w^{(n)},b^{(n)}\right),\quad \text{for } n=0,1,2,\cdots\end{aligned}$$

따라서 일차원 단순 분류기를 위한 경사하강법은 최소제곱법에서의 경사하강법과 크게 달라진 게 없다.

참고

분류문제는 주어진 입력 데이터를 여러 범주 중 하나로 분류하는 문제이고, 회귀 문제는 주어진 입력 데이터에 따라 연속적인 값을 예측하는 문제이다. 분류와 회귀는 기계학습의 두 가지 주요 유형으로 예측의 목표가 다르기 때문에 명확하게 구분된다. 하지만 문제를 정의하고 접근하는 방식에 따라 그 경계가 흐려질 수 있고, 특정 문제는 분류와 회귀의 특성을 동시에 가질 수 있다. 우리는 로지스틱 함수를 이용하여 부드러운 계단 함수를 설계하고, 최소제곱법을 통해 비선형 회귀 문제를 정의했다. 이를 통해 계단 함수로 나누어지는 영역으로 데이터를 분류하고자 한다. 따라서 회귀 함수가 데이터에 충분히 가까워지는 것이 좋은 결과로 해석된다.

실습예제 12-1

주어진 데이터에 대해 로지스틱 함수 ϕ를 이용하여 일차원 분류기 $\phi(wx+b)$를 구현하라. 최대반복수는 10,000으로 고정하고 단계 크기는 1로 정한다. 데이터와 결과를 그림으로 나타내라.

```
import numpy as np
import matplotlib.pyplot as plt

N = 5
x = np.array([-2,-1,0,1,2])
t = np.array([0,0,1,1,1])

plt.plot(x, t, 'ro')
plt.show()
```

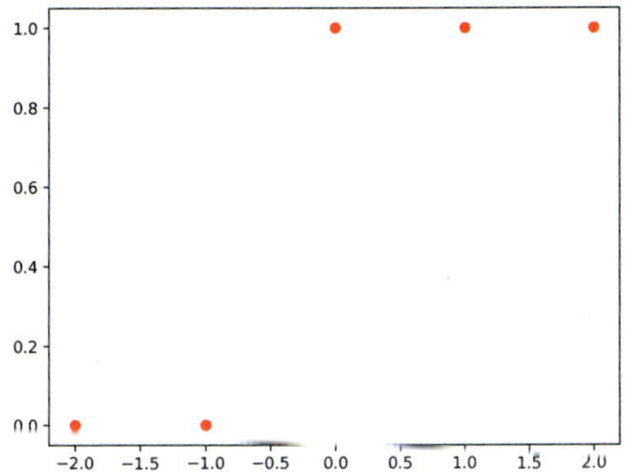

문제 해석

로지스틱 함수를 적용하여 시그모이드 형태의 분류함수를 가정하고, 평균 제곱 오차를 통해 목적함수를 정의한다. 여기서 분류함수를 표현하는 계수가 2개이므로 이변수함수의 최적화 문제가 되고 경사하강법을 적용할 수 있다. 따라서 이변수함수의 최적화 문제와 동일하게 반복문을 통해 경사하강법을 구현할 수 있다.

모범 답안

```
phi = lambda u: 1/(1+np.exp(-u))
dphi = lambda u: np.exp(-u)/(1+np.exp(-u))**2

def E(w,b):
    val = 0.0
    for i in range(N):
        ui = w*x[i] + b
        val += (phi(ui)-t[i])**2
    return 0.5*val/N

def Eb(w,b):
    val = 0.0
```

```
    for i in range(N):
        ui = w*x[i] + b
        val += (phi(ui)-t[i])*dphi(ui)
    return val/N

def Ew(w,b):
    val = 0.0
    for i in range(N):
        ui = w*x[i] + b
        val += (phi(ui)-t[i])*dphi(ui)*x[i]
    return val/N

oldw, oldb = 0.0, 0.0
MaxIter = 10000
alpha = 1.0
ns = MaxIter/10
print('n={:5d}, Eval={:.4f}'.format(0,E(oldw,oldb)))
for n in range(MaxIter):
    gradw, gradb = Ew(oldw,oldb), Eb(oldw,oldb) # Compute Gradient
    neww, newb = oldw-alpha*gradw, oldb-alpha*gradb # Gradient Descent Method
    oldb, oldw = newb, neww # Update Iteration
    if (n+1)%ns == 0:
        print('n={:5d}, Eval={:.4f}'.format(n+1,E(oldw,oldb)))
```

실행 결과

```
n=    0, Eval=0.1250
n= 1000, Eval=0.0016
n= 2000, Eval=0.0008
n= 3000, Eval=0.0005
n= 4000, Eval=0.0004
n= 5000, Eval=0.0003
n= 6000, Eval=0.0002
n= 7000, Eval=0.0002
n= 8000, Eval=0.0002
n= 9000, Eval=0.0002
n=10000, Eval=0.0001
```

함수 ϕ와 도함수 ϕ'을 반복하여 사용하므로 `lambda` 구문을 먼저 정의했다. `def` 함수로 목적함수와 기울기 계산을 정의하고 경사하강법을 반복 적용한다. 10,000번 반복하는 동안 `Eval` 값이 지속적으로 감소하고 있고 더 이상 큰 변화는 없을 것으로 보인다. 문제에 주어진 데이터와 분류 결과를 그림으로 출력하면 다음과 같다.

```
xx = np.linspace(-2.5, 2.5)
yy = phi(oldw*xx+oldb)
plt.plot(xx, yy, 'k') # Classifier Plot
```

```
plt.plot(x, t, 'ro') # Data Plot
plt.show()
```

실행 결과

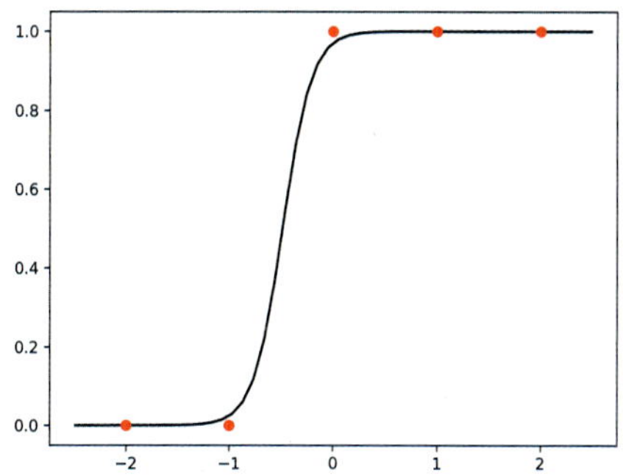

평균 제곱 오차는 다음과 같은 형태로도 이해할 수 있다.

$$E(w,b)=\frac{1}{N}\sum_{i=1}^{N}E_i(w,b),\quad \text{where } E_i(w,b)=\frac{1}{2}|\phi(u_i)-t_i|^2$$

편미분 과정에서 적용한 연쇄법칙을 강조하면 다음과 같다.

$$\frac{\partial E}{\partial w}=\frac{1}{N}\sum_{i=1}^{N}\frac{\partial E_i}{\partial u_i}\cdot\frac{\partial u_i}{\partial w}=\frac{1}{N}\sum_{i=1}^{N}(\phi(u_i)-t_i)\phi'(u_i)\cdot x_i$$

$$\frac{\partial E}{\partial b}=\frac{1}{N}\sum_{i=1}^{N}\frac{\partial E_i}{\partial u_i}\cdot\frac{\partial u_i}{\partial b}=\frac{1}{N}\sum_{i=1}^{N}(\phi(u_i)-t_i)\phi'(u_i)\cdot 1$$

여기서 $\frac{\partial E_i}{\partial u_i}=(\phi(u_i)-t_i)\phi'(u_i)$라는 형태가 반복되고 있음을 다시 한번 상기하자.

지금까지 기울기 계산을 강조하기 위해 def를 사용했지만, 잘 생각해보면 for-문과 u_i의 계산이 반복되고 있다. [코드 12-1]은 def를 사용하지 않고 간단하게 수정한 버전이다. 여전히 기울기 계산, 경사하강법 적용, 갱신의 순서를 따른다. [실습예제 12-1]의 모범 답안에서 수정된 부분을 정확히 이해하고 동일한 결과가 도출되는지 확인해보자.

참고

[코드 12-1]의 8줄에서 초기 목적함수의 값을 계산하여 출력할 수도 있으나, 최적화 값을 찾는 것이 목표이므로 굳이 동일하게 맞추기보다는 출력하지 않는 방식으로 수정했다. 코드 구성에서는 반드시 필요하지는 않지만 프로그램이 시작하여 for-문에 진입했는지 확인하는 용도로 남긴다.

코드 12-1

```python
phi = lambda u: 1/(1+np.exp(-u))
dphi = lambda u: np.exp(-u)/(1+np.exp(-u))**2

oldw, oldb = 0.0, 0.0
MaxIter = 10000
alpha = 1.0
ns = MaxIter/10
print('n={:5d}'.format(0))
for n in range(MaxIter):
    gradw, gradb = 0.0, 0.0 # Compute Gradient
    for i in range(N):
        ui = oldw*x[i] + oldb
        gradb += 1/N*(phi(ui)-t[i])*dphi(ui)
        gradw += 1/N*(phi(ui)-t[i])*dphi(ui)*x[i]

    neww, newb = oldw-alpha*gradw, oldb-alpha*gradb # Gradient Descent Method
    oldw, oldb = neww, newb # Update Iteration

    Eval = 0.0 # Compute Mean Squared Error
    for i in range(N):
        ui = oldw*x[i] + oldb
        Eval += 0.5/N*(phi(ui)-t[i])**2

    if (n+1)%ns == 0:
        print('n={:5d}, Eval={:.4f}'.format(n+1,Eval))
```

실행 결과

```
n=    0
n= 1000, Eval=0.0016
n= 2000, Eval=0.0008
n= 3000, Eval=0.0005
n= 4000, Eval=0.0004
n= 5000, Eval=0.0003
n= 6000, Eval=0.0002
n= 7000, Eval=0.0002
n= 8000, Eval=0.0002
n= 9000, Eval=0.0002
n=10000, Eval=0.0001
```

[실습예제 12-1]은 간단하므로 목적함수가 10,000번의 반복으로 소수점 4번째 자리까지 작아진 것을 확인할 수 있었다. 하지만 이와 같은 직관적인 결과가 최솟값 또는 극솟값을 보장하는 것

은 아니다. [그림 12-6]은 반복수에 대응하는 Eval 값을 저장하여 넘파이의 semilogy 함수로 출력한 것이다. 1,000번 단위로 Eval 값을 확인했으므로 중간과정이 부각되지 않았지만 초반에는 급격하게 감소하다 중후반부터는 완만하게 감소함을 알 수 있다.

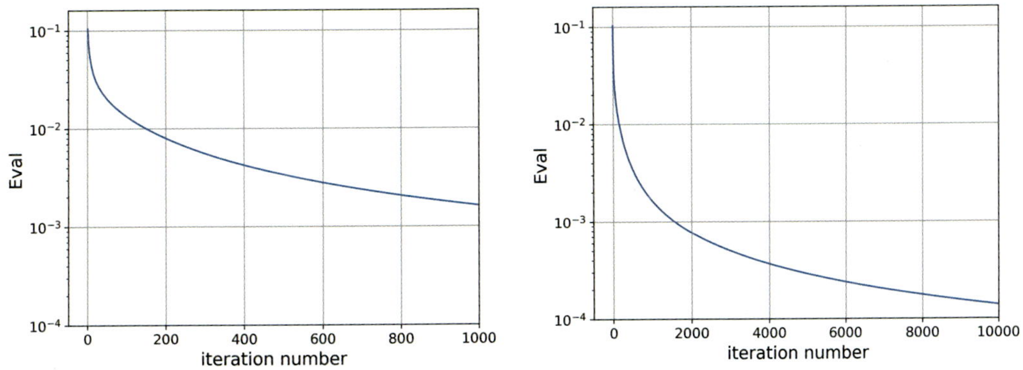

그림 12-6 반복수에 대응하는 목적함수의 값에 대한 변화

우리의 목표가 목적함수의 최소점을 찾는 것이기에 Eval 값의 변화가 더 이상 없을 때 종료하는 게 좋다. 그런데 감소의 추이를 확인하면 언제 감소를 멈출지 예상하기 어려워보인다. 물론 10,000번 이상 계산하면 그 다음 결과를 확인할 수 있지만, 추가 계산으로 최솟값을 찾는다는 보장도 없거니와 언제까지 같은 과정을 반복할 수 없다는 문제가 있다. 따라서 적당한 수준에서 계산을 멈추어야 한다. [그림 12-7]은 적당한 반복수에서 Eval 값이 0.01과 0.001을 지났을 때의 결과를 출력한 것이다.

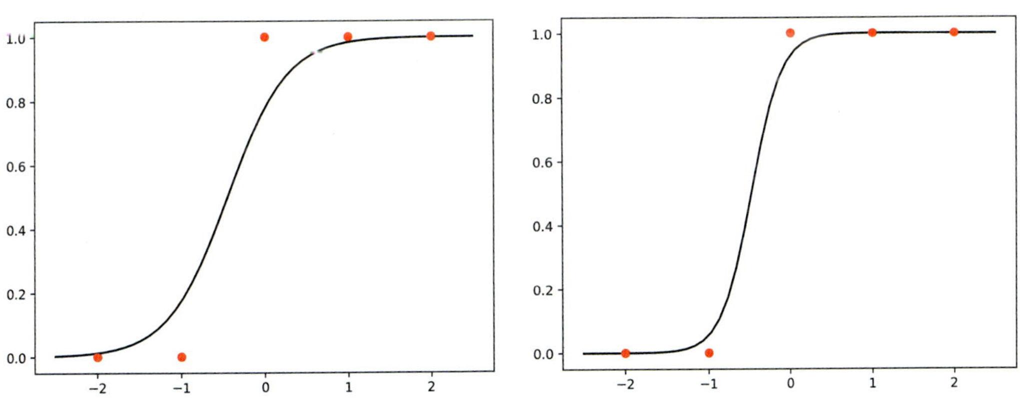

(a) $n = 200$ (b) $n = 2000$

그림 12-7 반복수에 따른 분류함수의 변화

참고

[그림 12-6]과 [그림 12-7]에 대한 결과 분석이 어떤 Eval 값의 추이에서 중단해야 할지를 결정하고자 하는 것은 아니다. [그림 12-7]에서 보여주는 중간 과정의 분류함수들도 주어진 데이터를 명확하게 분류한다. 즉 함숫값이 0.5가 되는 경계점 $\{x \mid \phi(wx+b)=0.5\}$를 확인하면 큰 차이가 없다. 이후 예제들의 모범 답안은 한정된 학습 시간 동안 그럴듯한 결과를 도출하기 위해 적당한 시점에 중단한 결과인데, 마지막 결과만 확인하고 넘어가기보다는 우리가 어떤 과정에 있는지를 다시 한번 환기하기를 바란다. 과학 계산 코드 구현 과정에서는 단순히 구문을 이해하는 것만으로 해결할 수 없는 디버깅 작업이 필요한데, Eval 값의 추이가 감소하는지, 또 그 감소 수준이 얼마나 되는지가 학습 과정에 큰 문제가 없는지를 알려주는 하나의 척도가 될 수 있다.

실제 분석에서는 지금까지 다룬 데이터처럼 실측값이 0과 1로만 나타나지 않는다. 금광 문제를 다시 생각해보자. 금광의 개발 가치 여부는 단위 부피당 금 함량으로 판단하므로 금광 문제의 데이터는 [표 12-2]와 같을 수 있다. 단위 부피당 금 함량이 1.5ppm[3]이 넘는 금광이 경제적으로 가치있다고 판단된다면, 이 값을 기준으로 금광의 존재 여부를 [표 12-1]처럼 표현할 수도 있다. 이때 1.5ppm과 같은 경계점을 임계값[4]이라 한다. 이처럼 주어진 데이터를 모델에 적용할 수 있도록 변형하는 과정을 데이터 전처리[5]라 한다.

표 12-2 위치에 따른 금 함량 데이터

i	x	ppm
0	−2	0.01
1	−1	0.02
2	0	2.19
3	1	1.75
4	2	2.30

특정 임계값을 사용하여 주어진 데이터를 전처리할 때, 배열에 논리 연산자를 적용할 수 있다. [코드 12-2]를 살펴보자.

코드 12-2

```
import numpy as np

N = 5
x = np.array([-2,-1,0,1,2])
```

3 ppm parts per million : 백만분율을 나타내는 단위. 1ppm = 1/1,000,000 = 0.0001%

4 임계값 threshold : 어떤 현상이 발생하거나 상태가 변하기 시작하는 경계점

5 데이터 전처리 data preprocessing : 분석 또는 모델링을 위해 데이터를 정제하고 변환하는 과정

```
5    ppm = np.array([0.01,0.01,2.19,1.75,2.30])
6    print(ppm>1.5)
7
8    t = np.float64(ppm>1.5)
9    print(t)
```

실행 결과

```
[False False  True  True  True]
[0. 0. 1. 1. 1.]
```

- **6줄** ppm>1.5는 각 성분 값에 논리 연산 결과를 알려준다.
- **8줄** 연산 과정에서 False와 True가 각각 0과 1로 자연스럽게 형변환되지만, 명시적으로 형변환하기 위해 넘파이에서 float64 함수를 사용할 수도 있다.

데이터 전처리가 필요한 경우는 예를 든 상황 말고도 다양한 형식으로 존재할 수 있다. 예를 들어 지역 A와 B로 표현될 수도 있고, 음성과 양성일 수도 있다. 범주형 데이터를 수치형으로 변환하여 모델에 입력할 수 있도록 하는 과정을 **인코딩**encoding이라 한다. 또한, 모델을 약간 변형할 수도 있다. 타겟값을 0과 1이 아닌 −1과 1에 대응하는 데이터로 구성할 수도 있다. 음성과 양성과 같은 범주의 경우에는 −1과 1로 전처리하는 것이 자연스러울 수 있다. 타겟값을 −1과 1로 두면 시그모이드 함수를 쌍곡탄젠트 함수로 설정할 수 있다. [실습예제 12−2]에서 쌍곡탄젠트 함수를 적용하여 분류함수를 구현해보자.

실습예제 12−2 도전!

주어진 데이터에 대해 쌍곡탄젠트 함수 $\phi(u) = \tanh(u)$를 이용하여 일차원 분류기 $\phi(wx+b)$를 구현하라. 최대반복수는 10,000으로 고정하고 단계 크기는 1로 정한다. 데이터와 결과를 그림으로 나타내라.

```
import numpy as np
import matplotlib.pyplot as plt

N = 5
x = np.array([-2,-1,0,1,2])
t = np.array([-1,-1,1,1,1])

plt.plot(x, t, 'ro')
plt.show()
```

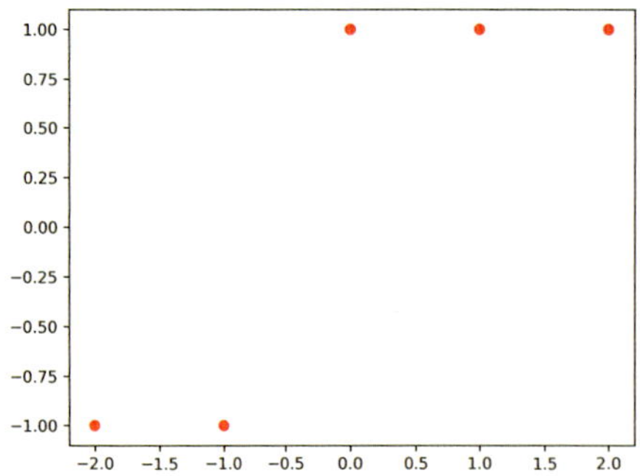

지금까지 예제는 x_i 값이 −2에서 2 사이에 분포하는 경우만 다루었다. 때에 따라서는 데이터의 스케일과 범위가 다양할 수 있다. 수치 최적화 방법에서 수렴 속도와 해석을 일관되게 해야 할 때 데이터를 일정한 범위로 변환하는 것이 일반적이다. 이와 같은 과정을 데이터 **정규화**normalization 라 한다. 데이터 정규화의 한 가지 기법으로 **최소-최대 스케일링**min-max scaling이 있다. 이를 식으로 나타내면 다음과 같다.

$$\hat{x}_i = \frac{x_i - x_{\min}}{x_{\max} - x_{\min}} \quad \text{또는} \quad \hat{x}_i = -1 + 2\frac{x_i - x_{\min}}{x_{\max} - x_{\min}}$$

위치 데이터 $\{x_1, x_2, \cdots, x_N\}$의 최솟값 $x_{\min}$은 0 또는 −1로 최댓값 $x_{\max}$를 1로 변환하고, 나머지 값은 그 사이의 비율에 따라 변환한다. 반드시 주어진 데이터의 최솟값과 최댓값을 기준으로 정규화할 필요는 없다. 주어진 상황과 환경에 따라서 달라질 수 있는데, 중요한 점은 위치 데이터를 $[0, 1]$ 또는 $[-1, 1]$ 등 적당한 범위로 변환한다는 것이다. 데이터를 정규화하면 특성이 일정한 척도에서 측정되기에 결과를 비교 해석하기가 용이하다. 또한, 값이 너무 크거나 작은 경우를 방지하여 계산의 안정성을 높일 수 있고 값을 해석하거나 시각화할 때 직관적일 수 있다.

데이터 x_i의 범위를 변환하는 다양한 방식 중에서 **표준화**standardization를 참고로 소개한다.

$$\hat{x}_i = \frac{x_i - \mathrm{avg}(X)}{\mathrm{std}(X)}$$

여기서 $\mathrm{avg}(X)$와 $\mathrm{std}(X)$는 데이터 $\{x_1, x_2, \cdots, x_N\}$의 평균과 표준편차를 의미한다. 표준화는 모든 값을 평균 0, 표준편차 1로 변환하여 데이터를 시각화하거나 해석할 때 더 직관적으로 만든다. 표준편차가 1이므로 데이터의 약 68%가 −1과 1 사이에 분포한다는 의미이다. 약 95%의 데이터는 −2와 2 사이에, 약 99.7%의 데이터는 −3과 3 사이에 분포한다. 따라서 이상치[6]를 더 쉽게 식별할 수 있고, 일반적으로 값이 −3 이하 또는 3 이상이면 이상치로 간주한다.

6 이상치outlier는 다른 관측값과 비교할 때 현저히 다른 값을 가지는 데이터를 의미한다. 이상치는 다양한 이유로 발생할 수 있는데, 데이터 분석에서 중요한 정보를 제공할 수도 있고 데이터 오류를 나타낼 수도 있다.

심화 학습

데이터 정규화 또는 표준화도 11절에서 소개한 평균화와 같이 단계 크기의 변환이 발생한다. 그 과정을 간단하게 소개한다. 데이터 변환은 특정 β와 γ에 의해서 주어진 데이터 x_i를 $\hat{x}_i = \beta x_i + \gamma$로 변형한다고 이해할 수 있다. 변환된 데이터 $\hat{x}_i$의 목적함수를 정리하면 $\hat{u}_i = \hat{w}\hat{x}_i + \hat{b}$과

$$\hat{E} = \frac{1}{N}\sum_{i=1}^{N}\frac{1}{2}|\phi(\hat{u}_i) - t_i|^2$$

으로 나타낼 수 있다. 이에 대응하는 기울기 계산은 다음과 같다.

$$\frac{\partial \hat{E}}{\partial \hat{w}} = \frac{1}{N}\sum_{i=1}^{N}(\phi(\hat{u}_i) - t_i)\phi'(\hat{u}_i)\cdot \hat{x}_i$$

$$\frac{\partial \hat{E}}{\partial \hat{b}} = \frac{1}{N}\sum_{i=1}^{N}(\phi(\hat{u}_i) - t_i)\phi'(\hat{u}_i)\cdot 1$$

변환식 $\hat{x}_i = \beta x_i + \gamma$를 $\hat{u}_i = \hat{w}\hat{x}_i + \hat{b}$에 대입하면 $\hat{u}_i = \hat{w}\beta x_i + (\hat{w}\gamma + \hat{b})$이다. 따라서 $w = \hat{w}\beta$, $b = \hat{w}\gamma + \hat{b}$이면 $\hat{u}_i = u_i$임을 알 수 있다. 이제 기울기의 관계식을 다음과 같이 정리할 수 있다.

$$\frac{\partial \hat{E}}{\partial \hat{w}} = \beta\frac{\partial E}{\partial w} + \gamma\frac{\partial E}{\partial b}$$

$$\frac{\partial \hat{E}}{\partial \hat{b}} = \frac{\partial E}{\partial b}$$

정규화 또는 표준화에 의한 단계 크기 변환은 평균화에 비해서 다소 복잡하다. 먼저 b의 기울기에는 변화가 없고, w의 기울기에는 단계 크기의 변환이 발생한다. 단순히 $\gamma = 0$인 경우를 예로 들면, 변환되기 전의 단계 크기 1은 변환된 후의 단계 크기 β에 대응한다. [실습예제 12-1]을 [−1, 1] 범위로 정규화한 후 단계 크기를 1로 유지한 결과를 확인하면 [그림 12-8]과 같다. 이와 비교하기 위해 정규화 이전의 [실습예제 12-1]의 결과를 동일한 반복수에 대해 함께 출력했다. $\beta = 0.5$와 $\gamma = 0$이고 정규화 여부에 따른 결과를 비교했을 때, 진행 속도가 느려졌음을 확인할 수 있다.

참고

[그림 12-8]의 예시에서 정규화를 적용한 결과 동일한 단계 크기에서 진행 속도가 느려졌다. 정규화를 통해 수렴 속도가 변할 수 있으며, 속도가 항상 빨라지는 것은 아니다.

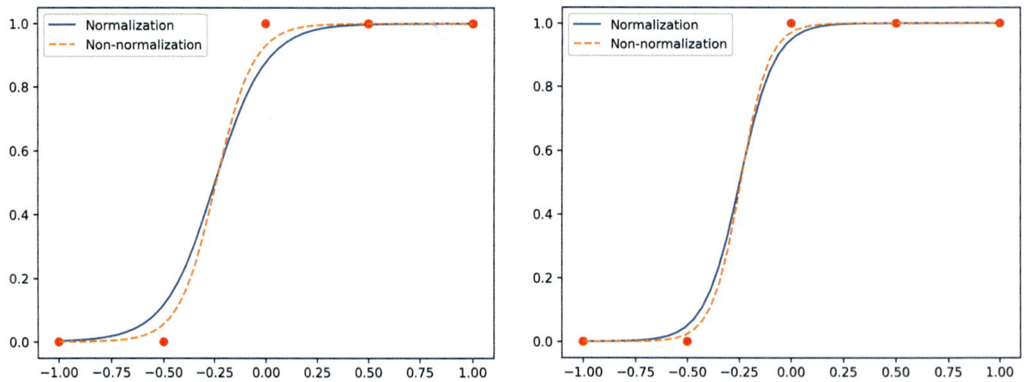

(a) $n = 2000$　　　(b) $n = 10000$

그림 12-8 표준화 적용 여부에 따른 분류함수 성능 비교

SECTION 12 연습문제

1 주어진 데이터 x_i를 $[-1, 1]$ 범위로 정규화하고 로지스틱 함수 ϕ를 이용하여 일차원 분류기 $\phi(wx+b)$를 구현하라. 최대반복수는 10,000으로 고정하고 단계 크기는 1로 정한다. 정규화된 데이터와 결과를 그림으로 나타내라.

```
import numpy as np
import matplotlib.pyplot as plt

N = 6
x = np.array([-2.3,-1.7,-0.5,0.78,1.8,4.5])
t = np.array([0,0,0,1,1,1])

plt.plot(x, t, 'ro')
plt.show()
```

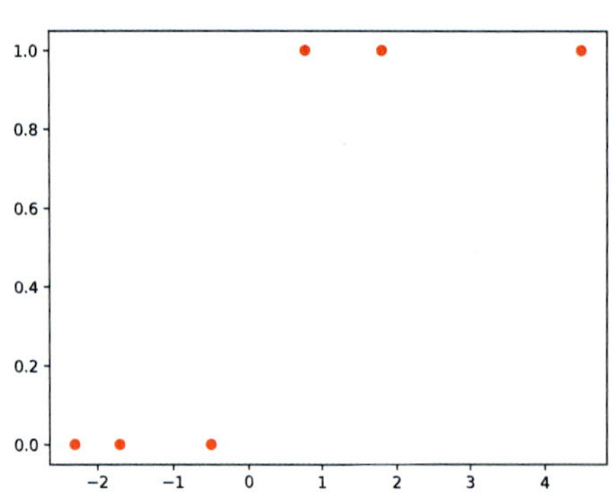

SECTION

13 일차원 복합 분류기

일차원 단순 분류기의 개념을 간단하게 복습하자. 계수 표현을 약간 바꾸면 주어진 데이터에 적당한 분류함수 $y=\phi(v_0+v_1x)$를 찾는 문제로 이해할 수 있다. 함수 ϕ가 정의되어 있다면 분류기는 계수 v_0와 v_1에 의해 결정된다.

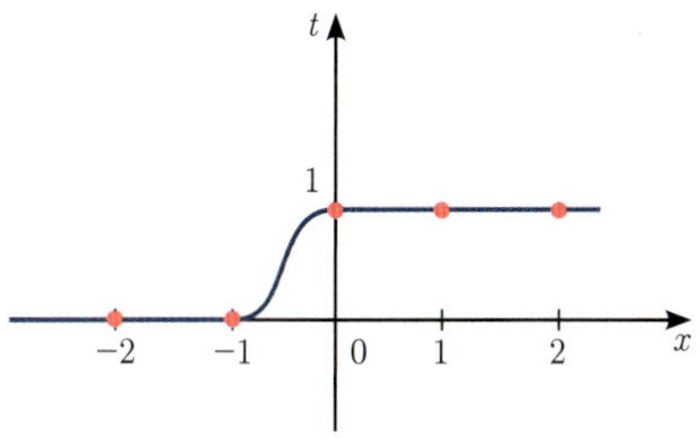

그림 13-1 일차원 데이터의 함수 표현과 단순 분류기

일차함수를 $u = v_0 + v_1x$로 정의하고 주어진 데이터의 타겟값이 0과 1이므로 로지스틱 함수 $\phi(u)=1/(1+e^{-u})$을 선택한다. 그러면 적당한 x축의 좌표 변환(축소·확대와 좌표 이동)에 의해 계수 v_0, v_1이 존재하고 적절한 계단 함수를 만들 수 있을 것이다. 계수를 찾기 위해 평균 제곱 오차를 정의하고 최적화 문제

$$\underset{(v_0,v_1)\in\mathbb{R}^2}{\operatorname{argmin}} E(v_0,v_1),$$

$$\text{where } E(v_0,v_1)=\frac{1}{N}\sum_{i=1}^{N}\frac{1}{2}|\phi(u_i)-t_i|^2$$

을 설계한다. 이러한 과정을 흔히 **수학적 모델링**[1]이라 한다. 최적화 문제가 정의되었으니 경사하강법을 적용하면 적당한 계수를 찾을 수 있을 것이라 기대한다.

이제 일차원 분류기 문제를 [그림 13-2]와 같이 다이어그램으로 나타내는 방식을 알아보자. 각각의 원을 **노드**node라 하고 노드를 연결하는 선분을 **연결선**edge이라 한다. 각 노드는 변수 x, u,

1 수학적 모델링mathematical modeling : 현실 문제나 시스템을 수학적인 구조나 방정식으로 표현하여 분석하고 이해하는 과정

y를 의미하고 각 연결선에는 계수 v_i 또는 로지스틱 함수 ϕ가 대응된다. v_0를 대응하기 위해 편향 노드 1이 추가로 표현되었다. 이처럼 여러 개의 연결선이 모여 **네트워크** network를 형성하며, 인공지능 분야에서 이러한 구조를 **퍼셉트론** perceptron 또는 **인공신경망** artificial neural network 이라 한다.

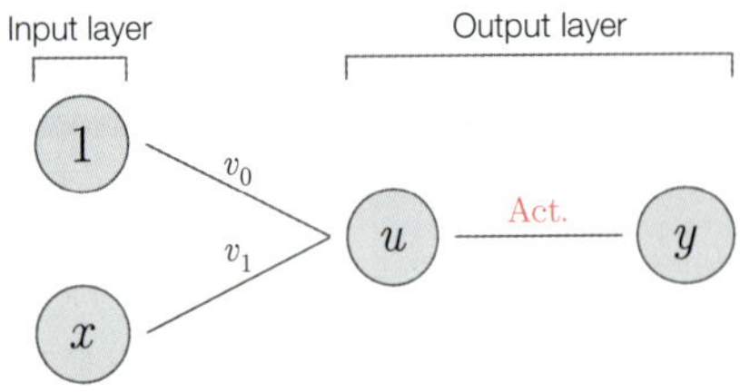

그림 13-2 일차원 단순 분류기를 위한 인공신경망

노드 u는 연결선의 계수 v_0와 v_1에 관한 노드 1과 x의 **가중합** weighted sum

$$u = v_0 \cdot 1 + v_1 \cdot x$$

이다. [그림 13-2]에서 Act.로 표현된 부분은 **활성화 함수** activation function를 나타내며 $y = \phi(u)$로 정의한다. 노드 1과 x는 **입력층** input layer을 이루고 노드 u와 y는 **출력층** output layer을 구성한다. 이와 같은 형태를 **단층 구조** one-layer structure라 한다.

> **참고**
>
> 12절에서 활성화 함수 $\phi(u)$를 이용하여 분류기를 [그림 13-1]과 같이 부드러운 계단 함수 $\phi(v_0 + v_1 x)$로 설계했다. 분류는 정의역을
>
> $$\{x \mid \phi(v_0 + v_1 x) < 0.5\} \cup \{x \mid \phi(v_0 + v_1 x) \geq 0.5\}$$
>
> 로 분할한 것이다. 활성화 함수로 로지스틱 함수를 선택하면 함수의 특징을 고려했을 때 일차함수에 의해 다음과 같이 분할되었다고 이해할 수도 있다.
>
> $$\{x \mid v_0 + v_1 x < 0\} \cup \{x \mid v_0 + v_1 x \geq 0\}$$
>
> 따라서 활성화 함수 이전 단계의 일차함수 $u = v_0 + v_1 x$의 부호에 의해 분류 여부를 확인할 수 있다.

이제 [표 13-1]과 같이 조금 복잡한 데이터를 생각해보자. 12절 [표 12-1]의 데이터와 비교해서 크기나 패턴이 크게 다르지 않다. 그런데 이 데이터를 12절에서 학습한 단순 분류기로 분류할 수 있을까? 적당한 일차함수 $y = v_0 + v_1 x$를 분류함수로 사용할 수 있으면 좋겠지만 [그림 13-3]을 보면 녹록치 않다.

표 13-1 복합 분류문제 데이터

i	x	t
0	−2	0
1	−1	0
2	0	1
3	1	1
4	2	0
5	3	0

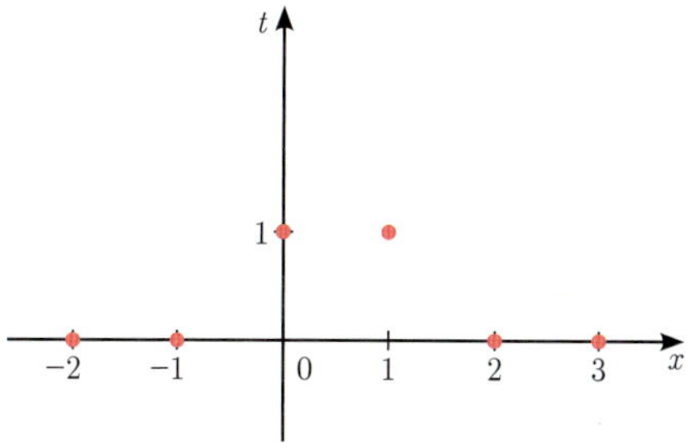

그림 13-3 [표 13-1]의 함수 표현

이 문제는 일차함수가 아닌 이차함수를 생각하면 분류함수를 찾을 수 있다. [그림 13-4]는 이차함수 $f(x) = -(x+0.5)(x-1.5)$와 분류 데이터를 나타낸다. 제시된 이차함수에 대해 각각의 점 x_i에서 함수 f의 값을 계산하면 다음과 같다.

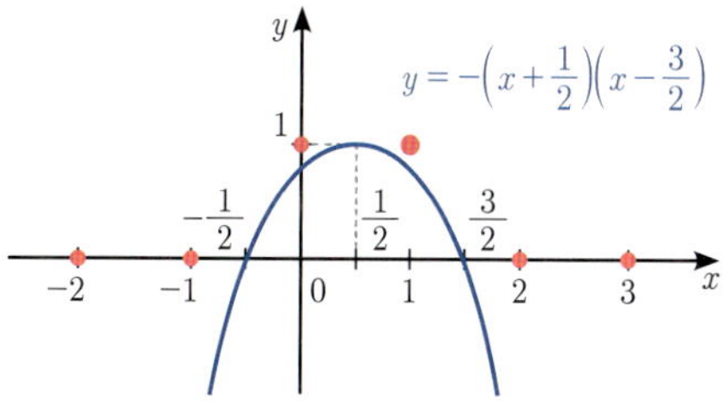

그림 13-4 이차함수 형태의 분류함수

$$f(x_0) = -5.25,\quad f(x_1) = -1.25,\quad f(x_2) = 0.75,$$
$$f(x_3) = 0.75,\quad f(x_4) = -1.25,\quad f(x_5) = -5.25$$

주어진 함수 f는 위치 x_2, x_3에서만 양수이고 나머지 위치에서는 음수이다. 따라서 함숫값이 양수인지 음수인지에 따라서 타겟값 t_i가 1인지 0인지를 구분할 수 있다. 따라서 함수 $f(x)$는 주어진 데이터의 적절한 분류기가 된다. 하지만 지금 문제에만 국한된 특별한 함수라는 한계가 있다.

이 시점에 [그림 13-5]와 같이 함수 $y = 1/2$이 데이터를 구분할 수 있는 것이 아닌지 궁금할 수 있다. 그러나 모든 x_i에 대해 함숫값이 모두 양수이므로 데이터가 분류되지 않는다. 따라서 상수함수 $y = 1/2$은 분류함수가 아니다.

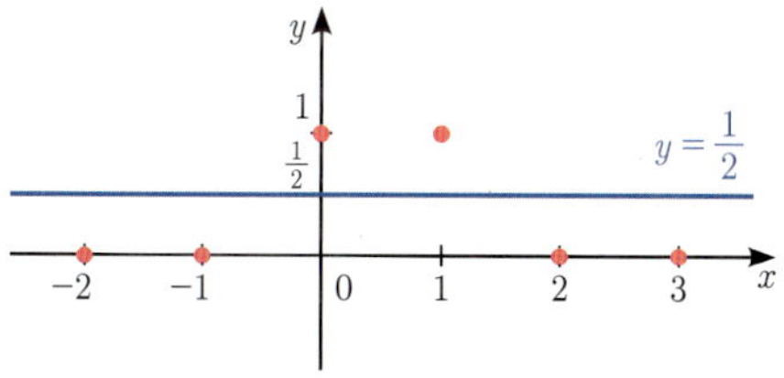

그림 13-5 분류함수가 아닌 함수

잘 생각해보면 두 개의 일차함수 $f_1(x) = 4x+2$와 $f_2(x) = 4x-6$에 대해 $f_1(x_i)f_2(x_i) < 0$이면 $t_i = 1$이고 $f_1(x_i)f_2(x_i) > 0$이면 $t_i = 0$이므로 주어진 데이터를 구분할 수 있다. 즉 일차함수의 단순함을 유지하면서 주어진 데이터의 분류기를 만들 수 있다. 이러한 발상을 확장하여 새로운 구조를 생각해보자.

[그림 13-6]과 같이 입력층과 출력층 사이에 새로운 층을 추가한다. 입력층과 출력층 사이의 층을 **은닉층**hidden layer이라 하고 은닉층이 추가된 구조를 **복층 구조**two-layer structure라 한다. 은닉층에 노드 u_1^h와 u_2^h가 있고 각 노드는 활성화되어 노드 z_1과 z_2를 정의한다. u_1^h와 u_2^h는 입력층과 연결되고 각 연결선에 적당한 계수 w_{jk}를 대응한다. 편의상 은닉층 노드의 인덱스는 j로 정하고 입력층 노드의 인덱스를 k로 나타낸다.

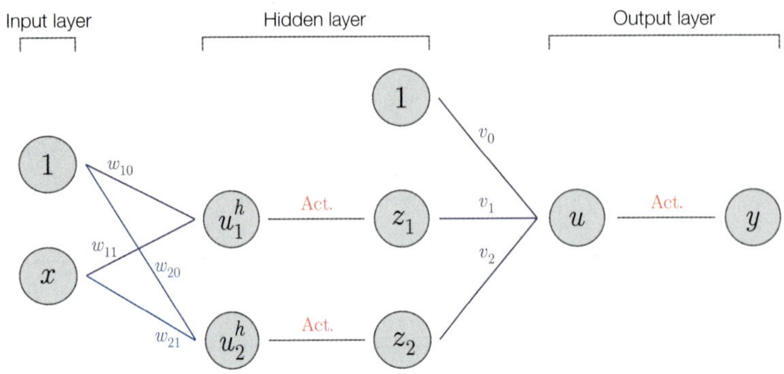

그림 13-6 일차원 복합 분류기를 위한 인공신경망

이제 연결선이 나타내는 가중합과 활성화 과정을

$$\begin{cases} u_1^h = w_{10} + w_{11}x \\ u_2^h = w_{20} + w_{21}x \end{cases} \Rightarrow \begin{cases} z_1 = \phi(u_1^h) \\ z_2 = \phi(u_2^h) \end{cases}$$

로 정리할 수 있다. 은닉층과 출력층 사이에도 연결선이 필요하므로 각각을 v_j에 대응한다. 다시 연결선이 나타내는 가중합과 활성화 과정을

$$u = v_0 + v_1 z_1 + v_2 z_2 \quad \Rightarrow \quad y = \phi(u)$$

로 정리할 수 있다. 주어진 구조에 따라서 출력값 y를

$$y = \phi(v_0 + v_1\phi(w_{10} + w_{11}x) + v_2\phi(w_{20} + w_{21}x))$$

로 이해할 수 있다. i번째 데이터를 x_i로 표현하고 다른 변수도 비슷한 방식으로 정의한다. [그림 13-6]을 수식으로 정의하면서 인덱스 표현이 등장했다. 여기서 i인덱스는 데이터를 구분하고 j 인덱스는 출력층의 노드를 일반화하며 k인덱스는 입력층 노드를 표현하기 위해 편의상 선택한다. 이를 식으로 나타내면 다음과 같다.

$$u_{j,i}^h = w_{j0} + w_{j1}x_i$$

$$z_{j,i} = \phi(u_{j,i}^h), \quad \text{for } j = 1, 2$$

$$u_i = v_0 + v_1 z_{1,i} + v_2 z_{2,i}$$

$$y_i = \phi(u_i)$$

계수 w_{jk}와 v_j의 인덱스 형태가 행렬과 벡터 형식이므로

$$W = \begin{bmatrix} w_{10} & w_{11} \\ w_{20} & w_{21} \end{bmatrix} \in \mathbb{R}^{2\times 2}, \quad V = [v_0 \ \ v_1 \ \ v_2] \in \mathbb{R}^3$$

으로 나타낼 수 있다. 이제 평균 제곱 오차를 정의하고 최적화 문제로 표현하면 다음과 같다.

$$\underset{(W,V)\in\mathbb{R}^{2\times 2}\times\mathbb{R}^3}{\text{argmin}} \quad E(W,V),$$

$$\text{where } E(W,V) = \frac{1}{N}\sum_{i=1}^{N}\frac{1}{2}|\phi(u_i) - t_i|^2$$

데카르트 곱이 익숙하면 $(W,V)\in\mathbb{R}^{2\times 2}\times\mathbb{R}^3$에서 정의된 함수 $E(W,V)$가 무엇을 의미하는지 쉽게 이해할 수 있을 것이다. 익숙한 표현이 아니더라도 함수 $E(W,V)$를

$$E(w_{10}, w_{11}, w_{20}, w_{21}, v_0, v_1, v_2)$$

와 같이 7개의 독립변수를 갖는 다변수함수로 이해해도 무방하다. 단순 분류기 문제는 2차원 최적화 문제인데 은닉층을 추가한 문제는 7차원 최적화 문제로 바뀐다는 점이 중요하다. 이 문제는 7차원 공간 문제이므로 경사하강법을 적용하려면 7차원 공간에서 기울기를 정의해야 한다. 이전과 동일하게 모든 성분에 대해 편미분을 계산하는 방식으로 기울기를 구하면 변수가 많아져도 경사하강법으로 최적화 문제를 풀 수 있다.

벡터 V의 성분 v_0, v_1, v_2에 대한 편미분을 계산하면 다음과 같다.

$$\frac{\partial E}{\partial v_0} = \frac{1}{N}\sum_{i=1}^{N}\frac{\partial E}{\partial u_i}\cdot\frac{\partial u_i}{\partial v_0} = \frac{1}{N}\sum_{i=1}^{N}(\phi(u_i) - t_i)\phi'(u_i)\cdot 1$$

$$\frac{\partial E}{\partial v_1} = \frac{1}{N}\sum_{i=1}^{N}\frac{\partial E}{\partial u_i}\cdot\frac{\partial u_i}{\partial v_1} = \frac{1}{N}\sum_{i=1}^{N}(\phi(u_i) - t_i)\phi'(u_i)\cdot z_{1,i}$$

$$\frac{\partial E}{\partial v_2} = \frac{1}{N}\sum_{i=1}^{N}\frac{\partial E}{\partial u_i}\cdot\frac{\partial u_i}{\partial v_2} = \frac{1}{N}\sum_{i=1}^{N}(\phi(u_i) - t_i)\phi'(u_i)\cdot z_{2,i}$$

벡터 W의 성분 w_{10}, w_{11}, w_{20}, w_{21}에 대한 편미분을 계산하면 다음과 같다.

$$\frac{\partial E}{\partial w_{10}} = \frac{1}{N}\sum_{i=1}^{N}\frac{\partial E}{\partial u_i}\cdot\frac{\partial u_i}{\partial u_1^h}\cdot\frac{\partial u_1^h}{\partial w_{10}} = \frac{1}{N}\sum_{i=1}^{N}(\phi(u_i)-t_i)\phi'(u_i)\cdot v_1\phi'(u_{1,i}^h)\cdot 1$$

$$\frac{\partial E}{\partial w_{11}} = \frac{1}{N}\sum_{i=1}^{N}\frac{\partial E}{\partial u_i}\cdot\frac{\partial u_i}{\partial u_1^h}\cdot\frac{\partial u_1^h}{\partial w_{11}} = \frac{1}{N}\sum_{i=1}^{N}(\phi(u_i)-t_i)\phi'(u_i)\cdot v_1\phi'(u_{1,i}^h)\cdot x_i$$

$$\frac{\partial E}{\partial w_{20}} = \frac{1}{N}\sum_{i=1}^{N}\frac{\partial E}{\partial u_i}\cdot\frac{\partial u_i}{\partial u_2^h}\cdot\frac{\partial u_2^h}{\partial w_{20}} = \frac{1}{N}\sum_{i=1}^{N}(\phi(u_i)-t_i)\phi'(u_i)\cdot v_2\phi'(u_{2,i}^h)\cdot 1$$

$$\frac{\partial E}{\partial w_{21}} = \frac{1}{N}\sum_{i=1}^{N}\frac{\partial E}{\partial u_i}\cdot\frac{\partial u_i}{\partial u_2^h}\cdot\frac{\partial u_2^h}{\partial w_{21}} = \frac{1}{N}\sum_{i=1}^{N}(\phi(u_i)-t_i)\phi'(u_i)\cdot v_2\phi'(u_{2,i}^h)\cdot x_i$$

벡터 V와 W에 대한 편미분에 대한 성분 표현을

$$\frac{\partial E}{\partial V} = \begin{bmatrix}\frac{\partial E}{\partial v_0} & \frac{\partial E}{\partial v_1} & \frac{\partial E}{\partial v_2}\end{bmatrix} \in \mathbb{R}^3, \quad \frac{\partial E}{\partial W} = \begin{bmatrix}\frac{\partial E}{\partial w_{10}} & \frac{\partial E}{\partial w_{11}} \\ \frac{\partial E}{\partial w_{20}} & \frac{\partial E}{\partial w_{21}}\end{bmatrix} \in \mathbb{R}^{2\times 2}$$

으로 정의하면 반복되는 패턴을 다음과 같이 나타낼 수 있다.

$$\frac{\partial E}{\partial V} = \frac{1}{N}\sum_{i=1}^{N}(\phi(u_i)-t_i)\phi'(u_i)[1 \;\; z_{1,i} \;\; z_{2,i}] \tag{13.1}$$

$$\frac{\partial E}{\partial W} = \frac{1}{N}\sum_{i=1}^{N}(\phi(u_i)-t_i)\phi'(u_i)\begin{bmatrix}v_1\phi'(u_{1,i}^h) & v_1\phi'(u_{1,i}^h)x_i \\ v_2\phi'(u_{2,i}^h) & v_2\phi'(u_{2,i}^h)x_i\end{bmatrix} \tag{13.2}$$

기울기 표현 $\nabla E(W,V) = \left(\frac{\partial E}{\partial W}, \frac{\partial E}{\partial V}\right)$를 이용하여 경사하강법을 표현하면 다음과 같다.

$$\begin{aligned}&\text{Given } \left(W^{(0)}, V^{(0)}\right) \in \mathbb{R}^{2\times 2}\times\mathbb{R}^3, \\ &\left(W^{(n+1)}, V^{(n+1)}\right) = \left(W^{(n)}, V^{(n)}\right) - \alpha\nabla E\left(W^{(n)}, V^{(n)}\right), \quad \text{for } n = 0, 1, 2, \cdots\end{aligned}$$

[그림 13-2]와 [그림 13-6]은 단순하지만 신경망을 모사한 형태의 네트워크이다. 목적함수를 정의하고 경사하강법을 적용하면 연결선에 정의된 가중치의 최적해를 구한다. 이와 같은 과정을 흔히 인공신경망의 학습으로 볼 수 있으며, 경사하강법의 단계 크기 α를 **학습률**learning rate이라 한다. 이제부터 본격적으로 인공신경망의 구조를 다루기 때문에 단계 크기를 학습률로 표현하자.

배열 복사

W와 V가 행렬 형태이므로 이차원 배열로 정의하면 사용하기가 용이할 것이다. 다만 배열을 단순하게 복사하면 문제가 생길 수 있으므로 올바른 사용법을 먼저 확인하자. 일차원 배열을 정의하고 복사하는 과정을 [코드 13-1]과 같이 작성했다고 하자.

코드 13-1

```
1    import numpy as np
2
3    a = np.array([1,2,3])
4    b = a # Copy array?
5    b[2] = 5
6    print(a)
7    print(b)
```

실행 결과

```
1 2 5
1 2 5
```

4줄에서 b를 a의 데이터로 새롭게 정의했다고 생각할 수도 있지만, 5줄에 b의 2번째 성분을 변경하면 a의 2번째 성분도 동일하게 변경된다. 그런데 [코드 13-2]처럼 작성하면 결과가 달라진다.

코드 13-2

```
import numpy as np

a = np.array([1,2,3])
b = a.copy()
b[2] = 5

print(a)
print(b)
```

실행 결과

```
1 2 3
1 2 5
```

tip [코드 13-1]과 [코드 13-2]의 차이를 이해하려면 파이썬의 복사, 얕은 복사, 깊은 복사라는 개념이 필요하다. 참고로 [코드 13-1]은 복사이며, [코드 13-2]는 깊은 복사를 나타낸다. 파이썬에서의 복사는 기본 할당으로서 동일한 객체를 참조한다. 얕은 복사는 최상위 객체만 복사하며, 하위 객체들은 원본 객체와 참조를 공유한다. 깊은 복사는 객체와 그 하위 객체들까지 모두 새로운 객체로 재귀적으로 복사한다. 지금까지의 설명을 반드시 이해할 필요는 없다. 단지 상식 선에서 '복사'를 생각하면 프로그래밍에서 실수가 생길 수 있다는 점만 명심하자.

난수 행렬

10절 [코드 10-4]에서 rand 함수의 인수에 자연수를 주면 일차원 배열이 생성됨을 확인했다. 반면에 [코드 13-3]처럼 인수에 자연수 두 개를 주면 이차원 배열이 생성된다.

코드 13-3

```
import numpy as np

np.random.seed(2)
print(np.random.rand(2,2))
```

실행 결과

```
[[0.4359949  0.02592623]
 [0.54966248 0.43532239]]
```

이차원 배열 선언

zeros는 이차원 배열에서도 활용할 수 있다. zeros에 튜플 형식의 자연수 인수를 입력하면 개수에 맞는 공간이 할당되고 각각의 인덱스에 접근하여 데이터를 저장할 수 있다. rand 함수와는 입력 변수 형식이 다름에 유의하자.

코드 13-4

```
import numpy as np

A = np.zeros((4,5))
for i in range(4):
    for j in range(5):
        A[i,j] = 10*i + j

print(A)
```

실행 결과

```
[[ 0.  1.  2.  3.  4.]
 [10. 11. 12. 13. 14.]
 [20. 21. 22. 23. 24.]
 [30. 31. 32. 33. 34.]]
```

이제 배열의 복사와 배열을 통한 행렬 정의를 통해서 일차원 복합 분류기를 구현해보자.

실습예제 13-1

주어진 데이터 x_i를 $[-1, 1]$ 범위로 정규화하고 복층 구조를 이용하여 일차원 복합 분류기를 구현하라. 활성화 함수는 로지스틱 함수로 정한다. 최대반복수는 10,000으로 고정하고 단계 크기는 1로 정한다. 데이터와 결과를 그림으로 나타내라.

```
import numpy as np
import matplotlib.pyplot as plt

N = 6
x = np.array([-2,-1,0,1,2,3])
t = np.array([0,0,1,1,0,0])

plt.plot(x, t, 'ro') # Data Plot
plt.show()
```

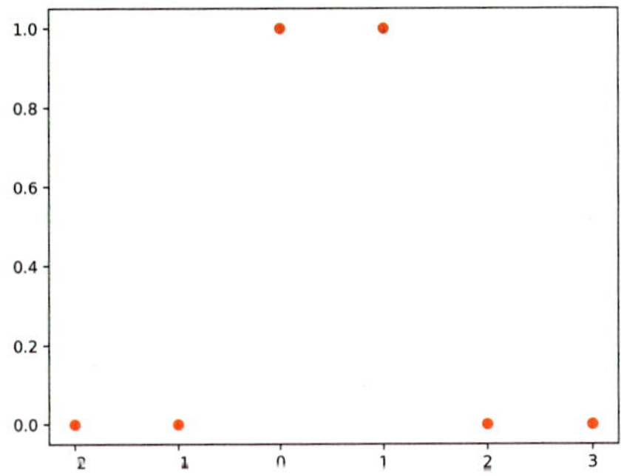

문제 해석

위치 데이터를 $[-1, 1]$ 범위로 정규화한다. 로지스틱 함수를 활성화 함수로 갖는 복층 구조의 인공신경망을 이용하여 평균 제곱 오차의 목적함수를 정의한다. 분류함수를 표현하는 계수가 7개이므로 7변수함수의 최적화 문제가 되고 경사하강법을 적용할 수 있다. 변수가 많아져도 기울기 계산, 경사하강법 적용, 갱신의 순서로 경사하강법을 구현할 수 있다. 또한, 기울기 계산에서 이전과 다르게 행렬 형태를 띠고 있으므로 기울기를 행렬 구조로 저장하고 사용한다.

모범 답안

```
x = -1 + 2*(x-np.min(x))/(np.max(x)-np.min(x))

phi = lambda u: 1/(1+np.exp(-u))
dphi = lambda u: np.exp(-u)/(1+np.exp(-u))**2

np.random.seed(3)
oldW, oldV = np.random.rand(3,2), np.random.rand(3)
MaxIter = 10000
alpha = 1.0
ns = MaxIter/10
print('n={:5d}'.format(0))
```

```
    for n in range(MaxIter):
        gradW, gradV = np.zeros((3,2)), np.zeros(3) # Compute Gradients
        for i in range(N):
            xi = x[i]
            u1h, u2h = oldW[1,0]+oldW[1,1]*xi, oldW[2,0]+oldW[2,1]*xi
            z1, z2 = phi(u1h), phi(u2h)
            v0, v1, v2 = oldV[0], oldV[1], oldV[2]
            ui = v0 + v1*z1 + v2*z2
            tempW = [[            0,               0],
                     [v1*dphi(u1h), v1*dphi(u1h)*xi],
                     [v2*dphi(u2h), v2*dphi(u2h)*xi]]
            gradW += 1/N*(phi(ui)-t[i])*dphi(ui)*np.array(tempW)
            gradV += 1/N*(phi(ui)-t[i])*dphi(ui)*np.array([1,z1,z2])

        newW, newV = oldW-alpha*gradW, oldV-alpha*gradV # Gradient Descent Method
        oldW, oldV = newW.copy(), newV.copy() # Update Iteration

        Eval = 0.0 # Compute Mean Squared Error
        for i in range(N):
            xi = x[i]
            u1h, u2h = oldW[1,0]+oldW[1,1]*xi, oldW[2,0]+oldW[2,1]*xi
            ui = oldV[0] + oldV[1]*phi(u1h) + oldV[2]*phi(u2h)
            Eval += 0.5/N*(phi(ui)-t[i])**2

        if (n+1)%ns == 0:
            print('n={:5d}, Eval={:.4f}'.format(n+1,Eval))
```

실행 결과

```
n=     0
n= 1000, Eval=0.1109
n= 2000, Eval=0.1028
n= 3000, Eval=0.0136
n= 4000, Eval=0.0038
n= 5000, Eval=0.0020
n= 6000, Eval=0.0013
n= 7000, Eval=0.0010
n= 8000, Eval=0.0008
n= 9000, Eval=0.0006
n=10000, Eval=0.0005
```

본문에서 사용한 변수와 인덱스를 그대로 사용하고, 식 (13.1)과 (13.2)에서의 행렬을 적용하여 기울기를 계산했다. 인덱스를 일치하여 코드를 구현하기 위해서 oldW와 gradW를 3×2 행렬로 정의하고 0번째 행을 사용하지 않는다. 이와 같은 전략 때문에 tempW에서의 0번째 행을 [0,0]으로 시작해야 연산이 가능하다.

목적함수 값의 추이는 소수점 4번째 자리까지 감소한 것을 확인할 수 있다. 10,000번의 반복 학습이 충분한지 판단하기는 쉽지 않지만 Eval 값이 상대적으로 작아졌고 감소율이 줄어들었음을 알 수 있다. 결과를 그림으로 표현하면 다음과 같다.

```
47  xx = np.linspace(-1, 1, 100)
48  uu1h, uu2h = oldW[1,0]+oldW[1,1]*xx, oldW[2,0]+oldW[2,1]*xx
49  yy = phi(oldV[0]+oldV[1]*phi(uu1h)+oldV[2]*phi(uu2h))
50  plt.plot(xx, yy, 'k') # Classifier Plot
51  plt.plot(x, t, 'ro') # Data Plot
52  plt.show()
```

실행 결과

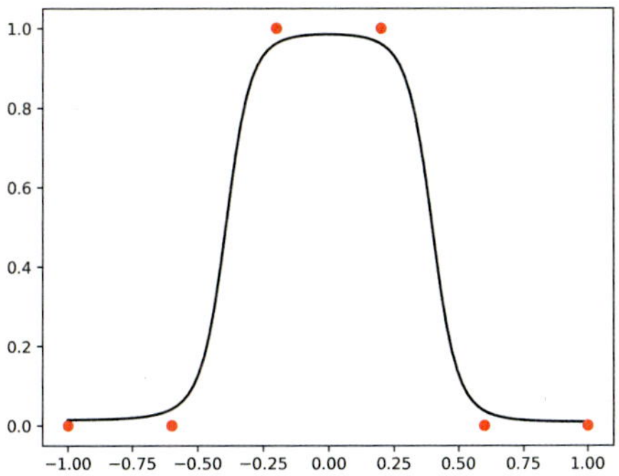

tip temp는 temporary의 약어로 일시적인 사용을 의미하는 변수명으로 사용하는 편이다. [실습예제 13-1]의 모범 답안 29줄의 tempW는 작성 공간을 효율적으로 사용하기 위해 미리 연산한 뒤 gradW에서 활용하는 전략으로 구현했다.

[실습예제 13-1]의 결과 데이터를 보다 명확하게 분석하기 위해 [그림 13-7]과 같이 중간 과정의 노드값 z_1과 z_2, 그리고 $u = v_0 + v_1 z_1 + v_2 z_2$의 그림을 확인해보자. [그림 13-7(a)]의 z_1과 [그림 13-7(b)]의 z_2는 계단 형태의 시그모이드 함수이며, 적당한 선형결합으로 u를 생성한다. [그림 13-7(c)]에서 u의 함숫값이 다른 노드값에 비해 큰데, 이는 최종 목적 노드 y가 u에 활성화 함수 ϕ를 적용한 [그림 13-7(d)]처럼 0과 1 사이의 계단 형태가 되어야 한다는 점을 착안하면 자연스러운 결과이다.

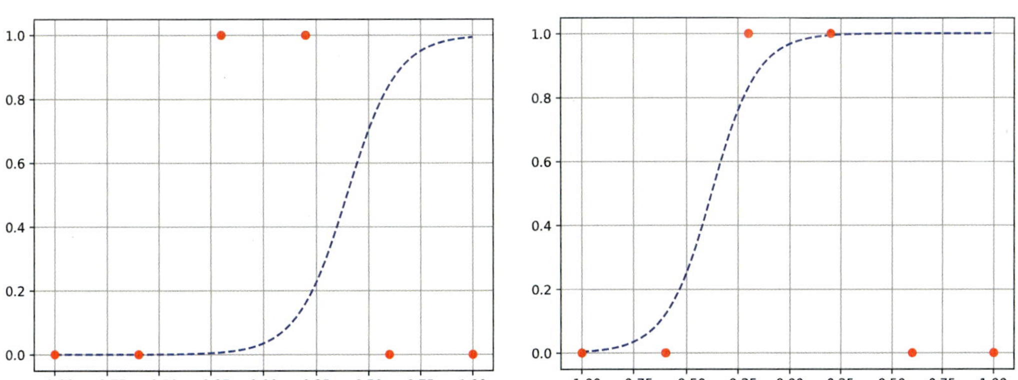

(a) $z_1 = \phi(u_1^h)$

(b) $z_2 = \phi(u_2^h)$

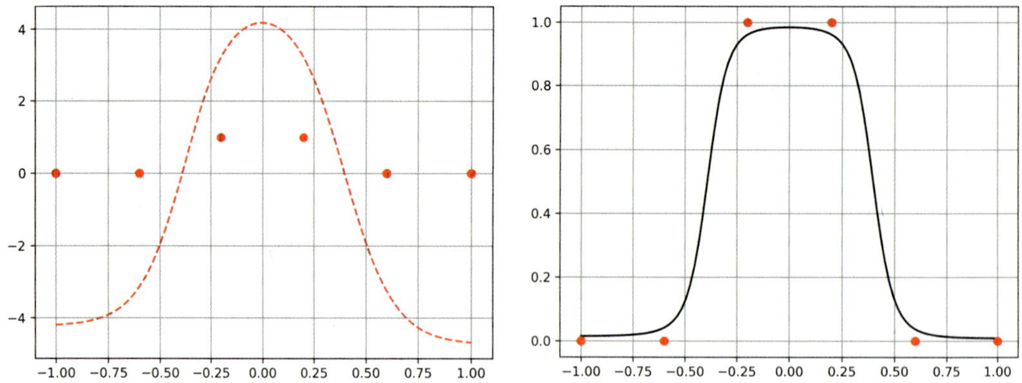

(c) $u = v_0 + v_1 z_1 + v_2 z_2$　　　(d) $\phi(u)$

그림 13-7 [실습예제 13-1]의 노드별 함수

각 반복에서 목적함수 값을 저장하여 출력하면 [그림 13-8]과 같다. 일차원 단순 분류기의 결과와 다르게 2,000번 반복할 때까지 Eval 값에 큰 변화가 없음을 확인할 수 있다. 목적함수 값이 지속적으로 감소하지만 초반에 그 속도가 상당히 작다. 지금은 경사하강법을 이용한 최적화 문제 해법에서 반복수를 적절하게 정하는 일이 단순하지 않음을 이해하면 된다.

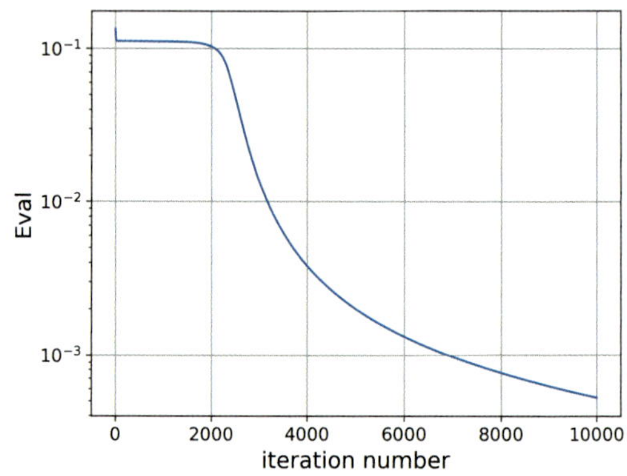

그림 13-8 [실습예제 13-1]의 반복수에 대응하는 평균 제곱 오차

실습예제 13-2 도전!

주어진 데이터에 대해 복층 구조를 이용하여 일차원 복합 분류기를 구현하라. 활성화 함수는 로지스틱 함수로 정하고 은닉층에 3개의 노드를 정의한다. 최대반복수는 10,000으로 고정하고 단계 크기는 1로 정한다. 데이터와 결과를 그림으로 나타내라.

```
import numpy as np
import matplotlib.pyplot as plt

N = 8
x = np.array([-0.75,-0.5,-0.25,0.0,0.25,0.5,0.75,1.0])
t = np.array([1,1,0,0,1,1,0,0])

plt.plot(x, t, 'ro')
plt.show()
```

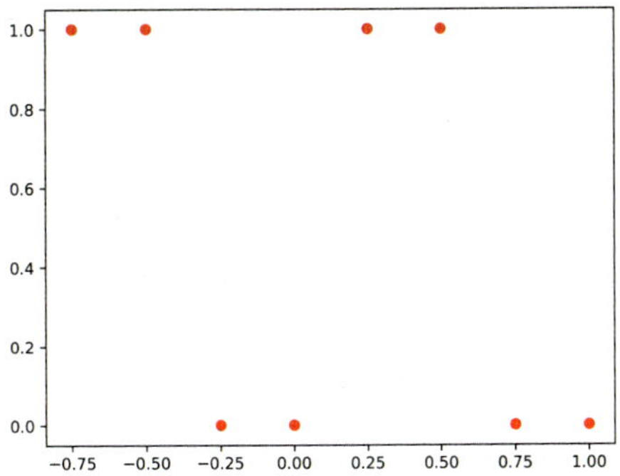

SECTION 13 연습문제

1 주어진 데이터에 대해 3개의 은닉층 노드를 갖는 복층 구조를 이용하여 일차원 분류기를 구현하라. 은닉층의 활성화 함수를 쌍곡탄젠트 함수로 선택하고 출력층의 활성화 함수는 로지스틱 함수로 정한다. 최대반복수는 10,000으로 고정하고 학습률은 1로 정한다. 데이터와 결과를 그림으로 나타내라.

```
import numpy as np
import matplotlib.pyplot as plt

N = 8
x = np.array([-0.8,-0.45,-0.3,0.0,0.2,0.5,0.7,1.0])
t = np.array([1,1,0,0,1,1,0,0])

plt.plot(x, t, 'ro')
plt.show()
```

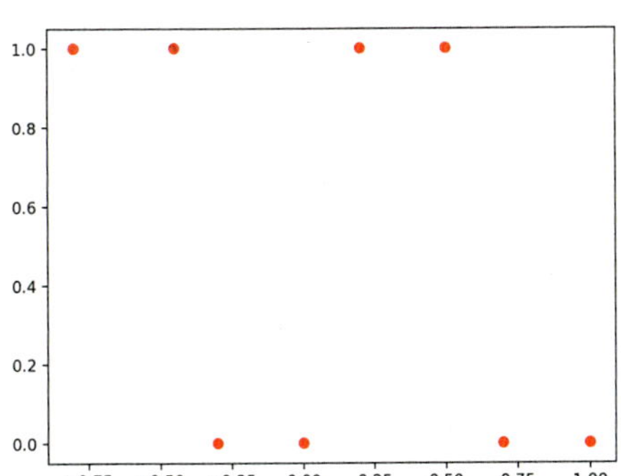

2 주어진 데이터에 대해 복층 구조를 이용하여 일차원 분류기를 구현하라. 모든 활성화 함수를 쌍곡탄젠트 함수로 선택하고 은닉층에 3개의 노드를 정의한다. 최대반복수는 10,000으로 고정하고 학습률은 1로 정한다. 데이터와 결과를 그림으로 나타내라.

```python
import numpy as np
import matplotlib.pyplot as plt

N = 8
x = np.array([-0.8,-0.45,-0.3,0.0,0.2,0.5,0.7,1.0])
t = np.array([1,1,-1,-1,1,1,-1,-1])

plt.plot(x, t, 'ro')
plt.show()
```

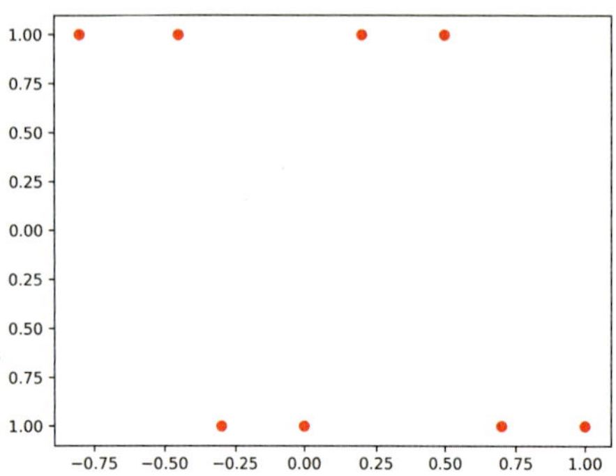

SECTION 14 이차원 분류기

이제 데이터가 이차원인 경우를 생각해보자. 이차원 평면 공간 $\mathbb{R}^2$의 점은 $\mathbf{x}=(x_1, x_2)$로 나타낸다. 일반화를 위해 아래첨자를 이용하여 i번째 데이터를 $\mathbf{x}_i=(x_{1,i}, x_{2,i})$로 표현한다. 이차원 분류기의 간단한 예를 살펴보기 위해 먼저 [표 14-1]과 같은 데이터를 생각해보자. 이 데이터를 이차원 평면 위에 산점도scatter로 나타내면 [그림 14-1]과 같다. [그림 14-1]에서 파란색 점은 $t=0$에 대응하고 빨간색 점은 $t=1$에 대응한다.

표 14-1 이차원 단순 분류문제 데이터

i	x_1	x_2	t
0	0	0	0
1	0	1	0
2	1	0	0
3	1	1	1

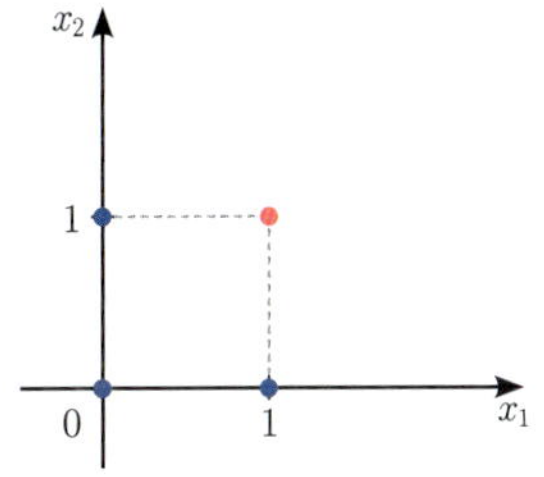

그림 14-1 이차원 단순 분류문제 산점도

함수 $u(x_1, x_2)=x_1+x_2-1.5$를 생각해보면

$$u(\mathbf{x}_0)=-1.5<0, \quad u(\mathbf{x}_1)=-0.5<0, \quad u(\mathbf{x}_2)=-0.5<0, \quad u(\mathbf{x}_3)=0.5>0$$

인데, 양수와 음수를 구분하여 데이터를 나눌 수 있으므로 분류함수가 될 수 있다. 일차원 분류문제와 마찬가지로 활성화 함수를 로지스틱 함수 $\phi(u)=1/(1+e^{-u})$로 두고

$$y=\phi(u)=\phi(x_1+x_2-1.5)$$

를 분류함수로 사용하고자 한다. 등위곡선 $\{(x_1, x_2) \mid u(x_1, x_2)=0\}$을 그려보면 하나의 직선이고, 로지스틱 함수에 의해 정의된 함수 $y=\phi(u)$의 등위곡선 $\{(x_1, x_2) \mid y(x_1, x_2)=0.5\}$도 동일한 직선을 표현한다. 이를 **선형결정경계**linear decision boundary라 한다. [그림 14-2]에서 볼 수 있듯이 직선 경계가 공간을 두 개로 구분하고, 구분된 영역은 각각 동일한 색의 점을 포함한다.

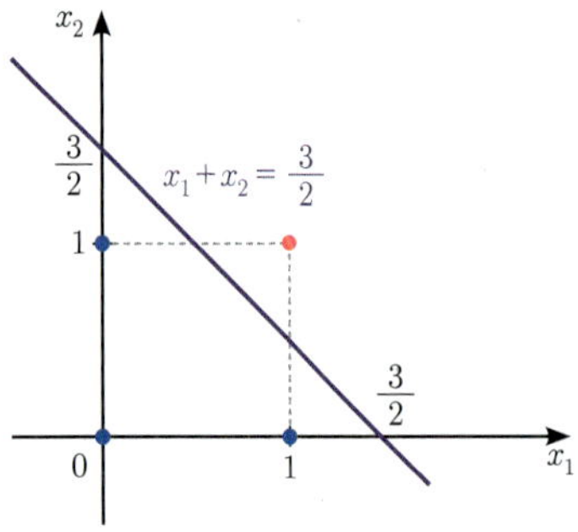

그림 14-2 이차원 분류문제 데이터의 산점도와 선형결정경계

이제 주어진 데이터와 알고리즘을 통해서 $x_1 + x_2 = 1.5$와 같은 선형결정경계를 찾을 수 있도록 최적화 문제를 모델링하고 수치 최적화 방법을 구현해보자. 먼저 13절에서 학습한 내용을 기반으로 단층 구조의 인공신경망으로 표현하면 [그림 14-3]과 같다. 데이터 차원이 일차원에서 이차원으로 변화함에 따라 13절 [그림 13-2]의 네트워크 입력층에 노드를 하나 추가했음을 확인할 수 있다. 혼란의 여지가 없으면 출력층에서 노드 u와 활성화 과정을 생략하기도 한다.

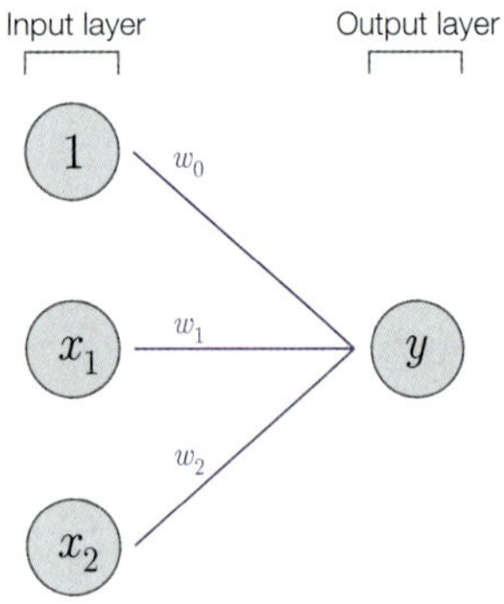

그림 14-3 이차원 단순 분류기를 위한 단층 구조의 인공신경망

[그림 14-3]에서 입력층과 출력층 사이의 네트워크는 가중합에 의해

$$u = v_0 + v_1 x_1 + v_2 x_2$$

와 같이 정의되고, 활성화 함수에 의해 $y = \phi(u)$로 정의된다. 이제 $V = [v_0 \ \ v_1 \ \ v_2] \in \mathbb{R}^3$ 표현을 사용하여 최적화 문제를 정의하면 다음과 같다.

$$\begin{aligned} &\underset{V \in \mathbb{R}^3}{\operatorname{argmin}} E(V), \\ &\text{where } E(V) = \frac{1}{N} \sum_{i=1}^{N} \frac{1}{2} |\phi(u_i) - t_i|^2 \end{aligned} \tag{14.1}$$

13절에서 은닉층을 추가한 일차원 분류문제의 목적함수가 7차원인데 비해, 이차원 단순 분류문제의 목적함수는 삼변수함수이므로 최적화 문제의 난이도가 오히려 낮아졌다. 모든 성분에 대해 편미분을 계산하여 기울기 벡터를 구하고 경사하강법을 적용하자.

벡터 V의 성분 v_0, v_1, v_2에 대한 편미분은 다음과 같다.

$$\frac{\partial E}{\partial v_0} = \frac{1}{N}\sum_{i=1}^{N}(\phi(u_i) - t_i)\phi'(u_i)\cdot 1$$

$$\frac{\partial E}{\partial v_1} = \frac{1}{N}\sum_{i=1}^{N}(\phi(u_i) - t_i)\phi'(u_i)\cdot x_{1,i}$$

$$\frac{\partial E}{\partial v_2} = \frac{1}{N}\sum_{i=1}^{N}(\phi(u_i) - t_i)\phi'(u_i)\cdot x_{2,i}$$

여기서 x_1과 x_2와의 일관성을 위해 $x_0 = 1$을 정의하면

$$\frac{\partial E}{\partial v_j} = \frac{1}{N}\sum_{i=1}^{N}(\phi(u_i) - t_i)\phi'(u_i)\cdot x_{j,i}, \quad \text{for } j = 0, 1, 2 \tag{14.2}$$

로 간단하게 일반화할 수 있다. 기울기 표현 $\nabla E(V) = \frac{\partial E}{\partial V} = \left[\frac{\partial E}{\partial v_0}\ \frac{\partial E}{\partial v_1}\ \frac{\partial E}{\partial v_2}\right]$를 사용하여 경사하강법을 표현하면 다음과 같다.

$$\begin{aligned}&\text{Given } V^{(0)} \in \mathbb{R}^3,\\ &V^{(n+1)} = V^{(n)} - \alpha\nabla E(V^{(n)}), \quad \text{for } n = 0, 1, 2, \cdots\end{aligned}$$

산점도

이차원 분류기를 구현하기 전에 [코드 14-1]에서 간단한 이차원 데이터를 산점도로 표현해보자. 각 위치점에서 함숫값에 따라 색을 다르게 표현할 수 있다. 10줄의 cmap은 산점도의 색을 변경한다.

코드 14-1

```
1    import numpy as np
2    import matplotlib.pyplot as plt
3
4    x1 = np.array([0,0,1,1])
5    x2 = np.array([0,1,0,1])
```

```
t = np.array([0,0,0,1])

plt.figure()
ax = plt.axes()
ax.scatter(x1, x2, c=t, cmap='bwr')
ax.set_aspect('equal')
plt.show()
```

실행 결과

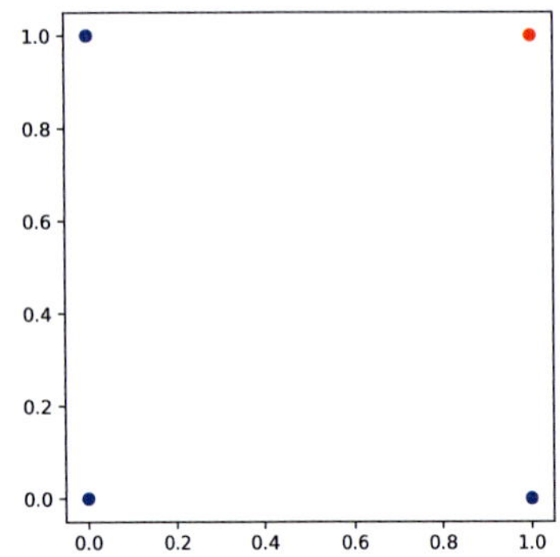

tip 색상 분포의 예는 8절 [그림 8-1]을 확인하자.

슬라이싱

[코드 14-2]는 코딩 구문을 간단히 작성할 때 이용하기 좋은 이차원 배열의 **슬라이싱**slicing을 설명한다. 이차원 배열 A에 대해 `A[i,:]`는 i행 데이터를 일차원 배열로 반환하고, `A[:,j]`는 j열 데이터를 일차원 배열로 반환한다.

코드 14-2

```
1   import numpy as np
2
3   A = np.array([[1,2,3],[4,5,6]])
4   print(A[1,:])
5   print(A[:,2])
```

실행 결과

```
[4 5 6]
[3 6]
```

- **4줄** 배열 A에 대해 1행 데이터를 출력한다.
- **5줄** 배열 A에 대해 2열 데이터를 출력한다.

이제 산점도 출력과 슬라이싱을 이용하면 실습예제를 간단하게 표현할 수 있다.

실습예제 14-1

주어진 데이터에 대해 로지스틱 함수와 단층 구조를 이용하여 이차원 분류기 $\phi(wx+b)$를 구현하라. 최대반복수는 10,000으로 고정하고 학습률은 1로 정한다. 데이터는 산점도로 나타내고 분류함수에 대한 선형결정경계를 등위곡선으로 그려라.

```
import numpy as np
import matplotlib.pyplot as plt

N = 4
x = np.array([[1,1,1,1],[0,0,1,1],[0,1,0,1]])
t = np.array([0,0,0,1])

plt.figure()
ax = plt.axes()
ax.scatter(x[1,:], x[2,:], c=t, cmap='bwr')
ax.set_aspect('equal')
plt.show()
```

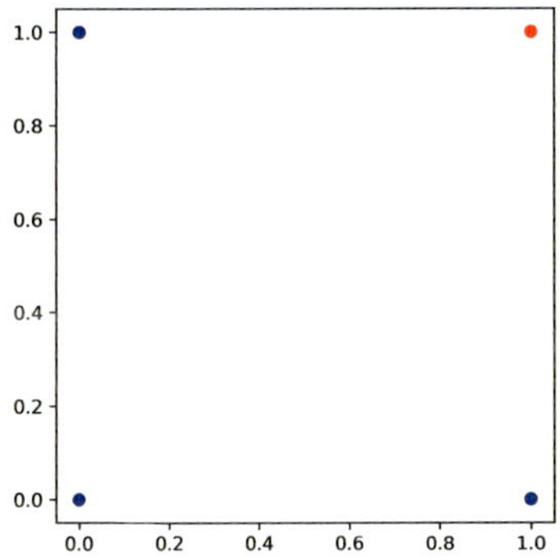

문제 해석

로지스틱 함수를 사용하여 시그모이드 형태의 분류함수로 가정하고, 평균 제곱 오차를 통해 목적함수를 정의한다. 분류함수를 표현하는 계수가 3개이므로 삼변수함수의 최적화 문제이고 기울기를 계산하여 경사하강법을 적용할 수 있다. 이차원 데이터를 산점도로 표현하고 분류함수의 등위곡선을 표현함으로써 이차원 분류기와 선형결정경계의 관계를 이해할 수 있다.

모범 답안

```
phi = lambda u: 1/(1+np.exp(-u))
dphi = lambda u: np.exp(-u)/(1+np.exp(-u))**2

np.random.seed(1)
oldV = np.random.rand(3)
MaxIter = 10000
alpha = 1.0
```

```
ns = MaxIter/10
print('n={:5d}'.format(0))
for n in range(MaxIter):
    gradV = np.zeros(3) # Compute Gradients
    for i in range(N):
        x1, x2 = x[1,i], x[2,i]
        v0, v1, v2 = oldV[0], oldV[1], oldV[2]
        ui = v0 + v1*x1 + v2*x2
        gradV += 1/N*(phi(ui)-t[i])*dphi(ui)*np.array([1,x1,x2])

    newV = oldV - alpha*gradV # Gradient Descent Method
    oldV = newV.copy() # Update Iteration

    Eval = 0.0 # Compute Mean Squared Error
    for i in range(N):
        ui = oldV[0] + oldV[1]*x[1,i] + oldV[2]*x[2,i]
        Eval += 0.5/N*(phi(ui)-t[i])**2

    if (n+1)%ns == 0:
        print('n={:5d}, Eval={:.4f}'.format(n+1,Eval))
```

실행 결과

```
n=    0
n= 1000, Eval=0.0062
n= 2000, Eval=0.0029
n= 3000, Eval=0.0018
n= 4000, Eval=0.0013
n= 5000, Eval=0.0010
n= 6000, Eval=0.0008
n= 7000, Eval=0.0007
n= 8000, Eval=0.0006
n= 9000, Eval=0.0005
n=10000, Eval=0.0005
```

```
x1 = np.linspace(-0.5, 1.5)
x2 = np.linspace(-0.5, 1.5)
xx1, xx2 = np.meshgrid(x1, x2)
yy = phi(oldV[0]+oldV[1]*xx1+oldV[2]*xx2)

fig = plt.figure()
ax = plt.axes()
ax.contour(xx1, xx2, yy, [0.5]) # Linear Decision Boundary
ax.scatter(x[1,:], x[2,:], c=t, cmap='bwr') # Data Plot
```

```python
ax.set_aspect('equal')
plt.show()
```

실행 결과

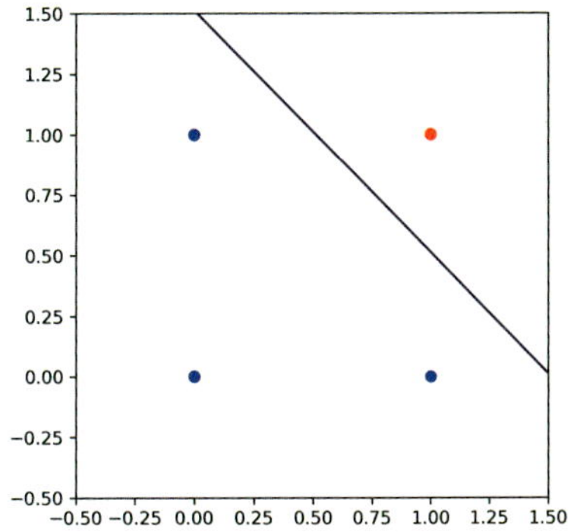

[실습예제 14-1]의 모범 답안의 실행 결과 그림을 살펴보자. 0.5 레벨에서 등위곡선을 나타내어 선형결정경계를 표현하고 주어진 데이터를 분류했음을 알 수 있다. 분류함수 $y=\phi(u)$를 이차원 곡면으로 그려보면 [그림 14-4]와 같이 0과 1 사이에 분포한 부드러운 계단 형태이다.

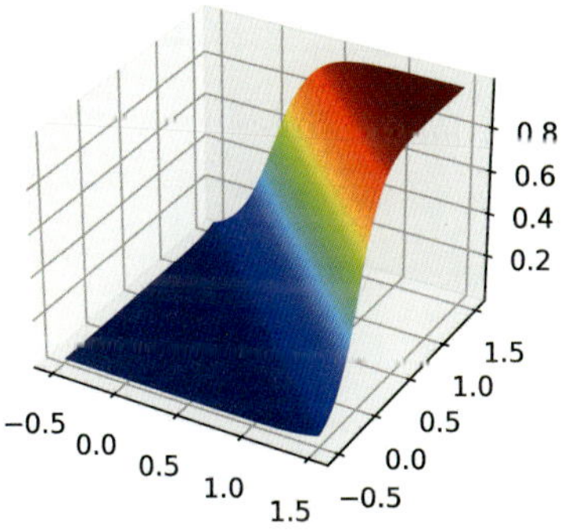

그림 14-4 [실습예제 14-1]의 최종 분류함수

> **참고**
>
> 식 (14.2)와 프로그램 코드에서 적용하는 인덱스를 동일하게 만들기 위해 [실습예제 14-1]의 데이터에서 x를 [1,1,1,1]부터 입력하도록 설계했다. 일반적으로 실제 데이터는 편향 노드에 대한 정보를 가지지 않는다.

간단한 이차원 분류기 문제는 일차원 분류기 문제 못지 않게 쉽다. 이제 [표 14-2]와 같이 조금 복잡한 데이터를 살펴보자. 이를 산점도로 나타낸 [그림 14-5]에서 볼 수 있듯이 이 문제는 영역을 하나의 선형결정경계로 구분할 수 없다. 따라서 일차원 복합 분류기 문제와 비슷하게 접근해야 한다.

표 14-2 이차원 복합 분류문제 데이터

i	x_1	x_2	t
0	0	0	0
1	0	1	1
2	1	0	1
3	1	1	0

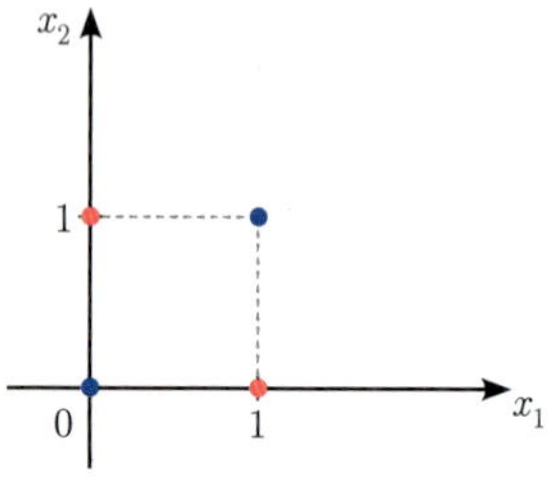

그림 14-5 이차원 복합 분류문제 산점도

이차원 단순 분류문제에서 살펴보았듯이 계단 모양의 시그모이드 함수가 선형결정경계 하나에 대응되기 때문에 주어진 예는 단층 구조의 인공신경망으로 해결하기 어려워 보인다. 13절 [그림 13-6]에서 살펴보았듯이 일차원에서 은닉층을 추가하여 계단 두 개의 조합이 만들어졌음을 고려하면, 이차원 분류기에서도 자연스럽게 은닉층을 추가하여 [그림 14-6]과 같은 복층 구조의 인공신경망을 생각할 수 있다.

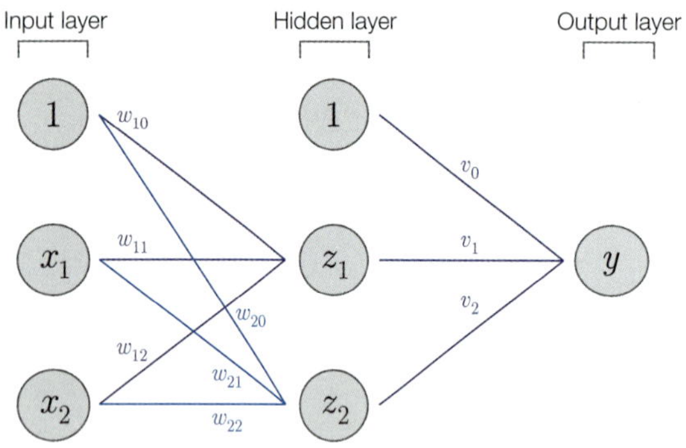

그림 14-6 이차원 복합 분류문제를 위한 복층 구조의 인공신경망

연결선에 대응되어 정의한 w_{jk}와 v_j는 일차원의 복층 구조와 유사하다. 편의상 편향에 해당하는 노드를 $x_{0,i}=1$과 $z_{0,i}=1$로 정의하면

$$
\begin{aligned}
u^h_{j,i} &= w_{j0}x_{0,i} + w_{j1}x_{1,i} + w_{j2}x_{2,i} \\
z_{j,i} &= \phi(u^h_{j,i}), \quad \text{for } j=1,2 \\
u_i &= v_0 z_{0,i} + v_1 z_{1,i} + v_2 z_{2,i} \\
y_i &= \phi(u_i)
\end{aligned}
$$

로 노드 간 관계를 설명할 수 있다.

참고

여기서 계수의 인덱스는 w_{jk}로 표현하고 데이터의 인덱스는 $x_{k,i}$로 나타내며 인덱스 i, j, k가 각각 데이터, 은닉층의 노드, 입력층의 노드에 대응한다. w_{jk}는 행렬로 가중치를 정의한 것인데 반해, $x_{k,i}$에서는 i번째 데이터라는 의미가 강해서 콤마를 두었다.

계수 w_{jk}와 v_j의 인덱스 형태가 행렬과 벡터 형식이므로

$$W=\begin{bmatrix} w_{10} & w_{11} & w_{12} \\ w_{20} & w_{21} & w_{22} \end{bmatrix} \in \mathbb{R}^{2\times 3}, \quad V=\begin{bmatrix} v_0 & v_1 & v_2 \end{bmatrix} \in \mathbb{R}^3$$

으로 나타낼 수 있다. 이제 최적화 문제를 정의하면 다음과 같다.

$$\underset{(W,V)\in\mathbb{R}^{2\times 3}\times\mathbb{R}^3}{\operatorname{argmin}} \quad E(W,V),$$
$$\text{where } E(W,V)=\frac{1}{N}\sum_{i=1}^{N}\frac{1}{2}|\phi(u_i)-t_i|^2$$

주어진 문제는 9차원 계수 공간에서의 최적화 문제로 해석된다. 식 (14.1)에서 정의한 단층 구조의 이차원 분류문제에 대한 계수 공간이 3차원이었다는 점과 비교하면 상당히 큰 변화이다. 일차원 분류기에서 단층과 복층 구조의 실습예제가 각각 2차원 그리고 7차원 공간 문제에 대응했던 점을 고려하면 계수 공간의 차원은 데이터 차원의 증가보다는 은닉층이 더 큰 영향을 미친다.

기울기 계산의 편의상 $E_i=\frac{1}{2}|\phi(u_i)-t_i|^2$임을 이용하고 v_j와 w_{jk}에 대해 편미분의 연쇄법칙을 적용하면

$$\frac{\partial E_i}{\partial v_j}=\frac{\partial E_i}{\partial u_i}\frac{\partial u_i}{\partial v_j}, \quad \frac{\partial E_i}{\partial w_{jk}}=\frac{\partial E_i}{\partial u_i}\frac{\partial u_i}{\partial u_{j,i}^h}\frac{\partial u_{j,i}^h}{\partial w_{jk}}$$

이다. 각각의 편미분을 계산하면 다음과 같다.

$$\frac{\partial E_i}{\partial u_i}=(\phi(u_i)-t_i)\phi'(u_i), \quad \frac{\partial u_i}{\partial v_j}=z_{j,i}, \quad \frac{\partial u_i}{\partial u_{j,i}^h}=v_j\phi'(u_{j,i}^h), \quad \frac{\partial u_{j,i}^h}{\partial w_{jk}}=x_{k,i}$$

이를 대입하여 정리하면 다음과 같다.

$$\frac{\partial E}{\partial v_j}=\frac{1}{N}\sum_{i=1}^{N}(\phi(u_i)-t_i)\phi'(u_i)\cdot z_{j,i},\quad \text{for } j=0,1,2$$

$$\frac{\partial E}{\partial w_{jk}}=\frac{1}{N}\sum_{i=1}^{N}(\phi(u_i)-t_i)\phi'(u_i)\cdot v_j\phi'(u_{j,i}^h)\cdot x_{k,i},\quad \text{for } j=1,2,\ k=0,1,2$$

tip 곱 기호(·)로 편미분의 연쇄법칙을 구분한다.

V와 W에 대한 기울기는 일차원의 복층 구조와 크게 다르지 않게 행렬로 표현할 수 있다.

$$\frac{\partial E}{\partial V}=\frac{1}{N}\sum_{i=1}^{N}(\phi(u_i)-t_i)\phi'(u_i)[z_{0,i}\ \ z_{1,i}\ \ z_{2,i}]$$

$$\frac{\partial E}{\partial W}=\frac{1}{N}\sum_{i=1}^{N}(\phi(u_i)-t_i)\phi'(u_i)\begin{bmatrix} v_1\phi'(u_{1,i}^h)x_{0,i} & v_1\phi'(u_{1,i}^h)x_{1,i} & v_1\phi'(u_{1,i}^h)x_{2,i} \\ v_2\phi'(u_{2,i}^h)x_{0,i} & v_2\phi'(u_{2,i}^h)x_{1,i} & v_2\phi'(u_{2,i}^h)x_{2,i} \end{bmatrix}$$

기울기 표현 $\nabla E(W,V)=\left(\frac{\partial E}{\partial W},\frac{\partial E}{\partial V}\right)$를 이용하여 경사하강법을 표현하면 다음과 같다.

$$\text{Given } \left(W^{(0)},V^{(0)}\right)\in\mathbb{R}^{2\times 3}\times\mathbb{R}^3,$$

$$\left(W^{(n+1)},V^{(n+1)}\right)=\left(W^{(n)},V^{(n)}\right)-\alpha\nabla E\left(W^{(n)},V^{(n)}\right),\quad \text{for } n=0,1,2,\cdots$$

실습예제 14-2

주어진 데이터에 대해 로지스틱 함수와 복층 구조를 이용하여 이차원 분류기를 구현하라. 은닉층의 노드를 2개로 두고, 최대반복수는 10,000으로 고정하고 학습률은 1로 정한다. 데이터는 산점도로 나타내고 분류함수에 대한 경계를 등위곡선으로 그려라.

```python
import numpy as np
import matplotlib.pyplot as plt

N = 4
x = np.array([[1,1,1,1],[0,0,1,1],[0,1,0,1]])
t = np.array([0,1,1,0])

plt.figure()
ax = plt.axes()
ax.scatter(x[1,:], x[2,:], c=t, cmap='bwr')
ax.set_aspect('equal')
plt.show()
```

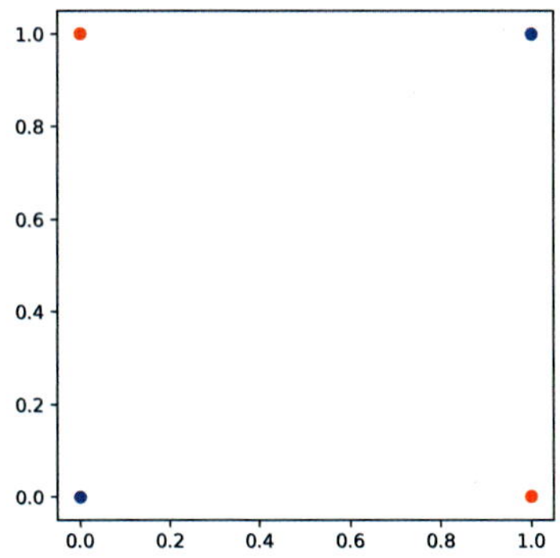

문제 해석

로지스틱 함수를 사용하여 시그모이드 형태의 분류함수로 가정하고, 은닉층 노드가 2개인 복층 구조에 대한 평균 제곱 오차를 통해 목적함수를 정의한다. 분류함수를 표현하는 계수가 9개이므로 9변수함수의 최적화 문제이고, 경사하강법을 적용할 수 있다. 기울기 계산은 행렬 형태로 수행되므로 기울기를 행렬 구조로 저장하여 사용한다. 이차원 데이터를 산점도로 표현하고 분류함수의 등위곡선을 표현함으로써 복층 구조와 경계의 관계를 시각적으로 확인할 수 있다.

모범 답안

```
phi = lambda u: 1/(1+np.exp(-u))
dphi = lambda u: np.exp(-u)/(1+np.exp(-u))**2

np.random.seed(1)
oldW, oldV = np.random.rand(3,3), np.random.rand(3)
MaxIter = 10000
alpha = 1.0
ns = MaxIter/10
print('n={:5d}'.format(0))
for n in range(MaxIter):
    gradW, gradV = np.zeros((3,3)), np.zeros(3) # Compute Gradients
    for i in range(N):
        x1, x2 = x[1,i], x[2,i]
        u1h = oldW[1,0] + oldW[1,1]*x1 + oldW[1,2]*x2
        u2h = oldW[2,0] + oldW[2,1]*x1 + oldW[2,2]*x2
        z1, z2 = phi(u1h), phi(u2h)
        v0, v1, v2 = oldV[0], oldV[1], oldV[2]
        ui = v0 + v1*z1 + v2*z2
        tempW = [[           0,              0,              0],
                 [v1*dphi(u1h), v1*dphi(u1h)*x1, v1*dphi(u1h)*x2],
                 [v2*dphi(u2h), v2*dphi(u2h)*x1, v2*dphi(u2h)*x2]]
        gradW += 1/N*(phi(ui)-t[i])*dphi(ui)*np.array(tempW)
        gradV += 1/N*(phi(ui)-t[i])*dphi(ui)*np.array([1,z1,z2])

    newW, newV = oldW-alpha*gradW, oldV-alpha*gradV # Gradient Descent Method
    oldW, oldV = newW.copy(), newV.copy() # Update Iteration
```

```python

    Eval = 0.0 # Compute Mean Squared Error
    for i in range(N):
        u1h = oldW[1,0] + oldW[1,1]*x[1,i] + oldW[1,2]*x[2,i]
        u2h = oldW[2,0] + oldW[2,1]*x[1,i] + oldW[2,2]*x[2,i]
        ui = oldV[0] + oldV[1]*phi(u1h) + oldV[2]*phi(u2h)
        Eval += 0.5/N*(phi(ui)-t[i])**2

    if (n+1)%ns == 0:
        print('n={:5d}, Eval={:.4f}'.format(n+1,Eval))
```

실행 결과

```
n=    0
n= 1000, Eval=0.1241
n= 2000, Eval=0.0830
n= 3000, Eval=0.0063
n= 4000, Eval=0.0022
n= 5000, Eval=0.0013
n= 6000, Eval=0.0009
n= 7000, Eval=0.0007
n= 8000, Eval=0.0005
n= 9000, Eval=0.0005
n=10000, Eval=0.0004
```

```python
x1 = np.linspace(-0.5, 1.5)
x2 = np.linspace(-0.5, 1.5)
xx1, xx2 = np.meshgrid(x1, x2)
uh1 = oldW[1,0] + oldW[1,1]*xx1 + oldW[1,2]*xx2
uh2 = oldW[2,0] + oldW[2,1]*xx1 + oldW[2,2]*xx2
yy = phi(oldV[0]+oldV[1]*phi(uh1)+oldV[2]*phi(uh2))

fig = plt.figure()
ax = plt.axes()
ax.scatter(x[1,:], x[2,:], c=t, cmap='bwr')
ax.contour(xx1, xx2, yy, [0.5])
ax.set_aspect('equal')
plt.show()
```

실행 결과

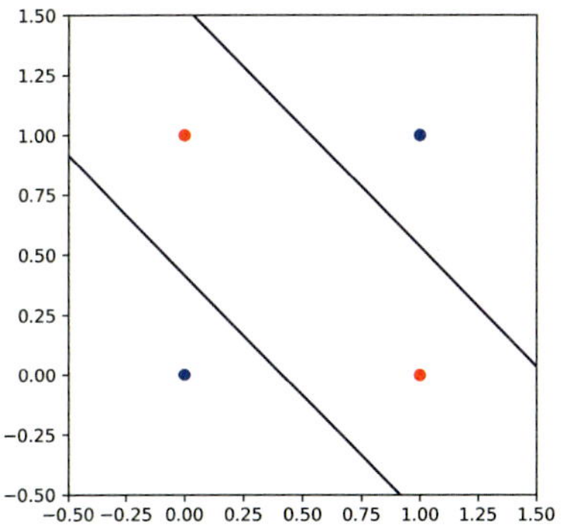

[실습예제 14−2]의 결과 데이터를 보다 명확하게 분석하기 위해 중간 과정의 노드값 z_1과 z_2, 그리고 $y = \phi(u)$의 이차원 곡면을 [그림 14−7]에서 확인해보자. z_1과 z_2는 두 가지 계단 형태의 함수이며, 적당한 선형결합을 통해 $u = v_0 + v_1 z_1 + v_2 z_2$를 얻고 활성화 함수로 주어진 데이터의 분류함수 $y = \phi(u)$를 만든다.

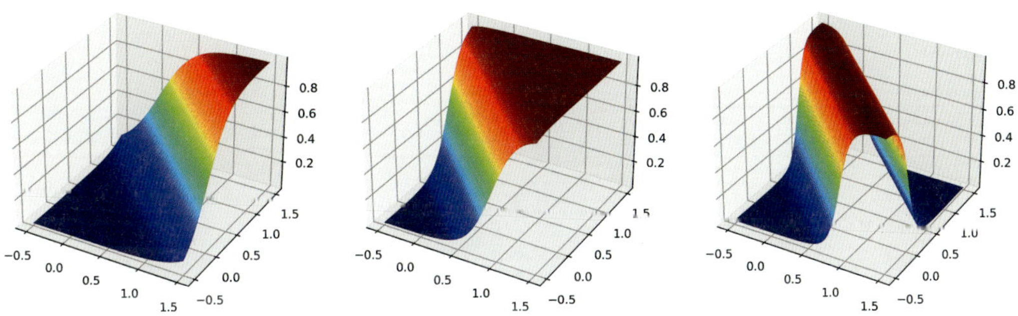

(a) $z_1 = \phi(u_1^h)$ (b) $z_2 = \phi(u_2^h)$ (c) $y = \phi(v_0 + v_1 z_1 + v_2 z_2)$

그림 14−7 [실습예제 14−2]의 노드별 함수

tip 13절 [실습예제 13−1]과 [그림 13−7]을 비교하여 이해하자. [실습예제 14−2]의 모범 답안을 직접 수정하여 [그림 14−7]과 함수 u의 이차원 곡면을 그려도 좋다.

이제 데이터를 5개로 늘려서 비교적 간단하지만 1개나 2개의 선형결정경계만으로 분류하기 어려운 예제를 다뤄보자.

실습예제 14−3 도전!

주어진 데이터에 대해 로지스틱 함수와 복층 구조를 이용하여 이차원 분류기를 구현하라. 은닉층의 노드를 3개로 두고, 최대반복수는 10,000으로 고정하고 학습률은 1로 정한다. 데이터는 산점도로 나타내고 분류함수에 대한 경계를 등위곡선으로 그려라.

```
import numpy as np
import matplotlib.pyplot as plt
```

```python

N = 5
x = np.array([[1,1,1,1,1],[-1,1,1,-1,0],[-1,-1,1,1,0]])
t = np.array([0,1,1,1,0])

plt.figure()
ax = plt.axes()
ax.scatter(x[1,:], x[2,:], c=t, cmap='bwr')
ax.set_aspect('equal')
plt.show()
```

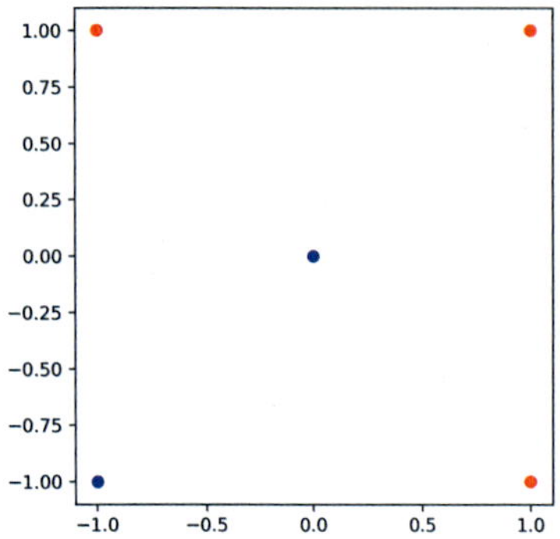

참고

[실습예제 14-3]의 은닉층에 노드가 추가되면서 변수 간의 관계가 다음과 같이 수정된다.

$$
\begin{aligned}
u^h_{j,i} &= w_{j0}x_{0,i} + w_{j1}x_{1,i} + w_{j2}x_{2,i} \\
z_{j,i} &= \phi(u^h_{j,i}), \quad \text{for } j = 1,2,3 \\
u_i &= v_0 + v_1 z_{1,i} + v_2 z_{2,i} + v_3 z_{3,i} \\
y_i &= \phi(u_i)
\end{aligned}
$$

계수를 벡터와 행렬로 표현하면 $V = (v_j) \in \mathbb{R}^3$과 $W = (w_{jk}) \in \mathbb{R}^{2\times 3}$으로 크기의 변화가 있을 뿐 큰 차이가 없다. 평균 제곱 오차로 정의된 목적함수는 변화가 없다.

$$E(W,V) = \frac{1}{N}\sum_{i=1}^{N}\frac{1}{2}|\phi(u_i) - t_i|^2$$

기울기를 구하기 위해 편미분을 계산하면 다음과 같이 나타낼 수 있다.

$$\frac{\partial E}{\partial V} = \frac{1}{N}\sum_{i=1}^{N}(\phi(u_i) - t_i)\phi'(u_i)[1 \;\; z_{1,i} \;\; z_{2,i} \;\; z_{3,i}]$$

$$\frac{\partial E}{\partial W} = \frac{1}{N}\sum_{i=1}^{N}(\phi(u_i) - t_i)\phi'(u_i)\begin{bmatrix} v_1\phi'(u^h_{1,i})x_{0,i} & v_1\phi'(u^h_{1,i})x_{1,i} & v_1\phi'(u^h_{1,i})x_{2,i} \\ v_2\phi'(u^h_{2,i})x_{0,i} & v_2\phi'(u^h_{2,i})x_{1,i} & v_2\phi'(u^h_{2,i})x_{2,i} \\ v_3\phi'(u^h_{3,i})x_{0,i} & v_3\phi'(u^h_{3,i})x_{1,i} & v_3\phi'(u^h_{3,i})x_{2,i} \end{bmatrix}$$

[그림 14-8]은 시드 값에 따른 최종 결과를 출력한 것이다. 이처럼 문제에 따라 초기 시작이 달라지면 다른 결과가 도출될 수도 있으므로 주의해야 한다. [그림 14-8(a)]와 같이 분류함수로 판단할 수도 있고, [그림 14-8(b)]와 같이 파란색 점과 빨간색 점이 같은 영역에 있어서 적절한 분류함수로 보기 어려울 수도 있다.

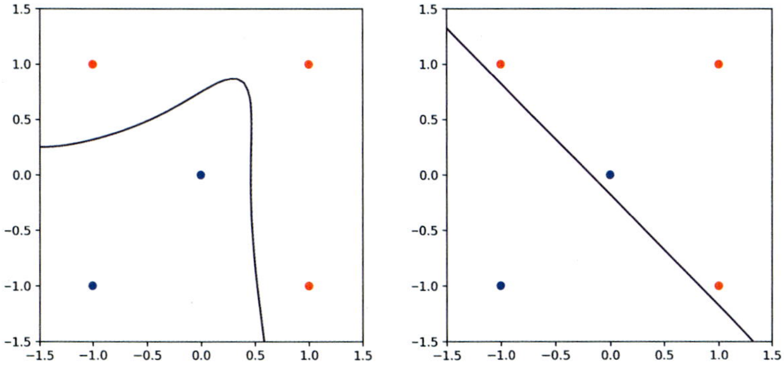

(a) seed = 127　　　(b) seed = 1

그림 14-8 시드 값에 따른 최종 결과의 결정경계

경사하강법은 극소점을 찾는 방법이므로 최적화 문제의 최소점에 수렴함을 보장하지 않는다. 특히 13차원 목적함수의 최솟값 또는 극솟값은 그 개수와 크기를 알기 어렵기 때문에 경사하강법을 구현할 수 있다고 해서 최적화 문제의 답이 보장된다고 여기면 안 된다. 초기 추정이 변경되거나 최대반복수의 증감에 따라 결과가 달라질 수 있다.

SECTION 14 연습문제

1 주어진 데이터에 대해 로지스틱 함수와 복층 구조를 이용하여 이차원 분류기를 구현하라. 은닉층의 노드를 4개로 두고, 최대반복수는 10,000으로 고정하고 학습률은 1로 정한다. 데이터는 산점도로 나타내고 분류함수에 대한 경계를 등위곡선으로 그려라.

```
import numpy as np
import matplotlib.pyplot as plt

N = 9
x = np.array([[1,1,1,1,1,1,1,1,1],[-1,-1,-1,0,0,0,1,1,1],[-1,0,1,-1,0,1,0,-1,1]])
t = np.array([1,1,0,0,1,0,0,1,0])

plt.figure()
ax = plt.axes()
```

```
ax.scatter(x[1,:], x[2,:], c=t, cmap='bwr')
ax.set_aspect('equal')
plt.show()
```

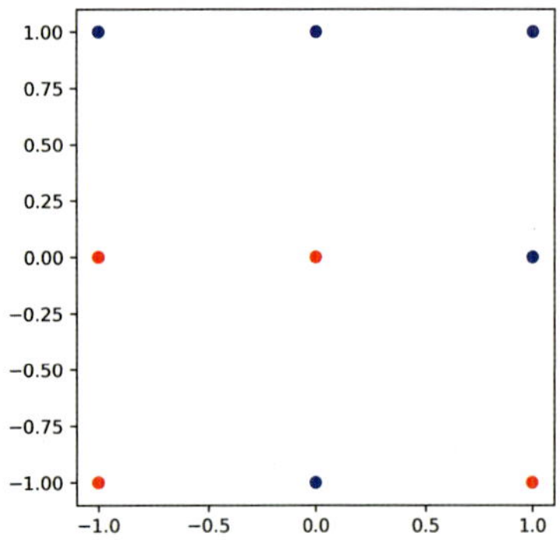

SECTION

15 이차원 분류기 : 반복문을 통한 일반화

14절에서 하나의 은닉층 노드가 하나의 결정경계와 밀접한 관련이 있음을 알아보았다. 이보다 더 복잡한 데이터의 분류기를 구현하려면 은닉층의 노드 개수를 늘릴 필요가 있다. 이차원 분류기에서 은닉층의 노드 개수를 [그림 15-1]과 같이 일반화해보자. 이 절에서는 은닉층 노드의 증가로 수식 상에서 어떤 변화가 있는지를 설명한다.

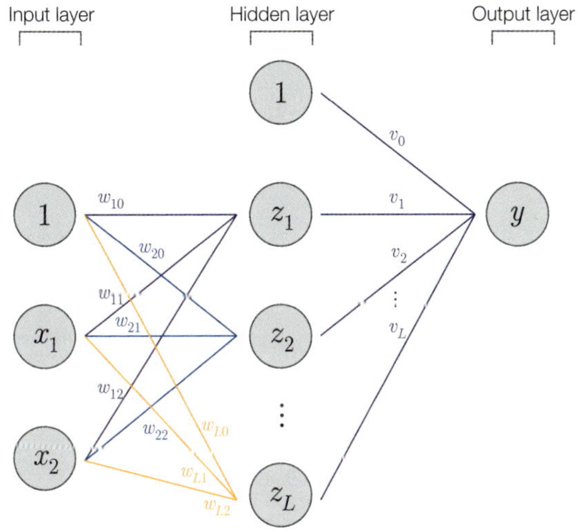

그림 15-1 은닉층 노드 개수를 일반화한 인공신경망

은닉층의 노드 개수를 L이라고 하자. 편향에 해당하는 노드를 $x_{0,i}=1$과 $z_{0,i}=1$로 정의하고

$$
\begin{aligned}
u^h_{j,i} &= w_{j0}x_{0,i}+w_{j1}x_{1,i}+w_{j2}x_{2,i} \\
z_{j,i} &= \phi(u^h_j), \quad \text{for } j=1,2,\cdots,L \\
u_i &= v_0 z_{0,i}+v_1 z_{1,i}+\cdots+v_L z_{L,i} \\
y_i &= \phi(u_i)
\end{aligned}
$$

로 노드 간 관계를 설명할 수 있다. 계수 w_{jk}와 v_j의 인덱스 형태가 행렬과 벡터 형식이므로

$$W = \begin{bmatrix} w_{10} & w_{11} & w_{12} \\ w_{20} & w_{21} & w_{22} \\ \vdots & \vdots & \vdots \\ w_{L0} & w_{L1} & w_{L2} \end{bmatrix} \in \mathbb{R}^{L\times 3}, \quad V = [v_0 \ \ v_1 \ \ \cdots \ \ v_L] \in \mathbb{R}^{L+1}$$

으로 나타낼 수 있다. 이제 최적화 문제를 정의하면 다음과 같다.

$$\underset{(W,V)\in\mathbb{R}^{L\times 3}\times\mathbb{R}^{L+1}}{\operatorname{argmin}} \ E(W,V),$$
$$\text{where } \ E(W,V) = \frac{1}{N}\sum_{i=1}^{N}\frac{1}{2}|\phi(u_i)-t_i|^2$$

목적함수 $E(W,V)$는 $E_i = \frac{1}{2}|\phi(u_i)-t_i|^2$의 정의를 이용하면 다음과 같이 정리된다.

$$E = \frac{1}{N}\sum_{i=1}^{N}E_i$$

따라서 목적함수 E의 W와 V에 대한 편미분은 각 i번째 데이터에 대한 E_i의 편미분을 합한 것으로 이해할 수 있다.

$$\frac{\partial E}{\partial W} = \frac{1}{N}\sum_{i=1}^{N}\frac{\partial E_i}{\partial W}, \quad \frac{\partial E}{\partial V} = \frac{1}{N}\sum_{i=1}^{N}\frac{\partial E_i}{\partial V}$$

이제 E_i에 대한 편미분을 계산하면 E의 기울기를 구할 수 있다. v_j와 w_{jk}에 대해 편미분을 계산하자. 연쇄법칙을 적용하면

$$\frac{\partial E_i}{\partial v_j} = \frac{\partial E_i}{\partial u_i}\frac{\partial u_i}{\partial v_j}, \quad \frac{\partial E_i}{\partial w_{jk}} = \frac{\partial E_i}{\partial u_i}\frac{\partial u_i}{\partial u_{j,i}^h}\frac{\partial u_{j,i}^h}{\partial w_{jk}}$$

이다. 각각의 편미분을 계산하면 다음과 같다.

$$\frac{\partial E_i}{\partial u_i} = (\phi(u_i)-t_i)\phi'(u_i), \quad \frac{\partial u_i}{\partial v_j} = z_{j,i}, \quad \frac{\partial u_i}{\partial u_{j,i}^h} = v_j\phi'(u_{j,i}^h), \quad \frac{\partial u_{j,i}^h}{\partial w_{jk}} = x_{k,i}$$

이를 대입하여 정리하면

$$\frac{\partial E_i}{\partial v_j} = (\phi(u_i)-t_i)\phi'(u_i)\cdot z_{j,i}, \quad \text{for } j = 0, 1, \cdots, L$$
$$\frac{\partial E_i}{\partial w_{jk}} = (\phi(u_i)-t_i)\phi'(u_i)\cdot v_j\phi'(u_{j,i}^h)\cdot x_{k,i}, \quad \text{for } j = 1, 2, \cdots, L, \ k = 0, 1, 2$$

이다. 은닉층의 노드 개수가 증가하여 인덱스의 범위도 증가한 것을 제외하면 14절의 계산과 동일하다. V와 W에 대한 기울기는 이전과 비슷하게 행렬로 표현할 수 있다.

$$\frac{\partial E_i}{\partial V} = (\phi(u_i) - t_i)\phi'(u_i)[z_{0,i} \;\; z_{1,i} \;\; \cdots \;\; z_{L,i}]$$

$$\frac{\partial E_i}{\partial W} = (\phi(u_i) - t_i)\phi'(u_i)\begin{bmatrix} v_1\phi'(u_{1,i}^h)x_{0,i} & v_1\phi'(u_{1,i}^h)x_{1,i} & v_1\phi'(u_{1,i}^h)x_{2,i} \\ v_2\phi'(u_{2,i}^h)x_{0,i} & v_2\phi'(u_{2,i}^h)x_{1,i} & v_2\phi'(u_{2,i}^h)x_{2,i} \\ \vdots & \vdots & \vdots \\ v_L\phi'(u_{L,i}^h)x_{0,i} & v_L\phi'(u_{L,i}^h)x_{1,i} & v_L\phi'(u_{L,i}^h)x_{2,i} \end{bmatrix}$$

기울기 표현 $\nabla E(W,V) = \left(\frac{\partial E}{\partial W}, \frac{\partial E}{\partial V}\right)$를 이용하여 경사하강법을 표현하면 다음과 같다.

$$\text{Given } \left(W^{(0)}, V^{(0)}\right) \in \mathbb{R}^{L\times 3} \times \mathbb{R}^{L+1},$$

$$\left(W^{(n+1)}, V^{(n+1)}\right) = \left(W^{(n)}, V^{(n)}\right) - \alpha\nabla E\left(W^{(n)}, V^{(n)}\right), \quad \text{for } n = 0, 1, 2, \cdots$$

참고

행렬을 $A = (a_{ij})$로 표기하는 방식은 i행, j열의 원소가 a_{ij}인 행렬을 의미한다. 따라서 지금까지의 기울기는 다음과 같이 나타낼 수 있다.

$$\frac{\partial E}{\partial W} = \left(\frac{\partial E}{\partial w_{jk}}\right), \quad \frac{\partial E}{\partial V} = \left(\frac{\partial E}{\partial v_j}\right)$$

리스트 내포

리스트 내포list comprehension는 간결하고 효율적으로 리스트를 생성할 수 있는 문법이다. [코드 15-1]은 리스트 내포를 설명하는 간단한 예인데, 리스트 안에 표현식과 반복문 구조가 있다. 반복문에서의 인덱스 i가 range(4)에 의해 0, 1, 2, 3을 반복하고 각 인덱스에 대해 표현식 2*i+1의 결과가 하나의 리스트에 저장된다.

코드 15-1

```
aa = [2*i+1 for i in range(4)]
print(aa)
```

실행 결과

```
[1, 3, 5, 7]
```

배열 병합

배열 병합array concatenation은 여러 개의 배열을 하나로 합치는 작업을 의미한다. 배열 병합을 통해 데이터를 쉽게 관리하고 조작할 수 있다. 여기서 몇 가지 함수와 문법을 소개한다.

[코드 15-2]와 같이 넘파이 함수 append를 사용하면 일차원 배열을 연결하고 이어붙인다. 일차원 배열 [1,2,3]과 [4,5]를 만들고, 6줄에서 연결된 일차원 배열을 만든다.

코드 15-2

```
1   import numpy as np
2
3   a = np.array([1,2,3])
4   b = np.array([4,5])
5
6   ab = np.append(a, b)
7   print(ab)
```

실행 결과

```
[1 2 3 4 5]
```

[코드 15-3]과 같이 넘파이 함수 row_stack을 사용하면 같은 크기를 갖는 배열을 행으로 쌓는다. 일차원 배열 [1,2,3]과 [4,5,6]을 만들고, 6줄에서 행으로 쌓은 이차원 배열을 만든다.

코드 15-3

```
1   import numpy as np
2
3   a = np.array([1,2,3])
4   b = np.array([4,5,6])
5
6   ab = np.row_stack((a,b))
7   print(ab)
```

실행 결과

```
[[1 2 3]
 [4 5 6]]
```

[코드 15-4]와 같이 넘파이 함수 column_stack을 사용하면 같은 크기를 갖는 배열을 열로 쌓는다. 일차원 배열 [1,2,3]과 [4,5,6]을 만들고, 6줄에서 열로 쌓은 이차원 배열을 만든다.

코드 15-4

```python
import numpy as np

a = np.array([1,2,3])
b = np.array([4,5,6])

ab = np.column_stack((a,b))
print(ab)
```

실행 결과

```
[[1 4]
 [2 5]
 [3 6]]
```

은닉층에 노드가 추가될 때 수식 상에서 어떤 변화가 있는지 확인했으니 이를 실습예제로 구현해 보자. 지금까지 기울기를 계산할 때 하드코딩[1]을 했다면, 이번에는 다른 방법으로 구현하려 한다.

참고

기울기를 하드코딩 방식으로 적는 것이 어렵지 않지만 노드 개수가 달라질 때마다 코드를 매번 구현해야 하는 번거로움이 있다. 또한 은닉층에 노드를 추가할 때마다 점점 코드가 복잡해지는 문제도 있다.

실습예제 15-1

주어진 데이터에 대해 로지스틱 함수와 복층 구조를 이용하여 이차원 분류기를 구현하라. 은닉층의 노드를 2개로 두고, 최대반복수는 10,000으로 고정하고 학습률은 1로 정한다. 단, 기울기는 반복문으로 계산하라. 데이터는 산점도로 나타내고 분류함수에 대한 경계를 등위곡선으로 그려라.

```python
import numpy as np
import matplotlib.pyplot as plt

N = 4
x = np.array([[1,1,1,1],[0,0,1,1],[0,1,0,1]])
t = np.array([0,1,1,0])

```

1 하드코딩 hard-coding : 변수나 데이터 값을 동적으로 변경하거나 계산하지 않고, 직접 코드에 고정된 값을 사용하는 방식

```
plt.figure()
ax = plt.axes()
ax.scatter(x[1,:], x[2,:], c=t, cmap='bwr')
ax.set_aspect('equal')
plt.show()
```

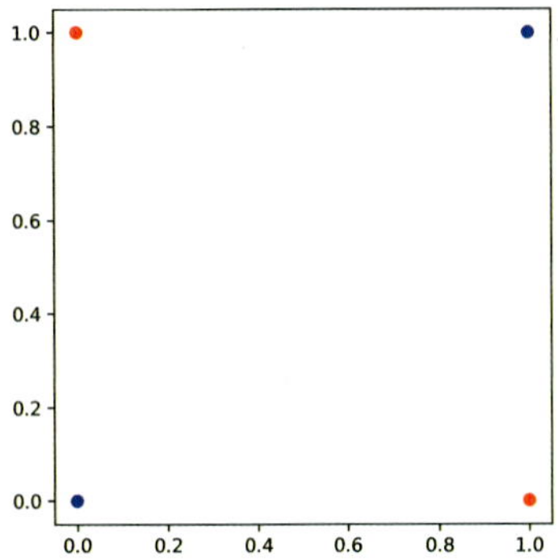

문제 해석

로지스틱 함수를 활성화 함수로 선택하고 은닉층 노드가 2개, 출력층의 노드가 3개인 복층 구조에 대한 평균 제곱 오차를 통해 목적함수를 정의한다. 목적함수의 기울기를 계산하고 경사하강법을 적용할 수 있다. 기울기는 행렬 형식으로 반복문을 이용하여 각각 인덱스에 대응하는 기울기 값을 계산하여 저장하고 사용한다. 기울기 행렬의 공간을 먼저 정의하고 각각의 성분을 계산하는 방식으로 구현할 수 있다. 반복문을 통한 일반화로 은닉층의 노드 개수가 달라졌을 때 프로그램 코드가 크게 바뀌지 않도록 구성할 수 있다.

모범 답안

```
phi = lambda u: 1/(1+np.exp(-u))
dphi = lambda u: np.exp(-u)/(1+np.exp(-u))**2

np.random.seed(1)
W, V = np.random.rand(3,3), np.random.rand(3)
MaxIter = 10000
alpha = 1.0
ns = MaxIter/10
print('n={:5d}'.format(0))
for n in range(MaxIter):
    gradW, gradV = np.zeros((3,3)), np.zeros(3) # Compute Gradients
    for i in range(N):
        uh = np.zeros(3)
        for j in range(1,3):
            uh[j] = W[j,0] + W[j,1]*x[1,i] + W[j,2]*x[2,i]

        ui = V[0]
        for j in range(1,3):
```

```
            ui += V[j]*phi(uh[j])

        dEdu = (phi(ui)-t[i])*dphi(ui)
        gradV[0] += 1/N*dEdu
        for j in range(1,3):
            gradV[j] += 1/N*dEdu*phi(uh[j])

        for j in range(1,3):
            dEduh = dEdu*V[j]*dphi(uh[j])
            gradW[j,0] += 1/N*dEduh
            for k in range(1,3):
                gradW[j,k] += 1/N*dEduh*x[k,i]

    W, V = W-alpha*gradW, V-alpha*gradV # Gradient Descent Method

    Eval = 0.0 # Compute Mean Squared Error
    for i in range(N):
        uh = np.zeros(3)
        for j in range(1,3):
            uh[j] = W[j,0] + W[j,1]*x[1,i] + W[j,2]*x[2,i]

        ui = V[0]
        for j in range(1,3):
            ui += V[j]*phi(uh[j])

        Eval += 0.5/N*(phi(ui)-t[i])**2

    if (n+1)%ns == 0:
        print('n={:5d}, Eval={:.4f}'.format(n+1,Eval))
```

실행 결과

```
n=     0
n= 1000, Eval=0.1241
n= 2000, Eval=0.0830
n= 3000, Eval=0.0063
n= 4000, Eval=0.0022
n= 5000, Eval=0.0013
n= 6000, Eval=0.0009
n= 7000, Eval=0.0007
n= 8000, Eval=0.0005
n= 9000, Eval=0.0005
n=10000, Eval=0.0004
```

tip [실습예제 15-1]은 14절 [실습예제 14-2]와 동일한 문제이다. 인공신경망 구조까지 동일하게 적용했으므로 구현 방식에 차이가 있을 뿐 같은 문제이다. 그러므로 Eval 값이 동일하다.

실행 결과를 그림으로 나타내는 코드도 반복문으로 구현할 수 있다. 지금까지는 노드 개수에 맞춰서 직접 입력했다면, 이제 리스트를 이용하여 반복문으로 일반화할 수 있다.

```
x1 = np.linspace(-0.5, 1.5)
x2 = np.linspace(-0.5, 1.5)
xx1, xx2 = np.meshgrid(x1, x2)

uuh = [0 for j in range(3)]
for j in range(1,3):
    uuh[j] = W[j,0] + W[j,1]*xx1 + W[j,2]*xx2

uu = V[0]
for j in range(1,3):
    uu += V[j]*phi(uuh[j])

yy = phi(uu)

fig = plt.figure()
ax = plt.axes()
ax.scatter(x[1,:], x[2,:], c=t, cmap='bwr')
ax.contour(xx1, xx2, yy, [0.5])
ax.set_aspect('equal')
plt.show()
```

실행 결과

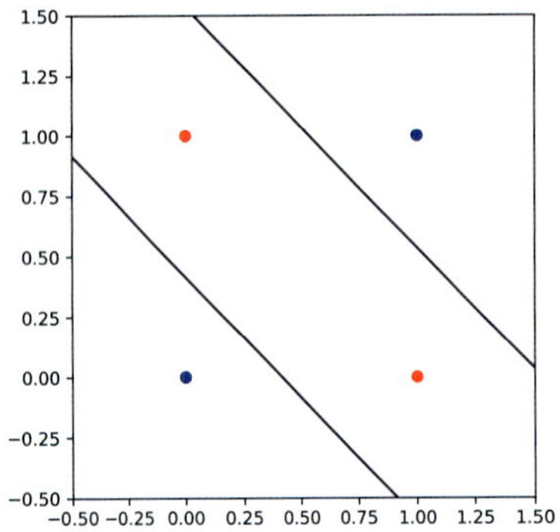

참고

지금까지 oldV, newV와 같은 변수는 경사하강법을 갱신할 때 사용했다. 반복법에서 이전 값을 저장하는 이유 중 한 가지는 연속오차를 계산하여 중단 조건으로 사용하기 위함이다. 지금은 학습 정도를 평균 제곱 오차 값의 추이로 판단하므로 특별히 연속오차가 필요하지 않다. 따라서 [실습예제 15-1]의 모범 답안에서는 덮어쓰는 방식으로 변수 V와 W만을 사용했다. 이제부터 덮어쓰기 방식으로 변수를 정의하고 사용한다.

[실습예제 15-2]에서 은닉층 노드의 개수 변화에 따른 기울기 계산과 코드를 구현하라. 이 예제는 은닉층 노드를 4개 요구하지만 노드 개수를 L로 일반화할 수 있다.

실습예제 15-2 도전!

주어진 데이터에 대해 로지스틱 함수와 복층 구조를 이용하여 이차원 분류기를 구현하라. 은닉층의 노드를 4개로 두고, 최대반복수는 10,000으로 고정하고 학습률은 1로 정한다. 단, 기울기는 반복문으로 계산하라. 데이터는 산점도로 나타내고 분류함수에 대한 경계를 등위곡선으로 그려라.

```
import numpy as np
import matplotlib.pyplot as plt

N = 6
x1 = np.array([-1,0,1]*2)
x2 = np.append(np.array([0,-1,0]), np.array([1,0,1]))
x = np.row_stack((np.ones(N),x1,x2))
t = np.append(np.zeros(3), np.ones(3))

fig = plt.figure()
ax = plt.axes()
ax.set_aspect('equal')
ax.scatter(x[1,:], x[2,:], c=t, cmap='bwr')
plt.show()
```

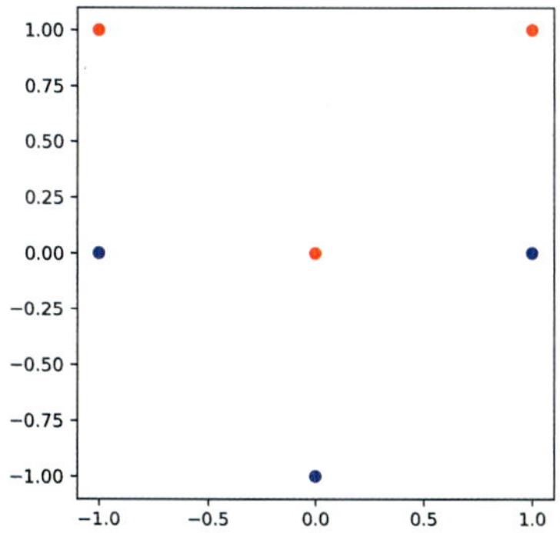

SECTION 15 연습문제

1 주어진 데이터에 대해 로지스틱 함수와 복층 구조를 이용하여 이차원 분류기를 구현하라. 은닉층의 노드를 6개로 두고, 최대반복수는 10,000으로 고정하고 학습률은 1로 정한다. 단, 기울기는 반복문으로 계산하라. 데이터는 산점도로 나타내고 분류함수에 대한 경계를 등위곡선으로 그려라.

```python
import numpy as np
import matplotlib.pyplot as plt

N = 12
the = 2*np.pi/6*np.arange(6) + np.pi/6
x1, x2, t = 0.9*np.cos(the), 0.9*np.sin(the), np.zeros(6)
x1 = np.append(x1, 0.45*np.cos(the))
x2 = np.append(x2, 0.45*np.sin(the))

x = np.row_stack((np.row_stack((np.ones(N),x1)),x2))
t = np.append(t, np.ones(6))

fig = plt.figure()
ax = plt.axes()
ax.set_aspect('equal')
ax.scatter(x[1,:], x[2,:], c=t, cmap='bwr')
plt.show()
```

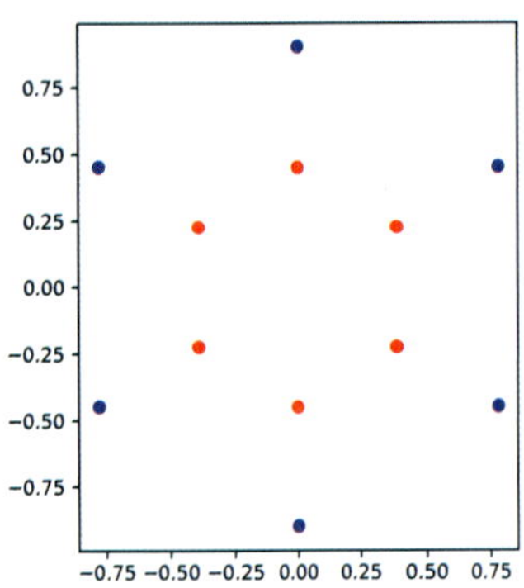

2 주어진 데이터에 대해 로지스틱 함수와 복층 구조를 이용하여 이차원 분류기를 구현하라. 은닉층의 노드를 7개로 두고, 최대반복수는 10,000으로 고정하고 학습률은 1로 정한다. 단, 기울기는 반복문으로 계산하라. 데이터는 산점도로 나타내고 분류함수에 대한 경계를 등위곡선으로 그려라.

```python
import numpy as np
import matplotlib.pyplot as plt

np.random.seed(78)
N = 100
x1, x2 = 2*np.random.rand(N)-1, 2*np.random.rand(N)-1
xx = np.row_stack((x1,x2))
```

```
tt = x1**2 + x2**2 < 0.5

x = np.row_stack((np.ones(N),xx))
t = np.float64(tt)

fig = plt.figure()
ax = plt.axes()
ax.scatter(x[1,:], x[2,:], c=t, cmap='bwr')
ax.set_aspect('equal')
plt.show()
```

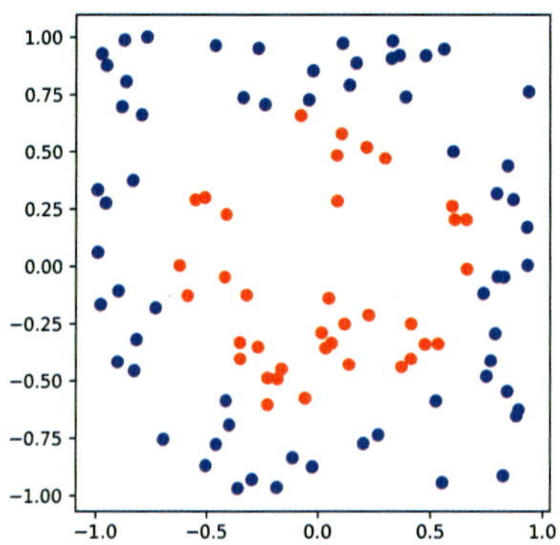

SECTION

16 다중 분류기 : 반복문을 통한 일반화

지금까지 학습한 일차원 분류기와 이차원 분류기는 모두 두 종류의 범주를 다루며, 이와 같은 분류문제를 **이진 분류** binary classification 문제라 한다. 이제 자연스럽게 세 종류 이상의 범주에 대한 분류문제를 생각할 수 있다. 이와 같은 분류문제를 **다중 분류** multi-class classification 문제라 한다. 간단한 경우를 통해 다중 분류기를 이해하자. [그림 16-1]과 같이 이차원 평면 위에 파란색, 빨간색, 초록색 범주가 존재한다고 해보자.

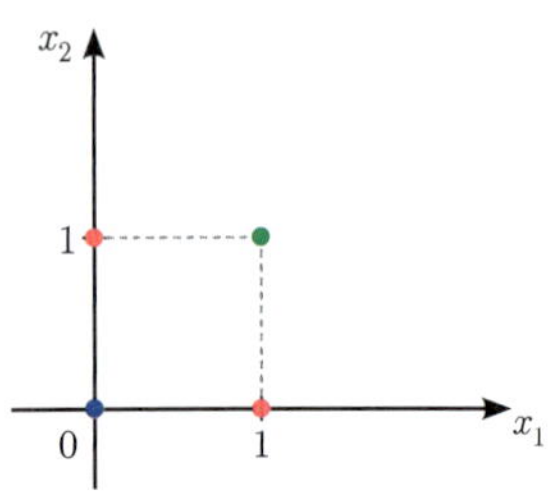

그림 16-1 이차원 다중 분류문제 산점도

다중 분류기를 설계하는 여러 방법 중에서 각 범주에 대해 변수 t_j를 새로 도입하는 방법을 생각할 수 있다. [표 16-1]은 데이터 $X=(x_1, x_2)$와 각각 대응하는 타겟값 $T=(t_1, t_2, t_3)$를 나타낸다. t_j는 0 또는 1만 될 수 있으며 t_j 값이 1이면 데이터 X는 j번째 범주임을 의미한다. $t_1+t_2+t_3=1$이라는 조건을 주면 서로 다른 t_j가 동시에 1이 될 수 없다. 즉 각각의 범주가 (1, 0, 0), (0, 1, 0), (0, 0, 1)에 대응한다. 다중 범주에 타겟값을 이러한 방식으로 정의하는 전략을 **원-핫 인코딩** one-hot encoding이라 한다.

표 16-1 이차원 다중 분류문제 데이터

i	x_1	x_2	t_1	t_2	t_3
0	0	0	1	0	0
1	0	1	0	1	0
2	1	0	0	1	0
3	1	1	0	0	1

대부분의 다중 분류문제는 단순 분류기로 해석되기 어렵기 때문에 바로 은닉층을 갖는 복층 구조를 고려하자. 은닉층을 추가하고 입력층과 출력층 사이의 관계도를 그려보면 [그림 16-2]와 같다.

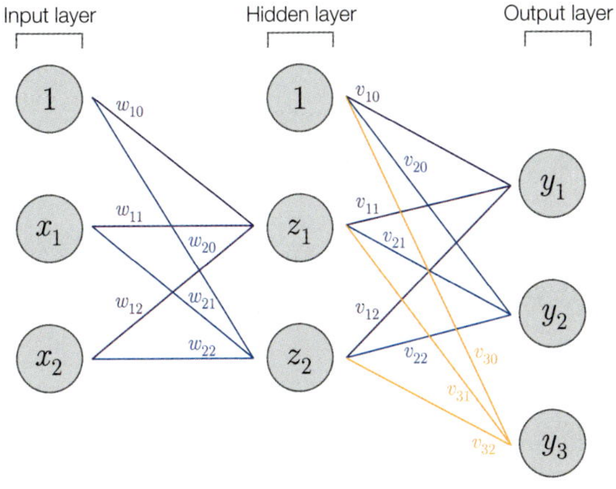

그림 16-2 이차원 다중 분류문제를 위한 복층 구조의 인공신경망

편의상 출력층 노드는 y_j, 은닉층 노드는 z_k, 입력층 노드는 x_l로 인덱스를 지정한다. x_0와 z_0는 편향 노드를 표현하며 입력층 노드와 은닉층 노드 개수에 포함하지 않는다.

15절의 이진 분류문제를 풀기 위한 복층 구조와 달리 [그림 16-2]는 은닉층과 출력층 사이에 연결선이 많아져서 계수를 v_{jk} 형태로 정의한다. 인덱스가 추가되면서 입력층과 은닉층 사이의 계수는 w_{kl}로 표현한다. 연결성은 기존 복층 구조와 크게 다른 점이 없다. 노드별 관계를 적어보면 다음과 같다.

$$
\begin{aligned}
u_{k,i}^h &= w_{k0}x_{0,i} + w_{k1}x_{1,i} + w_{k2}x_{2,i} \\
z_{k,i} &= \phi(u_{k,i}^h), \quad \text{for } k = 1,2 \\
u_{j,i} &= v_{j0}z_{0,i} + v_{j1}z_{1,i} + v_{j2}z_{2,i} \\
y_{j,i} &= \phi(u_{j,i}), \quad \text{for } j = 1,2,3
\end{aligned}
$$

이제 계수 w_{kl}과 v_{jk}의 형태가 모두 행렬이므로

$$
W = \begin{bmatrix} w_{10} & w_{11} & w_{12} \\ w_{20} & w_{21} & w_{22} \end{bmatrix} \in \mathbb{R}^{2\times3}, \quad V = \begin{bmatrix} v_{10} & v_{11} & v_{12} \\ v_{20} & v_{21} & v_{22} \\ v_{30} & v_{31} & v_{32} \end{bmatrix} \in \mathbb{R}^{3\times3}
$$

으로 나타낼 수 있다. 이에 대응하는 최적화 문제를 정의하면 다음과 같다.

$$\underset{(W,V)\in\mathbb{R}^{2\times 3}\times\mathbb{R}^{3\times 3}}{\text{argmin}} \quad E(W,V),$$

$$\text{where } E(W,V)=\frac{1}{N}\sum_{i=1}^{N}\sum_{j=1}^{3}\frac{1}{2}|\phi(u_{j,i})-t_{j,i}|^2$$

경사하강법을 적용할 때 차원이 높아지더라도 크게 바뀌는 것은 없다. 주어진 문제는 15차원 계수 공간에서의 최적화 문제로 해석된다. 각 계수에 따른 기울기를 최대한 간단하게 정리하여 경사하강법을 구현하자.

지금 살펴보는 예는 데이터 차원과 노드 개수 등이 모두 2와 3이므로 헷갈리지 않도록 범주의 개수를 M으로 표현하겠다. 그러면 목적함수는 다음과 같다.

$$E(W,V)=\frac{1}{N}\sum_{i=1}^{N}\sum_{j=1}^{M}\frac{1}{2}|\phi(u_{j,i})-t_{j,i}|^2$$

기울기를 계산하기 위해 편미분에 필요한 E_i와 $E_{j,i}$를

$$E_i=\sum_{j=1}^{M}E_{j,i}, \quad E_{j,i}=\frac{1}{2}|\phi(u_{j,i})-t_{j,i}|^2$$

으로 정의하고 다음과 같이 표현한다.

$$E=\frac{1}{N}\sum_{i=1}^{N}E_i=\frac{1}{N}\sum_{i=1}^{N}\sum_{j=1}^{M}E_{j,i}$$

따라서 E_i에 대한 편미분을 계산하면 E에 대한 기울기를 구할 수 있다. $E_{j,i}$의 $u_{j,i}$만 v_{jk}에 의존하므로 v_{jk}와 w_{kl}에 대한 편미분은 다음과 같다.

$$\frac{\partial E_i}{\partial v_{jk}}=\frac{\partial E_{j,i}}{\partial v_{jk}}=\frac{\partial E_{j,i}}{\partial u_{j,i}}\cdot\frac{\partial u_{j,i}}{\partial v_{jk}}$$

$$\frac{\partial E_i}{\partial w_{kl}}=\sum_{j=1}^{M}\frac{\partial E_{j,i}}{\partial w_{kl}}=\sum_{j=1}^{M}\frac{\partial E_{j,i}}{\partial u_{j,i}}\cdot\frac{\partial u_{j,i}}{\partial u_{k,i}^{h}}\cdot\frac{\partial u_{k,i}^{h}}{\partial w_{kl}}$$

각각의 편미분을 계산하면

$$\frac{\partial E_{j,i}}{\partial u_{j,i}}=(\phi(u_{j,i})-t_{j,i})\phi'(u_{j,i}), \quad \frac{\partial u_{j,i}}{\partial v_{jk}}=z_{k,i}, \quad \frac{\partial u_{j,i}}{\partial u_{k,i}^{h}}=v_{jk}\phi'(u_{k,i}^{h}), \quad \frac{\partial u_{k,i}^{h}}{\partial w_{kl}}=x_{l,i}$$

이다. 이를 대입하고 정리하면 다음과 같다.

$$\frac{\partial E_i}{\partial v_{jk}} = (\phi(u_{j,i}) - t_{j,i})\phi'(u_{j,i}) \cdot z_{k,i}, \quad \text{for } j = 1,2,3,\ k = 0,1,2$$

$$\frac{\partial E_i}{\partial w_{kl}} = \sum_{j=1}^{M}(\phi(u_{j,i}) - t_{j,i})\phi'(u_{j,i}) \cdot v_{jk}\phi'(u_{k,i}^h) \cdot x_{l,i}, \quad \text{for } k = 1,2,\ l = 0,1,2$$

성분별로 미분하고 행렬로 관찰하면

$$\frac{\partial E}{\partial V} = \left(\frac{\partial E}{\partial v_{jk}}\right), \quad \frac{\partial E}{\partial W} = \left(\frac{\partial E}{\partial w_{kl}}\right)$$

임을 이미 파악하고 있기에 경사하강법을 적용하여 코드를 구현할 수 있다. 기울기 표현 $\nabla E(W,V) = \left(\frac{\partial E}{\partial W}, \frac{\partial E}{\partial V}\right)$를 이용하여 경사하강법을 표현하면 다음과 같다.

$$\text{Given } \left(W^{(0)}, V^{(0)}\right) \in \mathbb{R}^{2\times3} \times \mathbb{R}^{3\times3},$$

$$\left(W^{(k+1)}, V^{(k+1)}\right) = \left(W^{(k)}, V^{(k)}\right) - \alpha\nabla E\left(W^{(k)}, V^{(k)}\right), \quad \text{for } k = 0,1,2,\cdots$$

배열 논리 연산

주어진 배열에 논리연산을 수행할 경우 넘파이의 logical_not, logical_and, logical_or를 사용하면 코드를 단순하게 구현할 수 있다.

코드 16-1

```
import numpy as np

tf = np.array([True,False])
tf_not = np.logical_not(tf)
print(tf_not)

tf1 = np.array([True,True,False,False])
tf2 = np.array([True,False,True,False])

tf_and = np.logical_and(tf1, tf2)
print(tf_and)

tf_or = np.logical_or(tf1, tf2)
print(tf_or)
```

실행 결과

```
[False  True]
[ True False False False]
[ True  True  True False]
```

다음 실습예제에서 성분별 연산을 활용하여 기울기를 계산하고 경사하강법을 구현하자.

실습예제 16-1

주어진 데이터에 대해 로지스틱 함수와 복층 구조를 이용하여 이차원 다중 분류기를 구현하라. 은닉층의 노드를 2개로 두고, 최대반복수는 10,000으로 고정하고 학습률은 1로 정한다. 단, 기울기는 반복문으로 계산하라. 데이터는 산점도로 나타내고 분류함수에 대한 경계를 등위곡선으로 그려라.

```
import numpy as np
import matplotlib.pyplot as plt

N = 4
x = np.array([[1,1,1,1],[0,0,1,1],[0,1,0,1]])
t = np.array([[1,1,1,1],[1,0,0,0],[0,1,1,0],[0,0,0,1]])

fig = plt.figure()
ax = plt.axes()
ax.set_aspect('equal')
ax.scatter(x[1,:], x[2,:], c=t[2,:]+2*t[3,:], cmap='brg')
plt.show()
```

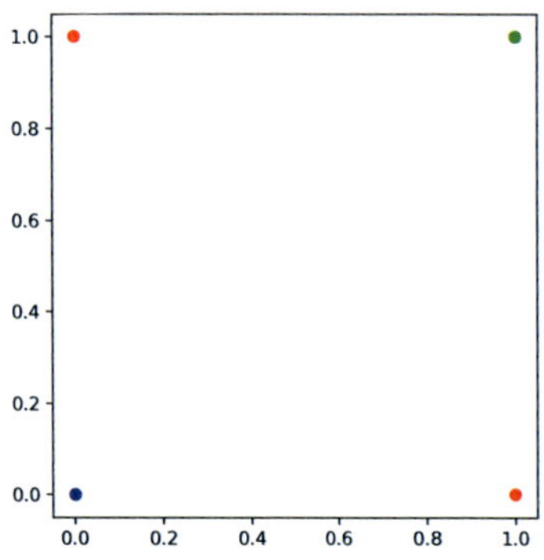

문제 해석

로지스틱 함수를 활성화 함수로 선택하고 은닉층 노드를 2개로 설정한 복층 구조를 설계하며, 평균 제곱 오차를 사용하여 목적함수를 정의한다. 목적함수의 기울기를 계산하고 경사하강법을 적용할 수 있다. 기울기는 행렬 형식이지만 하드코딩을 피하기 위해 반복문을 사용하여 각 인덱스에 대응하는 기울기 값을 계산한 뒤 저장한다. 기울기 행렬의 공간을 먼저 정의하고 각 성분을 계산하는 방식으로 구현할 수 있다. 이를 통해 은닉층의 노드 개수가 달라지더라도 프로그램 코드가 크게 바뀌지 않도록 일반화된 반복문을 사용할 수 있다.

모범 답안

```
phi = lambda u: 1/(1+np.exp(-u))
dphi = lambda u: np.exp(-u)/(1+np.exp(-u))**2

np.random.seed(1)
W, V = np.random.rand(3,3), np.random.rand(4,3)

MaxIter = 10000
alpha = 1.0
ns = MaxIter/10
print('n={:5d}'.format(0))
for n in range(MaxIter):
    gradW, gradV = np.zeros((3,3)), np.zeros((4,3))
    for i in range(N):
        uh = np.zeros(3)
        for k in range(1,3):
            uh[k] = W[k,0] + W[k,1]*x[1,i] + W[k,2]*x[2,i]

        ui = np.zeros(4)
        for j in range(1,4):
            ui[j] = V[j,0]
            for k in range(1,3):
                ui[j] += V[j,k]*phi(uh[k])

        for j in range(1,4):
            tcont = (phi(ui[j])-t[j,i])*dphi(ui[j]);
            gradV[j,0] += 1/N*tcont;
            for k in range(1,3):
                gradV[j,k] += 1/N*tcont*phi(uh[k])

        for j in range(1,4):
            tcont = (phi(ui[j])-t[j,i])*dphi(ui[j]);
            for k in range(1,3):
                for l in range(3):
                    gradW[k,l] += 1/N*tcont*V[j,k]*dphi(uh[k])*x[l,i]

    W, V = W-alpha*gradW, V-alpha*gradV

    Eval = 0.0
    for i in range(N):
        uh = np.zeros(3)
        for k in range(1,3):
            uh[k] = W[k,0] + W[k,1]*x[1,i] + W[k,2]*x[2,i]
```

```

        ui = np.zeros(4)
        for j in range(1,4):
            ui[j] = V[j,0]
            for k in range(1,3):
                ui[j] += V[j,k]*phi(uh[k])

        for j in range(1,4):
            Eval += 0.5/N*(phi(ui[j])-t[j,i])**2

    if (n+1)%ns == 0:
        print('n={:5d}, Eval={:.4f}'.format(n+1,Eval))
```

실행 결과

```
n=    0
n= 1000, Eval=0.0442
n= 2000, Eval=0.0086
n= 3000, Eval=0.0042
n= 4000, Eval=0.0028
n= 5000, Eval=0.0020
n= 6000, Eval=0.0016
n= 7000, Eval=0.0013
n= 8000, Eval=0.0011
n= 9000, Eval=0.0010
n=10000, Eval=0.0009
```

경사하강법을 적용하여 목적함수가 감소함을 확인했다. 그림을 그리는 코드는 다음과 같다. (u_k^h)와 (u_j)에 대한 리스트를 정의하고 각 노드별 연산을 반복문으로 계산한다.

```
x1 = np.linspace(-0.5, 1.5)
x2 = np.linspace(-0.5, 1.5)
xx1, xx2 = np.meshgrid(x1, x2)

uuh = [0 for k in range(3)]
for k in range(1,3):
    uuh[k] = W[k,0] + W[k,1]*xx1 + W[k,2]*xx2

yy = [0 for j in range(4)]
for j in range(1,4):
    uu = V[j,0]
    for k in range(1,3):
        uu += V[j,k]*phi(uuh[k])
```

```python
        yy[j] = phi(uu)

    fig = plt.figure()
    ax = plt.axes()
    ax.set_aspect('equal')
    ax.scatter(x[1,:], x[2,:], c=t[2,:]+2*t[3,:], cmap='brg')
    for j in range(1,4):
        ax.contour(xx1, xx2, yy[j], [0.5])
    plt.show()
```

실행 결과

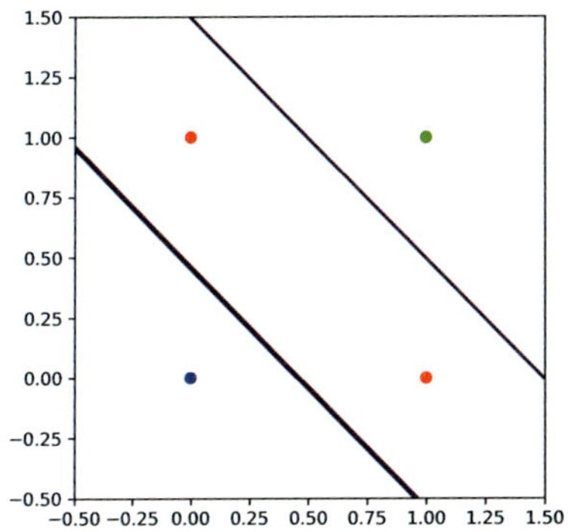

다중 분류기 문제는 중첩된 등위곡선의 결과만으로 어떤 함수에 의해 분류되었는지 한번에 알아보지 못할 수 있다. [그림 16-3]은 각각의 출력함수 y_j의 이차원 곡면 그래프를 나타낸다.

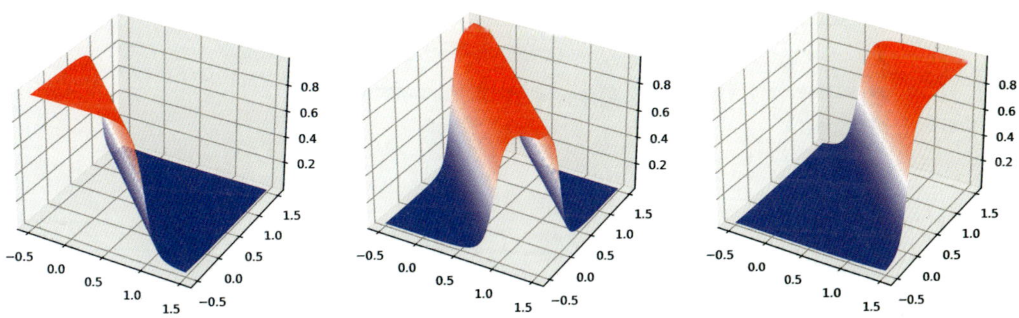

(a) y_1　　(b) y_2　　(c) y_3

그림 16-3 [실습예제 16-1]의 범주별 출력함수의 곡면 그래프

출력함수 y_j 각각에 대해 0.5 레벨셋과 데이터를 출력하면 [그림 16-4]와 같다. y_j 함수는 j번째 범주와 그 이외의 범주로 분류한다고 이해할 수 있다.

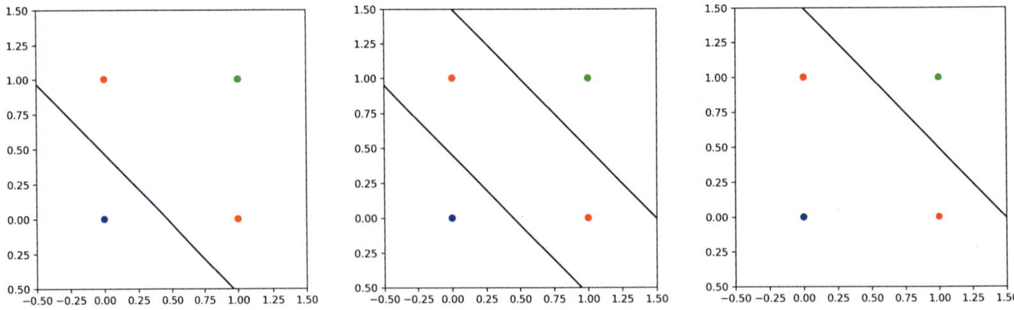

(a) y_1　　(b) y_2　　(c) y_3

그림 16-4 [실습예제 16-1]의 범주별 출력함수의 결정경계

실습예제 16-2 도전!

주어진 데이터에 대해 로지스틱 함수와 복층 구조를 이용하여 이차원 다중 분류기를 구현하라. 은닉층의 노드를 5개로 두고, 최대반복수는 10,000으로 고정하고 학습률은 1로 정한다. 단, 기울기는 반복문으로 계산하라. 데이터는 산점도로 나타내고 분류함수에 대한 경계를 등위곡선으로 그려라.

```
import numpy as np
import matplotlib.pyplot as plt

N = 5
x = np.array([[1,1,1,1,1],[-1,-1,1,1,0],[-1,1,-1,1,0]])
t = np.array([[1,1,1,1,1],[1,0,0,0,1],[0,1,1,0,0],[0,0,0,1,0]])

fig = plt.figure()
ax = plt.axes()
ax.set_aspect('equal')
ax.scatter(x[1,:], x[2,:], c=t[2,:]+2*t[3,:], cmap='brg')
plt.show()
```

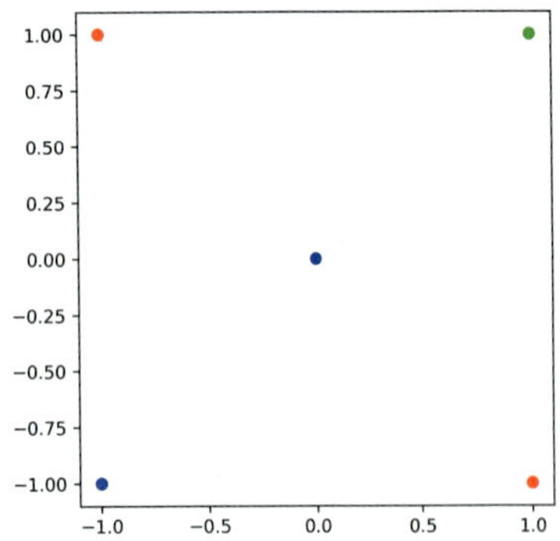

참고

은닉층의 노드 개수가 증가해도 노드별 관계는 크게 달라지지 않는다. 은닉층 노드의 개수를 L로 표현하여 정리하면 다음과 같다.

$$\begin{aligned} u^h_{k,i} &= w_{k0}x_{0,i} + w_{k1}x_{1,i} + w_{k2}x_{2,i} \\ z_{k,i} &= \phi(u^h_{k,i}), \quad \text{for } k = 1, 2, \cdots, L \\ u_{j,i} &= v_{j0}z_{0,i} + v_{j1}z_{1,i} + v_{j2}z_{2,i} + \cdots + v_{jL}z_{L,i} \\ y_{j,i} &= \phi(u_{j,i}), \quad \text{for } j = 1, 2, 3 \end{aligned}$$

$u_{j,i}$와 $t_{j,i}$가 정해지면 목적함수가 정의되므로 형태가 달라지지 않는다.

$$E = \frac{1}{N}\sum_{i=1}^{N} E_i = \frac{1}{N}\sum_{i=1}^{N}\sum_{j=1}^{M} E_{j,i} = \frac{1}{N}\sum_{i=1}^{N}\sum_{j=1}^{M}\frac{1}{2}|\phi(u_{j,i}) - t_{j,i}|^2$$

이제 편미분과 연쇄법칙을 이용하여 계산하면 다음과 같다.

$$\begin{aligned} \frac{\partial E_i}{\partial v_{jk}} &= (\phi(u_{j,i}) - t_{j,i})\phi'(u_{j,i})\cdot z_{k,i}, \quad \text{for } j = 1, 2, 3,\ k = 0, 1, 2, \cdots, L \\ \frac{\partial E_i}{\partial w_{kl}} &= \sum_{j=1}^{M}(\phi(u_{j,i}) - t_{j,i})\phi'(u_{j,i})\cdot v_{jk}\phi'(u^h_{k,i})\cdot x_{l,i}, \quad \text{for } k = 1, 2, \cdots, L,\ l = 0, 1, 2 \end{aligned}$$

SECTION 16 연습문제

1 주어진 데이터에 대해 로지스틱 함수와 복층 구조를 이용하여 이차원 다중 분류기를 구현하라. 은닉층의 노드를 7개로 두고, 최대반복수는 10,000으로 고정하고 학습률은 1로 정한다. 단, 기울기는 반복문으로 계산하라. 데이터는 산점도로 나타내고 분류함수에 대한 경계를 등위곡선으로 그려라.

```
import numpy as np
import matplotlib.pyplot as plt

np.random.seed(78)
N = 100
x1, x2 = 2*np.random.rand(N)-1, 2*np.random.rand(N)-1
xx = np.row_stack((x1,x2))
tf1, tf2 = x1**2+x2**2<0.5, x1+x2<0
t2 = np.logical_and(np.logical_not(tf1), tf2)
t3 = np.logical_and(np.logical_not(tf1), np.logical_not(tf2))
```

```
tt = np.float64(np.row_stack((tf1,t2,t3)))

x = np.row_stack((np.ones(N),xx))
t = np.row_stack((np.ones(N),tt))

fig = plt.figure()
ax = plt.axes()
ax.scatter(x[1,:], x[2,:], c=t[2,:]+2*t[3,:], cmap='brg')
ax.set_aspect('equal')
plt.show()
```

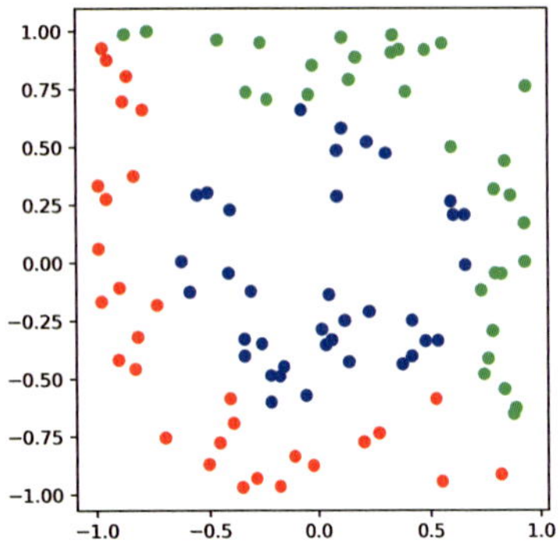

PART 4

행렬 표현법

SECTION 17 다중 분류기

성분별 미분과 반복문을 이용하면 클래스와 노드의 개수를 자유롭게 변경하고 일반화할 수 있다. 그리고 지금까지의 연산 과정은 벡터와 행렬의 연산과 밀접한 관련이 있다. 행렬 표현법을 이해하기 위해 벡터와 행렬의 연산을 알아보자.

전치행렬

주어진 행렬 $A=(a_{ij})\in\mathbb{R}^{p\times q}$에 대해 **전치행렬**transpose matrix은 $A^T=(a_{ji})\in\mathbb{R}^{q\times p}$으로 정의한다. 조금 복잡할 수 있지만 $A^T=(a^t_{ij})$와 같은 표현식을 허용할 수도 있다. 즉 $a^t_{ij}=a_{ji}$이다. [코드 17-1]을 통해 파이썬에서 전치행렬을 어떻게 구현하는지 알아보자.

코드 17-1

```python
import numpy as np

A = np.array([[1,2],[3,4]])
print(A)
print(A.T)
```

실행 결과

```
[[1 2]
 [3 4]]
[[1 3]
 [2 4]]
```

행렬 곱

두 행렬 $A=(a_{ij})\in\mathbb{R}^{p\times q}$, $B=(b_{ij})\in\mathbb{R}^{q\times r}$을 생각하자. 여기서 **행렬 곱**matrix multiplication을 $C=AB=(c_{ij})$로 정의하고 그 성분을

$$c_{ij}=\sum_{k=1}^{q}a_{ik}b_{kj}$$

로 계산한다. 즉 행렬 곱 AB는 순서가 중요하며 A의 열과 B의 행의 개수가 일치할 때 정의된다. 간단한 예로 행렬의 곱을 이해하자.

$$AB=\begin{bmatrix} a_{11} & a_{12} & a_{13} \\ a_{21} & a_{22} & a_{23} \end{bmatrix}\begin{bmatrix} b_{11} & b_{12} \\ b_{21} & b_{22} \\ b_{31} & b_{32} \end{bmatrix}$$
$$=\begin{bmatrix} a_{11}b_{11}+a_{12}b_{21}+a_{13}b_{31} & a_{11}b_{12}+a_{12}b_{22}+a_{13}b_{32} \\ a_{21}b_{11}+a_{22}b_{21}+a_{23}b_{31} & a_{21}b_{12}+a_{22}b_{22}+a_{23}b_{32} \end{bmatrix}$$

넘파이에서 이차원 배열의 행렬 곱은 @으로 정의된다. [코드 17-2]는 행렬 A와 B를 다음과 같이 정의하고

$$A=\begin{bmatrix} 1 & 2 & 3 \\ 4 & 5 & 6 \end{bmatrix}, \quad B=\begin{bmatrix} 1 & -1 \\ 1 & -2 \\ 0 & 1 \end{bmatrix}$$

행렬 곱 AB를 계산하는 예이다. 실제 행렬 계산과 코드 실행 결과를 비교해보자.

코드 17-2

```
import numpy as np

A = np.array([[1,2,3],[4,5,6]])
B = np.array([[1,-1],[1,-2],[0,1]])
print(A@B)
```

실행 결과

```
[[ 3 -2]
 [ 9 -8]]
```

내적은 행 벡터와 열 벡터의 행렬 곱으로 이해할 수 있다. 즉

$$\langle \mathbf{a},\mathbf{b}\rangle=\begin{bmatrix} a_1 & a_2 & \cdots & a_p \end{bmatrix}\begin{bmatrix} b_1 \\ b_2 \\ \vdots \\ b_p \end{bmatrix}$$

이다. 열 벡터를 기준으로 두 벡터의 내적을 $\langle \mathbf{a},\mathbf{b}\rangle=\mathbf{a}^T\mathbf{b}$로 설명하기도 한다. 내적과 행렬은 매우 밀접한 관계가 있다. 예를 들어 $AB=(c_{ij})$에서 c_{ij}는 A의 i행과 B의 j열의 행렬 곱이며 두 벡터의 내적으로 이해할 수도 있다.

[코드 17-3]은 열 벡터 aa, bb를 정의하고 전치를 이용하여 내적을 구현한다. 전치행렬 연산은 이차원 배열에만 적용되므로 aa와 bb를 다소 복잡하게 정의했다. 실행 결과는 1×1 행렬을 의미한다.

코드 17-3

```
import numpy as np

aa = np.array([[2],[1]])
bb = np.array([[1],[-1]])
print(aa.T@bb)
```

실행 결과

```
[[1]]
```

행렬 곱의 정의에 의해 열 벡터와 행 벡터를 곱하면 행렬로 나타나며, 각 성분은 열 벡터와 행 벡터에 대응하는 성분들의 곱으로 구성된다. 예를 들어 3×1 행렬과 1×3 행렬의 곱은

$$\begin{bmatrix} a_1 \\ a_2 \\ a_3 \end{bmatrix}\begin{bmatrix} b_1 & b_2 & b_3 \end{bmatrix}=\begin{bmatrix} a_1b_1 & a_1b_2 & a_1b_3 \\ a_2b_1 & a_2b_2 & a_2b_3 \\ a_3b_1 & a_3b_2 & a_3b_3 \end{bmatrix}$$

와 같다. [코드 17-4]를 통해 확인해보자.

코드 17-4

```
import numpy as np

a = np.array([[1],[2],[3]])
b = np.array([[2,3,5]])
print(a@b)
```

실행 결과

```
[[ 2  3  5]
 [ 4  6 10]
 [ 6  9 15]]
```

아다마르 곱

크기가 같은 두 행렬 $A=(a_{ij})$와 $B=(b_{ij})$에 대해 **아다마르 곱**Hadamard product은

$$A \circ B = (a_{ij}b_{ij})$$

로 정의한다. 행렬의 성분 표기법과 비슷하게 벡터도 $\mathbf{a}=(a_i)$로 표현할 수 있다. 벡터를 열 벡터로 간주하면 $\mathbf{a} \in \mathbb{R}^{p \times 1}$이다. 크기가 같은 두 벡터 $\mathbf{a}=(a_i)$와 $\mathbf{b}=(b_i)$에 대해 아다마르 곱은 $\mathbf{a} \circ \mathbf{b}=(a_ib_i)$이다. 5절 [코드 5-2]와 8절 [코드 8-3]에서 설명한 성분별 곱셈 기호 *를 아다마르 곱으로 이해할 수 있다. [코드 17-5]는 이차원 배열에 대한 아다마르 곱을 간단하게 보여준다.

코드 17-5

```
import numpy as np

A = np.array([[1,2],[3,4]])
B = np.array([[1,-1],[-1,2]])
print(A*B)
```

실행 결과

```
[[ 1 -2]
 [-3  8]]
```

이제 16절에서 다룬 다중 분류기 예제에 대한 행렬 표현법을 살펴보자. [그림 17-1]은 16절 [그림 16-2]의 네트워크에 활성화되기 전의 u_k^h와 u_j를 각각 z_k와 y_j 앞에 추가한 것이다.

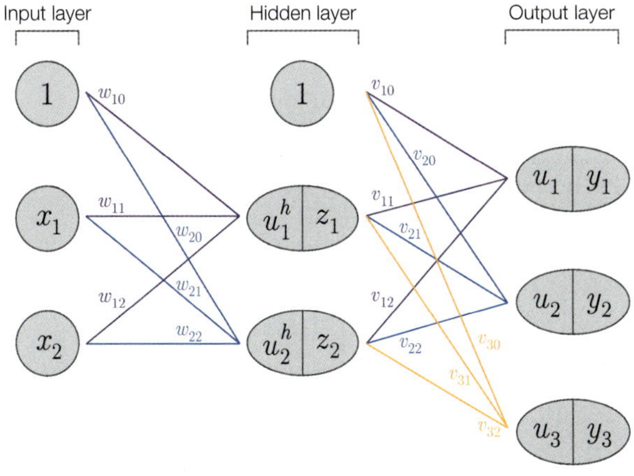

그림 17-1 이차원 다중 분류를 위한 복층 신경망

먼저 출력층의 노드와 데이터 값을 열 벡터로 정의한다.

$$U_i = \begin{bmatrix} u_1 \\ u_2 \\ u_3 \end{bmatrix}_i = \begin{bmatrix} u_{1,i} \\ u_{2,i} \\ u_{3,i} \end{bmatrix}, \quad T_i = \begin{bmatrix} t_1 \\ t_2 \\ t_3 \end{bmatrix}_i = \begin{bmatrix} t_{1,i} \\ t_{2,i} \\ t_{3,i} \end{bmatrix}$$

i는 데이터의 인덱스를 나타낸다. 그러면 목적함수는 다음과 같이 간단하게 표현할 수 있다.

$$E(W, V) = \frac{1}{N} \sum_{i=1}^{N} \frac{1}{2} \| \phi_o(U_i) - T_i \|_2^2$$

여기서 $\| \cdot \|_2$는 벡터의 크기를 의미하고 **l_2-노름**l_2-norm 또는 **유클리디안 노름**Euclidean norm이라 한다. 출력층의 활성화 함수임을 강조하기 위해 ϕ_o로 표현하자. 활성화 함수 ϕ_o를 로지스틱 함수로 정의하면, 벡터의 각 성분에 로지스틱 함수를 적용한다. 벡터의 크기를 풀어서 적으면 다음과 같다.

$$\begin{aligned} \| \phi_o(U_i) - T_i \|_2^2 &= \sum_{j=1}^{M} | \phi_o(u_{j,i}) - t_{j,i} |^2 \\ &= | \phi_o(u_{1,i}) - t_{1,i} |^2 + | \phi_o(u_{2,i}) - t_{2,i} |^2 + | \phi_o(u_{3,i}) - t_{3,i} |^2 \end{aligned}$$

여기서 M은 출력층 노드의 개수를 의미한다. 따라서 목적함수는 표현 형식을 바꾸어

$$E = \frac{1}{N} \sum_{i=1}^{N} \frac{1}{2} \sum_{j=1}^{M} | \phi_o(u_{j,i}) - t_{j,i} |^2$$

으로 나타낼 수 있다. $u_{j,i}$를 계산하기 위한 과정

$$u_{j,i} = v_{j0} z_{0,i} + v_{j1} z_{1,i} + v_{j2} z_{2,i}, \quad y_{j,i} = \phi_o(u_{j,i}), \quad \text{for } j = 1, 2, 3$$

을 벡터와 행렬 표현으로 나타내면 다음과 같다.

$$U_i = \begin{bmatrix} u_{1,i} \\ u_{2,i} \\ u_{3,i} \end{bmatrix} = \begin{bmatrix} v_{10} & v_{11} & v_{12} \\ v_{20} & v_{21} & v_{22} \\ v_{30} & v_{31} & v_{32} \end{bmatrix} \begin{bmatrix} 1 \\ z_{1,i} \\ z_{2,i} \end{bmatrix}, \quad Y_i = \begin{bmatrix} y_{1,i} \\ y_{2,i} \\ y_{3,i} \end{bmatrix} = \phi_o(U_i)$$

벡터 Z_i와 $\tilde{Z}_i$를

$$Z_i = \begin{bmatrix} z_{1,i} \\ z_{2,i} \end{bmatrix} \in \mathbb{R}^{2\times 1}, \quad \tilde{Z}_i = \begin{bmatrix} 1 \\ Z_i \end{bmatrix} = \begin{bmatrix} z_{0,i} \\ z_{1,i} \\ z_{2,i} \end{bmatrix} \in \mathbb{R}^{3\times 1}$$

과 같이 정의함으로써 은닉층과 출력층의 관계를 $U_i = V\tilde{Z}_i$와 $Y_i = \phi_o(U_i)$로 간단하게 표현할 수 있다. 비슷한 방식으로 $u^h_{k,i}$를 계산하는 과정을 살펴보자.

$$u^h_{k,i} = w_{k0}x_{0,i} + w_{k1}x_{1,i} + w_{k2}x_{2,i}, \quad z_{k,i} = \phi_h(u^h_{k,i}), \quad \text{for } k = 1, 2$$

$u^h_{k,i}$의 활성화 함수는 은닉층의 활성화 함수임을 강조하기 위해서 ϕ_h로 표현한다. 이제 비슷한 방식으로 입력층과 은닉층의 관계를 정리할 수 있다. 벡터 X_i와 $\tilde{X}_i$를

$$X_i = \begin{bmatrix} x_{1,i} \\ x_{2,i} \end{bmatrix} \in \mathbb{R}^{2\times 1}, \quad \tilde{X}_i = \begin{bmatrix} 1 \\ X_i \end{bmatrix} = \begin{bmatrix} x_{0,i} \\ x_{1,i} \\ x_{2,i} \end{bmatrix} \in \mathbb{R}^{3\times 1}$$

으로 정의하면

$$U^h_i = \begin{bmatrix} u^h_{1,i} \\ u^h_{2,i} \end{bmatrix} = \begin{bmatrix} w_{10} & w_{11} & w_{12} \\ w_{20} & w_{21} & w_{22} \end{bmatrix} \begin{bmatrix} x_{0,i} \\ x_{1,i} \\ x_{2,i} \end{bmatrix} = W\tilde{X}_i, \quad Z_i = \phi_h(U^h_i)$$

로 간단하게 표현할 수 있다. 지금까지 벡터와 행렬을 이용하여 Y_i를 계산할 수 있음을 이해했다. 정리하면 $U^h_i = W\tilde{X}_i$, $Z_i = \phi_h(U^h_i)$, $U_i = V\tilde{Z}_i$, $Y_i = \phi_o(U_i)$ 순으로 계산할 수 있다. 경사하강법을 구현하려면 기울기를 어떻게 계산하는지 알아야 한다. v_{jk}에 대한 미분을 다시 적어보면 다음과 같다.

$$\frac{\partial E_i}{\partial v_{jk}} = (\phi_o(u_{j,i}) - t_{j,i})\phi'_o(u_{j,i}) \cdot z_{k,i}, \quad \text{for } j = 1, 2, 3,\ k = 0, 1, 2$$

이를 행렬로 표현하면 다음과 같다.

$$\frac{\partial E_i}{\partial V} = \begin{bmatrix} (\phi_o(u_1) - t_1)\phi'_o(u_1)z_0 & (\phi_o(u_1) - t_1)\phi'_o(u_1)z_1 & (\phi_o(u_1) - t_1)\phi'_o(u_1)z_2 \\ (\phi_o(u_2) - t_2)\phi'_o(u_2)z_0 & (\phi_o(u_2) - t_2)\phi'_o(u_2)z_1 & (\phi_o(u_2) - t_2)\phi'_o(u_2)z_2 \\ (\phi_o(u_3) - t_3)\phi'_o(u_3)z_0 & (\phi_o(u_3) - t_3)\phi'_o(u_3)z_1 & (\phi_o(u_3) - t_3)\phi'_o(u_3)z_2 \end{bmatrix}_i$$

열 벡터와 행 벡터의 곱이 행렬을 나타낸다는 특징을 이용하면 v_{jk}에 대한 함수 E의 미분을 하나의 행렬 곱으로 표현할 수 있다. 즉 다음과 같다.

$$\frac{\partial E_i}{\partial V} = \begin{bmatrix} (\phi_o(u_1) - t_1)\phi'_o(u_1) \\ (\phi_o(u_2) - t_2)\phi'_o(u_2) \\ (\phi_o(u_3) - t_3)\phi'_o(u_3) \end{bmatrix}_i [z_0 \quad z_1 \quad z_2]_i$$

크기가 동일한 행렬의 성분별 곱을 정의하는 아다마르 곱을 적용하면

$$\frac{\partial E_i}{\partial V} = [\ (\phi_o(U_i) - T_i) \circ \phi'_o(U_i)\ ]\tilde{Z}_i^T$$

와 같이 간단하게 V에 대한 미분을 표현할 수 있다. W에 대한 미분은 j에 대한 급수가 추가되어 있지만 이전 구조와 크게 다르지 않으므로

$$\frac{\partial E_i}{\partial W} = \sum_{j=1}^{M} (\phi_o(u_{j,i}) - t_{j,i})\phi'_o(u_{j,i}) \begin{bmatrix} v_{j1}\phi'_h(u_1^h)x_0 & v_{j1}\phi'_h(u_1^h)x_1 & v_{j1}\phi'_h(u_1^h)x_2 \\ v_{j2}\phi'_h(u_2^h)x_0 & v_{j2}\phi'_h(u_2^h)x_1 & v_{j2}\phi'_h(u_2^h)x_2 \end{bmatrix}_i$$

와 같이 비슷하게 정리할 수 있다. 여기서 행렬을

$$\begin{bmatrix} v_{j1}\phi'_h(u_1^h) \\ v_{j2}\phi'_h(u_2^h) \end{bmatrix}_i [x_0 \quad x_1 \quad x_2]_i$$

와 같이 정리하면 일반화하기 어렵기 때문에 w_{kl}에 대한 미분을 다음과 같이 다시 적어보자.

$$\frac{\partial E_i}{\partial w_{kl}} = \sum_{j=1}^{M} (\phi_o(u_{j,i}) - t_{j,i})\phi'_o(u_{j,i}) \cdot v_{jk}\phi'_h(u_{k,i}^h) \cdot x_{l,i}, \quad \text{for } k = 1, 2, \quad l = 0, 1, 2$$

$\phi'_h(u_{k,i}^h)$가 j에 대한 급수에 의존하지 않기 때문에 다음과 같이 표현할 수 있다.

$$\frac{\partial E_i}{\partial w_{kl}} = \phi'_h(u_{k,i}^h) \sum_{j=1}^{M} (\phi_o(u_{j,i}) - t_{j,i})\phi'_o(u_{j,i}) \cdot v_{jk} \cdot x_{l,i}$$

$\partial E/\partial V$와 비슷한 방식을 적용하면 다음과 같이 변형할 수 있다.

$$\frac{\partial E_i}{\partial W} = \left(\phi_h'(U_i^h) \circ \begin{bmatrix} \sum_{j=1}^{M} (\phi_o(u_j) - t_j)\phi_o'(u_j) v_{j1} \\ \sum_{j=1}^{M} (\phi_o(u_j) - t_j)\phi_o'(u_j) v_{j2} \end{bmatrix}_i \right) [x_0 \;\; x_1 \;\; x_2]_i$$

급수도 내적의 패턴이 있어서 다음과 같이 나타낼 수 있다.

$$\sum_{j=1}^{M} (\phi_o(u_j) - t_j)\phi_o'(u_j) v_{jk} = [v_{1k} \;\; v_{2k} \;\; v_{3k}] \begin{bmatrix} (\phi_o(u_1) - t_1)\phi_o'(u_1) \\ (\phi_o(u_2) - t_2)\phi_o'(u_2) \\ (\phi_o(u_3) - t_3)\phi_o'(u_3) \end{bmatrix}$$

$k = 1, 2$에 대해 나열하면 행렬의 곱으로 볼 수 있다.

$$\begin{bmatrix} \sum_{j=1}^{M} (\phi_o(u_j) - t_j)\phi_o'(u_j) v_{j1} \\ \sum_{j=1}^{M} (\phi_o(u_j) - t_j)\phi_o'(u_j) v_{j2} \end{bmatrix} = \begin{bmatrix} v_{11} & v_{21} & v_{31} \\ v_{12} & v_{22} & v_{32} \end{bmatrix} \begin{bmatrix} (\phi_o(u_1) - t_1)\phi_o'(u_1) \\ (\phi_o(u_2) - t_2)\phi_o'(u_2) \\ (\phi_o(u_3) - t_3)\phi_o'(u_3) \end{bmatrix}$$

다시 아다마르 곱을 적용하면 W에 대한 편미분은 다음과 같이 간단하게 정리할 수 있다.

$$\frac{\partial E_i}{\partial W} = \left(\phi_h'(U_i^h) \circ \begin{bmatrix} v_{11} & v_{12} \\ v_{21} & v_{22} \\ v_{31} & v_{32} \end{bmatrix}^T [(\phi_o(U_i) - T_i) \circ \phi_o'(U_i)] \right) \tilde{X}_i^T$$

이제 기울기 표현 $\nabla E(W, V) = \left(\frac{\partial E}{\partial W}, \frac{\partial E}{\partial V} \right)$를 이용하여 경사하강법을 다음과 같이 나타낼 수 있다.

$$\text{Given } \left(W^{(0)}, V^{(0)}\right) \in \mathbb{R}^{2\times 3} \times \mathbb{R}^{3\times 3},$$
$$\left(W^{(k+1)}, V^{(k+1)}\right) = \left(W^{(k)}, V^{(k)}\right) - \alpha \nabla E\left(W^{(k)}, V^{(k)}\right), \quad \text{for } k = 0, 1, 2, \cdots$$

16절 [실습예제 16-1]과 [실습예제 16-2]를 각각 행렬 표현법으로 변경해보자.

실습예제 17-1

주어진 데이터에 대해 로지스틱 함수와 복층 구조를 이용하여 이차원 다중 분류기를 구현하라. 은닉층의 노드를 2개로 두고, 최대반복수는 10,000으로 고정하고 학습률은 1로 정한다. 단, 기울기는 행렬 표현법을 반영하여 계산하라. 데이터는 산점도로 나타내고 분류함수에 대한 경계를 등위곡선으로 그려라.

```python
import numpy as np
import matplotlib.pyplot as plt

N = 4
x = np.array([[1,1,1,1],[0,0,1,1],[0,1,0,1]])
t = np.array([[1,1,1,1],[1,0,0,0],[0,1,1,0],[0,0,0,1]])

fig = plt.figure()
ax = plt.axes()
ax.set_aspect('equal')
ax.scatter(x[1,:], x[2,:], c=t[2,:]+2*t[3,:], cmap='brg')
plt.show()
```

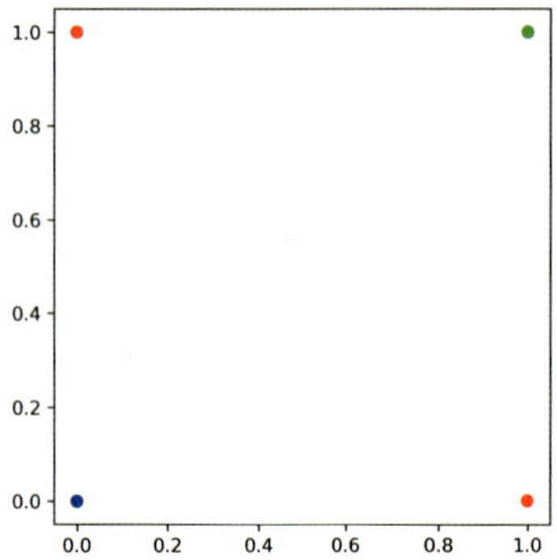

문제 해석

로지스틱 함수를 활성화 함수로 선택하고 은닉층 노드를 2개로 설정한 복층 구조를 설계하며, 평균 제곱 오차를 사용하여 목적함수를 정의한다. 목적함수의 기울기를 계산하고 경사하강법을 적용할 수 있다. 행렬 표현법을 이용하여 기울기를 계산하고 활용한다. 이를 통해 은닉층의 노드 개수가 달라지더라도 프로그램 코드가 크게 바뀌지 않도록 일반화하고 간단하게 구현할 수 있다.

모범 답안

```python
phi = lambda u: 1/(1+np.exp(-u))
dphi = lambda u: np.exp(-u)/(1+np.exp(-u))**2

np.random.seed(1)
W, V = np.random.rand(3,3), np.random.rand(4,3)

MaxIter = 10000
alpha = 1.0
ns = MaxIter/10
print('n={:5d}'.format(0))
for n in range(MaxIter):
    gradW, gradV = np.zeros((3,3)), np.zeros((4,3))
```

```
    for i in range(N):
        ti = t[1:,i:i+1]
        tx = x[:,i:i+1]
        uh = W[1:,:]@tx

        tz = np.ones((3,1))
        tz[1:,:] = phi(uh)
        ui = V[1:,:]@tz

        dEdu = (phi(ui)-ti)*dphi(ui)
        gradV[1:,:] += 1/N*dEdu@tz.T
        dEduh = dphi(uh)*(V[1:,1:].T@dEdu)
        gradW[1:,:] += 1/N*dEduh@tx.T

    W, V = W - alpha*gradW, V-alpha*gradV

    Eval = 0.0
    for i in range(N):
        ti = t[1:,i:i+1]
        tx = x[:,i:i+1]
        uh = W[1:,:]@tx

        tz = np.ones((3,1))
        tz[1:,:] = phi(uh)
        ui = V[1:,:]@tz

        Eval += 0.5/N*np.sum((phi(ui)-ti)**2)

    if (n+1)%ns == 0:
        print('n={:5d}, Eval={:.4f}'.format(n+1,Eval))
```

실행 결과

```
n=    0
n= 1000, Eval=0.0442
n= 2000, Eval=0.0086
n= 3000, Eval=0.0042
n= 4000, Eval=0.0028
n= 5000, Eval=0.0020
n= 6000, Eval=0.0016
n= 7000, Eval=0.0013
n= 8000, Eval=0.0011
n= 9000, Eval=0.0010
n=10000, Eval=0.0009
```

Eval 값의 패턴이 16절 [실습예제 16-1]의 실행 결과와 동일하므로 결과도 동일할 것으로 기대한다. 실제로 그런지 그림으로 확인하자.

```
x1 = np.linspace(-0.5, 1.5)
x2 = np.linspace(-0.5, 1.5)
xx1, xx2 = np.meshgrid(x1, x2)

uuh = [0 for k in range(3)]
for k in range(1,3):
    uuh[k] = W[k,0] + W[k,1]*xx1 + W[k,2]*xx2

yy = [0 for j in range(4)]
for j in range(1,4):
    uu = V[j,0]
    for k in range(1,3):
        uu += V[j,k]*phi(uuh[k])
    yy[j] = phi(uu)

fig = plt.figure()
ax = plt.axes()
ax.set_aspect('equal')
ax.scatter(x[1,:], x[2,:], c=t[2,:]+2*t[3,:], cmap='brg')
for j in range(1,4):
    ax.contour(xx1, xx2, yy[j], [0.5])
plt.show()
```

실행 결과

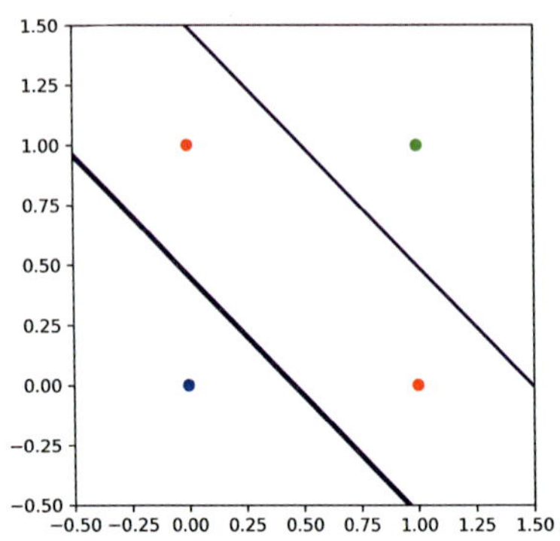

실습예제 17-2 도전!

주어진 데이터에 대해 로지스틱 함수와 복층 구조를 이용하여 이차원 다중 분류기를 구현하라. 은닉층의 노드를 5개로 두고, 최대반복수는 10,000으로 고정하고 학습률은 1로 정한다. 단, 기울기는 행렬 표현법을 반영하여 계산하라. 데이터는 산점도로 나타내고 분류함수에 대한 경계를 등위곡선으로 그려라.

```
import numpy as np
import matplotlib.pyplot as plt

N = 5
x = np.array([[1,1,1,1,1],[-1,-1,1,1,0],[-1,1,-1,1,0]])
t = np.array([[1,1,1,1,1],[1,0,0,0,1],[0,1,1,0,0],[0,0,0,1,0]])

fig = plt.figure()
ax = plt.axes()
ax.set_aspect('equal')
ax.scatter(x[1,:], x[2,:], c=t[2,:]+2*t[3,:], cmap='brg')
plt.show()
```

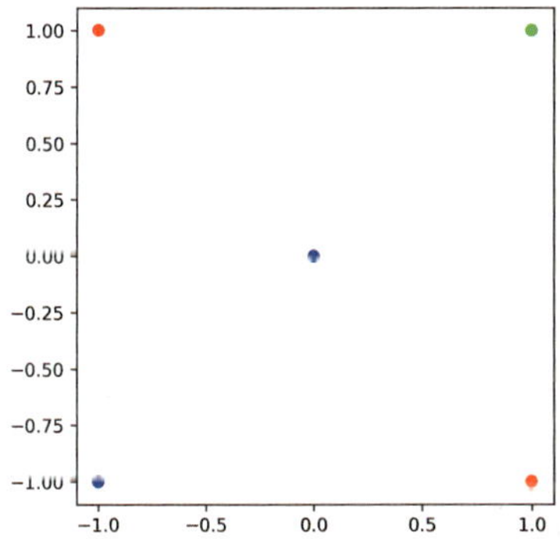

참고

[실습예제 17-2]에서는 은닉층의 노드가 L개이면 기울기 계산이

$$\frac{\partial E_i}{\partial V} = \left[\, (\phi_o(U_i) - T_i) \circ \phi_o'(U_i) \,\right] \tilde{Z}_i^T$$

$$\frac{\partial E_i}{\partial W} = \left(\phi_h'(U_i^h) \circ \begin{bmatrix} v_{11} & v_{12} & \cdots & v_{1L} \\ v_{21} & v_{22} & \cdots & v_{2L} \\ v_{31} & v_{32} & \cdots & v_{3L} \end{bmatrix}^T \left[\, (\phi_o(U_i) - T_i) \circ \phi_o'(U_i) \,\right] \right) \tilde{X}_i^T$$

임을 이해하는 것이 중요하다.

SECTION 17 연습문제

1 주어진 데이터에 대해 로지스틱 함수와 복층 구조를 이용하여 이차원 다중 분류기를 구현하라. 은닉층의 노드를 7개로 두고, 최대반복수는 10,000으로 고정하고 학습률은 1로 정한다. 단, 기울기는 행렬 표현법을 반영하여 계산하라. 데이터는 산점도로 나타내고 분류함수에 대한 경계를 등위곡선으로 그려라.

```
import numpy as np
import matplotlib.pyplot as plt

np.random.seed(78)

N = 100
x1, x2 = 2*np.random.rand(N)-1, 2*np.random.rand(N)-1
xx = np.row_stack((x1,x2))
tf1, tf2 = x1**2+x2**2<0.5, x1+x2<0
t2 = np.logical_and(np.logical_not(tf1), tf2)
t3 = np.logical_and(np.logical_not(tf1), np.logical_not(tf2))
tt = np.float64(np.row_stack((tf1,t2,t3)))

x = np.row_stack((np.ones(N),xx))
t = np.row_stack((np.ones(N),tt))

fig = plt.figure()
ax = plt.axes()
ax.scatter(x[1,:], x[2,:], c=t[2,:]+2*t[3,:], cmap='brg')
ax.set_aspect('equal')
plt.show()
```

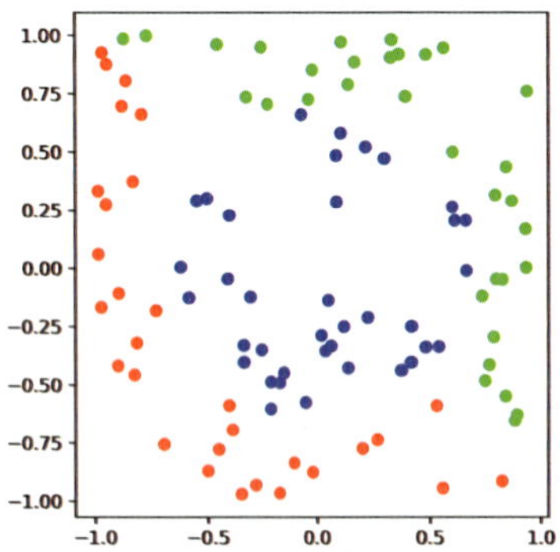

2 주어진 데이터에 대해 로지스틱 함수와 복층 구조를 이용하여 이차원 이진 분류기를 구현하라. 은닉층의 노드를 7개로 두고, 최대반복수는 10,000으로 고정하고 학습률은 1로 정한다. 단, 기울기는 행렬 표현법을 반영하여 계산하라. 데이터는 산점도로 나타내고 분류함수에 대한 경계를 등위곡선으로 그려라.

```
import numpy as np
import matplotlib.pyplot as plt

np.random.seed(78)
N = 100
x1, x2 = 2*np.random.rand(N)-1, 2*np.random.rand(N)-1
xx = np.row_stack((x1,x2))
tt = np.float64(x1**2+x2**2<0.5)

x = np.row_stack((np.ones(N),xx))
t = np.row_stack((np.ones(N),tt))

fig = plt.figure()
ax = plt.axes()
ax.scatter(x[1,:], x[2,:], c=t[1,:], cmap='bwr')
ax.set_aspect('equal')
plt.show()
```

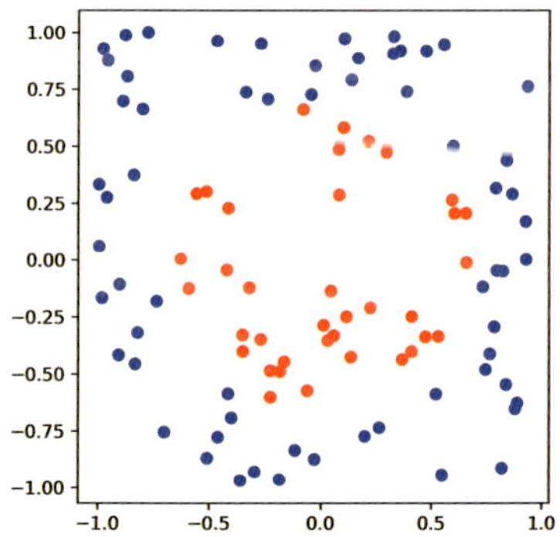

SECTION 18 편향 강조 행렬 표현법

지금까지 네트워크에 가중치를 주는 방식을 학습했다. 17절 [그림 17-1]과 같이 은닉층 노드가 2개, 출력층 노드가 3개인 네트워크를 생각해보자. 층마다 가중치를 W와 V로 다르게 표현했지만 결국 가중치 행렬과 노드에 의한 벡터의 행렬 곱으로 표현된다. 따라서 이를 **Wx-형식**이라 하자. 이와 같은 Wx-형식은 계수의 인덱스를 정의할 때 w_{10}, v_{10}와 같이 행과 열의 시작이 다르다는 특징이 있다. 이 인덱스는 편향 노드가 있기 때문에 납득할 수 있지만 다소 헷갈릴 수 있다는 문제가 있다. Wx-형식을 변형하여 편향에 대한 가중치를 부각시키는 새로운 형식을 정의할 수 있다. 계수를 정의하는 방식은 선택의 문제이므로 [그림 18-1]과 같이 편향을 구분하는 방식으로 수정해도 무방하다. 이를 **bWx-형식**이라 한다. 이제 가중치 인덱스가 w_{11}과 v_{11}에서 시작하므로 기존의 행렬 인덱스처럼 이해하기 좋다.

tip 17절 [그림 17-1]과 [그림 18-1]은 표현만 다를 뿐 동일한 네트워크이다.

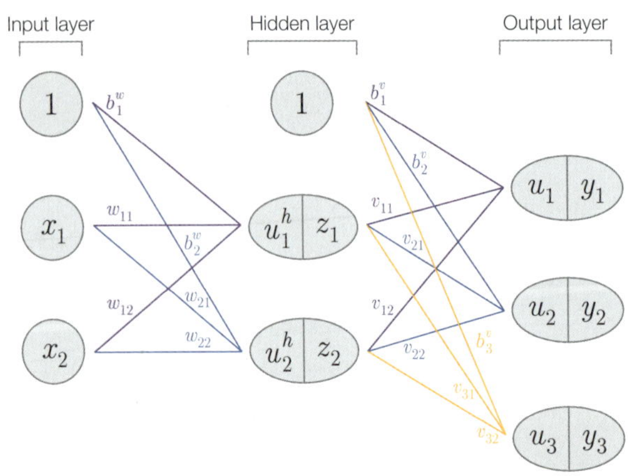

그림 18-1 이차원 다중 분류를 위한 복층 신경망 : 편향 강조 가중치 정의 방식

[그림 18-1]은 은닉층 노드 개수가 $L = 2$인 경우를 나타낸다. 그러나 앞서 은닉층 노드 개수가 증가하는 상황을 학습했으므로 어렵지 않게 일반화할 수 있다. 편의상 입력층, 은닉층, 출력층의 노드를 각각 l, k, j 인덱스로 나타낸다. 입력층과 은닉층 사이의 편향과 가중치를 각각 b_k^W와 w_{kl}로 표현하면 다음과 같이 벡터 b^W와 행렬 W로 나타낼 수 있다.

$$b^W = \begin{bmatrix} b_1^W \\ b_2^W \\ \vdots \\ b_L^W \end{bmatrix}, \quad W = \begin{bmatrix} w_{11} & w_{12} \\ w_{21} & w_{22} \\ \vdots & \vdots \\ w_{L1} & w_{L2} \end{bmatrix}$$

은닉층과 출력층 사이의 편향과 가중치를 각각 b_j^V와 v_{jk}로 표현하고 벡터 b^V와 행렬 V를 구성한다.

$$b^V = \begin{bmatrix} b_1^V \\ b_2^V \\ b_3^V \end{bmatrix}, \quad V = \begin{bmatrix} v_{11} & v_{12} & \cdots & v_{1L} \\ v_{21} & v_{22} & \cdots & v_{2L} \\ v_{31} & v_{32} & \cdots & v_{3L} \end{bmatrix}$$

각 층에서의 노드도 벡터로 표현한다.

$$X_i = \begin{bmatrix} x_{1,i} \\ x_{2,i} \end{bmatrix}, \quad U_i^h = \begin{bmatrix} u_{1,i}^h \\ u_{2,i}^h \\ \vdots \\ u_{L,i}^h \end{bmatrix}, \quad Z_i = \begin{bmatrix} z_{1,i} \\ z_{2,i} \\ \vdots \\ z_{L,i} \end{bmatrix}, \quad U_i = \begin{bmatrix} u_{1,i} \\ u_{2,i} \\ u_{3,i} \end{bmatrix}, \quad Y_i = \begin{bmatrix} y_{1,i} \\ y_{2,i} \\ y_{3,i} \end{bmatrix}$$

이제 벡터 Y를 계산하기 위해 다음과 같은 연산 과정을 거친다.

$$U_i^h = b^W + WX_i, \quad Z_i = \phi_h(U_i^h), \quad U_i = b^V + VZ_i, \quad Y_i = \phi_o(U_i)$$

여기서 은닉층과 출력층에 적용되는 활성화 함수를 각각 ϕ_h와 ϕ_o로 구분했다. 계산의 편의를 위해 $E_{j,i} = \frac{1}{2}|\phi_o(u_{j,i}) - t_{j,i}|^2$을 정의하고

$$E_i = \frac{1}{2}\|\phi_o(U_i) - T_i\|_2^2 = \sum_{j=1}^{M} E_{j,i}$$

로 이해한다. 이제 목적함수를 표현하면 다음과 같다.

$$E = \frac{1}{N}\sum_{i=1}^{N} E_i = \frac{1}{N}\sum_{i=1}^{N}\sum_{j=1}^{M} E_{j,i}$$

독립변수를 강조하면 목적함수는 $E = E(b^W, W, b^V, V)$이다. 목적함수가 편향과 가중치에 의해서 정의되는 다변수함수이고 독립변수가 무엇인지 알고 있으므로 생략해도 무방하다.

b_j^V와 v_{jk}에 대한 편미분을 계산할 때 합성함수의 미분 규칙을 곱셈 순서를 바꿔서 적용하면 다음과 같다.

$$\frac{\partial E_i}{\partial b_j^V} = \frac{\partial E_{j,i}}{\partial b_j^V} = \frac{\partial u_{j,i}}{\partial b_j^V} \cdot \frac{\partial E_{j,i}}{\partial u_{j,i}} = 1 \cdot \phi_o'(u_{j,i})(\phi_o(u_{j,i}) - t_{j,i})$$

$$\frac{\partial E_i}{\partial v_{jk}} = \frac{\partial E_{j,i}}{\partial v_{jk}} = \frac{\partial u_{j,i}}{\partial v_{jk}} \cdot \frac{\partial E_{j,i}}{\partial u_{j,i}} = z_{k,i} \cdot \phi_o'(u_{j,i})(\phi_o(u_{j,i}) - t_{j,i})$$

지금까지 전개한 식을 종합하면 b^V와 V에 대한 편미분은 다음과 같다.

$$\frac{\partial E_i}{\partial b^V} = \left(\frac{\partial E_i}{\partial b_j^V} \right) = [\, \phi_o'(U_i) \circ (\phi_o(U_i) - T_i) \,]$$

$$\frac{\partial E_i}{\partial V} = \left(\frac{\partial E_i}{\partial v_{jk}} \right) = [\, \phi_o'(U_i) \circ (\phi_o(U_i) - T_i) \,] Z_i^T$$

참고

열 벡터 $\mathbf{a} = (a_i)$, $\mathbf{b} = (b_i) \in \mathbb{R}^{p \times 1}$과 행 벡터 $\mathbf{c} = (c_i) \in \mathbb{R}^{1 \times q}$에 대해 두 열 벡터의 아다마르 곱은

$$\mathbf{a} \circ \mathbf{b} = (a_i b_i) \in \mathbb{R}^{p \times 1}$$

으로 이해할 수 있고, 열 벡터와 행 벡터의 곱은

$$\mathbf{ac} = (a_i c_j) \in \mathbb{R}^{p \times q}$$

과 같이 행렬을 나타낸다.

이제 b_k^W와 w_{kl}에 대한 편미분을 계산하자. 먼저 b_k^W에 대한 편미분은 다음과 같다.

$$\begin{aligned}
\frac{\partial E_i}{\partial b_k^W} &= \frac{\partial u_{k,i}^h}{\partial b_k^W} \cdot \frac{\partial E_i}{\partial u_{k,i}^h} \\
&= \frac{\partial u_{k,i}^h}{\partial b_k^W} \cdot \frac{\partial z_{k,i}}{\partial u_{k,i}^h} \cdot \frac{\partial E_i}{\partial z_{k,i}} \\
&= \frac{\partial u_{k,i}^h}{\partial b_k^W} \cdot \frac{\partial z_{k,i}}{\partial u_{k,i}^h} \cdot \sum_{j=1}^{M} \frac{\partial E_{j,i}}{\partial z_{k,i}} \\
&= \frac{\partial u_{k,i}^h}{\partial b_k^W} \cdot \frac{\partial z_{k,i}}{\partial u_{k,i}^h} \cdot \sum_{j=1}^{M} \frac{\partial u_j}{\partial z_{k,i}} \cdot \frac{\partial E_{j,i}}{\partial u_j}
\end{aligned}$$

동일한 방식으로 w_{kl}에 대한 편미분은 다음과 같다.

$$\frac{\partial E_i}{\partial w_{kl}} = \frac{\partial u_{k,i}^h}{\partial w_{kl}} \cdot \frac{\partial z_{k,i}}{\partial u_{k,i}^h} \cdot \sum_{j=1}^{M} \frac{\partial u_{j,i}}{\partial z_{k,i}} \cdot \frac{\partial E_{j,i}}{\partial u_{j,i}}$$

b_k^W와 w_{kl}에 대한 편미분에 공통으로 포함된 편미분을 계산하면 다음과 같다.

$$\frac{\partial z_{k,i}}{\partial u_{k,i}^h} = \phi_h'(u_{k,i}^h), \quad \frac{\partial u_{j,i}}{\partial z_{k,i}} = v_{jk}, \quad \frac{\partial E_{j,i}}{\partial u_{j,i}} = \phi_o'(u_{j,i})(\phi_o(u_{j,i}) - t_{j,i})$$

지금까지 전개한 식을 종합하면 다음과 같다.

$$\frac{\partial E_i}{\partial b_k^W} = 1 \cdot \phi_h'(u_{k,i}^h) \cdot \sum_{j=1}^{M} v_{kj}^t \cdot \phi_o'(u_{j,i})(\phi_o(u_{j,i}) - t_{j,i})$$

$$\frac{\partial E_i}{\partial w_{kl}} = x_{l,i} \cdot \phi_h'(u_{k,i}^h) \cdot \sum_{j=1}^{M} v_{kj}^t \cdot \phi_o'(u_{j,i})(\phi_o(u_{j,i}) - t_{j,i})$$

참고로 전치행렬 연산을 강조하기 위해 v_{kj}^t로 표현했다.

> **참고**
>
> 행렬 $A = (a_{ij}) \in \mathbb{R}^{p \times q}$과 열 벡터 $\mathbf{b} = (b_j) \in \mathbb{R}^{q \times 1}$의 곱은 다음과 같이 열 벡터를 나타낸다.
>
> $$A\mathbf{b} = (a_{ij})(b_j) = \left(\sum_{j=1}^{q} a_{ij} b_j \right) \in \mathbb{R}^{p \times 1}$$

행렬과 열 벡터의 곱, 열 벡터와 행 벡터의 곱, 아다마르 곱, 그리고 전치행렬을 종합하면 b^W와 W에 대한 편미분을 다음과 같이 간단하게 정리할 수 있다.

$$\frac{\partial E_i}{\partial b^W} = [\ \phi_h'(U_i^h) \circ V^T \phi_o'(U_i) \circ (\phi_o(U_i) - T_i)\ ]$$

$$\frac{\partial E_i}{\partial W} = [\ \phi_h'(U_i^h) \circ V^T \phi_o'(U_i) \circ (\phi_o(U_i) - T_i)\ ] X_i^T$$

이제 모든 계수에 대한 기울기를 계산할 수 있으므로 적절한 경사하강법을 적용할 수 있다.

> **참고**
>
> 17절까지 다룬 계수에 대한 행렬을 $\tilde{Z}$와 $\tilde{X}$에 대응하여 $\tilde{W}$와 $\tilde{V}$로 표현하면 이번 절의 W와 V를 구분할 수 있다. 결과적으로는 다음과 같은 관계가 성립한다.
>
> $$\frac{\partial E}{\partial \tilde{W}} = \left[\frac{\partial E}{\partial b^W}, \frac{\partial E}{\partial W} \right], \quad \frac{\partial E}{\partial \tilde{V}} = \left[\frac{\partial E}{\partial b^V}, \frac{\partial E}{\partial V} \right]$$
>
> 사실상 $\tilde{W} = [b^W, W]$이고 $\tilde{V} = [b^V, V]$이므로 자연스러운 결과이다.

[실습예제 18-1]은 17절 [연습문제 1]과 동일하다. 이제부터 행렬 표현법은 편향 강조를 기준으로 한다.

실습예제 18-1

주어진 데이터에 대해 로지스틱 함수와 복층 구조를 이용하여 이차원 다중 분류기를 구현하라. 은닉층의 노드를 7개로 두고, 최대반복수는 10,000으로 고정하고 학습률은 1로 정한다. 단, 기울기는 bWx-형식의 행렬 표현법을 반영하여 계산하라. 데이터는 산점도로 나타내고 분류함수에 대한 경계를 등위곡선으로 그려라.

```
import numpy as np
import matplotlib.pyplot as plt

np.random.seed(78)
N = 100
x1, x2 = 2*np.random.rand(N)-1, 2*np.random.rand(N)-1
x = np.row_stack((x1,x2))
tf1, tf2 = x1**2+x2**2<0.5, x1+x2<0
t2 = np.logical_and(np.logical_not(tf1), tf2)
t3 = np.logical_and(np.logical_not(tf1), np.logical_not(tf2))
t = np.float64(np.row_stack((tf1,t2,t3)))

fig = plt.figure()
ax = plt.axes()
ax.scatter(x[0,:], x[1,:], c=t[1,:]+2*t[2,:], cmap='brg')
ax.set_aspect('equal')
plt.show()
```

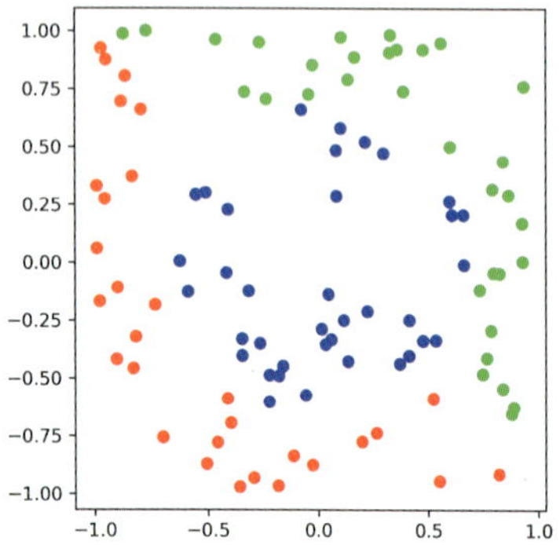

문제 해석

문제에 주어진 데이터 형태가 변경됐다. 17절 문제와 비교하면 [1,1,⋯,1]이 없음을 확인하라. 지금까지는 인덱스를 맞춰서 생각해야 했지만, 17절에서 행렬 표현법을 도입하면서 인덱스에 맞춰 급수를 연산할 필요가 없다. 행렬 연산은 크기에 의존하므로 주어진 데이터의 인덱스가 중요하지 않지만, 실행 결과를 출력할 때에는 인덱스를 확인해야 한다.

로지스틱 함수를 활성화 함수로 선택하고 은닉층 노드를 7개로 설정한 복층 구조를 설계하며, 평균 제곱 오차를 사용하여 목적함수를 정의한다. 목적함수의 기울기를 bWx-형식의 행렬 표현법으로 계산하고 경사하강법을 적용할 수 있다.

```
phi = lambda u: 1/(1+np.exp(-u))
dphi = lambda u: np.exp(-u)/(1+np.exp(-u))**2

np.random.seed(1)
L = 7
bW, W = np.random.rand(L,1), np.random.rand(L,2)
bV, V = np.random.rand(3,1), np.random.rand(3,L)

MaxIter = 10000
alpha = 1.0
ns = MaxIter/10

print('n={:5d}'.format(0))
for n in range(MaxIter):
    gradbW, gradW = np.zeros((L,1)), np.zeros((L,2))
    gradbV, gradV = np.zeros((3,1)), np.zeros((3,L))
    for i in range(N):
        ti = t[:,i:i+1]
        xi = x[:,i:i+1]
        uh = bW + W@xi
        zi = phi(uh)
        ui = bV + V@zi

        dEdu = dphi(ui)*(phi(ui)-ti)
        gradbV += 1/N*dEdu
        gradV += 1/N*dEdu@zi.T

        dEduh = dphi(uh)*(V.T@dEdu)
        gradbW += 1/N*dEduh
        gradW += 1/N*dEduh@xi.T

    bW, W = bW-alpha*gradbW, W-alpha*gradW
    bV, V = bV-alpha*gradbV, V-alpha*gradV

    Eval = 0.0
    for i in range(N):
        ti = t[:,i:i+1]
        xi = x[:,i:i+1]
        uh = bW + W@xi
        zi = phi(uh)
        ui = bV + V@zi

```

```
            Eval += 0.5/N*np.sum((phi(ui)-ti)**2)

        if (n+1)%ns == 0:
            print('n={:5d}, Eval={:.4f}'.format(n+1,Eval))
```

실행 결과

```
n=    0
n= 1000, Eval=0.2074
n= 2000, Eval=0.1379
n= 3000, Eval=0.0891
n= 4000, Eval=0.0553
n= 5000, Eval=0.0411
n= 6000, Eval=0.0323
n= 7000, Eval=0.0252
n= 8000, Eval=0.0198
n= 9000, Eval=0.0159
n=10000, Eval=0.0132
```

```
x1 = np.linspace(-1, 1)
x2 = np.linspace(-1, 1)
xx1, xx2 = np.meshgrid(x1, x2)

uuh = [0 for k in range(L)]
for k in range(L):
    uuh[k] = bW[k,0] + W[k,0]*xx1 + W[k,1]*xx2

yy = [0 for j in range(3)]
for j in range(3):
    uu = bV[j,0]
    for k in range(L):
        uu += V[j,k]*phi(uuh[k])
    yy[j] = phi(uu)

fig = plt.figure()
ax = plt.axes()
ax.scatter(x[0,:], x[1,:], c=t[1,:]+2*t[2,:], cmap='brg')
for j in range(3):
    ax.contour(xx1, xx2, yy[j], [0.5])
ax.set_aspect('equal')
plt.show()
```

실행 결과

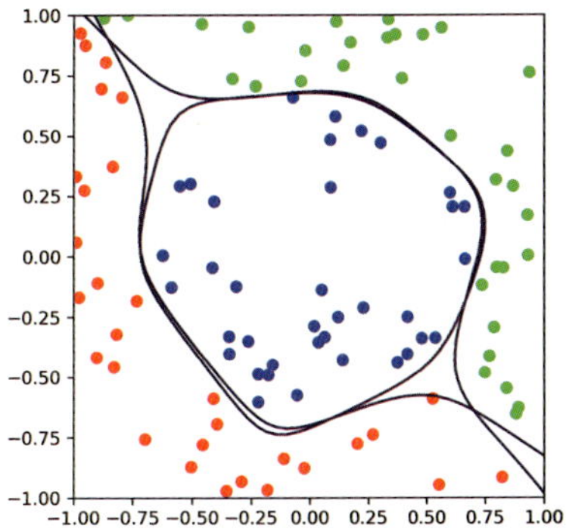

실습예제 18-2 도전!

주어진 데이터에 대해 로지스틱 함수와 복층 구조를 이용하여 이차원 다중 분류기를 구현하라. 은닉층의 노드를 11개로 두고, 최대반복수는 10,000으로 고정하고 학습률은 1로 정한다. 단, 기울기는 bWx-형식의 행렬 표현법을 반영하여 계산하라. 데이터는 산점도로 나타내고 분류함수에 대한 경계를 등위곡선으로 그려라.

```
import numpy as np
import matplotlib.pyplot as plt

N = 100
np.random.seed(78)
x1, x2 = 2*np.random.rand(N)-1, 2*np.random.rand(N)-1
x = np.row_stack((x1,x2))
tf1, tf2, tf3 = x1**2+x2**2<0.5, x1+x2<0, x1-x2<0
t1 = np.logical_and(tf1, tf3)
t2 = np.logical_and(tf1, np.logical_not(tf3))
t3 = np.logical_and(np.logical_not(tf1), tf2)
t4 = np.logical_and(np.logical_not(tf1), np.logical_not(tf2))
t = np.float64(np.row_stack((t1,t2,t3,t4)))

fig = plt.figure()
ax = plt.axes()
ax.scatter(x[0,:], x[1,:], c=t[1,:]+2*t[2,:]+3*t[3,:], cmap='rainbow')
ax.set_aspect('equal')
plt.show()
```

실행 결과

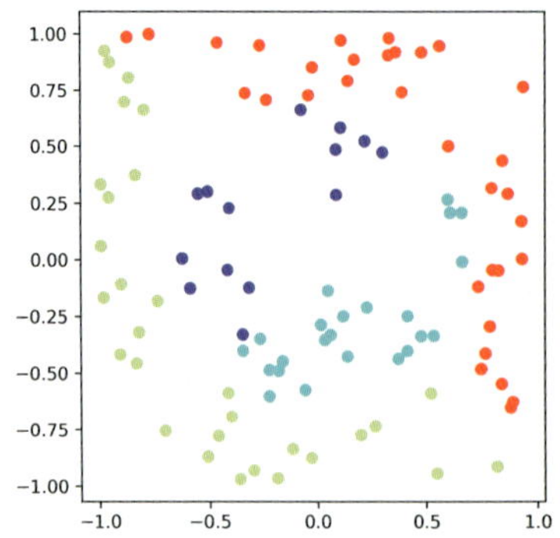

SECTION 18 연습문제

1 주어진 데이터에 대해 로지스틱 함수와 복층 구조를 이용하여 이차원 다중 분류기를 구현하라. 은닉층의 노드를 15개로 두고, 최대반복수는 10,000으로 고정하고 학습률은 1로 정한다. 단, 기울기는 bWx-형식의 행렬 표현법을 반영하여 계산하라. 데이터는 산점도로 나타내고 분류함수에 대한 경계를 등위곡선으로 그려라.

```
import numpy as np
import matplotlib.pyplot as plt

N = 100
np.random.seed(78)
x1, x2 = 2*np.random.rand(N)-1, 2*np.random.rand(N)-1
x = np.row_stack((x1,x2))
tf1, tf2, tf3 = x1**2+x2**2<0.7, x1+x2<0, x1-x2<0
t1 = np.logical_and(np.logical_and(tf1,tf3), tf2)
t2 = np.logical_and(np.logical_and(tf1,tf3), np.logical_not(tf2))
t3 = np.logical_and(np.logical_and(tf1,np.logical_not(tf3)), tf2)
t4 = np.logical_and(np.logical_and(tf1,np.logical_not(tf3)), np.logical_not(tf2))
t5 = np.logical_and(np.logical_not(tf1), tf2)
t6 = np.logical_and(np.logical_not(tf1), np.logical_not(tf2))
t = np.float64(np.row_stack((t1,t2,t3,t4,t5,t6)))

fig = plt.figure()
ax = plt.axes()
labels = t[1,:] + 2*t[2,:] + 3*t[3,:] + 4*t[4,:] + 5*t[5,:]
ax.scatter(x[0,:], x[1,:], c=labels, cmap='rainbow')
ax.set_aspect('equal')
plt.show()
```

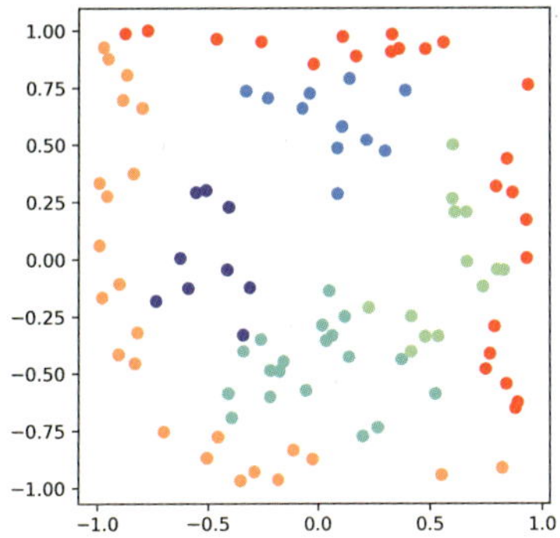

2 주어진 데이터에 대해 로지스틱 함수와 복층 구조를 이용하여 이차원 이진 분류기를 구현하라. 은닉층의 노드를 7개로 두고, 최대반복수는 10,000으로 고정하고 학습률은 1로 정한다. 단, 기울기는 bWx-형식의 행렬 표현법을 반영하여 계산하라. 데이터는 산점도로 나타내고 분류함수에 대한 경계를 등위곡선으로 그려라.

```
import numpy as np
import matplotlib.pyplot as plt

np.random.seed(78)
N = 100
x1, x2 = 2*np.random.rand(N)-1, 2*np.random.rand(N)-1
x = np.row_stack((x1,x2))
tt = np.float64(x1**2+x2**2<0.5)
t = np.row_stack((tt,))

fig = plt.figure()
ax = plt.axes()
ax.scatter(x[0,:], x[1,:], c=t[0,:], cmap='bwr')
ax.set_aspect('equal')
plt.show()
```

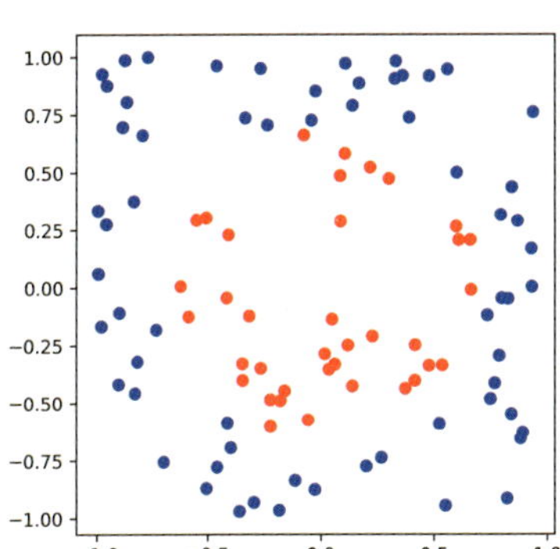

SECTION

19 다층 구조

지금까지 은닉층을 1개 추가한 복층 구조에서 다수의 선형결정경계를 만들고 경계의 조합과 활성화 함수를 이용하여 복잡한 경계를 완성했다. 은닉층 노드의 개수가 증가할수록 경계의 복잡도가 증가하는데, 은닉층을 추가해도 경계의 복잡도가 증가한다. 이번 절에서는 은닉층이 2개 이상인 다층 구조에 대해 알아본다.

[그림 19-1]은 은닉층이 두 개인 인공신경망의 한 가지 예이다. 은닉층 번호는 입력층과 가까운 곳부터 붙인다. 첫 번째 은닉층과 두 번째 은닉층의 노드는 각각 3개와 2개이다.

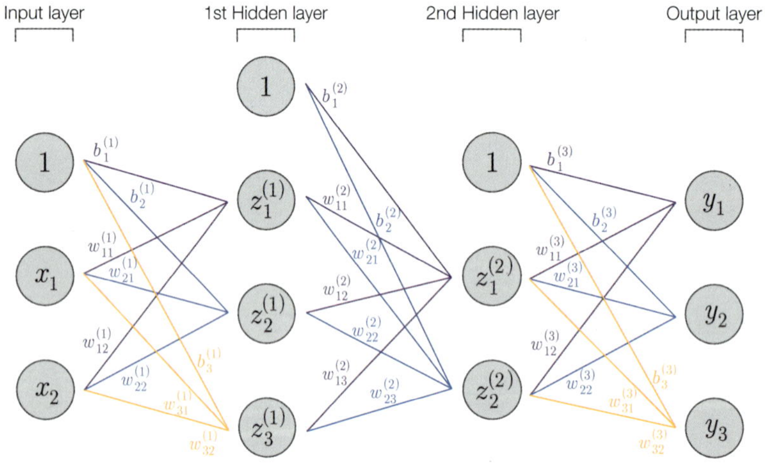

그림 19-1 이차원 다중 분류문제를 위한 삼층 구조의 인공신경망

tip 혼동이 없다면 인공신경망을 그림으로 나타낼 때 은닉층과 출력층에서 활성화 함수를 생략할 수도 있다.

첫 번째 은닉층의 노드 개수를 L_1, 두 번째 은닉층의 노드 개수를 L_2로 표현하면 [그림 19-1]에 표현된 인공신경망의 은닉층 구성은 $(L_1, L_2) = (3, 2)$로 나타낼 수 있다. 지금까지의 방식과 동일하게 노드를 연결할 때마다 편향과 가중치를 정의한다. 편의상 입력층, 첫 번째 은닉층, 두 번째 은닉층, 출력층의 노드를 각각 m, l, k, j인덱스로 나타낸다. 입력층과 첫 번째 은닉층 사이의 편향과 가중치를 $b_l^{(1)}$과 $w_{lm}^{(1)}$으로 두고, 다음과 같이 벡터 $b^{(1)}$과 행렬 $W^{(1)}$으로 나타낼 수 있다.

$$b^{(1)} = \begin{bmatrix} b_1^{(1)} \\ b_2^{(1)} \\ b_3^{(1)} \end{bmatrix}, \quad W^{(1)} = \begin{bmatrix} w_{11}^{(1)} & w_{12}^{(1)} \\ w_{21}^{(1)} & w_{22}^{(1)} \\ w_{31}^{(1)} & w_{32}^{(1)} \end{bmatrix}$$

은닉층이 추가되었으므로 첫 번째 은닉층과 두 번째 은닉층 사이의 편향과 가중치를 각각 $b_k^{(2)}$와 $w_{kl}^{(2)}$로 두고, 다음과 같이 벡터 $b^{(2)}$와 행렬 $W^{(2)}$로 나타낼 수 있다.

$$b^{(2)} = \begin{bmatrix} b_1^{(2)} \\ b_2^{(2)} \end{bmatrix}, \quad W^{(2)} = \begin{bmatrix} w_{11}^{(2)} & w_{12}^{(2)} & w_{13}^{(2)} \\ w_{21}^{(2)} & w_{22}^{(2)} & w_{23}^{(2)} \end{bmatrix}$$

마지막으로 은닉층과 출력층 사이의 편향과 가중치를 $b_j^{(3)}$와 $w_{jk}^{(3)}$로 두고 벡터 $b^{(3)}$와 행렬 $W^{(3)}$를 구성한다.

$$b^{(3)} = \begin{bmatrix} b_1^{(3)} \\ b_2^{(3)} \\ b_3^{(3)} \end{bmatrix}, \quad W^{(3)} = \begin{bmatrix} w_{11}^{(3)} & w_{12}^{(3)} \\ w_{21}^{(3)} & w_{22}^{(3)} \\ w_{31}^{(3)} & w_{32}^{(3)} \end{bmatrix}$$

각 층에서의 노드를 다음과 같은 벡터로 표현한다.

$$X_i = \begin{bmatrix} x_{1,i} \\ x_{2,i} \end{bmatrix}, \quad U_i^{(1)} = \begin{bmatrix} u_{1,i}^{(1)} \\ u_{2,i}^{(1)} \\ u_{3,i}^{(1)} \end{bmatrix}, \quad Z_i^{(1)} = \begin{bmatrix} z_{1,i}^{(1)} \\ z_{2,i}^{(1)} \\ z_{3,i}^{(1)} \end{bmatrix},$$

$$U_i^{(2)} = \begin{bmatrix} u_{1,i}^{(2)} \\ u_{2,i}^{(2)} \end{bmatrix}, \quad Z_i^{(2)} = \begin{bmatrix} z_{1,i}^{(2)} \\ z_{2,i}^{(2)} \end{bmatrix}, \quad U_i = \begin{bmatrix} u_{1,i} \\ u_{2,i} \\ u_{3,i} \end{bmatrix}, \quad Y_i = \begin{bmatrix} y_{1,i} \\ y_{2,i} \\ y_{3,i} \end{bmatrix}$$

이제 벡터 Y를 계산하기 위해 다음과 같은 연산 과정을 거친다.

$$\begin{aligned}
U_i^{(1)} &= b^{(1)} + W^{(1)} X_i, & u_{l,i}^{(1)} &= b_l^{(1)} + w_{l1}^{(1)} x_{1,i} + w_{l2}^{(1)} x_{2,i} \\
Z_i^{(1)} &= \phi_{(1)}(U_i^{(1)}), & z_{l,i}^{(1)} &= \phi_{(1)}\left(u_{l,i}^{(1)}\right) \\
U_i^{(2)} &= b^{(2)} + W^{(2)} Z_i^{(1)}, & u_{k,i}^{(2)} &= b_k^{(2)} + w_{k1}^{(2)} z_{1,i}^{(1)} + w_{k2}^{(2)} z_{2,i}^{(1)} + w_{k3}^{(2)} z_{3,i}^{(1)} \\
Z_i^{(2)} &= \phi_{(2)}(U_i^{(2)}), & z_{k,i}^{(2)} &= \phi_{(2)}\left(u_{k,i}^{(2)}\right) \\
U_i &= b^{(3)} + W^{(3)} Z_i^{(2)}, & u_{j,i} &= b_j^{(3)} + w_{j1}^{(3)} z_{1,i}^{(2)} + w_{j2}^{(3)} z_{2,i}^{(2)} \\
Y_i &= \phi_o(U_i), & y_{j,i} &= \phi_o(u_{j,i})
\end{aligned}$$

여기서 U는 일관성 있게 $U^{(3)}$로 정의할 수 있지만, U로 두면 출력층을 강조하기 좋고 설명하기에도 편리하므로 그대로 둔다. 프로그래밍 코드에서는 $U^{(3)}$로 이해하고 구현할 수도 있다.

은닉층이 두 개가 되었으므로 변수를 확인할 수 있도록 벡터 표현식에 대응하는 인덱스 표현식을 같이 나열했다. 또한 각 층에서 적용된 활성화 함수를 $\phi_{(1)}$과 $\phi_{(2)}$로 구분했다. 이제 목적함수는 다음과 같다.

$$E = \frac{1}{N}\sum_{i=1}^{N} E_i = \frac{1}{N}\sum_{i=1}^{N}\sum_{j=1}^{M} E_{j,i}$$

다층 구조에서도 클래스의 개수를 M으로 표현한다. 은닉층의 노드 개수도 각각 L_1과 L_2로 표현하고 데이터의 차원을 D라고 하자. 일관성을 유지하기 위해 $L_3 = M$으로 정의해도 되지만, 은닉층과 출력층을 구분하기 위해 그대로 사용한다. 이제 [그림 19-1]과 같은 인공신경망은 $(D, L_1, L_2, M) = (2, 3, 2, 3)$의 구조를 가진다고 하자. E_i와 $E_{j,i}$는 다음과 같이 평균 제곱 오차의 정의를 만족한다.

$$E_i = \frac{1}{2}\| \phi_o(U_i) - T_i \|_2^2, \quad E_{j,i} = \frac{1}{2}| \phi_o(u_{j,i}) - t_{j,i} |^2$$

그러면 목적함수 E는 $b^{(1)}$, $W^{(1)}$, $b^{(2)}$, $W^{(2)}$, $b^{(3)}$, $W^{(3)}$에 의존하는 다변수함수이다. 경사하강법을 적용하기 위해 각 변수에 대한 기울기가 필요하므로 편미분을 계산하자. $b_j^{(3)}$와 $W_{jk}^{(3)}$에 대한 편미분은 다음과 같다.

$$\frac{\partial E_i}{\partial b_j^{(3)}} = \frac{\partial E_{j,i}}{\partial b_j^{(3)}} = \frac{\partial u_{j,i}}{\partial b_j^{(3)}} \cdot \frac{\partial E_{j,i}}{\partial u_{j,i}} = 1 \cdot \phi_o'(u_{j,i})(\phi_o(u_{j,i}) - t_{j,i})$$

$$\frac{\partial E_i}{\partial w_{jk}^{(3)}} = \frac{\partial E_{j,i}}{\partial w_{jk}^{(3)}} = \frac{\partial u_{j,i}}{\partial w_{jk}^{(3)}} \cdot \frac{\partial E_{j,i}}{\partial u_{j,i}} = z_{k,i}^{(2)} \cdot \phi_o'(u_{j,i})(\phi_o(u_{j,i}) - t_{j,i})$$

이제 $b^{(3)}$와 $W^{(3)}$에 대한 편미분을 다음과 같이 간단하게 정리할 수 있다.

$$\frac{\partial E_i}{\partial b^{(3)}} = \left(\frac{\partial E_i}{\partial b_j^{(3)}} \right) = [\, \phi_o'(U_i) \circ (\phi_o(U_i) - T_i) \,]$$

$$\frac{\partial E_i}{\partial W^{(3)}} = \left(\frac{\partial E_i}{\partial w_{jk}^{(3)}} \right) = [\, \phi_o'(U_i) \circ (\phi_o(U_i) - T_i) \,](Z_i^{(2)})^T$$

다음으로 $b_k^{(2)}$에 대한 편미분을 계산하자. 18절의 연쇄법칙과 비교할 수 있도록 상세하게 전개했다.

$$
\begin{aligned}
\frac{\partial E_i}{\partial b_k^{(2)}} &= \frac{\partial u_{k,i}^{(2)}}{\partial b_k^{(2)}} \cdot \frac{\partial E_i}{\partial u_{k,i}^{(2)}} \\
&= \frac{\partial u_{k,i}^{(2)}}{\partial b_k^{(2)}} \cdot \frac{\partial z_{k,i}^{(2)}}{\partial u_{k,i}^{(2)}} \cdot \frac{\partial E_i}{\partial z_{k,i}^{(2)}} \\
&= \frac{\partial u_{k,i}^{(2)}}{\partial b_k^{(2)}} \cdot \frac{\partial z_{k,i}^{(2)}}{\partial u_{k,i}^{(2)}} \cdot \sum_{j=1}^{M} \frac{\partial E_{j,i}}{\partial z_{k,i}^{(2)}} \\
&= \frac{\partial u_{k,i}^{(2)}}{\partial b_k^{(2)}} \cdot \frac{\partial z_{k,i}^{(2)}}{\partial u_{k,i}^{(2)}} \cdot \sum_{j=1}^{M} \frac{\partial u_{j,i}}{\partial z_{k,i}^{(2)}} \cdot \frac{\partial E_{j,i}}{\partial u_{j,i}}
\end{aligned}
$$

동일한 방식으로 $w_{kl}^{(2)}$에 대한 편미분을 계산하면

$$
\frac{\partial E_i}{\partial w_{kl}^{(2)}} = \frac{\partial u_{k,i}^{(2)}}{\partial w_{kl}^{(2)}} \cdot \frac{\partial z_{k,i}^{(2)}}{\partial u_{k,i}^{(2)}} \cdot \sum_{j=1}^{M} \frac{\partial u_{j,i}}{\partial z_{k,i}^{(2)}} \cdot \frac{\partial E_{j,i}}{\partial u_{j,i}}
$$

이다. 공통으로 포함된 편미분은 다음과 같다.

$$
\frac{\partial z_{k,i}^{(2)}}{\partial u_{k,i}^{(2)}} = \phi'_{(2)}\left(u_{k,i}^{(2)}\right), \quad \frac{\partial u_{j,i}}{\partial z_{k,i}^{(2)}} = w_{jk}^{(3)}, \quad \frac{\partial E_{j,i}}{\partial u_{j,i}} = \phi'_o(u_{j,i})(\phi_o(u_{j,i}) - t_{j,i})
$$

지금까지 전개한 식을 종합하면 다음과 같다.

$$
\begin{aligned}
\frac{\partial E_i}{\partial b_k^{(2)}} &= 1 \cdot \phi'_{(2)}\left(u_{k,i}^{(2)}\right) \cdot \sum_{j=1}^{M} w_{jk}^{(3)} \cdot \phi'_o(u_{j,i})(\phi_o(u_{j,i}) - t_{j,i}) \\
\frac{\partial E_i}{\partial w_{kl}^{(2)}} &= z_{l,i}^{(2)} \cdot \phi'_{(2)}\left(u_{k,i}^{(2)}\right) \cdot \sum_{j=1}^{M} w_{jk}^{(3)} \cdot \phi'_o(u_{j,i})(\phi_o(u_{j,i}) - t_{j,i})
\end{aligned}
$$

$w_{jk}^{(3)}$가 전치행렬 $\left[w_{kj}^{(3)}\right]^t$로 나타낼 수 있음을 이해하면 $b^{(2)}$와 $W^{(2)}$에 대한 편미분을 다음과 같이 간단하게 정리할 수 있다.

$$
\begin{aligned}
\frac{\partial E_i}{\partial b^{(2)}} &= \left[\phi'_{(2)}(U_i^{(2)}) \circ [W^{(3)}]^T \phi'_o(U_i) \circ (\phi_o(U_i) - T_i)\right] \\
\frac{\partial E_i}{\partial W^{(2)}} &= \left[\phi'_{(2)}(U_i^{(2)}) \circ [W^{(3)}]^T \phi'_o(U_i) \circ (\phi_o(U_i) - T_i)\right](Z_i^{(1)})^T
\end{aligned}
$$

지금까지는 사실상 복층 구조에서의 계산과 동일하다. 마지막으로 $b_l^{(1)}$과 $w_{lm}^{(1)}$에 대한 편미분을 계산해보자. 연산 과정을 통해 층이 낮아질수록 이전의 연쇄법칙이 중첩됨을 알 수 있다.

먼저 $b_l^{(1)}$에 대한 일련의 미분 과정을 확인해보자.

$$\begin{aligned}\frac{\partial E_i}{\partial b_l^{(1)}} &= \frac{\partial u_{l,i}^{(1)}}{\partial b_l^{(1)}} \cdot \frac{\partial E_i}{\partial u_{l,i}^{(1)}} \\ &= \frac{\partial u_{l,i}^{(1)}}{\partial b_l^{(1)}} \cdot \frac{\partial z_{l,i}^{(1)}}{\partial u_{l,i}^{(1)}} \cdot \frac{\partial E_i}{\partial z_{l,i}^{(1)}} \\ &= \frac{\partial u_{l,i}^{(1)}}{\partial b_l^{(1)}} \cdot \frac{\partial z_{l,i}^{(1)}}{\partial u_{l,i}^{(1)}} \cdot \sum_{k=1}^{L2} \frac{\partial u_{k,i}^{(2)}}{\partial z_{l,i}^{(1)}} \cdot \frac{\partial E_i}{\partial u_{k,i}^{(2)}} \\ &= \frac{\partial u_{l,i}^{(1)}}{\partial b_l^{(1)}} \cdot \frac{\partial z_{l,i}^{(1)}}{\partial u_{l,i}^{(1)}} \cdot \sum_{k=1}^{L2} \frac{\partial u_{k,i}^{(2)}}{\partial z_{l,i}^{(1)}} \cdot \frac{\partial z_{k,i}^{(2)}}{\partial u_{k,i}^{(2)}} \cdot \frac{\partial E_i}{\partial z_{k,i}^{(2)}} \\ &= \frac{\partial u_{l,i}^{(1)}}{\partial b_l^{(1)}} \cdot \frac{\partial z_{l,i}^{(1)}}{\partial u_{l,i}^{(1)}} \cdot \sum_{k=1}^{L2} \frac{\partial u_{k,i}^{(2)}}{\partial z_{l,i}^{(1)}} \cdot \frac{\partial z_{k,i}^{(2)}}{\partial u_{k,i}^{(2)}} \cdot \sum_{j=1}^{M} \frac{\partial u_{j,i}}{\partial z_{k,i}^{(2)}} \cdot \frac{\partial E_i}{\partial u_{j,i}}\end{aligned}$$

비슷한 방식으로 계산하면 $w_{lm}^{(1)}$에 대한 편미분은 다음과 같다.

$$\frac{\partial E_i}{\partial w_{lm}^{(1)}} = \frac{\partial u_{l,i}^{(1)}}{\partial w_{lm}^{(1)}} \cdot \frac{\partial z_{l,i}^{(1)}}{\partial u_{l,i}^{(1)}} \cdot \sum_{k=1}^{L2} \frac{\partial u_{k,i}^{(2)}}{\partial z_{l,i}^{(1)}} \cdot \frac{\partial z_{k,i}^{(2)}}{\partial u_{k,i}^{(2)}} \cdot \sum_{j=1}^{M} \frac{\partial u_{j,i}}{\partial z_{k,i}^{(2)}} \cdot \frac{\partial E_i}{\partial u_{j,i}}$$

공통으로 추가된 편미분을 계산하면 다음과 같다.

$$\frac{\partial z_{l,i}^{(1)}}{\partial u_{l,i}^{(1)}} = \phi'_{(1)}\left(u_{l,i}^{(1)}\right), \quad \frac{\partial u_{k,i}^{(2)}}{\partial z_{l,i}^{(1)}} = w_{kl}^{(2)}$$

위 식을 편미분 계산에 적용하면 다음과 같다.

$$\frac{\partial E_i}{\partial b_l^{(1)}} = 1 \cdot \phi'_{(1)}\left(u_{l,i}^{(1)}\right) \cdot \sum_{k=1}^{L2} w_{kl}^{(2)} \cdot \phi'_{(2)}\left(u_{k,i}^{(2)}\right) \cdot \sum_{j=1}^{M} w_{jk}^{(3)} \cdot \phi'_o(u_{j,i})(\phi_o(u_{j,i}) - t_{j,i})$$

$$\frac{\partial E_i}{\partial w_{lm}^{(1)}} = x_{m,i} \cdot \phi'_{(1)}\left(u_{l,i}^{(1)}\right) \cdot \sum_{k=1}^{L2} w_{kl}^{(2)} \cdot \phi'_{(2)}\left(u_{k,i}^{(2)}\right) \cdot \sum_{j=1}^{M} w_{jk}^{(3)} \cdot \phi'_o(u_{j,i})(\phi_o(u_{j,i}) - t_{j,i})$$

지금까지 전개한 식을 종합하면 $w_{lm}^{(1)}$에 대한 편미분을 다음과 같이 설명할 수 있다. 먼저

$$\phi'_o(u_{j,i})(\phi_o(u_{j,i}) - t_{j,i})$$

는 j 인덱스에 대한 성분 곱을 의미한다. 그러면

$$\sum_{j=1}^{M} w_{jk}^{(3)} \cdot \phi_o'(u_{j,i})(\phi_o(u_{j,i})-t_{j,i})$$

는 j인덱스에 대한 내적이다. 또한 j인덱스가 내적 연산에 반영되면서 k인덱스만 남는다고 이해할 수 있다. 이 내적 곱을 전치행렬 $[w_{kj}^{(3)}]^t$의 형태로 생각하면 행렬 곱으로 자연스럽게 이해할 수 있다. 그러면

$$\phi_{(2)}'(u_{k,i}^{(2)}) \cdot \sum_{j=1}^{M} w_{jk}^{(3)} \cdot \phi_o'(u_{j,i})(\phi_o(u_{j,i})-t_{j,i})$$

는 k인덱스에 대한 성분 곱이고 여전히 k인덱스를 가진다. 다음으로

$$\sum_{k=1}^{L2} w_{kl}^{(2)} \cdot \phi_{(2)}'(u_{k,i}^{(2)}) \cdot \sum_{j=1}^{M} w_{jk}^{(3)} \cdot \phi_o'(u_{j,i})(\phi_o(u_{j,i})-t_{j,i})$$

는 k인덱스에 대한 내적임을 알 수 있다. k인덱스가 내적 연산에 반영되면서 l인덱스만 남는다. 이 내적 또한 전치행렬 $[w_{lk}^{(2)}]^t$를 생각하면 행렬 곱으로 이해할 수 있다. 이제

$$\phi_{(1)}'(u_{l,i}^{(1)}) \cdot \sum_{k=1}^{L2} w_{kl}^{(2)} \cdot \phi_{(2)}'(u_{k,i}^{(2)}) \cdot \sum_{j=1}^{M} w_{jk}^{(3)} \cdot \phi_o'(u_{j,i})(\phi_o(u_{j,i})-t_{j,i})$$

는 l인덱스에 대한 성분 곱이고 여전히 l인덱스를 가진다. 마지막으로 m인덱스를 갖는 $x_{m,i}$와 만나서

$$x_{m,i} \cdot \phi_{(1)}'(u_{l,i}^{(1)}) \cdot \sum_{k=1}^{L2} w_{kl}^{(2)} \cdot \phi_{(2)}'(u_{k,i}^{(2)}) \cdot \sum_{j=1}^{M} w_{jk}^{(3)} \cdot \phi_o'(u_{j,i})(\phi_o(u_{j,i})-t_{j,i})$$

가 되고, 이는 행렬의 lm성분을 의미한다. $b_l^{(1)}$에 대한 편미분도 비슷한 방식으로 이해할 수 있다. 따라서 종합하면 $b^{(1)}$과 $W^{(1)}$에 대한 편미분을 다음과 같이 간단하게 정리할 수 있다.

$$\frac{\partial E_i}{\partial b^{(1)}} = [\ \phi_{(1)}'(U_i^{(1)}) \circ [W^{(2)}]^T\ \ \phi_{(2)}'(U_i^{(2)}) \circ [W^{(3)}]^T\ \ \phi_o'(U_i) \circ (\phi_o(U_i)-T_i)\ ]$$

$$\frac{\partial E_i}{\partial W^{(1)}} = [\ \phi_{(1)}'(U_i^{(1)}) \circ [W^{(2)}]^T\ \ \phi_{(2)}'(U_i^{(2)}) \circ [W^{(3)}]^T\ \ \phi_o'(U_i) \circ (\phi_o(U_i)-T_i)\ ] X_i^T$$

이제 모든 계수에 대한 기울기를 계산할 수 있으므로 적절한 경사하강법을 적용할 수 있다.

실습예제 19-1

주어진 데이터에 대해 로지스틱 함수와 삼층 구조를 이용하여 이차원 다중 분류기를 구현하라. 은닉층의 노드는 $(L_1, L_2) = (4, 3)$이라 하고, 최대반복수는 10,000으로 고정하고 학습률은 1로 정한다. 단, 기울기는 bWx-형식의 행렬 표현법을 반영하여 계산하라. 데이터는 산점도로 나타내고 분류함수에 대한 경계를 등위곡선으로 그려라.

```
import numpy as np
import matplotlib.pyplot as plt

np.random.seed(78)
N = 100
x1, x2 = 2*np.random.rand(N)-1, 2*np.random.rand(N)-1
x = np.row_stack((x1,x2))
tf1, tf2 = x1**2+x2**2<0.5, x1+x2<0
t2 = np.logical_and(np.logical_not(tf1), tf2)
t3 = np.logical_and(np.logical_not(tf1), np.logical_not(tf2))
t = np.float64(np.row_stack((tf1,t2,t3)))

fig = plt.figure()
ax = plt.axes()
ax.scatter(x[0,:], x[1,:], c=t[1,:]+2*t[2,:], cmap='brg')
ax.set_aspect('equal')
plt.show()
```

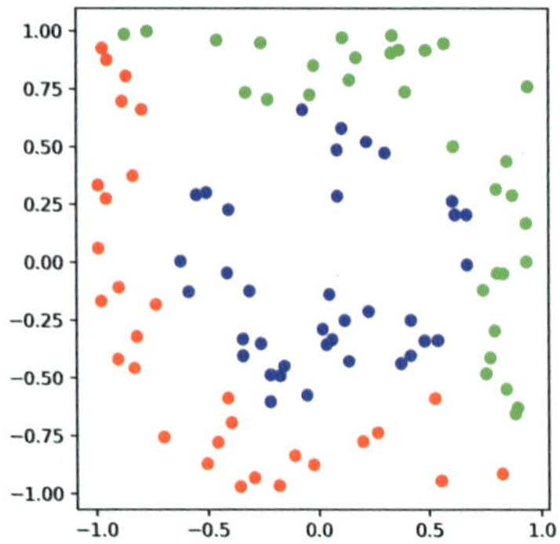

문제 해석

로지스틱 함수를 활성화 함수로 선택하고 은닉층 노드를 각각 4개, 3개로 설정한 삼층 구조를 설계하며, 평균 제곱 오차를 사용하여 목적함수를 정의한다. 목적함수의 기울기를 계산하고 경사하강법을 적용할 수 있다. bWx-형식의 행렬 표현법을 이용하여 기울기를 계산하여 활용한다. 이를 통해 은닉층의 개수가 달라지더라도 인공신경망을 구현할 수 있다.

모범 답안

```
phi = lambda u: 1/(1+np.exp(-u))
dphi = lambda u: np.exp(-u)/(1+np.exp(-u))**2

```

```
np.random.seed(1)
L1, L2 = 4, 3
b1, W1 = np.random.rand(L1,1), np.random.rand(L1,2)
b2, W2 = np.random.rand(L2,1), np.random.rand(L2,L1)
b3, W3 = np.random.rand(3,1), np.random.rand(3,L2)

MaxIter = 10000
alpha = 1.0
ns = MaxIter/10

print('n={:5d}'.format(0))
for n in range(MaxIter):
    gradb1, gradW1 = np.zeros((L1,1)), np.zeros((L1,2))
    gradb2, gradW2 = np.zeros((L2,1)), np.zeros((L2,L1))
    gradb3, gradW3 = np.zeros((3,1)), np.zeros((3,L2))
    for i in range(N):
        ti = t[:,i:i+1]
        xi = x[:,i:i+1]
        uh1 = b1 + W1@xi
        z1 = phi(uh1)
        uh2 = b2 + W2@z1
        z2 = phi(uh2)
        ui = b3 + W3@z2

        dEdu = dphi(ui)*(phi(ui)-ti)
        gradb3 += 1/N*dEdu
        gradW3 += 1/N*dEdu@z2.T

        dEduh2 = dphi(uh2)*(W3.T@dEdu)
        gradb2 += 1/N*dEduh2
        gradW2 += 1/N*dEduh2@z1.T

        dEduh1 = dphi(uh1)*(W2.T@dEduh1)
        gradb1 += 1/N*dEduh1
        gradW1 += 1/N*dEduh1@xi.T

    b1, W1 = b1-alpha*gradb1, W1-alpha*gradW1
    b2, W2 = b2-alpha*gradb2, W2-alpha*gradW2
    b3, W3 = b3-alpha*gradb3, W3-alpha*gradW3

    Eval = 0.0
    for i in range(N):
        ti = t[:,i:i+1]
```

```
        xi = x[:,i:i+1]
        uh1 = b1 + W1@xi
        z1 = phi(uh1)
        uh2 = b2 + W2@z1
        z2 = phi(uh2)
        ui = b3 + W3@z2

        Eval += 0.5/N*np.sum((phi(ui)-ti)**2)

    if (n+1)%ns == 0:
        print('n={:5d}, Eval={:.4f}'.format(n+1,Eval))
```

실행 결과

```
n=    0
n= 1000, Eval=0.3043
n= 2000, Eval=0.2148
n= 3000, Eval=0.1807
n= 4000, Eval=0.1649
n= 5000, Eval=0.1455
n= 6000, Eval=0.0847
n= 7000, Eval=0.0686
n= 8000, Eval=0.0615
n= 9000, Eval=0.0545
n=10000, Eval=0.0142
```

```
x1 = np.linspace(-1, 1)
x2 = np.linspace(-1, 1)
xx1, xx2 = np.meshgrid(x1, x2)

uuh1 = [0 for l in range(L1)]
for l in range(L1):
    uuh1[l] = b1[l,0] + W1[l,0]*xx1 + W1[l,1]*xx2

uuh2 = [0 for k in range(L2)]
for k in range(L2):
    uuh2[k] = b2[k,0]
    for l in range(L1):
        uuh2[k] += W2[k,l]*phi(uuh1[l])

yy = [0 for j in range(3)]
for j in range(3):
    uu = b3[j,0]
    for k in range(L2):
        uu += W3[j,k]*phi(uuh2[k])
```

```
    yy[j] = phi(uu)

fig = plt.figure()
ax = plt.axes()
ax.scatter(x[0,:], x[1,:], c=t[1,:]+2*t[2,:], cmap='brg')
for j in range(3):
    ax.contour(xx1, xx2, yy[j], [0.5])
ax.set_aspect('equal')
plt.show()
```

실행 결과

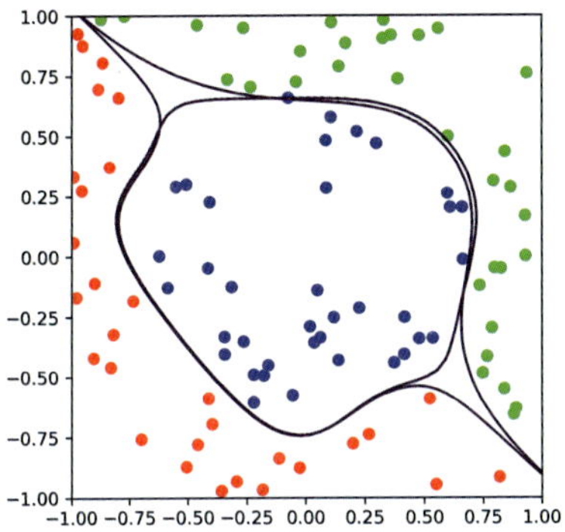

실습예제 19-2 도전!

주어진 데이터에 대해 로지스틱 함수와 사층 구조를 이용하여 이차원 다중 분류기를 구현하라. 은닉층의 노드는 $(L_1, L_2, L_3) = (6, 5, 4)$라 하고, 최대반복수는 10,000으로 고정하고 학습률은 1로 정한다. 단, 기울기는 bWx-형식의 행렬 표현법을 반영하여 계산하라. 데이터는 산점도로 나타내고 분류함수에 대한 경계를 등위곡선으로 그려라.

```
import numpy as np
import matplotlib.pyplot as plt

np.random.seed(78)
N = 100
x1, x2 = 2*np.random.rand(N)-1, 2*np.random.rand(N)-1
x = np.row_stack((x1,x2))
tf1, tf2 = x1**2+x2**2<0.5, x1+x2<0
t2 = np.logical_and(np.logical_not(tf1), tf2)
t3 = np.logical_and(np.logical_not(tf1), np.logical_not(tf2))
t = np.float64(np.row_stack((tf1,t2,t3)))

fig = plt.figure()
ax = plt.axes()
ax.scatter(x[0,:], x[1,:], c=t[1,:]+2*t[2,:], cmap='brg')
```

```
ax.set_aspect('equal')
plt.show()
```

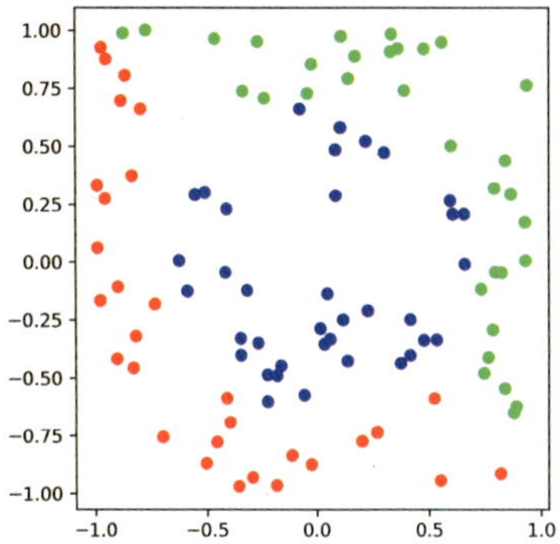

SECTION 19 연습문제

1 주어진 데이터에 대해 로지스틱 함수와 삼층 구조를 이용하여 이차원 다중 분류기를 구현하라. 은닉층의 노드는 $(L_1, L_2) = (6, 5)$라 하고, 최대반복수는 10,000으로 고정하고 학습률은 1로 정한다. 단, 기울기는 bWx-형식의 행렬 표현법을 반영하여 계산하라. 데이터는 산점도로 나타내고 분류함수에 대한 경계를 등위곡선으로 그려라.

```
import numpy as np
import matplotlib.pyplot as plt

N = 100
np.random.seed(78)
x1, x2 = 2*np.random.rand(N)-1, 2*np.random.rand(N)-1
x = np.row_stack((x1,x2))
tf1, tf2, tf3 = x1**2+x2**2<0.5, x1+x2<0, x1-x2<0
t1 = np.logical_and(tf1, tf3)
t2 = np.logical_and(tf1, np.logical_not(tf3))
t3 = np.logical_and(np.logical_not(tf1), tf2)
t4 = np.logical_and(np.logical_not(tf1), np.logical_not(tf2))
t = np.float64(np.row_stack((t1,t2,t3,t4)))

fig = plt.figure()
ax = plt.axes()
ax.scatter(x[0,:], x[1,:], c=t[1,:]+2*t[2,:]+3*t[3,:], cmap='rainbow')
ax.set_aspect('equal')
```

```
plt.show()
```

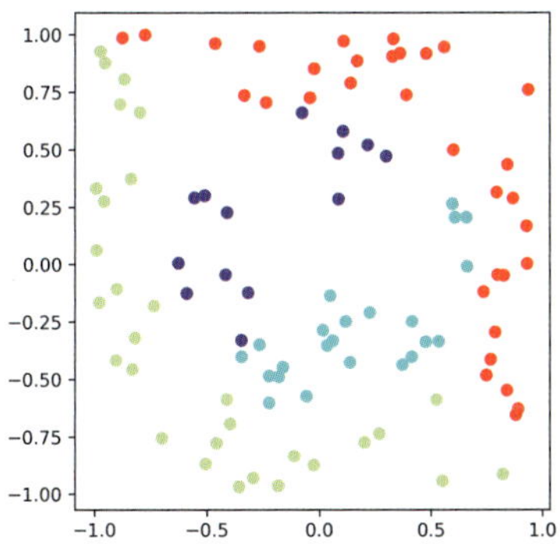

2 주어진 데이터에 대해 로지스틱 함수와 삼층 구조를 이용하여 이차원 다중 분류기를 구현하라. 은닉층의 노드는 $(L_1, L_2) = (10, 8)$이라 하고, 최대반복수는 10,000으로 고정하고 학습률은 1로 정한다. 단, 기울기는 bWx-형식의 행렬 표현법을 반영하여 계산하라. 데이터는 산점도로 나타내고 분류함수에 대한 경계를 등위곡선으로 그려라.

```
import numpy as np
import matplotlib.pyplot as plt

N = 100
np.random.seed(78)
x1, x2 = 2*np.random.rand(N)-1, 2*np.random.rand(N)-1
x = np.row_stack((x1,x2))
tf1, tf2, tf3 = x1**2+x2**2<0.7, x1+x2<0, x1-x2<0
t1 = np.logical_and(np.logical_and(tf1,tf3), tf2)
t2 = np.logical_and(np.logical_and(tf1,tf3), np.logical_not(tf2))
t3 = np.logical_and(np.logical_and(tf1,np.logical_not(tf3)), tf2)
t4 = np.logical_and(np.logical_and(tf1,np.logical_not(tf3)), np.logical_not(tf2))
t5 = np.logical_and(np.logical_not(tf1), tf2)
t6 = np.logical_and(np.logical_not(tf1), np.logical_not(tf2))
t = np.float64(np.row_stack((t1,t2,t3,t4,t5,t6)))

fig = plt.figure()
ax = plt.axes()
labels = t[1,:] + 2*t[2,:] + 3*t[3,:] + 4*t[4,:] + 5*t[5,:]
ax.scatter(x[0,:], x[1,:], c=labels, cmap='rainbow')
ax.set_aspect('equal')
plt.show()
```

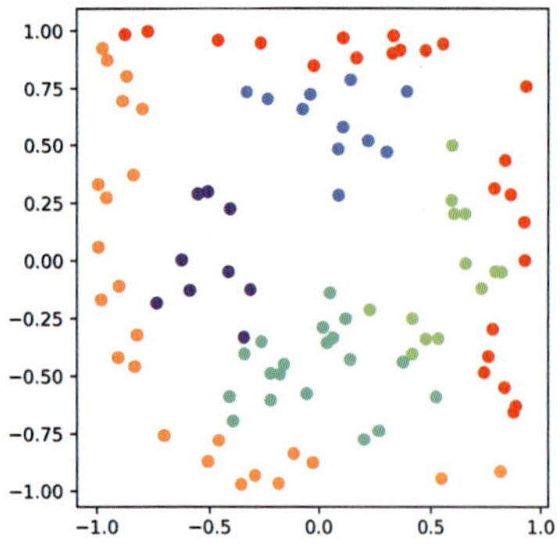

3 주어진 데이터에 대해 로지스틱 함수와 삼층 구조를 이용하여 이차원 이진 분류기를 구현하라. 은닉층의 노드는 $(L_1, L_2) = (4, 3)$이라 하고, 최대반복수는 10,000으로 고정하고 학습률은 1로 정한다. 단, 기울기는 bWx-형식의 행렬 표현법을 반영하여 계산하라. 데이터는 산점도로 나타내고 분류함수에 대한 경계를 등위곡선으로 그려라.

```
import numpy as np
import matplotlib.pyplot as plt

np.random.seed(78)
N = 100
x1, x2 = 2*np.random.rand(N)-1, 2*np.random.rand(N)-1
x = np.row_stack((x1,x2))
tt = np.float64(x1**2+x2**2<0.5)
t = np.row_stack((tt,))

fig = plt.figure()
ax = plt.axes()
ax.scatter(x[0,:], x[1,:], c=t[0,:], cmap='bwr')
ax.set_aspect('equal')
plt.show()
```

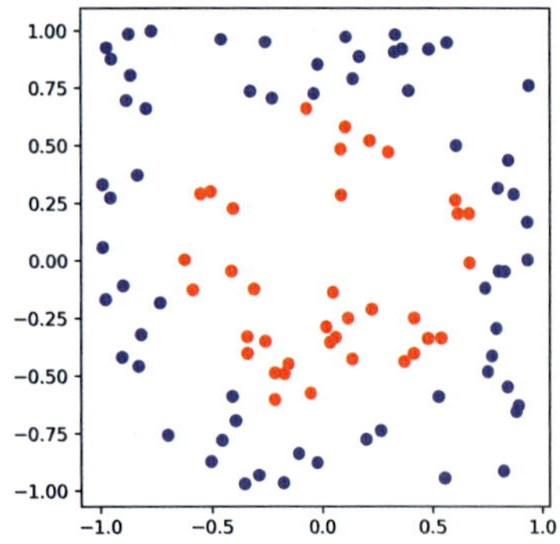

SECTION 20 소프트맥스

로지스틱 함수와 평균 제곱 오차의 조합은 일차원 단순 분류기를 구현할 때부터 꾸준히 사용했다. 이 조합은 비교적 만족스러운 결과를 도출하지만, 때로는 경계가 중첩되어 선택하기 애매한 영역도 존재한다. [그림 20-1]은 동일한 데이터에 각각 복층 구조와 삼층 구조를 적용한 이차원 다중 분류기의 결과를 나타낸다. 그림에서 볼 수 있듯이 경계가 중첩되는 문제는 은닉층의 개수를 늘려도 해결되지 않는다. 두 경우 모두 최대반복수를 10,000번으로 고정했기 때문에 반복수가 많아질수록 결과는 더 좋아지겠지만, 중첩되는 영역이 크게 줄어들지 않을 것이다.

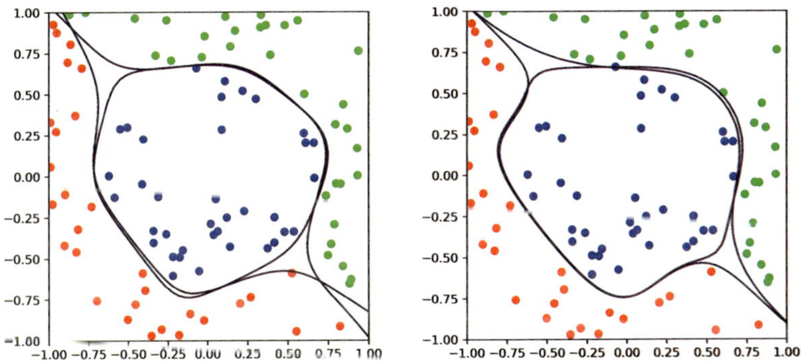

(a) 18절 [실습예제 18-1]의 실행 결과

(b) 19절 [실습예제 19-1]의 실행 결과

그림 20-1 은닉층 추가에 따른 분류함수 결과 비교

지금까지 데이터를 원-핫 인코딩 방식으로 나타내었으므로 데이터 T_i의 성분들의 합은 다음과 같이 모두 1이다.

$$\sum_{j=1}^{3}(T_i)_j = 1$$

이에 대응하는 출력값 또한 원-핫 인코딩 방식을 만족하기를 바랄 수 있다.

$$\sum_{j=1}^{3}(Y_i)_j = 1$$

그러나 지금까지 다룬 예제들의 결과는 출력값의 합이 1을 만족하지 않는다. 이와 같은 문제를 해결하기 위해서 활성화 함수를 **소프트맥스**softmax로 선택하기도 한다. 출력층의 노드가 M개일 때 소프트맥스 함수 σ는 다음과 같이 정의한다.

$$\sigma : \mathbb{R}^M \to [0,1]^M \text{ by } \sigma(Z)_j = \frac{e^{z_j}}{\sum_{p=1}^{M} e^{z_p}}$$

함수 σ는 M차원 벡터장vector field으로도 이해할 수 있다. $M = 3$에 대한 출력층의 활성화 함수 $\phi_o(U_i)$를 소프트맥스로 표현하면 다음과 같다.

$$\phi_o : \mathbb{R}^3 \to [0,1]^3 \text{ by } \phi_o(U_i)_j = \frac{e^{u_{j,i}}}{e^{u_{1,i}} + e^{u_{2,i}} + e^{u_{3,i}}}$$

출력층의 활성화 함수는 U와 Y의 관계를 나타낸다. 활성화 함수를 시그모이드 함수로 선택하면 각각의 출력층 노드 y_j가 u_j에 의해서만 독립적으로 활성화되지만, 소프트맥스 함수로 선택하면 각 출력층 노드 y_j가 모든 노드 u_1, u_2, $\cdots$, u_M에 종속된다. 이를 인공신경망으로 표현하면 [그림 20-2]와 같은 네트워크가 된다. 지금까지는 복층 구조의 변수 형식인 W와 V를 사용했지만, 이를 일반화하여 다층 구조의 변수 형식인 $W^{(1)}$과 $W^{(2)}$를 사용한다. 은닉층의 활성화 함수는 $\phi_{(1)}$으로 표현하고 로지스틱 함수로 정의한다. 출력층은 마지막임을 강조하기 위해 ϕ_o로 표현하고, 활성화 함수로 소프트맥스를 적용한다고 가정하자.

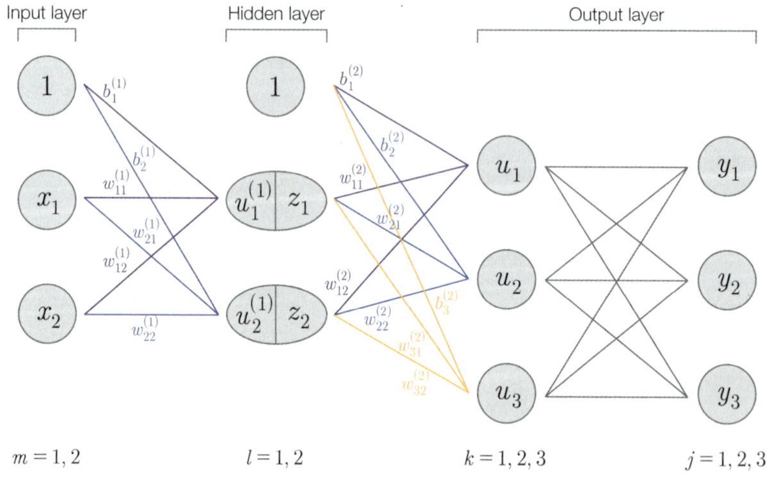

그림 20-2 소프트맥스 활성화 함수를 사용하는 이차원 다중 분류 복층 신경망

편의상 입력층, 은닉층, 활성화 전 출력층, 활성화 후 출력층의 노드를 각각 m, l, k, j인덱스로 나타낸다. 출력층 사이의 연결선에는 특별히 가중치가 없다. 목적함수는 Y가 정의되면 계산할 수

있으므로 표현이 바뀌지 않는다. 하지만 미분 과정에서는 U_i를 먼저 적용하고 j인덱스에 대한 미분을 고려해야 한다. 이를 강조하기 위해 다음과 같이 목적함수를 표현할 수 있다.

$$E = E\left(b^{(1)}, W^{(1)}, b^{(2)}, W^{(2)}\right) = \frac{1}{N}\sum_{i=1}^{N}\frac{1}{2}\|\phi_o(U_i) - T_i\|^2$$

계수의 미분을 이해하기 위해

$$E_i = \frac{1}{2}\|\phi_o(U_i) - T_i\|_2^2, \quad E_{j,i} = \frac{1}{2}|\phi_o(U_i)_j - (T_i)_j|^2$$

의 정의를 허용하면 다음과 같이 표현할 수 있다.

$$E = \frac{1}{N}\sum_{i=1}^{N} E_i = \frac{1}{N}\sum_{i=1}^{N}\sum_{j=1}^{M} E_{j,i}$$

tip 변수와 인덱스 정의가 복잡해졌는데, $Y_i = \phi_o(U_i)$와 $y_{j,i} = \phi_o(U_i)_j$이므로 $E_{j,i} = \frac{1}{2}|y_{j,i} - t_{j,i}|^2$이 된다.

먼저 $b_k^{(2)}$와 $w_{kl}^{(2)}$에 대한 편미분을 계산하자. 예를 들어 [그림 20-3]은 $b_1^{(2)}$와 $w_{11}^{(2)}$에 대해 E_i를 편미분하려면 고려해야 하는 연쇄법칙 관계도를 나타낸다. 즉 은닉층과 출력층 사이에 하나의 연결선에 대한 가중치를 선택하면 E까지 y_j가 모두 연결되어 있다.

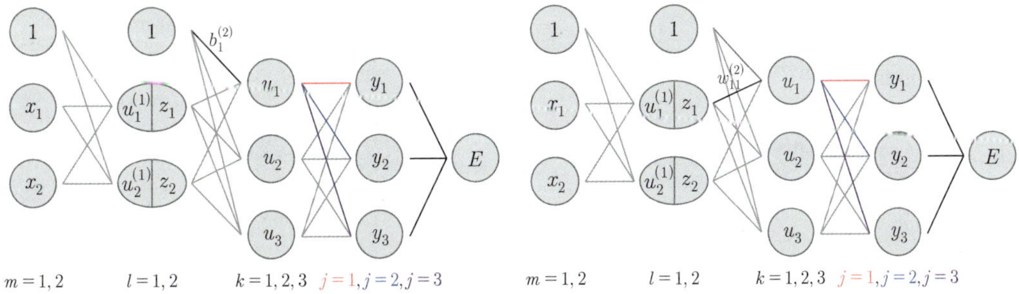

(a) $b_1^{(2)}$에서 E까지 관계도

(b) $w_{11}^{(2)}$ 에서 E까지 관계도

그림 20-3 은닉층과 출력층 사이의 가중치와 목적함수 사이의 연쇄법칙 관계도

따라서 모든 j의 연결선을 따라 연쇄법칙이 발생하고, 다음과 같이 전개할 수 있다.

$$\frac{\partial E_i}{\partial b_k^{(2)}} = \frac{\partial u_{k,i}}{\partial b_k^{(2)}} \cdot \frac{\partial E_i}{\partial u_{k,i}} = \frac{\partial u_{k,i}}{\partial b_k^{(2)}} \cdot \sum_{j=1}^{M}\frac{\partial E_{j,i}}{\partial u_{k,i}}$$

$$\frac{\partial E_i}{\partial w_{kl}^{(2)}} = \frac{\partial u_{k,i}}{\partial w_{kl}^{(2)}} \cdot \frac{\partial E_i}{\partial u_{k,i}} = \frac{\partial u_{k,i}}{\partial w_{kl}^{(2)}} \cdot \sum_{j=1}^{M}\frac{\partial E_{j,i}}{\partial u_{k,i}}$$

공통으로 관찰되는 $u_{k,i}$에 대한 편미분을 세부적으로 살펴보면

$$\frac{\partial E_{j,i}}{\partial u_{k,i}} = \frac{\partial y_{j,i}}{\partial u_{k,i}} \frac{\partial E_{j,i}}{\partial y_{j,i}} = \frac{\partial \phi_o(U_i)_j}{\partial u_{k,i}} (\phi_o(U_i)_j - (T_i)_j)$$

와 같은 합성함수의 미분이 관찰된다. 그리고 $\frac{\partial u_{k,i}}{\partial b_k^{(2)}} = 1$, $\frac{\partial u_{k,i}}{\partial w_{kl}^{(2)}} = z_{l,i}^{(1)}$ 이므로 다음과 같이 정리할 수 있다.

$$\frac{\partial E_i}{\partial b_k^{(2)}} = \sum_{j=1}^{M} \frac{\partial \phi_o(U_i)_j}{\partial u_{k,i}} (\phi_o(U_i)_j - (T_i)_j) \cdot 1$$

$$\frac{\partial E_i}{\partial w_{kl}^{(2)}} = \sum_{j=1}^{M} \frac{\partial \phi_o(U_i)_j}{\partial u_{k,i}} (\phi_o(U_i)_j - (T_i)_j) \cdot z_{l,i}^{(1)}$$

소프트맥스 함수의 미분을 계산하기 전에 로지스틱 함수를 다른 방식으로 미분해보자. 로지스틱 함수는 다음과 같이 변형할 수 있다.

$$\phi(u) = \frac{1}{1+e^{-u}} = e^u \cdot \frac{1}{1+e^u}$$

곱의 미분법을 적용하면 다음과 같은 특징이 있다.

$$\phi'(u) = e^u \cdot \frac{1}{1+e^u} + e^u \cdot \left(-\frac{e^u}{(1+e^u)^2} \right) = \phi(u) - (\phi(u))^2$$

소프트맥스 함수도 비슷한 방식으로 미분할 수 있다. 먼저 소프트맥스 함수를 변형하면

$$\phi_o(U)_j = e^{u_j} \cdot \frac{1}{\sum e^{u_p}}$$

이다. 여기서 $\sum e^{u_p} = e^{u_1} + e^{u_2} + \cdots + e^{u_M}$ 이다.

tip Σ 연산의 시작과 끝이 명확한 경우에는 생략하기도 한다.

소프트맥스 함수는 $k=j$와 $k \neq j$일 때 미분 결과가 서로 다르다. 먼저 $k=j$이면 로지스틱 함수의 미분과 유사한 결과를 얻는다.

$$\frac{\partial \phi_o(U)_j}{\partial u_j} = e^{u_j} \cdot \frac{1}{\sum e^{u_p}} + e^{u_j} \cdot \left(-\frac{e^{u_j}}{(\sum e^{u_p})^2} \right) = \phi_o(U)_j - (\phi_o(U)_j)^2$$

반면에 $k \neq j$이면 미분 결과는

$$\frac{\partial \phi_o(U)_j}{\partial u_k} = e^{u_j} \cdot \left(-\frac{e^{u_k}}{\left(\sum e^{u_p}\right)^2} \right) = -\phi_o(U)_j \phi_o(U)_k$$

이다. 이를 간단하게 행렬 표현법으로 일반화하면 다음과 같다.

$$\begin{aligned} \frac{\partial E_i}{\partial b^{(2)}} &= \left[\left[\frac{\partial \phi_o(U_i)}{\partial U} \right]^T (\phi_o(U_i) - T_i) \right] \\ \frac{\partial E_i}{\partial W^{(2)}} &= \left[\left[\frac{\partial \phi_o(U_i)}{\partial U} \right]^T (\phi_o(U_i) - T_i) \right] (Z_i^{(1)})^T \end{aligned} \tag{20.1}$$

여기서 $\partial \phi_o / \partial U$는 다음과 같다.

$$\frac{\partial \phi_o(U)}{\partial U} = \begin{bmatrix} \phi_o(U)_1 - (\phi_o(U)_1)^2 & -\phi_o(U)_1 \phi_o(U)_2 & -\phi_o(U)_1 \phi_o(U)_3 \\ -\phi_o(U)_2 \phi_o(U)_1 & \phi_o(U)_2 - (\phi_o(U)_2)^2 & -\phi_o(U)_2 \phi_o(U)_3 \\ -\phi_o(U)_3 \phi_o(U)_1 & -\phi_o(U)_3 \phi_o(U)_2 & \phi_o(U)_3 - (\phi_o(U)_3)^2 \end{bmatrix} \tag{20.2}$$

다음으로 $b_l^{(1)}$과 $w_{lm}^{(1)}$에 대한 편미분의 연쇄법칙을 살펴보자. 예를 들어 [그림 20-4]는 $b_1^{(1)}$과 $w_{11}^{(1)}$에 대해 E_i를 편미분하려면 고려해야 하는 연쇄법칙 관계도를 나타낸다. 즉 입력층과 은닉층 사이에 하나의 연결선에 대한 가중치를 선택하면 u_k와 y_j 모두 관련되고 E까지 연결되는 모든 연결선을 보여준다.

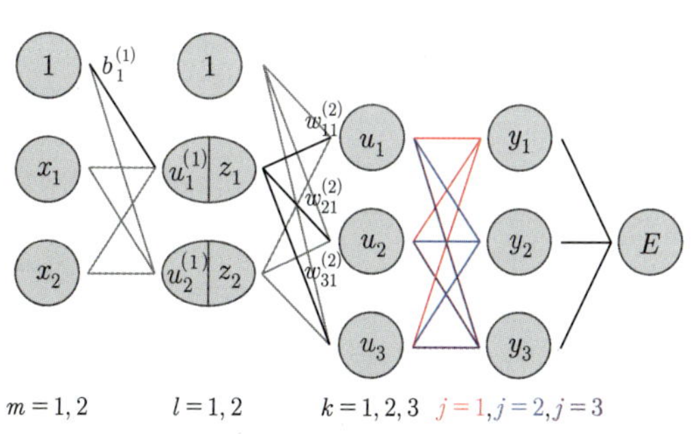

(a) $b_1^{(1)}$에서 E_i까지 관계도

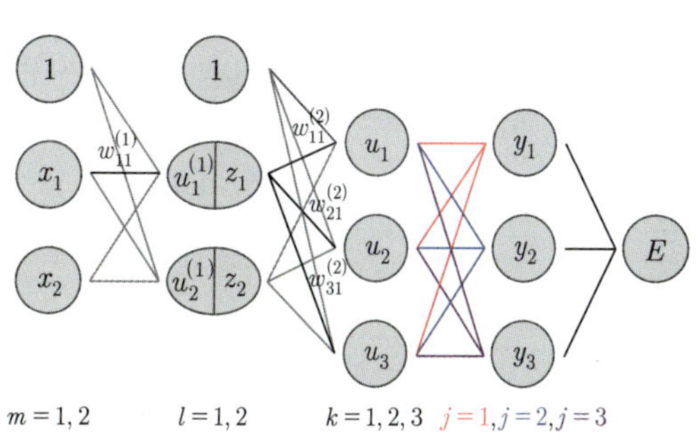

(b) $w_{11}^{(1)}$에서 E_i까지 관계도

그림 20-4 입력층과 은닉층 사이의 가중치와 목적함수 사이의 연쇄법칙 관계도

따라서 모든 j와 k의 연결선을 따라 연쇄법칙이 발생하고, 다음과 같이 전개할 수 있다.

$$\frac{\partial E_i}{\partial b_l^{(1)}} = \frac{\partial u_{l,i}^{(1)}}{\partial b_l^{(1)}} \cdot \frac{\partial E_i}{\partial u_{l,i}^{(1)}} = \frac{\partial u_{l,i}^{(1)}}{\partial b_l^{(1)}} \cdot \sum_{k=1}^{M} \frac{\partial u_{k,i}}{\partial u_{l,i}^{(1)}} \cdot \frac{\partial E_i}{\partial u_{k,i}} = \frac{\partial u_l^{(1)}}{\partial b_l^{(1)}} \cdot \sum_{k=1}^{M} \frac{\partial u_{k,i}}{\partial u_{l,i}^{(1)}} \cdot \sum_{j=1}^{M} \frac{\partial y_{j,i}}{\partial u_{k,i}} \cdot \frac{\partial E_{j,i}}{\partial y_{j,i}}$$

$$\frac{\partial E_i}{\partial w_{lm}^{(1)}} = \frac{\partial u_{l,i}^{(1)}}{\partial w_{lm}^{(1)}} \cdot \frac{\partial E_i}{\partial u_{l,i}^{(1)}} = \frac{\partial u_{l,i}^{(1)}}{\partial w_{lm}^{(1)}} \cdot \sum_{k=1}^{M} \frac{\partial u_{k,i}}{\partial u_{l,i}^{(1)}} \cdot \frac{\partial E_i}{\partial u_{k,i}} = \frac{\partial u_{l,i}^{(1)}}{\partial w_{lm}^{(1)}} \cdot \sum_{k=1}^{M} \frac{\partial u_{k,i}}{\partial u_{l,i}^{(1)}} \cdot \sum_{j=1}^{M} \frac{\partial y_{j,i}}{\partial u_{k,i}} \cdot \frac{\partial E_{j,i}}{\partial y_{j,i}}$$

편미분에 $\partial u_{k,i}/\partial u_{l,i}^{(1)}$이 추가되었음을 관찰할 수 있다. 이때 합성함수 미분을 이용하면 다음을 얻는다.

$$\sum_{k=1}^{M} \frac{\partial u_{k,i}}{\partial u_{l,i}^{(1)}} = \frac{\partial z_{l,i}}{\partial u_{l,i}^{(1)}} \sum_{k=1}^{M} \frac{\partial u_{k,i}}{\partial z_{l,i}} = \phi'_{(1)}\left(u_{l,i}^{(1)}\right) \sum_{k=1}^{M} w_{kl}^{(2)}$$

다른 편미분은 이미 계산했거나 계산하기 어렵지 않으므로 지금까지의 식을 정리하면 다음과 같다.

$$\frac{\partial E_i}{\partial b_l^{(1)}} = 1 \cdot \phi'_{(1)}\left(u_{l,i}^{(1)}\right) \sum_{k=1}^{M} w_{kl}^{(2)} \cdot \sum_{j=1}^{M} \frac{\partial \phi_o(U_i)_j}{\partial u_k} \left(\phi_o(U_i)_j - (T_i)_j\right)$$

$$\frac{\partial E_i}{\partial w_{lm}^{(1)}} = x_{m,i} \cdot \phi'_{(1)}\left(u_{l,i}^{(1)}\right) \sum_{k=1}^{M} w_{kl}^{(2)} \cdot \sum_{j=1}^{M} \frac{\partial \phi_o(U_i)_j}{\partial u_k} \left(\phi_o(U_i)_j - (T_i)_j\right)$$

$b^{(1)}$과 $W^{(1)}$에 대한 미분을 행렬 표현법으로 정리하면 다음과 같다.

$$\begin{aligned} \frac{\partial E_i}{\partial b^{(1)}} &= \left[\phi'_{(1)}(U_i^{(1)}) \circ [W^{(2)}]^T \left[\frac{\partial \phi_o(U_i)}{\partial U}\right]^T (\phi_o(U_i) - T_i)\right] \\ \frac{\partial E_i}{\partial W^{(1)}} &= \left[\phi'_{(1)}(U_i^{(1)}) \circ [W^{(2)}]^T \left[\frac{\partial \phi_o(U_i)}{\partial U}\right]^T (\phi_o(U_i) - T_i)\right] X_i^T \end{aligned} \tag{20.3}$$

프로그래밍을 간단하게 구현하기 위해 $\partial \phi_o/\partial U$를 다음과 같이 정리할 수 있다.

$$\begin{aligned} \frac{\partial \phi_o(U)}{\partial U} &= \begin{bmatrix} \phi_o(U)_1 & & \\ & \phi_o(U)_2 & \\ & & \phi_o(U)_3 \end{bmatrix} - \begin{bmatrix} \phi_o(U)_1 \\ \phi_o(U)_2 \\ \phi_o(U)_3 \end{bmatrix} \begin{bmatrix} \phi_o(U)_1 & \phi_o(U)_2 & \phi_o(U)_3 \end{bmatrix} \\ &= \operatorname{diag}(\phi_o(U)^T) - \phi_o(U)\phi_o(U)^T \end{aligned}$$

diag 함수

실습예제로 넘어가기 전에 넘파이의 diag 함수 사용법을 간단하게 소개한다. diag 함수는 입력한 일차원 배열의 성분을 대각원소로 갖는 이차원 배열을 만든다.

코드 20-1

```
import numpy as np

dd = np.array([1,2,3])
D = np.diag(dd)
print(D)
```

실행 결과

```
[[1 0 0]
 [0 2 0]
 [0 0 3]]
```

반대로 diag 함수는 이차원 배열을 입력하면 대각원소를 일차원 배열로 알려준다.

코드 20-2

```
import numpy as np

D = np.array([[1,2,3],[4,5,6],[7,8,9]])
dd = np.diag(D)
print(dd)
```

실행 결과

```
[1 5 9]
```

채워진 등고선

contour 함수는 이차원 곡면을 3차원 공간에 대응하는 그림으로 출력한다. contour 대신 contourf를 사용하면 레벨셋 사이를 적당한 색으로 표현하여 등위곡선을 보다 효과적으로 표현할 수 있다. 8절 [코드 8-5]의 실행 결과와 비교해보라. 11줄에서 cmap 옵션을 'rainbow'로 선택했다.

tip 'rainbow'의 색상 분포는 8절 [그림 8-1]을 참고하라.

코드 20-3

```
import numpy as np
import matplotlib.pyplot as plt

X = np.linspace(-5, 5)
Y = np.linspace(-5, 5)
xx, yy = np.meshgrid(X, Y)
zz = np.sin(np.sqrt(xx**2+yy**2))

fig = plt.figure()
ax = plt.axes()
ax.contourf(xx, yy, zz, 10, cmap='rainbow')
ax.set_aspect('equal')
plt.show()
```

실행 결과

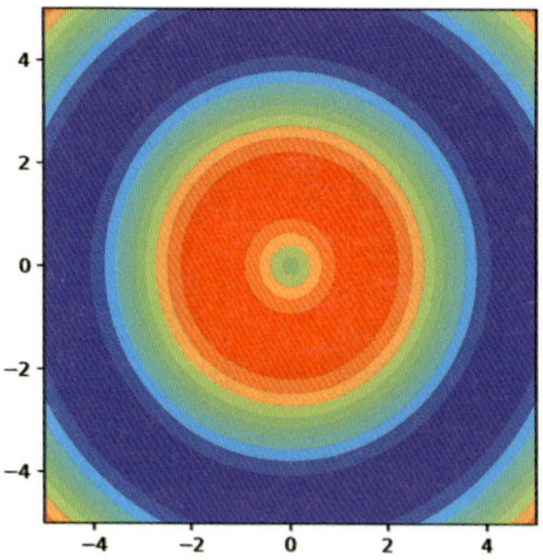

contourf 함수도 특정 레벨을 선택할 수 있지만 contour와 다르게 등위곡선 사이에 색을 채우게 되어 있다. 선택한 색상 분포를 그대로 사용하려면 [코드 20-4]와 같이 plt.colormaps.get_cmap 함수를 이용할 수 있다.

코드 20-4

```
import numpy as np
import matplotlib.pyplot as plt

X = np.linspace(-5, 5)
Y = np.linspace(-5, 5)
xx, yy = np.meshgrid(X, Y)
zz = np.sin(np.sqrt(xx**2+yy**2))

fig = plt.figure()
```

```
10    ax = plt.axes()
11    gcmap = plt.colormaps.get_cmap('rainbow')
12    ax.contourf(xx, yy, zz, [0.2,0.6], colors=[gcmap(0.1)])
13    ax.set_aspect('equal')
14    plt.show()
```

실행 결과

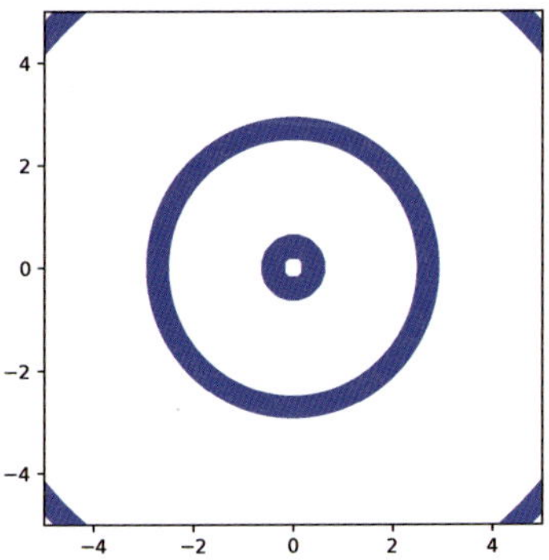

- **11줄** `'rainbow'`에 해당하는 색상 분포의 클래스를 gcmap에 할당한다. gcmap은 0과 1 사이의 값을 받아 그 값에 해당하는 색상 분포의 색을 반환한다.
- **12줄** 0.2와 0.6 레벨의 등위곡선 사이를 `'rainbow'`의 색상 분포 중 0.1 비율에 해당하는 색으로 채운다.

지금까지 분류문제를 풀 때 출력층의 활성화 함수를 로지스틱 함수로 선택했다. 이전과 동일한 예제에서 출력층의 활성화 함수를 소프트맥스로 변경하여 풀어보자. 이전 코드에서 어떤 부분이 변경되는지 집중적으로 이해하기 바란다.

실습예제 20-1

주어진 데이터에 대해 복층 구조를 이용하여 이차원 다중 분류기를 구현하라. 은닉층의 활성화 함수는 로지스틱 함수로 적용하고, 출력층의 활성화 함수는 소프트맥스로 적용한다. 은닉층의 노드는 7개라 하고, 최대반복수는 10,000으로 고정하고 학습률은 1로 정한다. 단, 기울기는 bWx-형식의 행렬 표현법을 반영하여 계산하라. 데이터는 산점도로 나타내고 분류함수에 대한 경계를 등위곡선으로 그려라.

```
import numpy as np
import matplotlib.pyplot as plt

np.random.seed(78)
N = 100
x1, x2 = 2*np.random.rand(N)-1, 2*np.random.rand(N)-1
x = np.row_stack((x1,x2))
tf1, tf2 = x1**2+x2**2<0.5, x1+x2<0
t2 = np.logical_and(np.logical_not(tf1), tf2)
```

```
t3 = np.logical_and(np.logical_not(tf1), np.logical_not(tf2))
t = np.float64(np.row_stack((tf1,t2,t3)))

fig = plt.figure()
ax = plt.axes()
ax.scatter(x[0,:], x[1,:], c=t[1,:]+2*t[2,:], cmap='brg')
ax.set_aspect('equal')
plt.show()
```

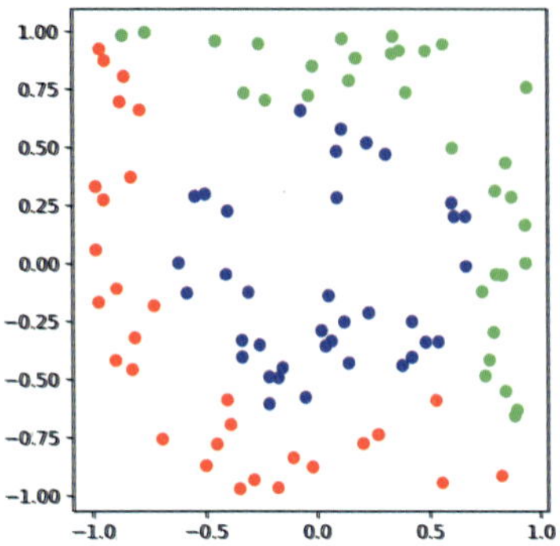

문제 해석

출력층의 활성화 함수를 소프트맥스로 정의한 복층 구조를 설계하고 평균 제곱 오차를 사용하여 목적함수를 정의한다. 은닉층 노드를 7개로 설정하고 활성화 함수는 로지스틱 함수를 적용한다. 목적함수의 기울기를 계산하고 경사하강법을 적용할 수 있다. bWx-형식의 행렬 표현법을 이용하여 기울기를 계산한다.

모범 답안

```
phi = lambda u: 1/(1+np.exp(-u))
dphi = lambda u: np.exp(-u)/(1+np.exp(-u))**2

soft = lambda u: np.exp(u)/np.sum(np.exp(u))
dsoft = lambda u: np.diag((soft(u).T)[0])-soft(u)@soft(u).T

np.random.seed(1)
L = 7
b1, W1 = np.random.rand(L,1), np.random.rand(L,2)
b2, W2 = np.random.rand(3,1), np.random.rand(3,L)

MaxIter = 10000
alpha = 1.0
ns = MaxIter/10

print('n={:5d}'.format(0))
for n in range(MaxIter):
```

```python
    gradb1, gradW1 = np.zeros((L,1)), np.zeros((L,2))
    gradb2, gradW2 = np.zeros((3,1)), np.zeros((3,L))
    for i in range(N):
        ti = t[:,i:i+1]
        xi = x[:,i:i+1]
        uh = b1 + W1@xi
        zi = phi(uh)
        ui = b2 + W2@zi

        dEdu = dsoft(ui)@(soft(ui)-ti)
        gradb2 += 1/N*dEdu
        gradW2 += 1/N*dEdu@zi.T

        dEduh = dphi(uh)*(W2.T@dEdu)
        gradb1 += 1/N*dEduh
        gradW1 += 1/N*dEduh@xi.T

    b1, W1 = b1-alpha*gradb1, W1-alpha*gradW1
    b2, W2 = b2-alpha*gradb2, W2-alpha*gradW2

    Eval = 0.0
    for i in range(N):
        ti = t[:,i:i+1]
        xi = x[:,i:i+1]
        uh = b1 + W1@xi
        zi = phi(uh)
        ui = b2 + W2@zi

        Eval += 0.5/N*np.sum((soft(ui)-ti)**2)

    if (n+1)%ns == 0:
        print('n={:5d}, Eval={:.4f}'.format(n+1,Eval))
```

실행 결과

```
n=     0
n= 1000, Eval=0.1706
n= 2000, Eval=0.0757
n= 3000, Eval=0.0357
n= 4000, Eval=0.0249
n= 5000, Eval=0.0200
n= 6000, Eval=0.0171
n= 7000, Eval=0.0150
n= 8000, Eval=0.0132
n= 9000, Eval=0.0118
n=10000, Eval=0.0106
```

출력층의 활성화 함수가 변경되었으므로 그림으로 나타낼 때 구현한 코드도 수정해야 한다. 이전 코드와 비교하여 어느 부분이 수정되었는지 집중적으로 살펴보자. 리스트 배열을 이용하여 그림 그리기 방식에서 소프트맥스를 구현한다.

```
x1 = np.linspace(-1, 1)
x2 = np.linspace(-1, 1)
xx1, xx2 = np.meshgrid(x1, x2)

uuh = [0 for l in range(L)]
for l in range(L):
    uuh[l] = b1[l,0] + W1[l,0]*xx1 + W1[l,1]*xx2

uu = [0 for k in range(3)]
for k in range(3):
    uu[k] = b2[k,0]
    for l in range(L):
        uu[k] += W2[k,l]*phi(uuh[l])

sigma = 0
for k in range(3):
    sigma += np.exp(uu[k])

yy = [0 for j in range(3)]
for j in range(3):
    yy[j] = np.exp(uu[j])/sigma

fig = plt.figure()
ax = plt.axes()
ax.scatter(x[0,:], x[1,:], c=t[1,:]+2*t[2,:], cmap='brg')
for j in range(3):
    ax.contour(xx1, xx2, yy[j], [0.5])
ax.set_aspect('equal')
plt.show()
```

실행 결과

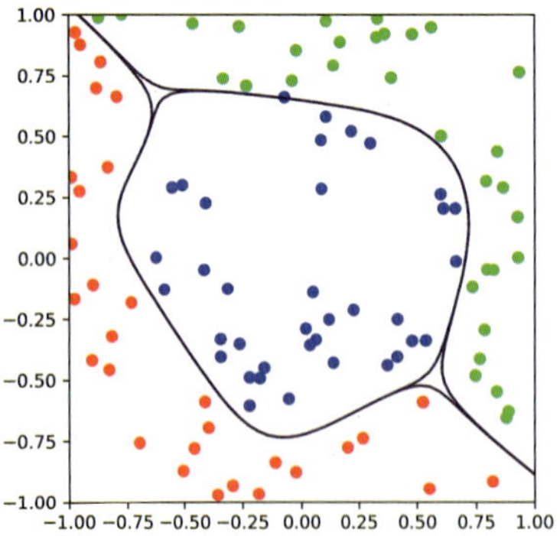

모든 활성화 함수를 로지스틱 함수로 적용한 결과와 출력층의 활성화 함수를 소프트맥스로 변경한 결과를 비교하면 차이가 분명히 존재한다. 소프트맥스가 로지스틱 함수에 비해 영역을 중복되지 않게 확연히 구분한다. 로지스틱 함수는 거의 모든 영역에서 잘 분류하는 것처럼 보이지만, 특정 영역에서 어떤 범주를 가리키는지 구분하기 어려울 수 있다. 반면에 소프트맥스는 contour의 경계선이 일치하므로 명확하게 어떤 범주를 가리키는지 확인할 수 있다.

범주별 출력함수의 총합 $y_1 + y_2 + y_3$에 대한 곡면을 출력하면 [그림 20−5]와 같다. [그림 20−5(a)]와 같이 모두 로지스틱 함수를 적용하면 총합이 1이 아닌 경우가 존재하는 반면에, [그림 20−5(b)]는 활성화 함수를 소프트맥스로 적용하면 총합이 1을 유지함을 보여준다.

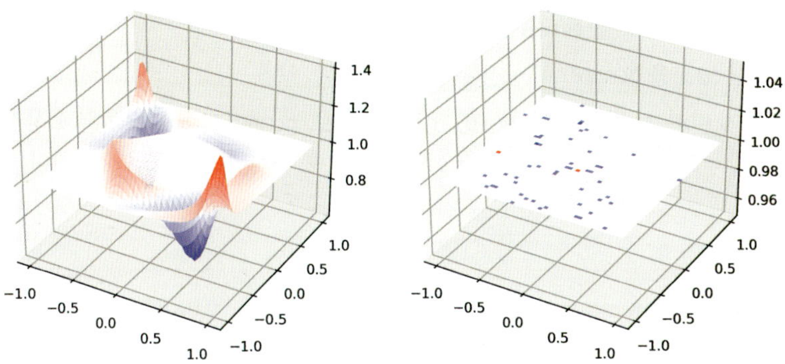

(a) 18절 [실습예제 18−1]　　(b) [실습예제 20−1]

그림 20−5 출력층의 활성화 함수에 따른 출력함수의 총합 차이

[실습예제 20−1]의 모범 답안에서 contourf를 이용하면 영역을 경계선으로 구분하는 대신 클래스에 대한 영역을 각각 강조할 수도 있다. [코드 20−5]를 확인하자.

코드 20−5

```
fig = plt.figure()
ax = plt.axes()
gcmap = plt.colormaps.get_cmap('brg')
plt.scatter(x[0,:], x[1,:], c=t[1,:]+2*t[2,:], cmap=gcmap)
for i in range(3):
    ax.contourf(xx1, xx2, yy[i], [0.5,1.0], colors=[gcmap(i/2)], alpha=0.3)
ax.set_aspect('equal')
plt.show()
```

실행 결과

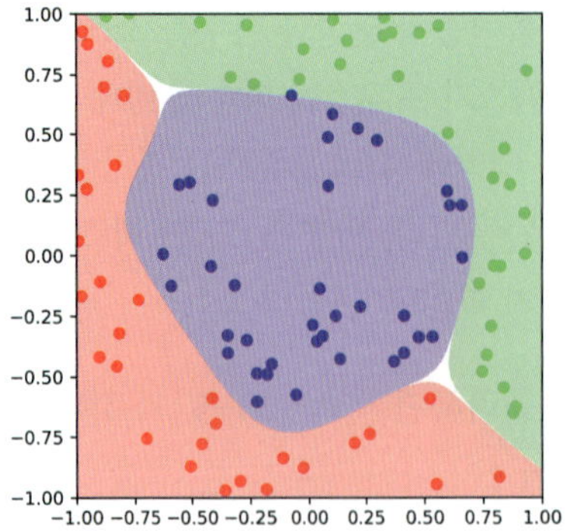

- **3줄** 'brg' 색상 분포에 해당하는 클래스를 gcmap에 할당한다.
- **4줄** 산점도의 색상 분포 옵션 cmap을 gcmap으로 설정한다.
- **6줄** 범주가 3개이고 반복문에 따라 각 범주는 gcmap(0), gcmap(1/2), gcmap(1)에 대응하는 색상을 사용한다. alpha 옵션은 투명도를 의미한다. 산점도와 동시에 관찰할 수 있게 적당한 값을 설정한다.

실습예제 20-2 도전!

주어진 데이터에 대해 복층 구조를 이용하여 이차원 다중 분류기를 구현하라. 은닉층의 활성화 함수는 로지스틱 함수로 적용하고, 출력층의 활성화 함수는 소프트맥스로 적용한다. 은닉층의 노드는 11개로 두고, 최대반복수는 10,000으로 고정하고 학습률은 1로 정한다. 단, 기울기는 bWx-형식의 행렬 표현법을 반영하여 계산하라. 데이터는 산점도로 나타내고 분류함수에 대한 경계를 등위곡선으로 그려라.

```
import numpy as np
import matplotlib.pyplot as plt

N = 100
np.random.seed(78)
x1, x2 = 2*np.random.rand(N)-1, 2*np.random.rand(N)-1
x = np.row_stack((x1,x2))
tf1, tf2, tf3 = x1**2+x2**2<0.5, x1+x2<0, x1-x2<0
t1 = np.logical_and(tf1, tf3)
t2 = np.logical_and(tf1, np.logical_not(tf3))
t3 = np.logical_and(np.logical_not(tf1), tf2)
t4 = np.logical_and(np.logical_not(tf1), np.logical_not(tf2))
t = np.float64(np.row_stack((t1,t2,t3,t4)))

fig = plt.figure()
ax = plt.axes()
ax.scatter(x[0,:], x[1,:], c=t[1,:]+2*t[2,:]+3*t[3,:], cmap='rainbow')
```

```
ax.set_aspect('equal')
plt.show()
```

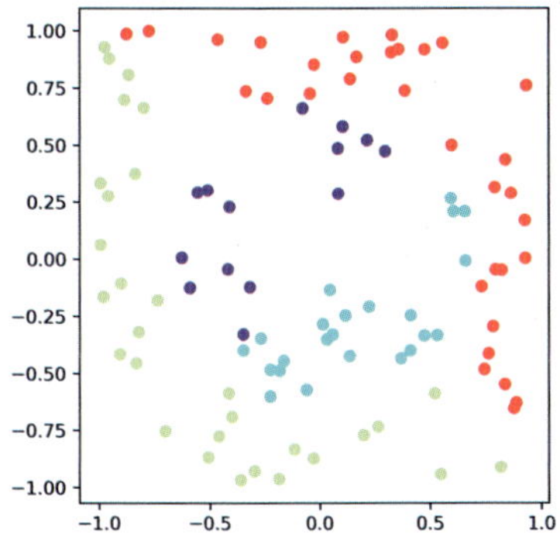

참고

벡터 U에 대한 함수 $\phi_o(U)$의 미분을 행렬로 생각했듯이 함수 $\phi_{(1)}(U^{(1)})$을 위한 벡터 $U^{(1)}$의 미분도 행렬로 이해할 수 있다. 다만 함수 $\phi_{(1)}(U_i^{(1)})$이 성분별로 정의되므로 편미분하면 다음과 같은 대각행렬을 얻는다.

$$\frac{\partial \phi_{(1)}(U_i^{(1)})}{\partial U^{(1)}} = \begin{bmatrix} \phi'_{(1)}(u_1^{(1)}) & 0 \\ 0 & \phi'_{(1)}(u_2^{(1)}) \end{bmatrix}$$

대각행렬과 벡터의 곱은 다음과 같이 대각성분과 벡터의 아다마르 곱으로 해석할 수 있다.

$$\begin{bmatrix} a_1 & 0 & 0 \\ 0 & a_2 & 0 \\ 0 & 0 & a_3 \end{bmatrix} \begin{bmatrix} b_1 \\ b_2 \\ b_3 \end{bmatrix} = \begin{bmatrix} a_1 \\ a_2 \\ a_3 \end{bmatrix} \circ \begin{bmatrix} b_1 \\ b_2 \\ b_3 \end{bmatrix}$$

따라서 $b^{(1)}$과 $W^{(1)}$에 대한 미분을 다음과 같이 정리할 수도 있다.

$$\frac{\partial E_i}{\partial b^{(1)}} = \left[\left[\frac{\partial \phi_{(1)}(U_i^{(1)})}{\partial U^{(1)}} \right]^T [W^{(2)}]^T \left[\frac{\partial \phi_o(U_i)}{\partial U} \right]^T (\phi_o(U_i) - T_i) \right]$$

$$\frac{\partial E_i}{\partial W^{(1)}} = \left[\left[\frac{\partial \phi_{(1)}(U_i^{(1)})}{\partial U^{(1)}} \right]^T [W^{(2)}]^T \left[\frac{\partial \phi_o(U_i)}{\partial U} \right]^T (\phi_o(U_i) - T_i) \right] X_i^T$$

이와 같은 방식은 프로그램을 구현하는 데 유용하지 않지만, 행렬 곱만으로 지금까지의 미분을 모두 설명할 수 있다는 점에서 주목할 만하다. 사실 은닉층에서 소프트맥스 함수를 적용하면 동일한 방식으로 유도할 수 있다. 다만 결과가 특별히 좋은 것도 아니고 계산 비용도 많이 들기 때문에 은닉층에서는 로지스틱 함수처럼 성분별로 독립적인 함수를 적용한다.

SECTION 20 연습문제

1 주어진 데이터에 대해 복층 구조를 이용하여 이차원 다중 분류기를 구현하라. 은닉층의 활성화 함수는 로지스틱 함수로 적용하고, 출력층의 활성화 함수는 소프트맥스로 적용한다. 은닉층의 노드는 15개로 두고, 최대반복수는 10,000으로 고정하고 학습률은 1로 정한다. 단, 기울기는 bWx-형식의 행렬 표현법을 반영하여 계산하라. 데이터는 산점도로 나타내고 분류함수에 대한 경계를 등위곡선으로 그려라.

```python
import numpy as np
import matplotlib.pyplot as plt

N = 100
np.random.seed(78)
x1, x2 = 2*np.random.rand(N)-1, 2*np.random.rand(N)-1
x = np.row_stack((x1,x2))
tf1, tf2, tf3 = x1**2+x2**2<0.7, x1+x2<0, x1-x2<0
t1 = np.logical_and(np.logical_and(tf1,tf3), tf2)
t2 = np.logical_and(np.logical_and(tf1,tf3), np.logical_not(tf2))
t3 = np.logical_and(np.logical_and(tf1,np.logical_not(tf3)), tf2)
t4 = np.logical_and(np.logical_and(tf1,np.logical_not(tf3)), np.logical_not(tf2))
t5 = np.logical_and(np.logical_not(tf1), tf2)
t6 = np.logical_and(np.logical_not(tf1), np.logical_not(tf2))
t = np.float64(np.row_stack((t1,t2,t3,t4,t5,t6)))

fig = plt.figure()
ax = plt.axes()
labels = t[1,:] + 2*t[2,:] + 3*t[3,:] + 4*t[4,:] + 5*t[5,:]
ax.scatter(x[0,:], x[1,:], c=labels, cmap='rainbow')
ax.set_aspect('equal')
plt.show()
```

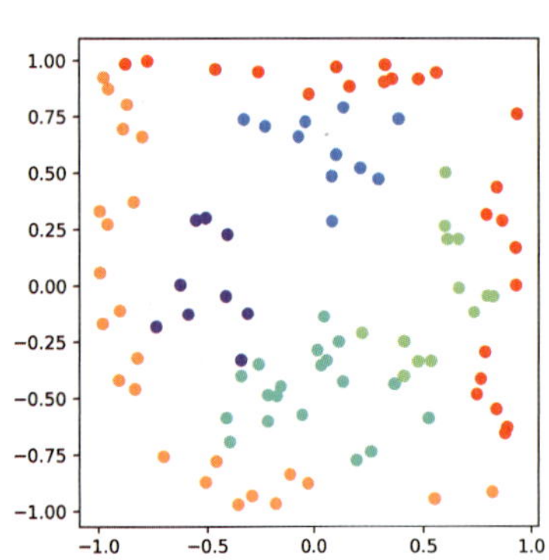

2 주어진 데이터에 대해 삼층 구조를 이용하여 이차원 다중 분류기를 구현하라. 은닉층의 활성화 함수는 모두 로지스틱 함수로 적용하고, 출력층의 활성화 함수는 소프트맥스로 적용한다. 은닉층의 노드는 $(L_1, L_2) = (7, 5)$라 하고, 최대반복수는 10,000으로 고정하고 학습률은 1로 정한다. 단, 기울기는 bWx-형식의 행렬 표현법을 반영하여 계산하라. 데이터는 산점도로 나타내고 분류함수에 대한 경계를 등위곡선으로 그려라.

```python
import numpy as np
import matplotlib.pyplot as plt

N = 100
np.random.seed(78)
x1, x2 = 2*np.random.rand(N)-1, 2*np.random.rand(N)-1
x = np.row_stack((x1,x2))
tf1, tf2, tf3 = x1**2+x2**2<0.5, x1+x2<0, x1-x2<0
t1 = np.logical_and(tf1, tf3)
t2 = np.logical_and(tf1, np.logical_not(tf3))
t3 = np.logical_and(np.logical_not(tf1), tf2)
t4 = np.logical_and(np.logical_not(tf1), np.logical_not(tf2))
t = np.float64(np.row_stack((t1,t2,t3,t4)))

fig = plt.figure()
ax = plt.axes()
ax.scatter(x[0,:], x[1,:], c=t[1,:]+2*t[2,:]+3*t[3,:], cmap='rainbow')
ax.set_aspect('equal')
plt.show()
```

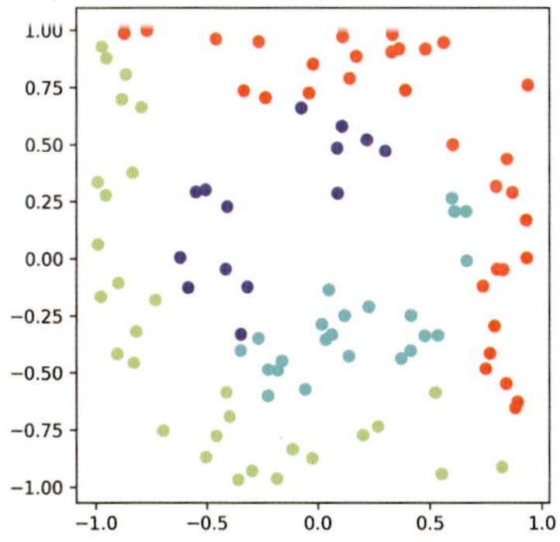

SECTION 21 ReLU 함수

2개의 은닉층을 갖는 삼층 구조를 일반화하면 [그림 21-1]과 같이 표현할 수 있다. 다층 구조는 인접한 층마다 모든 노드가 연결되어 있으며, 가중합을 계산하는 구조를 의미한다. 이는 그림에서처럼 편향 노드 없이 각 층 사이의 편향 벡터 b와 가중치 행렬 W를 나열하는 것으로 이해할 수 있다. 19절 [그림 19-1]과 비교하여 이해하자.

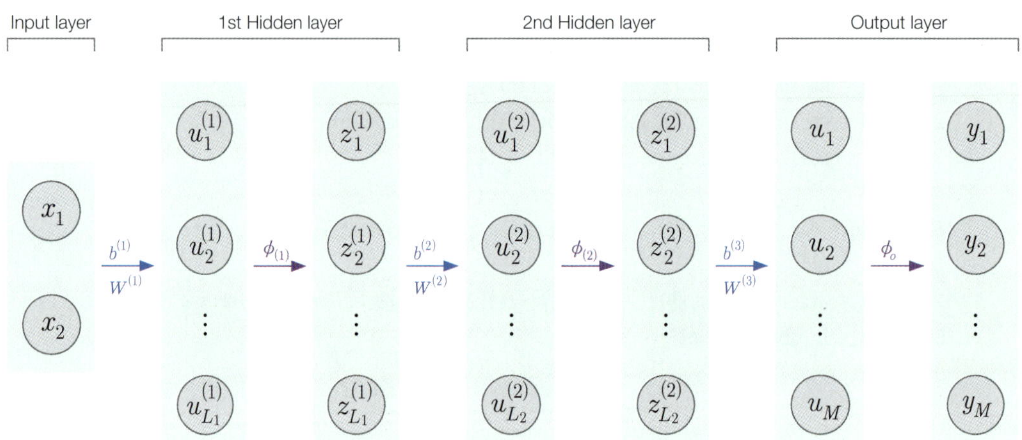

그림 21-1 블록으로 나타낸 삼층 구조 인공신경망

[그림 21-1]에 따르면 입력 벡터 $X_i \in \mathbb{R}^2$에 대해 다음과 같이 연산된다.

$$U_i^{(1)} = b^{(1)} + W^{(1)}X_i, \quad U_i^{(2)} = b^{(2)} + W^{(2)}Z_i^{(1)}, \quad U_i = b^{(3)} + W^{(3)}Z_i^{(2)}$$

각 층에서 활성화 함수는 각각 $\phi_{(1)}$, $\phi_{(2)}$, ϕ_o로 표현하고

$$Z_i^{(1)} = \phi_{(1)}(U_i^{(1)}), \quad Z_i^{(2)} = \phi_{(2)}(U_i^{(2)}), \quad Y_i = \phi_o(U_i)$$

의 식으로 활성화된다. 각각의 활성화 함수를 일반화하면 모두 벡터장으로 이해할 수 있다. 로지스틱 함수나 쌍곡탄젠트 함수와 같이 성분별로 정의된 활성화 함수의 경우, 미분 결과는 대각 성분만 남아 아다마르 곱이 된다. 반면에 소프트맥스처럼 성분이 독립적이지 않고 상호 작용하도록

정의된 활성화 함수의 경우, 더 복잡한 계산이 필요하다.

평균 제곱 오차가 목적함수이고 출력층의 활성화 함수 ϕ_o는 소프트맥스이며, 은닉층의 활성화 함수 $\phi_{(1)}$과 $\phi_{(2)}$를 시그모이드 함수라고 하면 지금까지 배운 내용을 바탕으로 기울기를 다음과 같이 계산할 수 있다.

$$\frac{\partial E_i}{\partial b^{(3)}} = \left[\left[\frac{\partial \phi_o(U_i)}{\partial U}\right]^T (\phi_o(U_i) - T_i)\right]$$

$$\frac{\partial E_i}{\partial W^{(3)}} = \left[\left[\frac{\partial \phi_o(U_i)}{\partial U}\right]^T (\phi_o(U_i) - T_i)\right](Z_i^{(2)})^T$$

$$\frac{\partial E_i}{\partial b^{(2)}} = \left[\phi'_{(2)}(U_i^{(2)}) \circ [W^{(3)}]^T \left[\frac{\partial \phi_o(U_i)}{\partial U}\right]^T (\phi_o(U_i) - T_i)\right]$$

$$\frac{\partial E_i}{\partial W^{(2)}} = \left[\phi'_{(2)}(U_i^{(2)}) \circ [W^{(3)}]^T \left[\frac{\partial \phi_o(U_i)}{\partial U}\right]^T (\phi_o(U_i) - T_i)\right](Z_i^{(1)})^T$$

$$\frac{\partial E_i}{\partial b^{(1)}} = \left[\phi'_{(1)}(U_i^{(1)}) \circ [W^{(2)}]^T \phi'_{(2)}(U_i^{(2)}) \circ [W^{(3)}]^T \left[\frac{\partial \phi_o(U_i)}{\partial U}\right]^T (\phi_o(U_i) - T_i)\right]$$

$$\frac{\partial E_i}{\partial W^{(1)}} = \left[\phi'_{(1)}(U_i^{(1)}) \circ [W^{(2)}]^T \phi'_{(2)}(U_i^{(2)}) \circ [W^{(3)}]^T \left[\frac{\partial \phi_o(U_i)}{\partial U}\right]^T (\phi_o(U_i) - T_i)\right] X_i^T$$

목적함수를 정의하고 경사하강법을 적용하여 구하는 목적값은 $b^{(o)}$와 $W^{(o)}$의 계수이며, 특정값으로 수렴하기를 기대한다. 다만 학습이 이루어질수록 계수는 기울기에 따라 변하는데, 은닉층의 활성화 함수의 미분값 $\phi'_{(o)}$이 누적되고 그 값이 0.25보다 작기 때문에 입력층에 가까운 계수일수록 기울기의 크기가 기하급수적으로 작아질 수밖에 없다. 따라서 층을 늘릴수록 결정경계가 표현할 수 있는 복잡도가 증가하지만 학습 속도가 감소할 수 있다. 이와 같은 현상을 **기울기 소멸 현상** gradient vanishing effect이라 한다.

지금까지 은닉층과 노드를 추가하여 복잡도를 높이면 목적함수의 값이 중간 값에서 멈추는 경우가 많았다. 이는 최대반복수를 10,000으로 고정했기 때문일 수 있으며, 더 많은 학습이 필요할 수 있다. 한정된 시간 동안만 학습할 수 있다는 점을 고려할 때, 은닉층을 추가하는 것만으로 결과가 항상 개선된다고 보기는 어렵다.

로지스틱 함수는 u가 0 근처일 때 미분값이 유의미하고, u가 0에서 멀어질수록 미분값이 0에 가까워지는 특징이 있다. 따라서 학습 시 결정경계 근처의 데이터가 주로 사용되며, 결정경계에서 먼 데이터는 학습에 반영되지 않을 수 있다. 즉 로지스틱 함수를 은닉층의 활성화 함수로 사용할 때 생기는 이러한 단점을 해결하기 위해 다른 함수를 적용할 수 있다. 한 가지 예로 다음과 같은 **ReLU** Rectified Linear Unit 함수를 사용할 수 있다.

$$\phi_{\text{ReLU}}(u) = \begin{cases} 0, & \text{if } u < 0 \\ u, & \text{otherwise} \end{cases}$$

ReLU 함수의 도함수는 다음과 같다.

$$\phi'_{\text{ReLU}}(u) = \begin{cases} 0, & \text{if } u < 0 \\ 1, & \text{otherwise} \end{cases}$$

이렇게 정의한 ReLU 함수는 로지스틱 함수와 달리 결정경계에서 멀리 있는 데이터도 충분히 학습에 반영할 수 있다. 또한 미분값이 0 또는 1이므로 기울기 소멸 현상을 방지할 수 있다. 대신 ReLU 함수의 도함수는 0에서 연속이 아니므로 이 문제를 보완하기 위해 다른 활성화 함수를 선택할 수도 있다. 다른 함수를 다루는 것은 이 책의 목표에서 벗어나므로 생략한다.

실습예제 21-1

주어진 데이터에 대해 복층 구조를 이용하여 이차원 다중 분류기를 구현하라. 은닉층의 활성화 함수는 ReLU 함수로 적용하고, 출력층의 활성화 함수는 소프트맥스로 적용한다. 은닉층의 노드는 7개라 하고, 최대반복수는 10,000으로 고정하며 학습률은 1로 정한다. 단, 기울기는 bWx-형식의 행렬 표현법을 반영하여 계산하라. 데이터는 산점도로 나타내고 분류함수에 대한 경계는 등위곡선을 통해 그려라.

```
import numpy as np
import matplotlib.pyplot as plt

np.random.seed(78)
N = 100
x1, x2 = 2*np.random.rand(N)-1, 2*np.random.rand(N)-1
x = np.row_stack((x1, x2))
tf1, tf2 = x1**2+x2**2<0.5, x1+x2<0
t2 = np.logical_and(np.logical_not(tf1), tf2)
t3 = np.logical_and(np.logical_not(tf1), np.logical_not(tf2))
t = np.float64(np.row_stack((tf1,t2,t3)))

fig = plt.figure()
ax = plt.axes()
ax.scatter(x[0,:], x[1,:], c=t[1,:]+2*t[2,:], cmap='brg')
ax.set_aspect('equal')
plt.show()
```

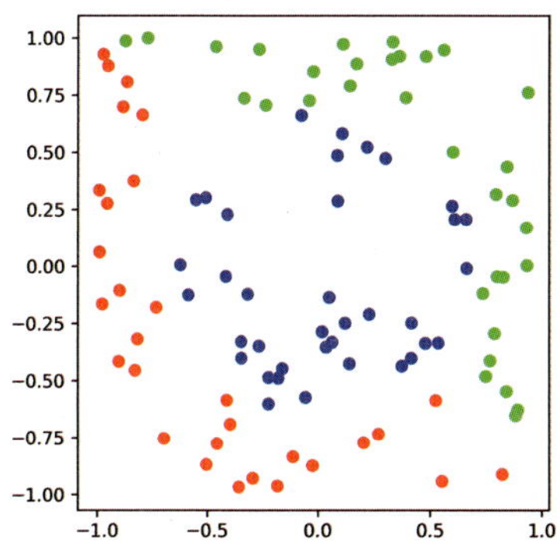

문제 해석

출력층의 활성화 함수를 소프트맥스로 정의한 복층 구조를 설계하고 평균 제곱 오차를 사용하여 목적함수를 정의한다. 은닉층 노드를 7개로 설정하고 활성화 함수는 ReLU 함수를 적용한다. 목적함수의 기울기를 계산하고 경사하강법을 적용할 수 있다. bWx-형식의 행렬 표현법을 이용하여 기울기를 계산한다.

모범 답안

```
ReLU = lambda u: (u>0)*u # ReLU Activation
dReLU = lambda u: u>0

soft = lambda u: np.exp(u)/np.sum(np.exp(u))
dsoft = lambda u: np.diag((soft(u).T)[0])-soft(u)@soft(u).T

np.random.seed(1)
L - 7
b1, W1 = np.random.rand(L,1), np.random.rand(L,2)
b2, W2 = np.random.rand(3,1), np.random.rand(3,L)

MaxIter = 10000
alpha = 1.0
ns = MaxIter/10

print('n={:5d}'.format(0))
for n in range(MaxIter):
    gradb1, gradW1 = np.zeros((L,1)), np.zeros((L,2))
    gradb2, gradW2 = np.zeros((3,1)), np.zeros((3,L))
    for i in range(N):
        ti = t[:,i:i+1]
        xi = x[:,i:i+1]
        uh = b1 + W1@xi
        zi = ReLU(uh)
        ui = b2 + W2@zi

        dEdu = dsoft(ui)@(soft(ui)-ti)
```

```
        gradb2 += 1/N*dEdu
        gradW2 += 1/N*dEdu@zi.T

        dEduh = dReLU(uh)*(W2.T@dEdu)
        gradb1 += 1/N*dEduh
        gradW1 += 1/N*dEduh@xi.T

    b1, W1 = b1-alpha*gradb1, W1-alpha*gradW1
    b2, W2 = b2-alpha*gradb2, W2-alpha*gradW2

    Eval = 0.0
    for i in range(N):
        ti = t[:,i:i+1]
        xi = x[:,i:i+1]
        uh = b1 + W1@xi
        zi = ReLU(uh)
        ui = b2 + W2@zi

        Eval += 0.5/N*np.sum((soft(ui)-ti)**2)

    if (n+1)%ns == 0:
        print('n={:5d}, Eval={:.4f}'.format(n+1,Eval))
```

실행 결과

```
n=    0
n= 1000, Eval=0.0113
n= 2000, Eval=0.0057
n= 3000, Eval=0.0038
n= 4000, Eval=0.0025
n= 5000, Eval=0.0019
n= 6000, Eval=0.0015
n= 7000, Eval=0.0013
n= 8000, Eval=0.0011
n= 9000, Eval=0.0009
n=10000, Eval=0.0008
```

```
x1 = np.linspace(-1, 1)
x2 = np.linspace(-1, 1)
xx1, xx2 = np.meshgrid(x1, x2)

uuh = [0 for l in range(L)]
```

```python
for l in range(L):
    uuh[l] = b1[l,0] + W1[l,0]*xx1 + W1[l,1]*xx2

uu = [0 for k in range(3)]
for k in range(3):
    uu[k] = b2[k,0]
    for l in range(L):
        uu[k] += W2[k,l]*ReLU(uuh[l])

sigma = 0
for k in range(3):
    sigma += np.exp(uu[k])

yy = [0 for j in range(3)]
for j in range(3):
    yy[j] = np.exp(uu[j])/sigma

fig = plt.figure()
ax = plt.axes()
gcmap = plt.colormaps.get_cmap('brg')
ax.scatter(x[0,:], x[1,:], c=t[1,:]+2*t[2,:], cmap=gcmap)
for j in range(3):
    ax.contour(xx1, xx2, yy[j], [0.5])
    ax.contourf(xx1, xx2, yy[j], [0.5,1.0], colors=[gcmap(j/2)], alpha=0.3)
ax.set_aspect('equal')
plt.show()
```

실행 결과

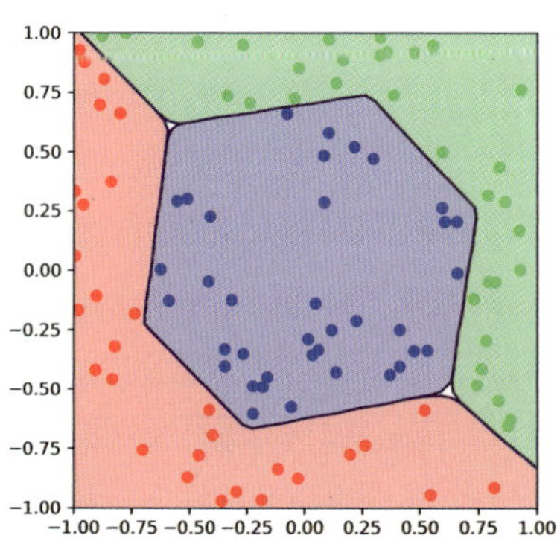

[실습예제 21-1]은 20절 [실습예제 20-1]의 은닉층 활성화 함수를 로지스틱 함수에서 ReLU 함수로 바꾼 예제이다. 10,000번 반복 후의 평균 제곱 오차를 비교하면 각각 0.0106과 0.0008로, ReLU 함수를 적용하면 상대적으로 오차가 작아짐을 확인할 수 있다.

실습예제 21-2 도전!

주어진 데이터에 대해 복층 구조를 이용하여 이차원 다중 분류기를 구현하라. 은닉층의 활성화 함수는 ReLU 함수로 적용하고, 출력층의 활성화 함수는 소프트맥스로 적용한다. 은닉층의 노드는 10개라 하고, 최대반복수는 10,000으로 고정하며 학습률은 1로 정한다. 단, 기울기는 bWx-형식의 행렬 표현법을 반영하여 계산하라. 데이터는 산점도로 나타내고 분류함수에 대한 경계는 등위곡선을 통해 그려라.

```
import numpy as np
import matplotlib.pyplot as plt

N = 100
np.random.seed(78)
x1, x2 = 2*np.random.rand(N)-1, 2*np.random.rand(N)-1
x = np.row_stack((x1,x2))
tf1, tf2, tf3 = x1**2+x2**2<0.5, x1+x2<0, x1-x2<0
t1 = np.logical_and(tf1, tf3)
t2 = np.logical_and(tf1, np.logical_not(tf3))
t3 = np.logical_and(np.logical_not(tf1), tf2)
t4 = np.logical_and(np.logical_not(tf1), np.logical_not(tf2))
t = np.float64(np.row_stack((t1,t2,t3,t4)))

fig = plt.figure()
ax = plt.axes()
ax.scatter(x[0,:], x[1,:], c=t[1,:]+2*t[2,:]+3*t[3,:], cmap='rainbow')
ax.set_aspect('equal')
plt.show()
```

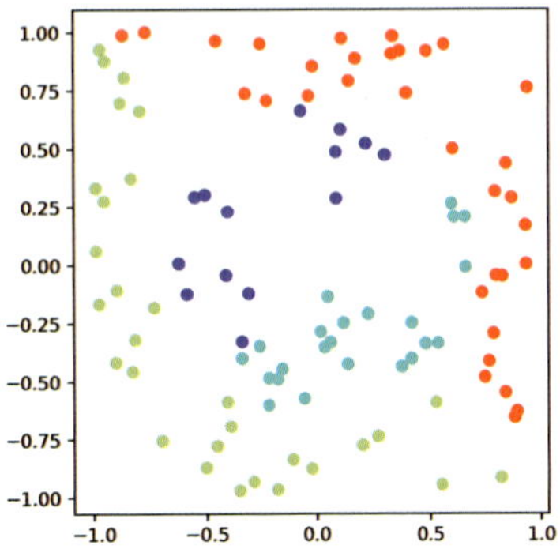

[실습예제 21-2]는 20절 [실습예제 20-2]의 은닉층 활성화 함수를 로지스틱 함수에서 ReLU 함수로 바꾼 예제이다. 10,000번 반복 후의 평균 제곱 오차를 비교하면 각각 0.0070과 0.0009로, ReLU 함수를 적용해서 상대적으로 오차가 작아진 것을 확인할 수 있다.

[그림 21-2]는 두 실습예제의 실행 결과를 출력한 것이다.

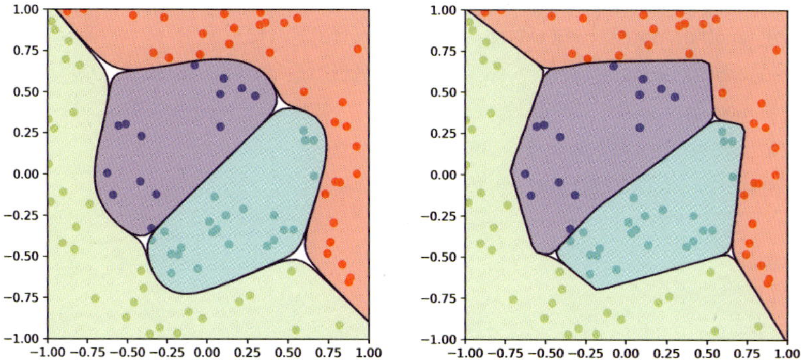

(a) 20절 [실습예제 20-2]의 실행 결과　　(b) [실습예제 21-2]의 실행 결과

그림 21-2 활성화 함수에 따른 분류함수 결과 비교

이번 절에서 ReLU 함수가 기울기 소멸 현상을 방지하고 학습 속도에 긍정적인 영향을 미칠 수 있다는 사실을 알게 되었다. 그러나 [그림 21-2]를 보면 두 결과 중 어느 것이 더 나은지 바로 선택하기가 쉽지 않다. 어떤 결과가 더 좋은지를 판단하는 것은 데이터 분석에서 결과 해석의 영역이고, 이 책의 목표를 벗어난다. 지금은 활성화 함수를 다양하게 적용하며 그 결과를 도출하는 것이 목적이지 ReLU 함수가 우월하다고 주장하고자 함이 아니다. 따라서 인공신경망의 다른 요소에 집중하기 위해 이후 절부터는 다시 로지스틱 함수를 기준으로 설명한다.

SECTION 21 연습문제

1 주어진 데이터에 대해 복층 구조를 이용하여 이차원 다중 분류기를 구현하라. 은닉층의 활성화 함수는 ReLU 함수로 적용하고, 출력층의 활성화 함수는 소프트맥스로 적용한다. 은닉층의 노드는 15개라 하고, 최대반복수는 10,000으로 고정하고 학습률은 1로 정한다. 단, 기울기는 bWx-형식의 행렬 표현법을 반영하여 계산하라. 데이터는 산점도로 나타내고 분류함수에 대한 경계는 등위곡선을 통해 그려라.

```
import numpy as np
import matplotlib.pyplot as plt

N = 100
np.random.seed(78)
x1, x2 = 2*np.random.rand(N)-1, 2*np.random.rand(N)-1
x = np.row_stack((x1,x2))
tf1, tf2, tf3 = x1**2+x2**2<0.7, x1+x2<0, x1-x2<0
```

```
t1 = np.logical_and(np.logical_and(tf1,tf3), tf2)
t2 = np.logical_and(np.logical_and(tf1,tf3), np.logical_not(tf2))
t3 = np.logical_and(np.logical_and(tf1,np.logical_not(tf3)), tf2)
t4 = np.logical_and(np.logical_and(tf1,np.logical_not(tf3)), np.logical_not(tf2))
t5 = np.logical_and(np.logical_not(tf1), tf2)
t6 = np.logical_and(np.logical_not(tf1), np.logical_not(tf2))
t = np.float64(np.row_stack((t1,t2,t3,t4,t5,t6)))

fig = plt.figure()
ax = plt.axes()
labels = t[1,:] + 2*t[2,:] + 3*t[3,:] + 4*t[4,:] + 5*t[5,:]
ax.scatter(x[0,:], x[1,:], c=labels, cmap='rainbow')
ax.set_aspect('equal')
plt.show()
```

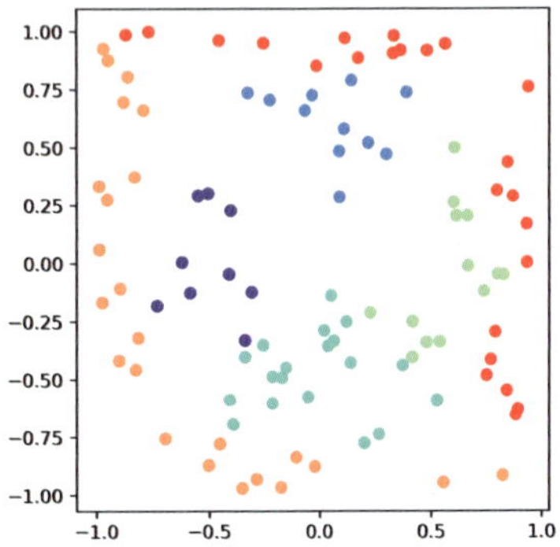

2 주어진 데이터에 대해 삼층 구조를 이용하여 이차원 다중 분류기를 구현하라. 첫 번째와 두 번째 은닉층의 활성화 함수는 모두 ReLU 함수를 적용하고, 출력층의 활성화 함수는 소프트맥스로 적용한다. 은닉층 노드는 $(L_1, L_2)=(7,5)$라 하고, 최대반복수는 10,000으로 고정하고 학습률은 1로 정한다. 단, 기울기는 bWx-형식의 행렬 표현법을 반영하여 계산하라. 데이터는 산점도로 나타내고 분류함수에 대한 경계는 등위곡선을 통해 그려라.

```
import numpy as np
import matplotlib.pyplot as plt

np.random.seed(78)
N = 100
x1, x2 = 2*np.random.rand(N)-1, 2*np.random.rand(N)-1
x = np.row_stack((x1,x2))
tf1, tf2 = x1**2+x2**2<0.5, x1+x2<0
```

```
t2 = np.logical_and(np.logical_not(tf1), tf2)
t3 = np.logical_and(np.logical_not(tf1), np.logical_not(tf2))
t = np.float64(np.row_stack((tf1,t2,t3)))

fig = plt.figure()
ax = plt.axes()
ax.scatter(x[0,:], x[1,:], c=t[1,:]+2*t[2,:], cmap='brg')
ax.set_aspect('equal')
plt.show()
```

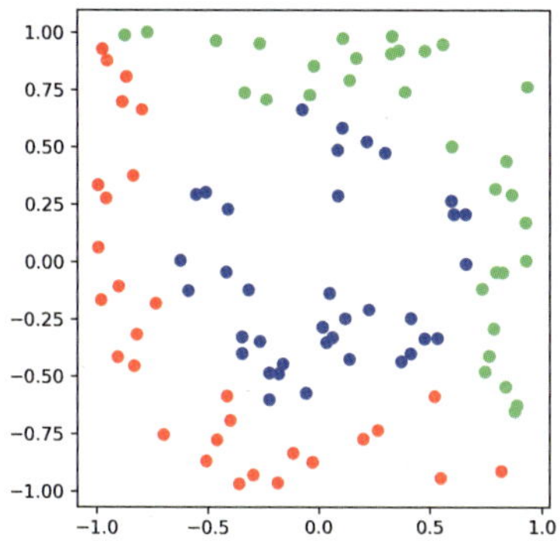

3 주어진 데이터에 대해 삼층 구조를 이용하여 이차원 다중 분류기를 구현하라. 첫 번째와 두 번째 은닉층의 활성화 함수는 각각 ReLU 함수와 로지스틱 함수를 적용하고, 출력층의 활성화 함수는 소프트맥스로 적용한다. 은닉층 노드는 각각 $(L_1, L_2)=(7,5)$라 하고, 최대반복수는 10,000으로 고정하고 학습률은 1로 정한다. 단, 기울기는 bWx-형식의 행렬 표현법을 반영하여 계산하라. 데이터는 산점도로 나타내고 분류함수에 대한 경계는 등위곡선을 통해 그려라.

```
import numpy as np
import matplotlib.pyplot as plt

np.random.seed(78)
N = 100
x1, x2 = 2*np.random.rand(N)-1, 2*np.random.rand(N)-1
x = np.row_stack((x1,x2))
tf1, tf2 = x1**2+x2**2<0.5, x1+x2<0
t2 = np.logical_and(np.logical_not(tf1), tf2)
t3 = np.logical_and(np.logical_not(tf1), np.logical_not(tf2))
t = np.float64(np.row_stack((tf1,t2,t3)))

fig = plt.figure()
```

```python
ax = plt.axes()
ax.scatter(x[0,:], x[1,:], c=t[1,:]+2*t[2,:], cmap='brg')
ax.set_aspect('equal')
plt.show()
```

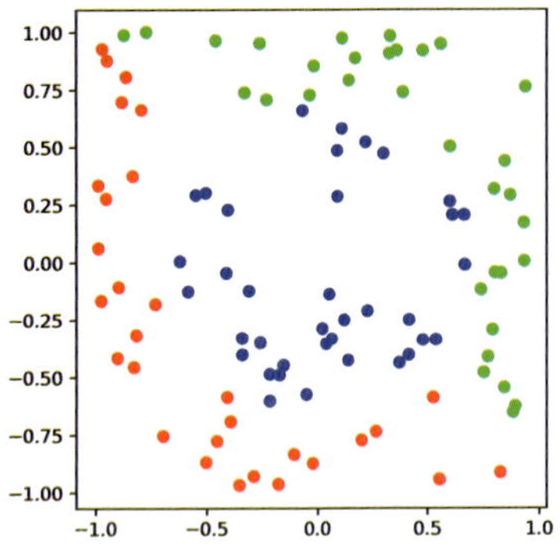

SECTION 22 교차 엔트로피 오차

지금까지는 목적함수를 평균 제곱 오차로 선택했지만, **교차 엔트로피 오차** cross entropy error 를 선택할 수도 있다. 교차 엔트로피 오차는 다음과 같다.

$$E = -\frac{1}{N}\sum_{i=1}^{N} T_i^T \log(Y_i) = -\frac{1}{N}\sum_{i=1}^{N}\sum_{j=1}^{M} t_{j,i}\log(y_{j,i})$$

여기서 $y_{j,i} = \phi_o(U_i)_j$이다. 또한 $E_i = -\sum_{j=1}^{M} t_{j,i}\log(y_{j,i})$, $E_{j,i} = -t_{j,i}\log(y_{j,i})$의 정의를 허용하면 다음과 같이 표현할 수 있다.

$$E = \frac{1}{N}\sum_{i=1}^{N} E_i = \frac{1}{N}\sum_{i=1}^{N}\sum_{j=1}^{M} E_{j,i}$$

목적함수가 바뀌어도 [그림 22-1]과 같이 입력층, 은닉층, 출력층으로 연결되는 구조에는 변화가 없다. 이때 은닉층의 활성화 함수는 로지스틱 함수, 출력층의 활성화 함수는 소프트맥스라 하자.

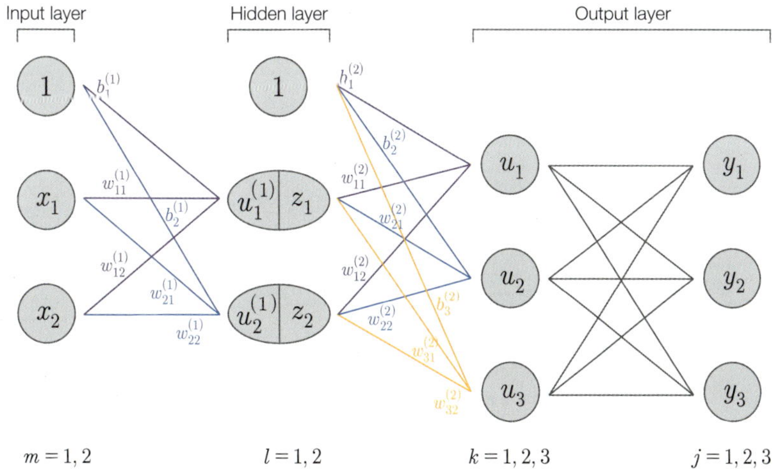

그림 22-1 복층 구조 인공신경망

목적함수와 구조를 정의했으니 기울기를 계산해보자. 먼저 $b_k^{(2)}$와 $w_{kl}^{(2)}$에 대한 편미분은 연쇄법칙을 적용하여 다음과 같이 전개할 수 있다.

$$\frac{\partial E_i}{\partial b_k^{(2)}} = \frac{\partial u_{k,i}}{\partial b_k^{(2)}} \cdot \frac{\partial E_i}{\partial u_{k,i}} = \frac{\partial u_{k,i}}{\partial b_k^{(2)}} \cdot \sum_{j=1}^{M} \frac{\partial E_{j,i}}{\partial u_{k,i}}$$

$$\frac{\partial E_i}{\partial w_{kl}^{(2)}} = \frac{\partial u_{k,i}}{\partial w_{kl}^{(2)}} \cdot \frac{\partial E_i}{\partial u_{k,i}} = \frac{\partial u_{k,i}}{\partial w_{kl}^{(2)}} \cdot \sum_{j=1}^{M} \frac{\partial E_{j,i}}{\partial u_{k,i}}$$

여기서 $\frac{\partial u_{k,i}}{\partial b_k^{(2)}} = 1$, $\frac{\partial u_{k,i}}{\partial w_{kl}^{(2)}} = z_{l,i}^{(1)}$의 계산은 이전과 동일하기에 $\partial E_i / \partial u_{k,i}$를 정리하면 충분하다. 먼저 $E_{j,i}$와 $y_{j,i}$의 편미분을 정리하면

$$\frac{\partial E_{j,i}}{\partial u_{k,i}} = -t_{j,i} \frac{1}{y_{j,i}} \frac{\partial y_{j,i}}{\partial u_{k,i}}, \quad \frac{\partial y_{j,i}}{\partial u_{k,i}} = \begin{cases} y_{j,i} - y_{j,i}^2 & \text{if } j = k \\ -y_{j,i} y_{k,i} & \text{if } j \neq k \end{cases}$$

이다. 이전과 다르게 $y_{j,i}$가 강조되어 있지만 $\partial y_{j,i} / \partial u_{k,i}$의 계산은 식 (20.2)와 동일하다. 즉 이전과 동일하게 출력층의 활성화 함수에 대한 미분을 행렬로 구현할 수도 있으나, 교차 엔트로피 오차와 소프트맥스 함수를 조합하면 보다 단순한 방식으로 계산할 수 있다. 주어진 결과를 이용하여 E_i의 $u_{k,i}$에 대한 미분을 계산하면

$$\frac{\partial E_i}{\partial u_{k,i}} = \sum_{j=1}^{M} \frac{\partial E_{j,i}}{\partial u_{k,i}} = -t_{k,i} + \sum_{j=1}^{M} t_{j,i} y_{k,i}$$

이다. 그리고 $y_{k,i}$는 j인덱스에 의존하지 않고 $T_i = (t_{j,i})$는 원-핫 인코딩으로 정의되기 때문에

$$\frac{\partial E_i}{\partial u_{k,i}} = y_{k,i} - t_{k,i}$$

와 같이 계산 결과가 단순해진다. 이를 행렬 표현법으로 일반화하면 다음과 같다.

$$\frac{\partial E_i}{\partial b^{(2)}} = [(\phi_o(U_i) - T_i)]$$

$$\frac{\partial E_i}{\partial W^{(2)}} = [(\phi_o(U_i) - T_i)](Z_i^{(1)})^T$$

평균 제곱 오차가 목적함수일 때의 미분 결과인 20절의 식 (20.1)과 비교하여 이해하자. 앞서 살펴봤듯이 층별 미분 연산은 연쇄법칙을 따르며, 이전 계산이 계속 반복된다. $b^{(1)}$과 $W^{(1)}$에 대한

미분을 행렬 표현법으로 정리하면 다음과 같다.

$$\frac{\partial E_i}{\partial b^{(1)}} = \left[\phi'_{(1)}(U_i^{(1)}) \circ [W^{(2)}]^T (\phi_o(U_i) - T_i)\right]$$

$$\frac{\partial E_i}{\partial W^{(1)}} = \left[\phi'_{(1)}(U_i^{(1)}) \circ [W^{(2)}]^T (\phi_o(U_i) - T_i)\right] X_i^T$$

실습예제 22-1

주어진 데이터에 대해 복층 구조를 이용하여 이차원 다중 분류기를 구현하라. 목적함수는 교차 엔트로피 오차로 정의하고, 은닉층의 활성화 함수는 로지스틱 함수로 적용하며 출력층의 활성화 함수는 소프트맥스로 적용한다. 은닉층의 노드는 7개라 하고, 최대반복수는 10,000으로 고정하고 학습률은 1로 정한다. 단, 기울기는 bWx-형식의 행렬 표현법을 반영하여 계산하라. 데이터는 산점도로 나타내고 분류함수에 대한 경계는 등위곡선을 통해 그려라.

```python
import numpy as np
import matplotlib.pyplot as plt

np.random.seed(78)
N = 100
x1, x2 = 2*np.random.rand(N)-1, 2*np.random.rand(N)-1
x = np.row_stack((x1,x2))
tf1, tf2 = x1**2+x2**2<0.5, x1+x2<0
t2 = np.logical_and(np.logical_not(tf1), tf2)
t3 = np.logical_and(np.logical_not(tf1), np.logical_not(tf2))
t = np.float64(np.row_stack((tf1,t2,t3)))

fig = plt.figure()
ax = plt.axes()
ax.scatter(x[0,:], x[1,:], c=t[1,:]+2*t[2,:], cmap='brg')
ax.set_aspect('equal')
plt.show()
```

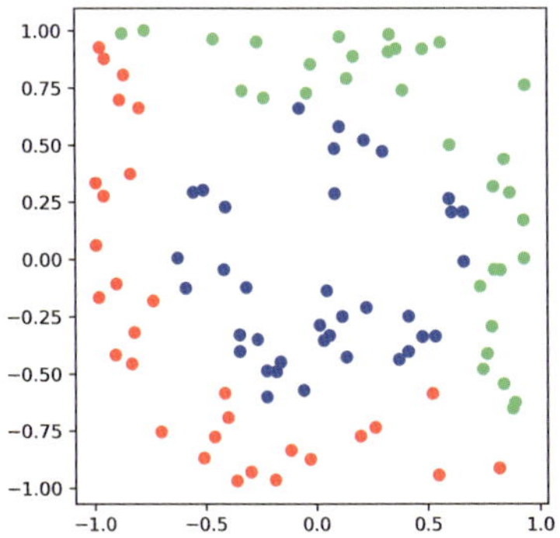

문제 해석

주어진 다중 분류문제의 이차원 데이터에 대해 출력층의 활성화 함수를 소프트맥스로 정의한 복층 구조를 설계하고 교차 엔트로피 오차를 사용하여 목적함수를 정의한다. 은닉층의 노드를 7개로 설정하고 활성화 함수는 로지스틱 함수를 적용한다. 목적함수의 기울기를 계산하고 경사하강법을 적용할 수 있다. bWx-형식의 행렬 표현법을 이용하여 기울기를 계산하고 활용한다.

모범 답안

```
phi = lambda u: 1/(1+np.exp(-u))
dphi = lambda u: np.exp(-u)/(1+np.exp(-u))**2

soft = lambda u: np.exp(u)/np.sum(np.exp(u))

np.random.seed(1)
L = 7
b1, W1 = np.random.rand(L,1), np.random.rand(L,2)
b2, W2 = np.random.rand(3,1), np.random.rand(3,L)

MaxIter = 10000
alpha = 1.0
ns = MaxIter/10

print('n={:5d}'.format(0))
for n in range(MaxIter):
    gradb1, gradW1 = np.zeros((L,1)), np.zeros((L,2))
    gradb2, gradW2 = np.zeros((3,1)), np.zeros((3,L))
    for i in range(N):
        ti = t[:,i:i+1]
        xi = x[:,i:i+1]
        uh = b1 + W1@xi
        zi = phi(uh)
        ui = b2 + W2@zi

        dEdu = soft(ui) - ti
        gradb2 += 1/N*dEdu
        gradW2 += 1/N*dEdu@zi.T

        dEduh = dphi(uh)*(W2.T@dEdu)
        gradb1 += 1/N*dEduh
        gradW1 += 1/N*dEduh@xi.T

    b1, W1 = b1-alpha*gradb1, W1-alpha*gradW1
    b2, W2 = b2-alpha*gradb2, W2-alpha*gradW2

```

```
    Eval = 0.0
    for i in range(N):
        ti = t[:,i:i+1]
        xi = x[:,i:i+1]
        uh = b1 + W1@xi
        zi = phi(uh)
        ui = b2 + W2@zi

        Eval -= 1/N*np.sum(ti*np.log(soft(ui)))

    if (n+1)%ns == 0:
        print('n={:5d}, Eval={:.4f}'.format(n+1,Eval))
```

실행 결과

```
n=    0
n= 1000, Eval=0.1836
n= 2000, Eval=0.0845
n= 3000, Eval=0.0393
n= 4000, Eval=0.0247
n= 5000, Eval=0.0173
n= 6000, Eval=0.0131
n= 7000, Eval=0.0105
n= 8000, Eval=0.0087
n= 9000, Eval=0.0074
n=10000, Eval=0.0064
```

```
x1 = np.linspace(-1, 1)
x2 = np.linspace(-1, 1)
xx1, xx2 = np.meshgrid(x1, x2)

uuh = [0 for l in range(L)]
for l in range(L):
    uuh[l] = b1[l,0] + W1[l,0]*xx1 + W1[l,1]*xx2

uu = [0 for k in range(3)]
for k in range(3):
    uu[k] = b2[k,0]
    for l in range(L):
        uu[k] += W2[k,l]*phi(uuh[l])

sigma = 0
for k in range(3):
```

```
        sigma += np.exp(uu[k])

    yy = [0 for j in range(3)]
    for j in range(3):
        yy[j] = np.exp(uu[j])/sigma

    fig = plt.figure()
    ax = plt.axes()
    gcmap = plt.colormaps.get_cmap('brg')
    ax.scatter(x[0,:], x[1,:], c=t[1,:]+2*t[2,:], cmap=gcmap)
    for j in range(3):
        ax.contour(xx1, xx2, yy[j], [0.5])
        ax.contourf(xx1, xx2, yy[j], [0.5,1.0], colors=[gcmap(j/2)], alpha=0.3)
    ax.set_aspect('equal')
    plt.show()
```

실행 결과

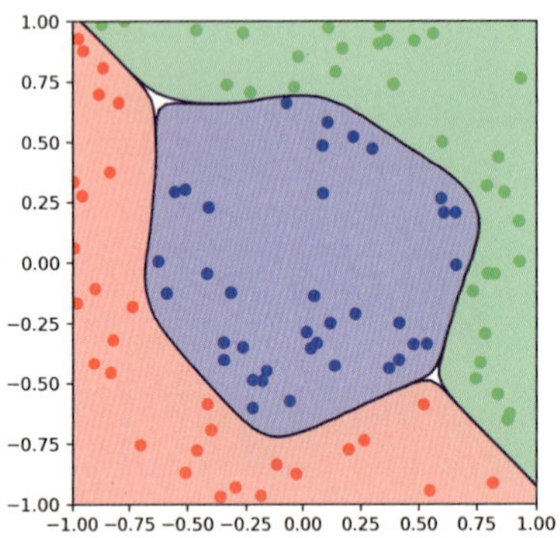

실습예제 22-2 도전!

주어진 데이터에 대해 복층 구조를 이용하여 이차원 다중 분류기를 구현하라. 목적함수는 교차 엔트로피 오차로 정의하고, 은닉층의 활성화 함수는 로지스틱 함수로 적용하며 출력층의 활성화 함수는 소프트맥스로 적용한다. 은닉층의 노드는 11개라 하고, 최대반복수는 10,000으로 고정하고 학습률은 1로 정한다. 단, 기울기는 bWx-형식의 행렬 표현법을 반영하여 계산하라. 데이터는 산점도로 나타내고 분류함수에 대한 경계는 등위곡선을 통해 그려라.

```
import numpy as np
import matplotlib.pyplot as plt

N = 100
np.random.seed(78)
x1, x2 = 2*np.random.rand(N)-1, 2*np.random.rand(N)-1
```

```
x = np.row_stack((x1,x2))
tf1, tf2, tf3 = x1**2+x2**2<0.5, x1+x2<0, x1-x2<0
t1 = np.logical_and(tf1, tf3)
t2 = np.logical_and(tf1, np.logical_not(tf3))
t3 = np.logical_and(np.logical_not(tf1), tf2)
t4 = np.logical_and(np.logical_not(tf1), np.logical_not(tf2))
t = np.float64(np.row_stack((t1,t2,t3,t4)))

fig = plt.figure()
ax = plt.axes()
ax.scatter(x[0,:], x[1,:], c=t[1,:]+2*t[2,:]+3*t[3,:], cmap='rainbow')
ax.set_aspect('equal')
plt.show()
```

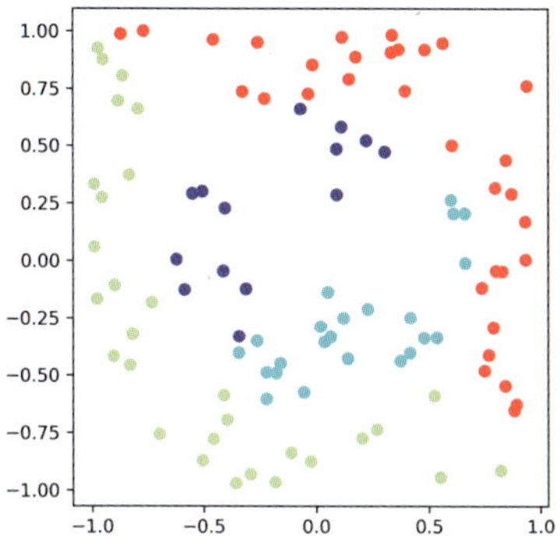

20절과 이번 절의 실습예제는 은닉층의 활성화 함수를 로지스틱 함수로 적용하고 출력층의 활성화 함수를 소프트맥스로 적용하지만, 목적함수를 각각 평균 제곱 오차와 교차 엔트로피 오차로 다르게 선택한다. 두 예제를 풀어보았다면 교차 엔트로피 오차를 선택할 때 코드가 오히려 단순해짐을 알았을 것이다. 다중 분류기 문제에서는 흔히 교차 엔트로피 오차와 소프트맥스 함수의 조합을 사용하는데, 이는 프로그래밍이 단순해지기도 하지만 교차 엔트로피 오차가 갖는 의미가 있기 때문이기도 하다. 다만 이 책의 목적은 어떤 조합과 구조를 선택하는 이유를 알려주는 데 있지 않으므로 이후 절부터는 목적함수로 다시 평균 제곱 오차를 선택한다. 조건을 조금씩 바꾼 실습예제, 연습문제와 그 풀이를 비교하며 아이디어를 순차적으로 확장해보기 바란다.

SECTION 22 연습문제

1 주어진 데이터에 대해 복층 구조를 이용하여 이차원 다중 분류기를 구현하라. 목적함수는 교차 엔트로피 오차로 정의하고, 은닉층의 활성화 함수는 로지스틱 함수로 적용하며 출력층의 활성화 함수는 소프트맥스로 적용한다. 은닉층의 노드는 15개라 하고, 최대반복수는 10,000으로 고정하고 학습률은 1로 정한다. 단, 기울기는 bWx-형식의 행렬 표현법을 반영하여 계산하라. 데이터는 산점도로 나타내고 분류함수에 대한 경계는 등위곡선을 통해 그려라.

```python
import numpy as np
import matplotlib.pyplot as plt

N = 100
np.random.seed(78)
x1, x2 = 2*np.random.rand(N)-1, 2*np.random.rand(N)-1
x = np.row_stack((x1,x2))
tf1, tf2, tf3 = x1**2+x2**2<0.7, x1+x2<0, x1-x2<0
t1 = np.logical_and(np.logical_and(tf1,tf3), tf2)
t2 = np.logical_and(np.logical_and(tf1,tf3), np.logical_not(tf2))
t3 = np.logical_and(np.logical_and(tf1,np.logical_not(tf3)), tf2)
t4 = np.logical_and(np.logical_and(tf1,np.logical_not(tf3)), np.logical_not(tf2))
t5 = np.logical_and(np.logical_not(tf1), tf2)
t6 = np.logical_and(np.logical_not(tf1), np.logical_not(tf2))
t = np.float64(np.row_stack((t1,t2,t3,t4,t5,t6)))

fig = plt.figure()
ax = plt.axes()
labels = t[1,:] + 2*t[2,:] + 3*t[3,:] + 4*t[4,:] + 5*t[5,:]
ax.scatter(x[0,:], x[1,:], c=labels, cmap='rainbow')
ax.set_aspect('equal')
plt.show()
```

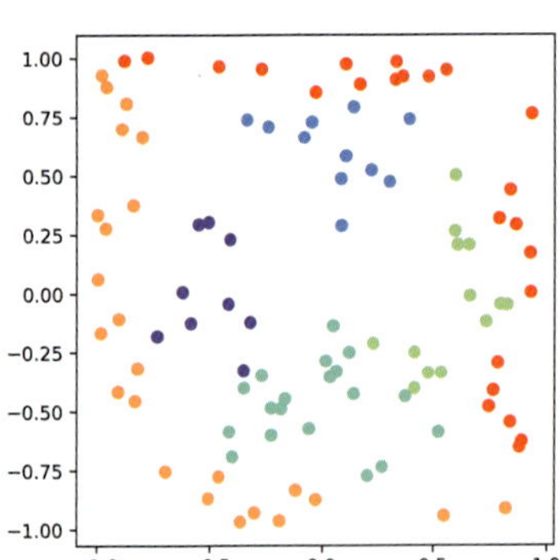

2 주어진 데이터에 대해 삼층 구조를 이용하여 이차원 다중 분류기를 구현하라. 목적함수는 교차 엔트로피 오차로 정의하고, 은닉층의 활성화 함수는 로지스틱 함수로 적용하며 출력층의 활성화 함수는 소프트맥스로 적용한다. 은닉층의 노드는 각각 $(L_1, L_2) = (7, 5)$라 하고, 최대 반복수는 10,000으로 고정하고 학습률은 1로 정한다. 단, 기울기는 bWx-형식의 행렬 표현법을 반영하여 계산하라. 데이터는 산점도로 나타내고 분류함수에 대한 경계는 등위곡선을 통해 그려라.

```python
import numpy as np
import matplotlib.pyplot as plt

N = 100
np.random.seed(78)
x1, x2 = 2*np.random.rand(N)-1, 2*np.random.rand(N)-1
x = np.row_stack((x1,x2))
tf1, tf2, tf3 = x1**2+x2**2<0.5, x1+x2<0, x1-x2<0
t1 = np.logical_and(tf1, tf3)
t2 = np.logical_and(tf1, np.logical_not(tf3))
t3 = np.logical_and(np.logical_not(tf1), tf2)
t4 = np.logical_and(np.logical_not(tf1), np.logical_not(tf2))
t = np.float64(np.row_stack((t1,t2,t3,t4)))

fig = plt.figure()
ax = plt.axes()
ax.scatter(x[0,:], x[1,:], c=t[1,:]+2*t[2,:]+3*t[3,:], cmap='rainbow')
ax.set_aspect('equal')
plt.show()
```

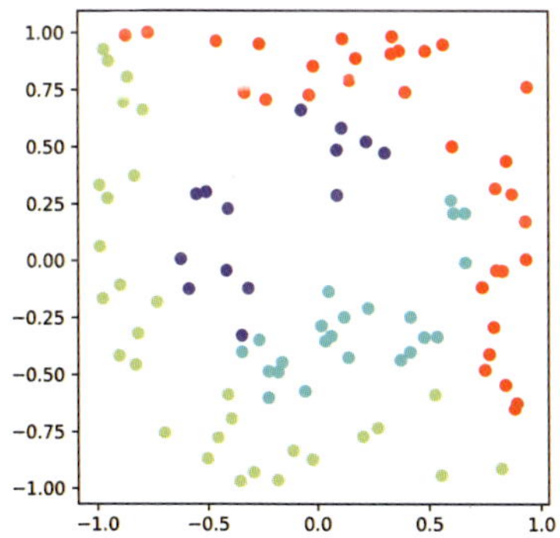

3 주어진 데이터에 대해 복층 구조를 이용하여 이차원 다중 분류기를 구현하라. 목적함수는 교차 엔트로피 오차로 정의하고, 은닉층의 활성화 함수는 ReLU 함수로 적용하며 출력층의 활성화 함수는 소프트맥스로 적용한다. 은닉층의 노드는 7개라 하고, 최대반복수는 10,000으로 고정하고 학습률은 1로 정한다. 단, 기울기는 bWx-형식의 행렬 표현법을 반영하여 계산하라. 데이터는 산점도로 나타내고 분류함수에 대한 경계는 등위곡선을 통해 그려라.

```
import numpy as np
import matplotlib.pyplot as plt

np.random.seed(78)
N = 100
x1, x2 = 2*np.random.rand(N)-1, 2*np.random.rand(N)-1
x = np.row_stack((x1,x2))
tf1, tf2 = x1**2+x2**2<0.5, x1+x2<0
t2 = np.logical_and(np.logical_not(tf1), tf2)
t3 = np.logical_and(np.logical_not(tf1), np.logical_not(tf2))
t = np.float64(np.row_stack((tf1,t2,t3)))

fig = plt.figure()
ax = plt.axes()
ax.scatter(x[0,:], x[1,:], c=t[1,:]+2*t[2,:], cmap='brg')
ax.set_aspect('equal')
plt.show()
```

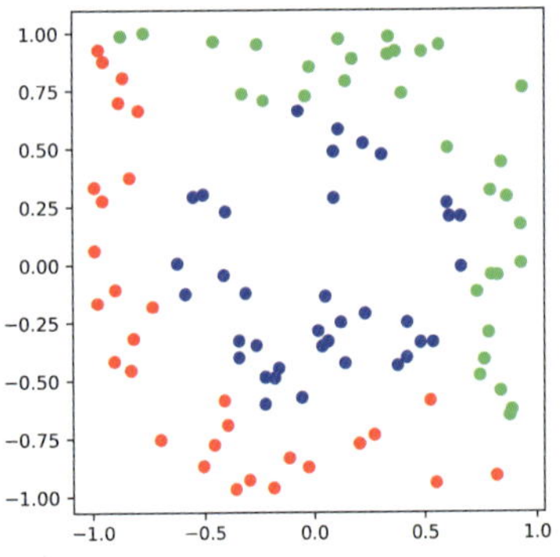

PART 5

데이터 배치 처리

SECTION

23 행 데이터 강조 형식

데이터베이스 형식

지금까지 입력과 출력을 열 벡터 기준으로 설명했다. 즉 입력 X_i와 출력 Y_i를

$$X_i = \begin{bmatrix} x_1 \\ x_2 \end{bmatrix}_i, \quad Y_i = \begin{bmatrix} y_1 \\ y_2 \\ y_3 \end{bmatrix}_i$$

로 나타냈다. 지금까지는 열 벡터로 설명해도 어색하지 않았지만, 데이터를 행 벡터 기준으로 다루어야 하는 경우도 있다. 예를 들어, 일반적으로 데이터베이스[1]는 각 행에 데이터가 나열되기 때문에 입력 데이터가 행 기준으로 저장될 수 있다.

참고

데이터베이스는 레코드(또는 행)를 기준으로 데이터를 저장하는 일반적인 방식인 행 기반 데이터베이스row-based database와 열을 기준으로 데이터를 저장하는 열 기반 데이터베이스column-based database 방식으로 구분할 수 있다. 열 기반 방식은 데이터 업데이트 작업 시 단점이 있지만, 대량의 데이터를 다룰 때 높은 성능을 보이므로 빅데이터와 데이터 분석의 중요성이 커지면서 주목받고 있다. 다만 이 책에서는 행 데이터를 강조하는 방식으로 구현 방식을 최적화했다. 모든 설명은 열 데이터 강조 형식으로도 변형할 수 있으므로 데이터베이스 형식에 따라 프로그래밍 구현 방식을 선택하기 바란다.

사이킷런sklearn 라이브러리에 저장된 몇 가지 데이터셋을 호출하고 데이터의 형태를 확인해보자. 사이킷런은 파이썬을 위한 머신러닝 라이브러리로, 다양한 머신러닝 알고리즘을 제공하여 데이터 분석과 모델링을 쉽게 할 수 있게 해준다. 이 책에서는 알고리즘 적용, 데이터 분석, 모델링을 다루지 않고, 잘 알려진 몇 가지 데이터셋을 사용하기 위해서만 사이킷런을 이용할 것이다. [코드 23-1]을 실행하면 사이킷런에 내장된 Two-moon 데이터셋[2]을 불러온다.

1 데이터베이스database : 테이블table 형태이며, 레코드record와 속성attribute이 행과 열로 이루어진 그리드grid 임

2 두 개의 초승달 형태를 띠고 있어 Two-moon이라는 이름이 붙었다.

코드 23-1

```
1   import numpy as np
2   import matplotlib.pyplot as plt
3   from sklearn.datasets import make_moons
4
5   x, t = make_moons(n_samples=100, noise=0.12, random_state=2)
6   print(x.shape, t.shape)
7
8   fig = plt.figure()
9   ax = plt.axes()
10  ax.set_aspect('equal')
11  ax.scatter(x[:,0], x[:,1], c=t, cmap='bwr')
12  plt.show()
```

실행 결과 (100, 2) (100,)

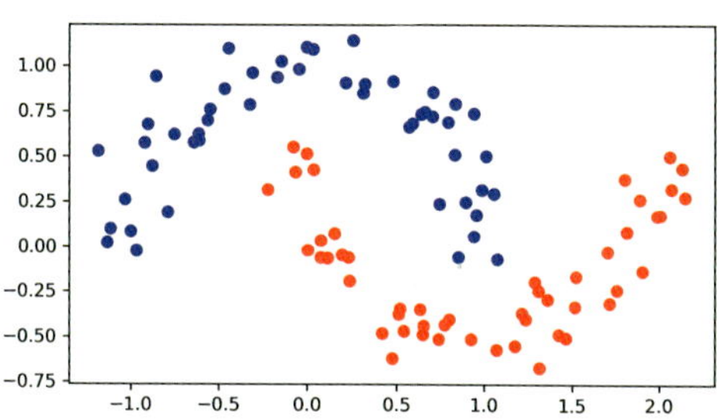

- **3줄** 사이킷런 라이브러리에 내장된 two-moon 데이터 생성 함수 make_moons를 불러온다.
- **5줄** 데이터 100개를 무작위로 생성한다. noise 옵션은 노이즈의 크기를 조절하고 random_state는 난수 생성기의 시드를 의미한다.
- **6줄** 배열 x와 t의 형태를 확인한다.
- **11줄** x의 0열과 1열을 슬라이싱하여 산점도를 출력한다.

따라서 i번째 입력 데이터의 형태는

$$X_i = [x_1 \quad x_2]_i$$

이고 행 벡터를 기준으로 저장되어 있음을 알 수 있다.

이번에는 다중 분류문제 데이터를 호출해보자. [코드 23-2]를 실행하면 Blob 데이터셋[3]을 불

3 작은 방울이 여러 개 있어서 Blob이라는 이름이 붙었다.

러온다. 이 데이터셋도 행 벡터를 기준으로 저장되어 있으므로 x와 labels의 shape를 호출하면 각각 (100, 2)와 (100,)을 출력한다.

코드 23-2

```
import numpy as np
import matplotlib.pyplot as plt
from sklearn.datasets import make_blobs

x, labels = make_blobs(n_samples=100, random_state=170)

fig = plt.figure()
ax = plt.axes()
ax.set_aspect('equal')
plt.scatter(x[:,0], x[:,1], c=labels, cmap='brg')
plt.show()
```

실행 결과

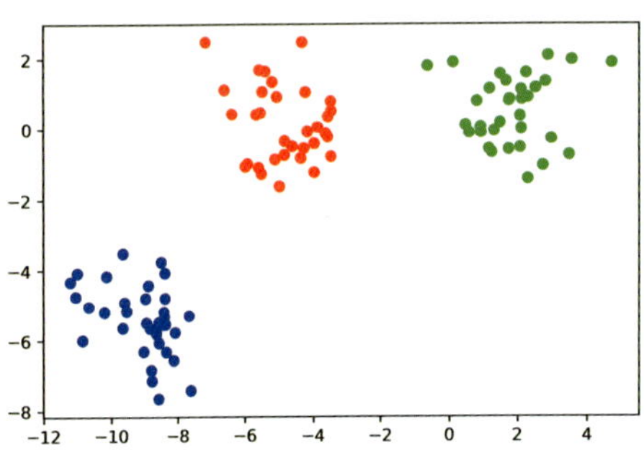

원-핫 인코딩

[코드 23-2]에서 labels는 단순히 일차원 배열이다. labels의 실제 값을 출력하면 0, 1, 2이고 각각 파란색, 빨간색, 초록색 범주에 대응한다. 지금까지 다중 분류문제의 타겟값을 원-핫 인코딩 방식으로 정의했으므로 데이터를 동일하게 변형해보자. [코드 23-3]은 사이킷런 라이브러리의 OneHotEncoder 함수를 이용하여 타겟값을 원-핫 인코딩 형태로 변형하는 코드이다.

코드 23-3

```
import numpy as np
import matplotlib.pyplot as plt
from sklearn.preprocessing import OneHotEncoder
from sklearn.datasets import make_blobs

```

```
x, labels = make_blobs(n_samples=100, random_state=170)
one_hot_encoder = OneHotEncoder(sparse_output=False, categories='auto')
t = one_hot_encoder.fit_transform(labels.reshape(-1,1))
```

[코드 23-3]은 사이킷런 라이브러리에 내장된 데이터셋을 가져왔기 때문에 같은 라이브러리의 원-핫 인코딩 변환 함수를 사용했다. 이 책의 궁극적인 목표는 최대한 라이브러리에 의존하지 않고 구현 원리를 이해하는 것이므로, 원-핫 인코딩 형태로 변환하는 다른 방법을 소개한다.

데이터를 원-핫 인코딩으로 변환하는 한 가지 방법으로 슬라이싱을 이용하는 방법이 있다. [코드 23-4]를 통해 슬라이싱의 변형을 살펴보자. 4줄과 같이 행번호를 다양하게 조합하여 슬라이싱할 수도 있다.

코드 23-4

```
1  import numpy as np
2
3  print(np.eye(4)[1:3,:])
4  print(np.eye(4)[[1,2,0,2,3,1],:])
```

실행 결과

```
[[0. 1. 0. 0.]
 [0. 0. 1. 0.]]
[[0. 1. 0. 0.]
 [0. 0. 1. 0.]
 [1. 0. 0. 0.]
 [0. 0. 1. 0.]
 [0. 0. 0. 1.]
 [0. 1. 0. 0.]]
```

- **3줄** 크기가 4인 항등행렬(np.eye(4))의 1행과 2행(1행 이상 3행 미만)을 슬라이싱한다.
- **4줄** 크기가 4인 항등행렬의 1행, 2행, 0행, 2행, 3행, 1행을 슬라이싱한다.

[코드 23-5]는 사이킷런 라이브러리를 사용하지 않고 슬라이싱을 이용하여 직접 원-핫 인코딩으로 변경하는 코드이다. 결과는 [코드 23-3]과 동일하다.

코드 23-5

```
import numpy as np
import matplotlib.pyplot as plt
from sklearn.datasets import make_blobs
```

```
4
5    x, labels = make_blobs(n_samples=100, random_state=170)
6    M = len(np.unique(labels))
7    t = np.eye(M)[labels,:]
```

- **6줄** unique 함수는 주어진 배열의 고윳값을 출력하므로 unique(labels)는 [0,1,2]이고, 따라서 M은 3이다.
- **7줄** 슬라이싱을 이용하여 원-핫 인코딩을 완성한다.

데이터는 행 기준으로 정의되어 있고 [코드 23-5]에서 만든 배열 t의 크기는 $N \times M$이다. 이제 입력 데이터 x와 타겟 데이터 t를 갖추었다. 실제로 x와 t의 shape를 호출하면 (100, 2)와 (100, 3)이므로 적절한 학습 모델을 적용할 준비가 되었다.

labels가 정수로 클래스를 구분하고 있기에 [코드 23-5]에서는 슬라이싱을 통해서 원-핫 인코딩 데이터 t를 만들었다면, 반대로 원-핫 인코딩 데이터에서 정수로 클래스를 구분하는 labels를 만들 수도 있다. 이를 위해 argmax를 이용할 수 있다. 먼저 배열에 대한 argmax 함수의 사용법을 확인하자. [코드 23-6]은 배열의 최댓값을 찾아 인덱스를 반환하는 코드이다.

코드 23-6

```
1    import numpy as np
2
3    aa = np.array([0.07,0.9,0.03])
4    print(aa)
5    print(np.argmax(aa))
6
7    aa = np.array([[0.07,0.9,0.03],[0.07,0.03,0.91]])
8    print(aa)
9    print(np.argmax(aa,axis=1))
```

실행 결과

```
[0.07 0.9  0.03]
1
[[0.07 0.9  0.03]
 [0.07 0.03 0.91]]
[1 2]
```

- **5줄** 일차원 배열 aa의 최댓값 인덱스를 반환한다. aa[1] = 0.9가 가장 큰 원소이므로 1을 반환했다.
- **9줄** 이차원 배열 aa의 최댓값 인덱스를 반환한다. axis=1이라 두면 각 행마다 최댓값을 찾아 인덱스를 차례로 반환한다. axis=0이면 각 열마다 같은 작업을 수행한다.

이차원 배열의 원-핫 인코딩 데이터 t를 가상으로 만들고 일차원 라벨 labels를 만드는 과정을 소개한다. [코드 23-7]을 살펴보자.

코드 23-7

```
1 import numpy as np
2
3 t = np.eye(3)[[1,2,0,1,0],:]
4 print(t)
5 labels = np.argmax(t, axis=1)
6 print(labels)
```

실행 결과

```
[[0. 1. 0.]
 [0. 0. 1.]
 [1. 0. 0.]
 [0. 1. 0.]
 [1. 0. 0.]]
[1 2 0 1 0]
```

- **3줄** 타겟값을 원-핫 인코딩으로 정의한다.
- **5줄** t의 각 행 벡터에 대해 1 값을 갖는 열 정보를 나열한다.

행렬 미분

지금까지 학습한 내용 중에서 합성함수의 미분을 역순으로 설명하는 과정이 어색했을 것이다. 이는 열 벡터를 기준으로 설명했기 때문이며, 행 벡터 기준으로 설명하면 조금 더 자연스럽게 이해할 수 있다. 예를 들어 이변수함수 $f(u,v)$에 테일러 정리Taylor's theorem를 적용하면 다음과 같다.

$$\begin{aligned} f(u+h, v+k) &= f(u,v) + hf_u(u,v) + kf_v(u,v) + \cdots \\ &= f(u,v) + \nabla f(u,v)^T \mathbf{h} + \cdots \end{aligned}$$

이 식은 열 벡터가 기준이므로 기울기 벡터 $\nabla f(u,v)$와 방향벡터 $\mathbf{h}$는 다음과 같은 열 벡터이다.

$$\nabla f(u,v) = \begin{bmatrix} f_u(u,v) \\ f_v(u,v) \end{bmatrix}, \quad \mathbf{h} = \begin{bmatrix} h \\ k \end{bmatrix}$$

만약 행 벡터를 기준으로 정하면 기울기 벡터와 방향벡터는 각각

$$\nabla f(u,v)=[f_u(u,v) \;\; f_v(u,v)], \quad \mathbf{h}=[h \;\; k]$$

로 표현하고, 테일러 정리는 다음과 같이 변형할 수 있다.

$$\begin{aligned} f(u+h,v+k) &= f(u,v)+hf_u(u,v)+kf_v(u,v)+\cdots \\ &= f(u,v)+\mathbf{h}\nabla f(u,v)^T+\cdots \end{aligned}$$

여기까지는 미분의 순서가 크게 두각을 나타내지 않으므로 벡터장 $F(u,v)=(f(u,v),g(u,v))$의 기울기를 살펴보자. 혼동의 여지가 없다면 매개변수 (u,v)를 생략하고 벡터장을 $F=(f,g)$로 표현하기도 한다. 먼저 $F_u=(f_u,g_u)$와 $F_v=(f_v,g_v)$의 편미분 표현을 허용한다. 각각의 함수에 테일러 정리를 적용하면

$$f(u+h,v+k)=f(u,v)+hf_u(u,v)+kf_v(u,v)+\cdots$$

$$g(u+h,v+k)=g(u,v)+hg_u(u,v)+kg_v(u,v)+\cdots$$

이고, 벡터장 형식으로 정리하면 다음과 같다.

$$F(u+h,v+k)=(f,g)+h(f_u,g_u)+k(f_v,g_v)+\cdots$$

벡터를 열 벡터로 보면

$$F(u+h,v+k)=\begin{bmatrix} f \\ g \end{bmatrix}+\begin{bmatrix} f_u & f_v \\ g_u & g_v \end{bmatrix}\begin{bmatrix} h \\ k \end{bmatrix}+\cdots$$

이고, 행 벡터로 보면

$$F(u+h,v+k)=[f \;\; g]+[h \;\; k]\begin{bmatrix} f_u & g_u \\ f_v & g_v \end{bmatrix}+\cdots$$

로 표현할 수 있다. 여기서 벡터장 F의 기울기 ∇F는 자코비안Jacobian이다.

$$\nabla F=\begin{bmatrix} f_u & f_v \\ g_u & g_v \end{bmatrix}=\frac{\partial(f,g)}{\partial(u,v)}$$

따라서 열 벡터로 보면 기울기를 벡터의 왼쪽에 곱하고, 행 벡터로 보면 기울기를 오른쪽에 곱해야 한다.

인공신경망 구조

이제 [그림 23-1]과 같은 구조에 대해 행 벡터를 기준으로 간단하게 학습 모델을 정리해보자. 가중치를 정의하는 방식이 기존과 달라졌음에 유의해야 한다. 20절 [그림 20-2]의 구조와 비교하면 인덱스 규칙이 왼쪽에서 오른쪽 방향으로 변경되었다. 기존 방식을 유지할 수도 있지만, 데이터를 행 벡터로 변형하면 인덱스 방향도 변경하는 것이 용이하다. 은닉층에서는 로지스틱 함수와 같은 성분별 연산을, 출력층에서는 소프트맥스와 같은 벡터장을 적용한다는 점은 동일하다.

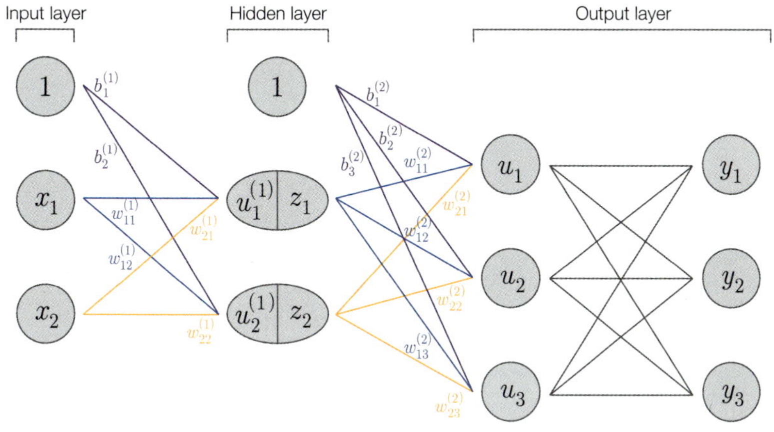

그림 23-1 행 데이터 강조 형식의 복층 구조 인공신경망

먼저 입력층과 출력층의 노드 및 데이터 값을 행 벡터로 표현하면 다음과 같다.

$$X_i=[x_{i,1}\ \ x_{i,2}],\quad U_i=[u_{i,1}\ \ u_{i,2}\ \ u_{i,3}],\quad Y_i=[y_{i,1}\ \ y_{i,2}\ \ y_{i,3}]$$

그리고 타겟값도 $T_i=[t_{i,1}\ \ t_{i,2}\ \ t_{i,3}]$와 같이 행 벡터로 표현한다.

이제 인덱스는 $x_{i,m}$, $u_{i,k}$, $y_{i,j}$, $t_{i,j}$와 같이 그 순서가 바뀐다. 지금까지 $x_{m,i}$, $u_{k,i}$, $y_{j,i}$, $t_{j,i}$와 같은 인덱스를 사용한 이유는 데이터 X_i를 열 벡터로 이해했기 때문이다. 이제 은닉층 노드는 다음과 같다.

$$U_i^{(1)}=[u_{i,1}^{(1)}\ \ u_{i,2}^{(1)}]=[b_1^{(1)}\ \ b_2^{(1)}]+[x_{i,1}\ \ x_{i,2}]\begin{bmatrix} w_{11}^{(1)} & w_{12}^{(1)} \\ w_{21}^{(1)} & w_{22}^{(1)} \end{bmatrix}=b^{(1)}+X_iW^{(1)}$$

활성화하여 $Z_i^{(1)}=\phi_{(1)}(U_i^{(1)})$을 얻고, 출력층 노드를 계산하면 다음과 같다.

$$\begin{aligned} U_i&=[u_{i,1}\ \ u_{i,2}\ \ u_{i,3}] \\ &=[b_1^{(2)}\ \ b_2^{(2)}\ \ b_3^{(2)}]+[z_{i,1}^{(1)}\ \ z_{i,2}^{(1)}]\begin{bmatrix} w_{11}^{(2)} & w_{12}^{(2)} & w_{13}^{(2)} \\ w_{21}^{(2)} & w_{22}^{(2)} & w_{23}^{(2)} \end{bmatrix}=b^{(2)}+Z_i^{(1)}W^{(2)} \end{aligned}$$

마지막으로 활성화하여 $Y_i = \phi_o(U_i)$를 얻는다. 이와 같이 데이터를 행 벡터로 정의한 방식을 bxW-형식이라 하자. 목적함수는 평균 제곱 오차로 정의하고 다음과 같이 표현한다.

$$E = \frac{1}{N}\sum_{i=1}^{N} E_i = \frac{1}{N}\sum_{i=1}^{N}\sum_{j=1}^{M} E_{i,j}$$

여기서 E_i와 $E_{i,j}$는 다음과 같다.

$$E_i = \frac{1}{2}\| Y_i - T_i \|_2^2, \quad E_{i,j} = \frac{1}{2}| y_{i,j} - t_{i,j} |^2$$

목적함수를 정의했으므로 경사하강법을 적용하기 위해 기울기를 계산해야 한다. $b_k^{(2)}$와 $w_{lk}^{(2)}$에 대한 편미분을 계산하면 다음과 같다.

$$\frac{\partial E_i}{\partial b_k^{(2)}} = \frac{\partial E_i}{\partial u_{i,k}}\frac{\partial u_{i,k}}{\partial b_k^{(2)}} = \sum_{j=1}^{M}\frac{\partial E_i}{\partial y_{i,j}}\frac{\partial y_{i,j}}{\partial u_{i,k}}\frac{\partial u_{i,k}}{\partial b_k^{(2)}}$$

$$\frac{\partial E_i}{\partial w_{lk}^{(2)}} = \frac{\partial E_i}{\partial u_{i,k}}\frac{\partial u_{i,k}}{\partial w_{lk}^{(2)}} = \sum_{j=1}^{M}\frac{\partial E_i}{\partial y_{i,j}}\frac{\partial y_{i,j}}{\partial u_{i,k}}\frac{\partial u_{i,k}}{\partial w_{lk}^{(2)}}$$

각각의 편미분을 계산하면

$$\frac{\partial E_i}{\partial y_{i,j}} = y_{i,j} - t_{i,j}, \quad \frac{\partial y_{i,j}}{\partial u_{i,k}} = \frac{\partial \phi_o(U_i)_j}{\partial u_{i,k}}, \quad \frac{\partial u_{i,k}}{\partial b_k^{(2)}} = 1, \quad \frac{\partial u_{i,k}}{\partial w_{lk}^{(2)}} = z_{i,l}$$

이고 대입하여 정리하면 다음과 같다.

$$\frac{\partial E_i}{\partial b_k^{(2)}} = \sum_{j=1}^{M}(y_{i,j} - t_{i,j})\frac{\partial \phi_o(U_i)_j}{\partial u_{i,k}} \cdot 1$$

$$\frac{\partial E_i}{\partial w_{lk}^{(2)}} = \sum_{j=1}^{M}(y_{i,j} - t_{i,j})\frac{\partial \phi_o(U_i)_j}{\partial u_{i,k}} \cdot z_{i,l}$$

따라서 행렬 표현법으로 일반화하면 다음과 같다.

$$\frac{\partial E_i}{\partial b^{(2)}} = \left[(Y_i - T_i)\left[\frac{\partial \phi_o(U_i)}{\partial U}\right]\right]$$

$$\frac{\partial E_i}{\partial W^{(2)}} = (Z_i^{(1)})^T\left[(Y_i - T_i)\left[\frac{\partial \phi_o(U_i)}{\partial U}\right]\right]$$

여기서

$$\frac{\partial y_{i,j}}{\partial u_{i,k}}=\frac{\partial \phi_o(U_i)_j}{\partial u_{i,k}}=\begin{cases} y_{i,j}-y_{i,j}^2, & \text{if } j=k \\ -y_{i,j}y_{i,k}, & \text{if } j\neq k \end{cases}$$

으로 단순화할 수 있는데, 행렬 표현법으로 나타내면 다음과 같다.

$$\frac{\partial \phi_o(U_i)}{\partial U}=\text{diag}(Y_i)-Y_i^T Y_i\in\mathbb{R}^{M\times M}$$

다음으로 $b_l^{(1)}$과 $w_{ml}^{(1)}$에 대한 편미분을 계산하면 다음과 같다.

$$\frac{\partial E_i}{\partial b_l^{(1)}}=\frac{\partial E_i}{\partial u_{i,k}}\frac{\partial u_{i,k}}{\partial b_l^{(1)}}=\sum_{k=1}^{M}\frac{\partial E_i}{\partial u_{i,k}}\frac{\partial u_{i,k}}{\partial u_{i,l}^{(1)}}\frac{\partial u_{i,l}^{(1)}}{\partial b_l^{(1)}}=\sum_{k=1}^{M}\sum_{j=1}^{M}\frac{\partial E_{ij}}{\partial y_{ij}}\frac{\partial y_{ij}}{\partial u_{i,k}}\frac{\partial u_{i,k}}{\partial u_{i,l}^{(1)}}\frac{\partial u_{i,l}^{(1)}}{\partial b_l^{(1)}}$$

$$\frac{\partial E_i}{\partial w_{ml}^{(1)}}=\frac{\partial E_i}{\partial u_{i,k}}\frac{\partial u_{i,k}}{\partial w_{ml}^{(1)}}=\sum_{k=1}^{M}\frac{\partial E_i}{\partial u_{i,k}}\frac{\partial u_{i,k}}{\partial u_{i,l}^{(1)}}\frac{\partial u_{i,l}^{(1)}}{\partial w_{ml}^{(1)}}=\sum_{k=1}^{M}\sum_{j=1}^{M}\frac{\partial E_{ij}}{\partial y_{ij}}\frac{\partial y_{ij}}{\partial u_{i,k}}\frac{\partial u_{i,k}}{\partial u_{i,l}^{(1)}}\frac{\partial u_{i,l}^{(1)}}{\partial w_{ml}^{(1)}}$$

추가된 편미분을 각각 계산하면

$$\frac{\partial u_{i,k}}{\partial u_{i,l}^{(1)}}=\frac{\partial u_{i,k}}{\partial z_{i,l}}\frac{\partial z_{i,l}}{\partial u_{i,l}^{(1)}}=w_{lk}^{(2)}\phi'_{(1)}\left(u_{i,l}^{(1)}\right),\quad \frac{\partial u_{i,l}^{(1)}}{\partial b_l^{(1)}}=1,\quad \frac{\partial u_{i,l}^{(1)}}{\partial w_{ml}^{(1)}}=x_{i,m}$$

이고, 대입하여 정리하면 다음과 같다.

$$\frac{\partial E_i}{\partial b_l^{(1)}}=\sum_{k=1}^{M}\sum_{j=1}^{M}(y_{ij}-t_{ij})\frac{\partial \phi_o(U_i)_j}{\partial u_{i,k}}w_{lk}^{(2)}\phi'_{(1)}\left(u_{i,l}^{(1)}\right)\cdot 1$$

$$\frac{\partial E_i}{\partial w_{ml}^{(1)}}=\sum_{k=1}^{M}\sum_{j=1}^{M}(y_{ij}-t_{ij})\frac{\partial \phi_o(U_i)_j}{\partial u_{i,k}}w_{lk}^{(2)}\phi'_{(1)}\left(u_{i,l}^{(1)}\right)\cdot x_{i,m}$$

마지막으로 행렬 표현법으로 일반화하면 다음과 같다.

$$\frac{\partial E_i}{\partial b^{(1)}}=\left[(Y_i-T_i)\left[\frac{\partial \phi_o(U_i)}{\partial U}\right][W^{(2)}]^T\circ\phi'_{(1)}(U_i^{(1)})\right]$$

$$\frac{\partial E_i}{\partial W^{(1)}}=X_i^T\left[(Y_i-T_i)\left[\frac{\partial \phi_o(U_i)}{\partial U}\right][W^{(2)}]^T\circ\phi'_{(1)}(U_i^{(1)})\right]$$

20절에서의 기울기 계산식 (20.3)과 비교하면 연산 방향이 왼쪽에서 오른쪽으로 뒤집어져 있음을 쉽게 이해할 수 있다.

실습예제 23-1

주어진 데이터에 대해 복층 구조를 이용하여 이차원 다중 분류기를 구현하라. 데이터는 최소-최대 스케일링을 통해 범위 $[-1, 1]$로 정규화한다. 목적함수는 평균 제곱 오차로 정의하고, 은닉층의 활성화 함수는 로지스틱 함수로 적용하며 출력층의 활성화 함수는 소프트맥스로 적용한다. 은닉층의 노드는 5개라 하고, 최대반복수는 10,000으로 고정하고 학습률은 1로 정한다. 단, 기울기는 bxW-형식의 행렬 표현법을 반영하여 계산하라. 데이터는 산점도로 나타내고 분류함수에 대한 경계는 등위곡선을 통해 그려라.

```
import numpy as np
import matplotlib.pyplot as plt
from sklearn.datasets import make_blobs

x, labels = make_blobs(n_samples=100, random_state=170)

fig = plt.figure()
ax = plt.axes()
ax.set_aspect('equal')
plt.scatter(x[:,0], x[:,1], c=labels, cmap='brg')
plt.show()
```

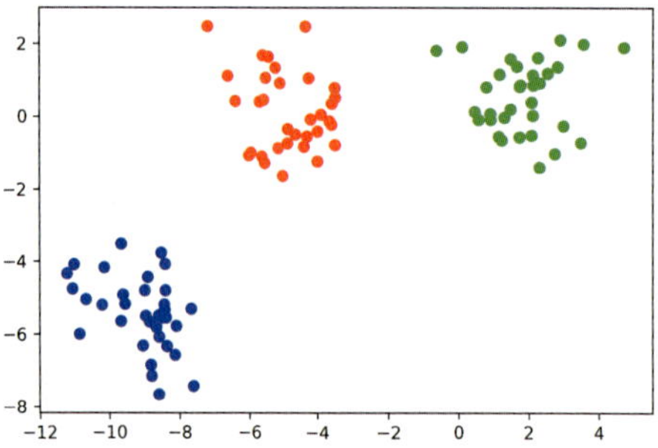

문제 해석

주어진 다중 분류문제의 이차원 데이터에 대해 출력층의 활성화 함수를 소프트맥스로 정의한 복층 구조를 설계하고 평균 제곱 오차를 사용하여 목적함수를 정의한다. 은닉층의 노드를 5개로 설정하고 활성화 함수는 로지스틱 함수를 적용한다. 목적함수의 기울기를 계산하고 경사하강법을 적용할 수 있다. bxW-형식의 행렬 표현법을 이용하여 기울기를 계산하고 활용한다. 기존 방식과 유사하게 프로그래밍을 구현하지만, 데이터가 열 벡터 기준에서 행 벡터 기준으로 바뀌었으므로 행렬 표현법은 왼쪽에 곱한 미분 행렬을 오른쪽에 곱하는 것으로 변경된다.

모범 답안

먼저 원-핫 인코딩의 타겟값을 만들고 데이터를 정규화한다.

```
N, M = len(labels), len(np.unique(labels))
t = np.eye(M)[labels,:]
```

```python

x1min, x1max = np.min(x[:,0]), np.max(x[:,0])
x2min, x2max = np.min(x[:,1]), np.max(x[:,1])
x[:,0] = -1 + 2*(x[:,0]-x1min)/(x1max-x1min)
x[:,1] = -1 + 2*(x[:,1]-x2min)/(x2max-x2min)

fig = plt.figure()
ax = plt.axes()
ax.set_aspect('equal')
plt.scatter(x[:,0], x[:,1], c=labels, cmap='brg')
plt.show()
```

실행 결과

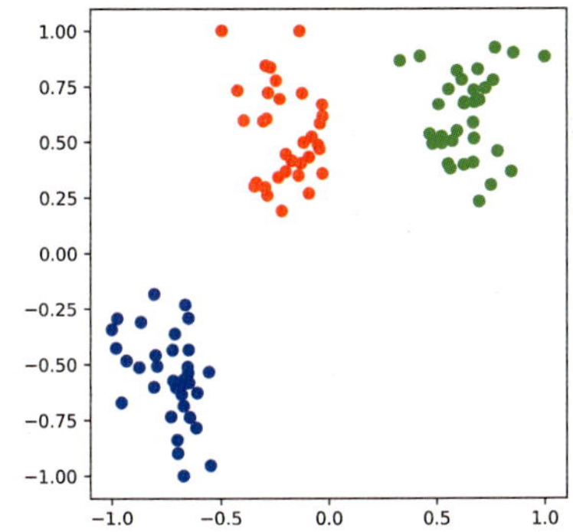

데이터가 열 벡터 기준에서 행 벡터 기준으로 바뀐 것을 반영하여 프로그래밍 코드를 구현한다.

```python
phi = lambda u: 1/(1+np.exp(-u))
dphi = lambda u: np.exp(-u)/(1+np.exp(-u))**2

soft = lambda u: np.exp(u)/np.sum(np.exp(u))
dsoft = lambda u: np.diag(soft(u)[0])-soft(u).T@soft(u)

np.random.seed(1)
L = 5
b1, W1 = np.random.rand(1,L), np.random.rand(2,L)
b2, W2 = np.random.rand(1,3), np.random.rand(L,3)

MaxIter = 10000
alpha = 1.0
ns = MaxIter/10

print('n={:5d}'.format(0))
for n in range(MaxIter):
    gradb1, gradW1 = np.zeros((1,L)), np.zeros((2,L))
    gradb2, gradW2 = np.zeros((1,3)), np.zeros((L,3))
```

```python
    for i in range(N):
        ti = t[i:i+1,:]
        xi = x[i:i+1,:]
        uh = b1 + xi@W1
        zi = phi(uh)
        ui = b2 + zi@W2

        dEdu = (soft(ui)-ti)@dsoft(ui)
        gradb2 += 1/N*dEdu
        gradW2 += 1/N*zi.T@dEdu

        dEduh = (dEdu@W2.T)*dphi(uh)
        gradb1 += 1/N*dEduh
        gradW1 += 1/N*xi.T@dEduh

    b1, W1 = b1-alpha*gradb1, W1-alpha*gradW1
    b2, W2 = b2-alpha*gradb2, W2-alpha*gradW2

    Eval = 0.0
    for i in range(N):
        ti = t[i:i+1,:]
        xi = x[i:i+1,:]
        uh = b1 + xi@W1
        zi = phi(uh)
        ui = b2 + zi@W2

        Eval += 0.5/N*np.sum((soft(ui)-ti)**2)

    if (n+1)%ns == 0:
        print('n={:5d}, Eval={:.4f}'.format(n+1,Eval))
```

실행 결과

```
n=    0
n= 1000, Eval=0.0022
n= 2000, Eval=0.0009
n= 3000, Eval=0.0005
n= 4000, Eval=0.0004
n= 5000, Eval=0.0003
n= 6000, Eval=0.0002
n= 7000, Eval=0.0002
n= 8000, Eval=0.0002
n= 9000, Eval=0.0002
n=10000, Eval=0.0001
```

데이터는 100개이지만 복잡도가 높지 않아 최적화된 가중치를 쉽게 구할 수 있다.

목적함수의 값이 충분히 감소했다고 판단되므로 그림으로 그 결과를 확인하자.

```
x1 = np.linspace(-1, 1)
x2 = np.linspace(-1, 1)
xx1, xx2 = np.meshgrid(x1, x2)

uuh = [0 for l in range(L)]
for l in range(L):
    uuh[l] = b1[0,l] + xx1*W1[0,l] + xx2*W1[1,l]

uu = [0 for k in range(3)]
for k in range(3):
    uu[k] = b2[0,k]
    for l in range(L):
        uu[k] += phi(uuh[l])*W2[l,k]

sigma = 0
for k in range(3):
    sigma += np.exp(uu[k])

yy = [0 for j in range(3)]
for j in range(3):
    yy[j] = np.exp(uu[j])/sigma

fig = plt.figure()
ax = plt.axes()
gcmap = plt.colormaps.get_cmap('brg')
ax.scatter(x[:,0], x[:,1], c=labels, cmap=gcmap)
for j in range(3):
    ax.contour(xx1, xx2, yy[j], [0.5])
    ax.contourf(xx1, xx2, yy[j], [0.5,1.0], colors=[gcmap(j/2)], alpha=0.3)
ax.set_aspect('equal')
plt.show()
```

실행 결과

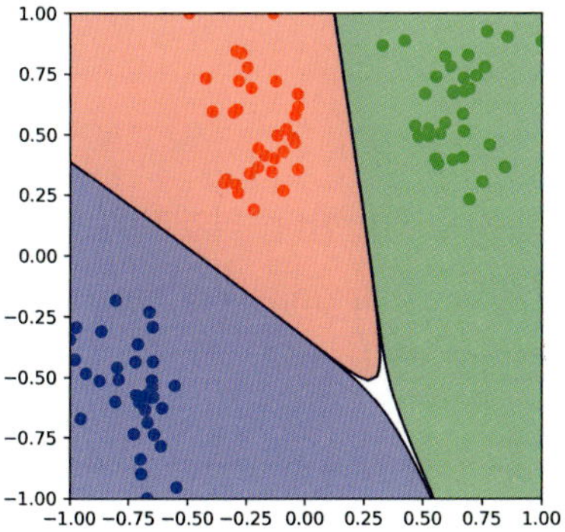

참고

12절에서 데이터 정규화와 표준화를 소개했다. 입력 데이터가 일차원일 때, 수렴 속도가 일관적이고 결과를 비교하여 해석하기 용이하므로 데이터 전처리의 필요성을 설명했다. 이차원 입력 데이터처럼 데이터의 차원이 커지면 정규화와 표준화하는 의미가 커진다. 즉 모델이 특정 변수 값을 상대적으로 너무 크게 고려하지 않도록 한다. 이는 스케일이 큰 변수가 결과에 과도한 영향을 미치지 않도록 완화시키는 역할을 한다. 또한, 특성이 일정한 척도에서 측정되므로 결과를 비교하여 해석하기 용이하다. 즉 데이터를 특정 범위로 조정함으로써 서로 다른 스케일을 가진 변수들 사이의 비교를 용이하게 한다.

정확도

인공신경망의 학습 모델을 적용하여 최적화된 해를 찾더라도 그 결과가 얼마나 적절한지 평가할 필요가 있다. 따라서 학습 수준을 이해하기 위한 성능 측정 도구인 **정확도**accuracy를 소개한다.

$$\text{정확도} = \frac{\text{맞춘 예측의 수}}{\text{전체 예측의 수}}$$

다시 말해 정확도는 전체 데이터 중에서 모델이 올바르게 분류한 데이터 개수에 대한 비율이다.

참고

범주 간의 데이터가 고르게 분포되어 있지 않으면 정확도는 편향된 결과를 보일 수 있다는 문제점이 있다. 따라서 정밀도precision, 재현율recall 등의 성능 지표를 함께 고려해야 한다.

이진 분류문제에서 출력값은 y_i로 나타내고 타겟값은 t_i로 나타낸다. t_i는 0 또는 1로 정의되어 있고 로지스틱 함수를 출력층의 활성화 함수로 적용하면 y_i는 0과 1 사이의 값이다. 0.5를 기준으로 $y_i < 0.5$이고 $t_i = 0$인 경우와 $y_i > 0.5$이고 $t_i = 1$인 경우가 맞는 예측이라 할 수 있다. 반면에, 다중 분류문제에서 출력값이 가리키는 클래스를

$$\operatorname{argmax} Y_i = \operatorname*{argmax}_{1 \le j \le M} y_{i,j}$$

로 정의하고 타겟값의 범주와 비교하여 분류가 맞는지를 판단한다. 타겟값은 원-핫 인코딩으로 정의되어 있으므로 argmax T_i로 범주를 확인할 수 있다. 즉 argmax Y_i와 argmax T_i가 같은 경우는 예측이 맞다고 하고 다른 경우에는 예측이 틀렸다고 한다.

지금까지 인공신경망의 결과를 직관적으로 확인할 수 있게 입력 데이터를 이차원으로 한정했다.

즉 **특징**feature이 2개인 데이터만을 대상으로 했다. 실제로는 입력 데이터의 특징이 훨씬 많기 때문에 더 높은 차원의 데이터를 다룰 필요가 있다. 입력 데이터의 차원은 입력층의 노드 개수와 관련이 있다. [그림 23-2]를 통해 이 관계를 살펴보자.

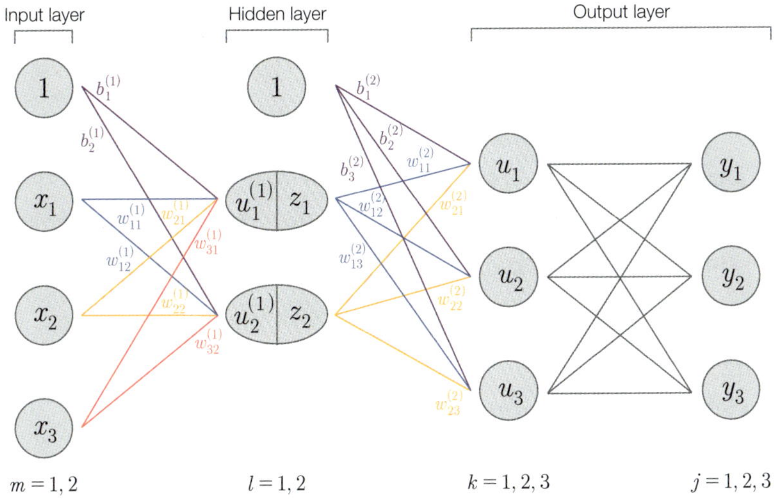

그림 23-2 입력층의 노드가 3개인 복층 구조 인공신경망

[그림 23-2]는 3개의 노드를 갖는 입력층, 2개의 노드를 갖는 은닉층 1개, 3-범주를 갖는 출력층으로 한정했지만, 각각의 차원을 [그림 23-3]과 같이 일반화할 수 있다. 이제 입력 데이터의 노드 개수를 D, 은닉층의 노드 개수를 L_1, 출력층의 노드 개수를 M으로 정의하자. 층과 층 사이는 가중합으로 연결하고, 층 내부는 적당한 함수로 활성화된다. [그림 23-3]에서 복층 구조가 은닉층이 한 개임을 강조하기 위해 L_1으로 나타냈다. 은닉층을 추가하면 다층 구조로 자연스럽게 확장할 수 있다.

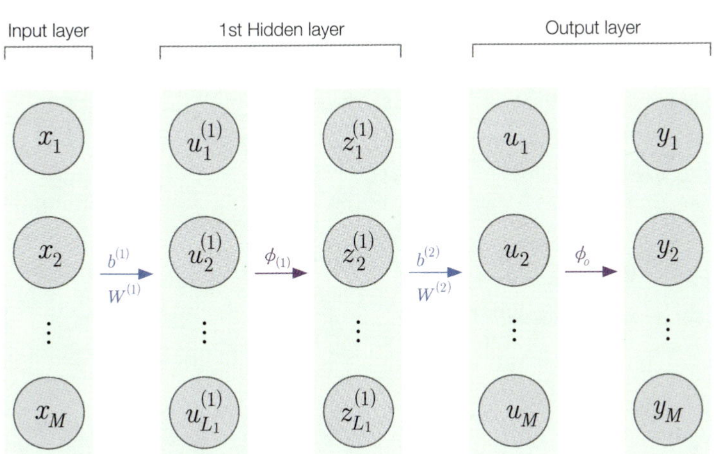

그림 23-3 블록 형식의 복층 구조 인공신경망

이제 차원이 높은 입력 데이터에 대해 살펴보자. [코드 23-8]은 사이킷런 라이브러리에 내재된 아이리스iris 데이터셋을 호출하는 코드이다. 아이리스 데이터셋은 분류문제에서 사용하는 대표적인 데이터셋이며, 세 가지 아이리스 품종과 네 가지 특성의 측정값을 포함한다. 데이터셋에 포함된 특성과 품종은 다음과 같다.

- **특성 변수 :** sepal length, sepal width, petal length, petal width
- **아이리스 품종 :** Setosa, Versicolor, Virginica

이는 꽃받침sepal 및 꽃잎petal의 길이와 폭을 이용하여 아이리스의 품종을 분류하는 문제이다. 특성이 네 가지 있으므로 입력 데이터는 사차원이고, 품종이 세 가지이므로 출력 범주는 세 개이다. 이제 특성 데이터의 차원이 높아졌으므로 그림으로 표현하기 어려워졌다. 다만, 특성 두 개를 제외한 나머지 특성을 정사영한 뒤 이차원 산점도를 그리면 사차원을 간접적으로 이해할 수 있다. 이를 [코드 23-8]에서 확인하자.

tip 아이리스 데이터셋은 총 150개이다. [코드 23-8]을 실행한 뒤 x.shape을 출력하면 (150,4)가 나옴을 확인하자.

코드 23-8

```
import numpy as np
import matplotlib.pyplot as plt
from sklearn.datasets import load_iris

iris = load_iris()
x = iris.data
labels = iris.target

fig, axs = plt.subplots(nrows=4, ncols=4, figsize=(16,16))
for i in range(4):
    for j in range(4):
        if i != j:
            axs[i,j].scatter(x[:,j], x[:,i], c=labels, cmap='brg')
            axs[i,j].set_xlabel(iris.feature_names[j])
            axs[i,j].set_ylabel(iris.feature_names[i])
        else:
            axs[i,j].hist(x[:,i], bins=20, alpha=0.7)
            axs[i,j].set_xlabel(iris.feature_names[i])
            axs[i,j].set_ylabel('Frequency')

plt.tight_layout()
plt.show()
```

실행 결과

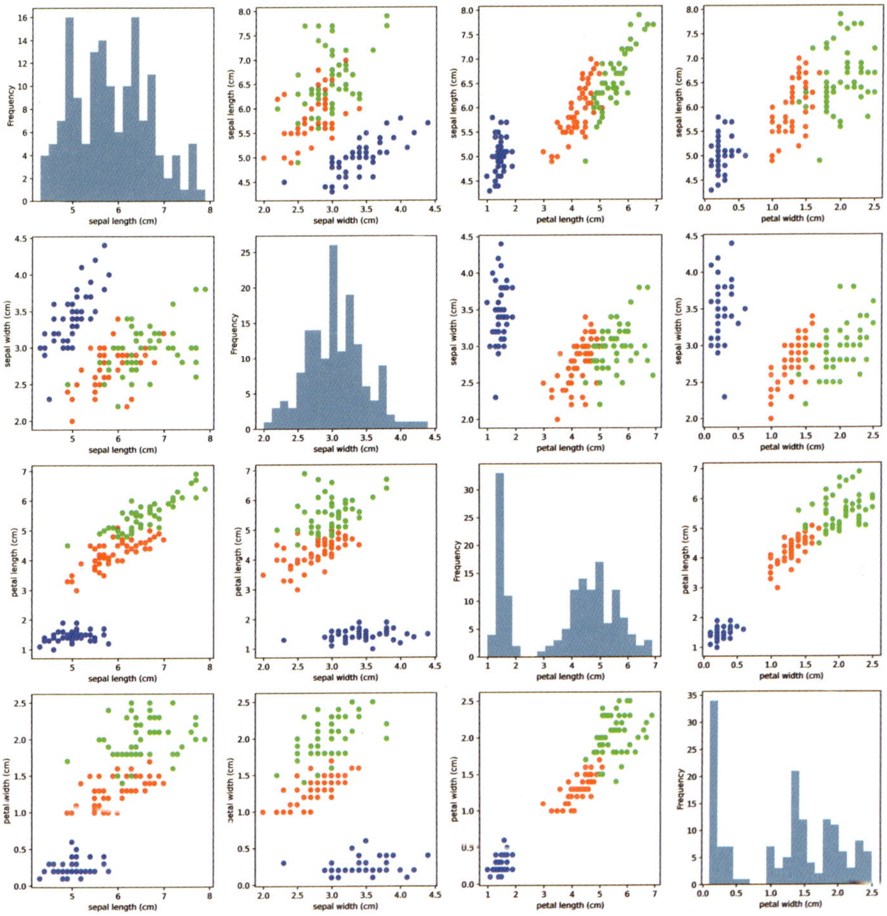

tip [코드 23-8]의 실행 결과는 subplots 함수를 이용하여 이차원 산점도를 4×4 배열로 나타낸 것이다. 여기서 맷플롯립 라이브러리에 관한 자세한 설명은 생략한다.

각 배열에 출력된 그림을 보면 가로축과 세로축이 sepal length, sepal width, petal length, petal width 순으로 나열되어 있다. 또한 brg 색상으로 표현한 산점도를 통해 범주 분포를 파악할 수 있다. 배열의 대각 성분은 산점도가 존재하지 않으므로 분포의 편향성을 히스토그램으로 나타냈다.

실습예제 23-2 도전!

주어진 아이리스 데이터에 대해 복층 구조를 이용하여 다중 분류기를 구현하라. 데이터는 최소-최대 스케일링을 통해 범위 [−1, 1]로 정규화한다. 목적함수는 평균 제곱 오차로 정의하고, 은닉층의 활성화 함수는 로지스틱 함수로 적용하며 출력층의 활성화 함수는 소프트맥스로 적용한다. 은닉층의 노드는 7개라 하고, 최대반복수는 1,000으로 고정하고 학습률은 1로 정한다. 평균 제곱 오차와 정확도를 100번마다 출력하라. 단, 기울기는 bxW-형식의 행렬 표현법을 반영하여 계산하라.

```python
import numpy as np
import matplotlib.pyplot as plt
from sklearn.datasets import load_iris

iris = load_iris()
x, labels = iris.data, iris.target
```

[실습예제 23-2]에서 경사하강법이 적용될수록 목적함수의 값은 지속적으로 감소한다. 하지만 언제 최소점 또는 극소점에 수렴하는지를 분명히 알 수 없다. 반면에 정확도는 학습 성능을 직접 확인할 수 있다는 장점이 있다. 참고로 [실습예제 23-2]에서 반복수에 대응하는 값의 변화를 출력하면 [그림 23-4]와 같다. 우리가 원하는 정확도가 90%라면 180번 정도 반복만으로도 충분하고, 95%라면 300번 정도 반복이 필요함을 알 수 있다.

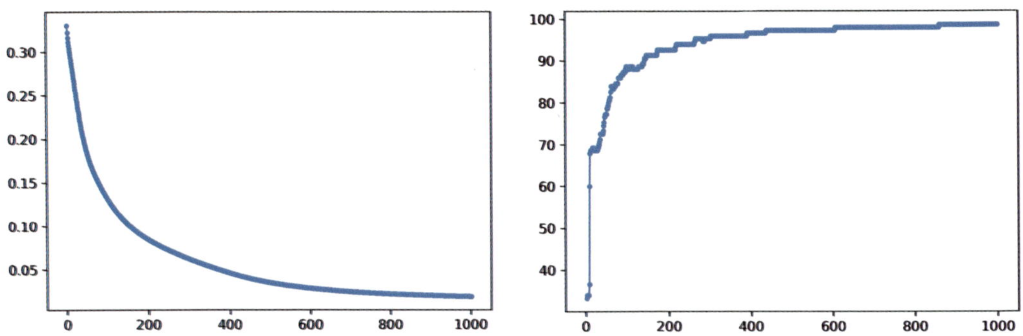

(a) 평균 제곱 오차 (b) 정확도

그림 23-4 [실습예제 23-2]의 반복수에 대응하는 평균 제곱 오차와 정확도

SECTION 23 연습문제

1 주어진 데이터에 대해 복층 구조를 이용하여 이차원 다중 분류기를 구현하라. 목적함수는 평균 제곱 오차로 정의하고, 은닉층의 활성화 함수는 로지스틱 함수로 적용한다. 출력층의 활성화 함수는 소프트맥스로 적용한다. 은닉층의 노드는 5개라 하고, 최대반복수는 10,000으로 고정하고 학습률은 1로 정한다. 평균 제곱 오차와 정확도를 1,000번마다 출력하라. 단, 기울기는 bxW-형식의 행렬 표현법을 반영하여 계산하라. 데이터는 산점도로 나타내고 분류함수에 대한 경계는 등위곡선을 통해 그려라.

```python
import numpy as np
import matplotlib.pyplot as plt

np.random.seed(78)
N = 100
x1, x2 = 2*np.random.rand(N)-1, 2*np.random.rand(N)-1
x = np.column_stack((x1,x2))
t = np.column_stack((np.float64(x1**2+x2**2<0.5),))

fig = plt.figure()
ax = plt.axes()
ax.scatter(x[:,0], x[:,1], c=t, cmap='bwr')
ax.set_aspect('equal')
plt.show()
```

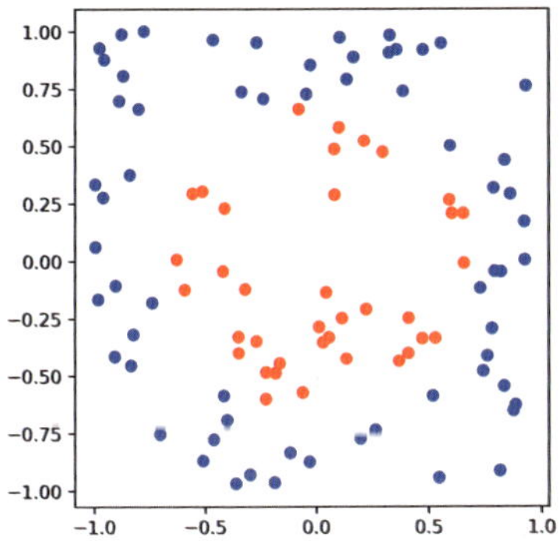

2 주어진 데이터에 대해 복층 구조를 이용하여 이차원 다중 분류기를 구현하라. 목적함수는 평균 제곱 오차로 정의하고, 은닉층의 활성화 함수는 로지스틱 함수로 적용한다. 출력층의 활성화 함수는 소프트맥스로 적용한다. 은닉층의 노드는 7개라 하고, 최대반복수는 10,000으로 고정하고 학습률은 1로 정한다. 평균 제곱 오차와 정확도를 1,000번마다 출력하라. 단, 기울기는 bxW-형식의 행렬 표현법을 반영하여 계산하라. 데이터는 산점도로 나타내고 분류함수에 대한 경계는 등위곡선을 통해 그려라.

```python
import numpy as np
import matplotlib.pyplot as plt

np.random.seed(78)
N = 100
```

```
x1, x2 = 2*np.random.rand(N)-1, 2*np.random.rand(N)-1
x = np.column_stack((x1,x2))
tf1, tf2 = x1**2+x2**2<0.5, x1+x2<0
t2 = np.logical_and(np.logical_not(tf1), tf2)
t3 = np.logical_and(np.logical_not(tf1), np.logical_not(tf2))
t = np.float64(np.column_stack((tf1,t2,t3)))

fig = plt.figure()
ax = plt.axes()
ax.scatter(x[:,0], x[:,1], c=np.argmax(t,axis=1), cmap='brg')
ax.set_aspect('equal')
plt.show()
```

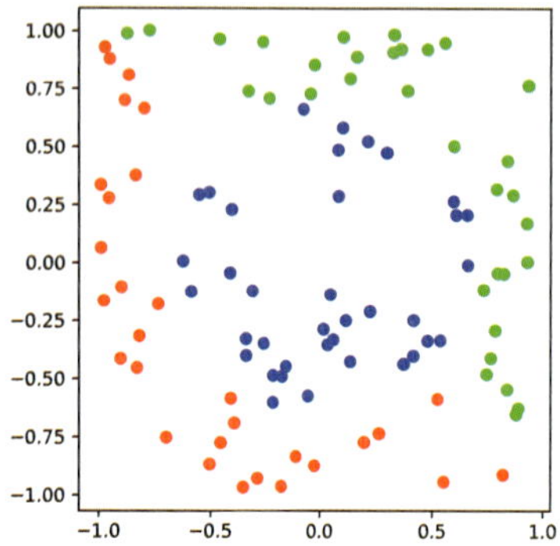

3 주어진 데이터에 대해 삼층 구조를 이용하여 이차원 다중 분류기를 구현하라. 목적함수는 평균 제곱 오차로 정의하고, 은닉층의 활성화 함수는 모두 로지스틱 함수로 적용하며 출력층의 활성화 함수는 소프트맥스로 적용한다. 은닉층의 노드는 $(L_1, L_2) = (10, 8)$이라 하고, 최대 반복수는 10,000으로 고정하고 학습률은 1로 정한다. 평균 제곱 오차와 정확도를 1,000번마다 출력하라. 단, 기울기는 bxW-형식의 행렬 표현법을 반영하여 계산하라. 데이터는 산점도로 나타내고 분류함수에 대한 경계는 등위곡선을 통해 그려라.

```
import numpy as np
import matplotlib.pyplot as plt

N = 100
np.random.seed(78)
x1, x2 = 2*np.random.rand(N)-1, 2*np.random.rand(N)-1
x = np.column_stack((x1,x2))
tf1, tf2, tf3 = x1**2+x2**2<0.7, x1+x2<0, x1-x2<0
```

```
    t1 = np.logical_and(np.logical_and(tf1,tf3), tf2)
    t2 = np.logical_and(np.logical_and(tf1,tf3), np.logical_not(tf2))
    t3 = np.logical_and(np.logical_and(tf1,np.logical_not(tf3)), tf2)
    t4 = np.logical_and(np.logical_and(tf1,np.logical_not(tf3)), np.logical_not(tf2))
    t5 = np.logical_and(np.logical_not(tf1), tf2)
    t6 = np.logical_and(np.logical_not(tf1), np.logical_not(tf2))
    t = np.float64(np.column_stack((t1,t2,t3,t4,t5,t6)))

    fig = plt.figure()
    ax = plt.axes()
    ax.scatter(x[:,0], x[:,1], c=np.argmax(t,axis=1), cmap='rainbow')
    ax.set_aspect('equal')
    plt.show()
```

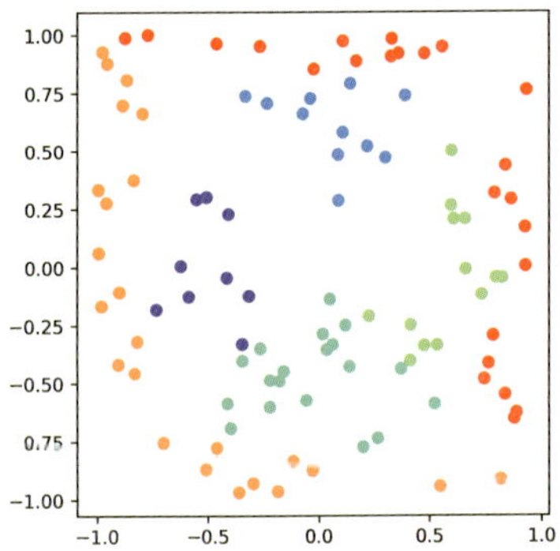

4 주어진 이이리스 데이터에 대해 복층 구조를 이용하여 다중 분류기를 구현하라. 데이터는 최소-최대 스케일링을 통해 범위 [−1,1]로 정규화한다. 목직함수는 평균 제곱 오차로 정의하고, 은닉층의 활성화 함수는 로지스틱 함수로 적용하며 출력층의 활성화 함수는 소프트맥스로 적용한다. 은닉층의 노드는 11개라 하고, 최대반복수는 1,000으로 고정하고 학습률은 1로 정한다. 평균 제곱 오차와 정확도를 100번마다 출력하라. 단, 기울기는 bxW-형식의 행렬 표현법을 반영하여 계산하라.

```
import numpy as np
import matplotlib.pyplot as plt
from sklearn.datasets import load_iris

iris = load_iris()
x, labels = iris.data, iris.target
```

SECTION

24 배치 처리

브로드캐스팅

넘파이는 다른 크기의 배열 간에 산술 연산을 할 수 있도록 자동으로 크기를 맞춰주는 브로드캐스팅broadcasting 기능을 제공한다. 지금까지는 크기가 같은 행렬만 더했는데, 이제 크기가 다른 행렬끼리 더할 수 있다. [코드 24-1]은 크기가 1 × 3인 배열 aa와 크기가 2 × 3인 배열 bb의 연산을 허용한다. 이때 배열 aa의 데이터를 확장하여 다음과 같이 연산한다.

$$\begin{bmatrix} a_1 & a_2 & a_3 \end{bmatrix} + \begin{bmatrix} b_{11} & b_{12} & b_{13} \\ b_{21} & b_{22} & b_{23} \end{bmatrix} = \begin{bmatrix} a_1 & a_2 & a_3 \\ a_1 & a_2 & a_3 \end{bmatrix} + \begin{bmatrix} b_{11} & b_{12} & b_{13} \\ b_{21} & b_{22} & b_{23} \end{bmatrix}$$

코드 24-1

```
import numpy as np

aa = np.array([[1,2,3]])
bb = np.array([[1,2,3],[2,3,4]])
print(aa+bb)
```

실행 결과

```
[[2 4 6]
 [3 5 7]]
```

마찬가지로 크기가 같은 행렬에 대해서만 성분별로 곱했는데, 이제 크기가 달라도 성분별로 곱할 수 있다. [코드 24-2]는 크기가 2 × 1인 배열 aa와 크기가 2 × 3인 배열 bb의 곱셈 연산을 허용한다. 이때 배열 aa의 데이터를 확장하여 다음과 같이 연산한다.

$$\begin{bmatrix} a_1 \\ a_2 \end{bmatrix} \circ \begin{bmatrix} b_{11} & b_{12} & b_{13} \\ b_{21} & b_{22} & b_{23} \end{bmatrix} = \begin{bmatrix} a_1 & a_1 & a_1 \\ a_2 & a_2 & a_2 \end{bmatrix} \circ \begin{bmatrix} b_{11} & b_{12} & b_{13} \\ b_{21} & b_{22} & b_{23} \end{bmatrix}$$

코드 24-2

```
import numpy as np

aa = np.array([[1],[2]])
bb = np.array([[1,2,3],[2,3,4]])
print(aa*bb)
```

실행 결과

```
[[1 2 3]
 [4 6 8]]
```

[코드 24-1]과 [코드 24-2]에서는 이차원 배열 간의 브로드캐스팅을 다루었지만, 넘파이는 일차원 배열과 이차원 배열 간의 브로드캐스팅도 허용한다. 넘파이의 브로드캐스팅 규칙에 따르면 일차원 배열을 행 벡터로 해석한 뒤 이차원 배열과 연산할 수 있다. [코드 24-3]의 예를 확인하자.

코드 24-3

```
import numpy as np

aa = np.array([1,2,3])
bb = np.array([[1,2,3],[2,3,4]])
print(aa+bb)
print(aa*bb)
```

실행 결과

```
[[2 4 6]
 [3 5 7]]
[[ 1  4  9]
 [ 2  6 12]]
```

[코드 24-4]의 예는 크기가 3인 일차원 배열 aa의 역수 연산이다. 1은 상수이고 aa는 배열이므로 성분별 연산을 할 수 없지만, 브로드캐스팅 기능이 적용되기 때문에 연산할 수 있다.

코드 24-4

```
import numpy as np

aa = np.array([1,4,8])
print(1/aa)
```

실행 결과 [1.   0.25 0.125]

tip lambda 함수로 정의한 로지스틱 함수가 브로드캐스팅 기능을 사용한다.

재배열

행렬의 재배열 개념을 이용하면 대규모 연산을 간단하게 구현할 수 있다. 넘파이의 reshape 함수는 다차원 배열의 크기를 변경한다. [코드 24-5]는 크기가 6인 일차원 배열을 크기가 2 × 3인 이차원 배열로 바꾸는 코드이다.

코드 24-5

```
import numpy as np

aa = np.array([1,2,3,4,5,6])
print(aa.reshape(2,3))
```

실행 결과

```
[[1 2 3]
 [4 5 6]]
```

이와 반대로 [코드 24-6]과 같이 이차원 배열을 일차원 배열로 변경할 수도 있다. 일차원 배열과 이차원 배열을 재배열할 때 요소의 위치를 각각 확인해보기 바란다.

코드 24-6

```
import numpy as np

AA = np.array([[1,2,3],[4,5,6]])
print(AA.reshape(6))
```

실행 결과 [1 2 3 4 5 6]

배열의 크기를 명시하지 않고 재배열할 수도 있다. [코드 24-7]은 −1을 인수로 입력하여 재배열한다. −1은 배열의 차원 중 하나를 자동으로 계산하도록 하는 특별한 값이다.

코드 24-7

```
1 import numpy as np
2
3 AA = np.array([[1,2],[3,4]])
4 print(AA.reshape(-1))
5 print(AA.reshape(1,-1))
6 print(AA.reshape(-1,1))
```

실행 결과

```
[1 2 3 4]
[[1 2 3 4]]
[[1]
 [2]
 [3]
 [4]]
```

- **4줄** 인수에 −1을 입력하면 배열의 크기를 자동으로 계산하여 일차원 배열로 변경한다.
- **5줄** 이차원 배열 중 행 벡터로 변환한다. 두 번째 인수에 −1을 입력하면 두 번째 차원의 크기를 자동으로 계산한다.
- **6줄** 이차원 배열 중 열 벡터로 변환한다. 첫 번째 인수에 −1을 입력하면 첫 번째 차원의 크기를 자동으로 계산한다.

계산 시간 출력

계산 방법에 따라 속도 차이를 비교하기 위해 실행 시간을 측정해보자. [코드 24-8]과 같이 time 모듈을 사용하면 주어진 코드의 실행 시간을 측정할 수 있다.

코드 24-8

```
import time

start = time.time()
total = 0
for i in range(1000000):
    total += (-1)**i

end = time.time()
elapsed = end - start

```

```
11    print('Elapsed time:', elapsed, 'seconds')
```

실행 결과

```
Elapsed time: 0.4024171829223633 seconds
```

- **3줄** time 모듈의 time() 함수는 해당 위치에서 현재 시간을 알려준다.
- **6줄** 백만 번 동안 1과 −1을 번갈아 더한다.
- **9줄** 3줄과 8줄에서 각각 start와 end에 저장한 시간의 차를 계산한다. 즉 4~6줄을 실행하는 데 걸리는 시간을 측정한다.

tip 코드의 실행 시간은 사용자의 컴퓨팅 환경이나 프로세스 실행에 따라 차이가 있다. 따라서 이 책의 실행 결과와 다를 수 있다.

23절 [그림 23-3]을 다시 생각하자. 이 그림은 입력값의 특성이 D개이고 출력값의 클래스가 M개이며, 은닉층 1개와 적당한 활성화 함수가 정의된 인공신경망을 도식화한 것이다. 앞으로는 입력층의 데이터 $(x_1, x_2, \cdots, x_D)$와 출력층의 결과 $(y_1, y_2, \cdots, y_M)$을 열 벡터가 아닌 행 벡터로 간주하자. 그러면 입력 데이터가 N개일 때 데이터 행렬 X는 크기가 $N \times D$이고, i번째 데이터 X_i는 크기가 $1 \times D$인 행 벡터이다.

이전까지는 i번째 데이터를 강조하기 위해 $x_{i,m}$과 같이 콤마(,)를 사용했다면 이제는 $X_i = (x_{i1}, x_{i2}, \cdots, x_{iD})$와 같이 콤마를 제외해도 자연스럽다. 마찬가지로 X_i에 대응하는 결괏값도 $Y_i = (y_{i1}, y_{i2}, \cdots, y_{iM})$으로 표현하고, 출력값을 쌓아서 크기가 $N \times M$인 행렬 Y를 정의할 수 있다. 23절 [그림 23-3]의 인공신경망에서 입력층 데이터와 출력층 결과의 관계를 나타내면 [그림 24-1]과 같다.

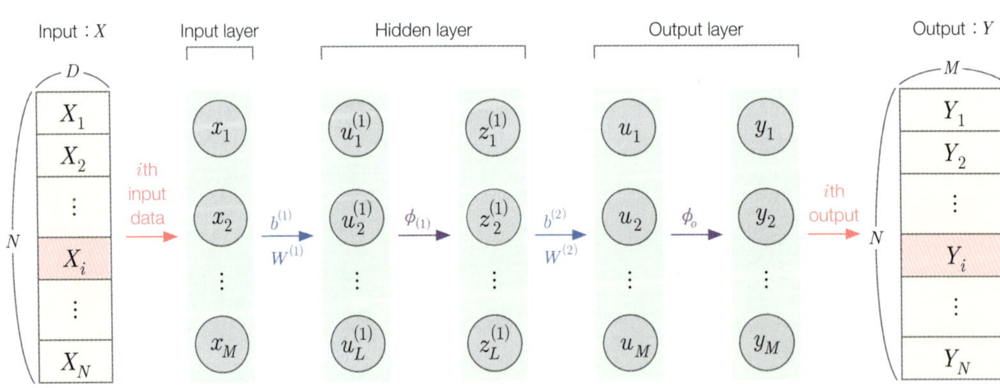

그림 24-1 인공신경망과 입출력 행렬

입출력을 행렬로 표현할 수 있듯이 은닉층도 행렬로 이해할 수 있다. 먼저 은닉층에서 i번째 데이터 X_i의 연산 $U_i^{(1)} = b^{(1)} + X_i W^{(1)}$을 [그림 24-2]와 같이 이해할 수 있다.

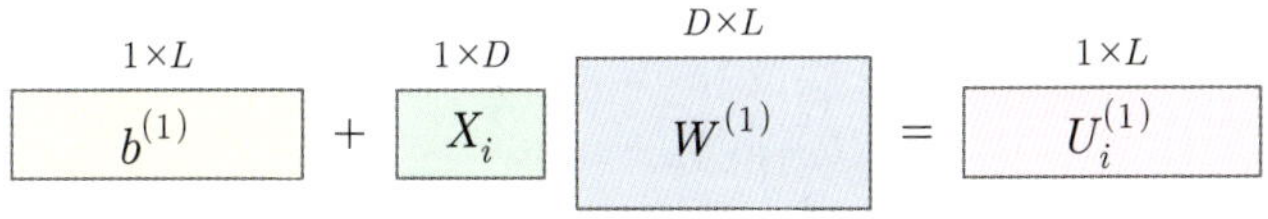

그림 24-2 bxW-형식 : 입력층과 은닉층 사이에서의 i번째 데이터 연산

여기서 $b^{(1)}$, X_i, $W^{(1)}$의 크기는 각각 $1 \times L$, $1 \times D$, $D \times L$이므로 $U_i^{(1)}$의 크기는 $1 \times L$이다. 지금까지는 $U_i^{(1)}$이 i번째 데이터의 은닉층 값임을 강조하기 위해 다음과 같이 콤마를 사용했다.

$$U_i^{(1)} = \left(u_{i,1}^{(1)}, u_{i,2}^{(1)}, \cdots, u_{i,L}^{(1)}\right) \tag{24.1}$$

[그림 24-2]의 X_i를 X로 대체하고 $b^{(1)}$을 쌓아서 행렬 연산을 적용하면 각각의 $U_i^{(1)}$이 대응되어 [그림 24-3]과 같이 크기가 $N \times L$인 행렬을 이룬다. 여기서 이 행렬을 $U^{(1)}$으로 정의하면 i번째 행 벡터가 $U_i^{(1)}$이다. 이제 식 (24.1)에서 콤마를 제외하고 다음과 같이 정의할 수 있다.

$$U_i^{(1)} = \left(u_{i1}^{(1)}, u_{i2}^{(1)}, \cdots, u_{iL}^{(1)}\right)$$

다만, $b^{(1)}$도 행렬 형태로 정의되어야 한다.

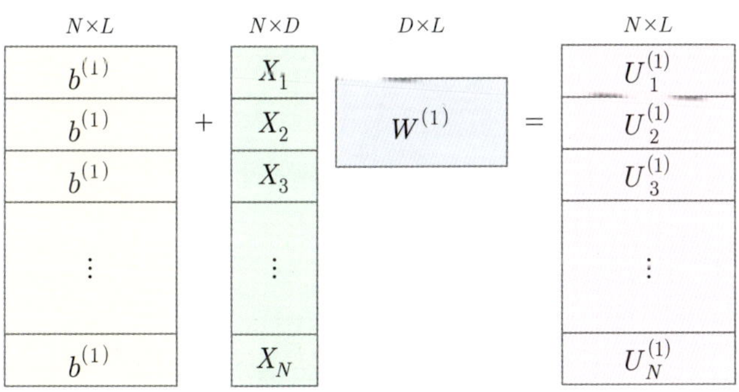

그림 24-3 BXW-형식 : 입력층과 은닉층 사이에서의 데이터 연산

이와 같이 데이터를 한꺼번에 묶어서 연산을 정의하는 방식을 BXW-형식이라 하자. $b^{(1)}$을 쌓아서 행렬로 정의할 수도 있지만, 파이썬의 브로드캐스팅 기능으로 간단하게 구현할 수 있다.

참고

두 행렬 A, B에 대해 행렬 곱 AB는 A의 행 벡터마다 행렬 B와 행렬 곱 연산을 하고 다시 쌓은 형태로 해석할 수 있다. 예를 들어 크기가 3×2인 행렬 A와 크기가 2×2인 행렬 B의 곱 연산은 다음과 같다.

$$AB = \begin{bmatrix} a_{11} & a_{12} \\ a_{21} & a_{22} \\ a_{31} & a_{32} \end{bmatrix} \begin{bmatrix} b_{11} & b_{12} \\ b_{21} & b_{22} \end{bmatrix} = \begin{bmatrix} a_{11}b_{11}+a_{12}b_{21} & a_{11}b_{12}+a_{12}b_{22} \\ a_{21}b_{11}+a_{22}b_{21} & a_{21}b_{12}+a_{22}b_{22} \\ a_{31}b_{11}+a_{32}b_{21} & a_{31}b_{12}+a_{32}b_{22} \end{bmatrix}$$

행렬 곱 AB의 두 번째 행 벡터를 $(AB)_2$로 표현하면 $(AB)_2$는 다음과 같이 행렬 A의 두 번째 행 벡터 A_2와 B의 행렬 곱과 일치한다.

$$A_2B = [a_{21} \ \ a_{22}] \begin{bmatrix} b_{11} & b_{12} \\ b_{21} & b_{22} \end{bmatrix} = (AB)_2 = [a_{21}b_{11}+a_{22}b_{21} \ \ a_{21}b_{12}+a_{22}b_{22}]$$

[그림 24-3]을 실제로 구현하려면 $b^{(1)}$을 행렬로 변형해야 해서 번거롭지만 브로드캐스팅 기능을 적용하면 [그림 24-4]와 같이 변형할 수 있다.

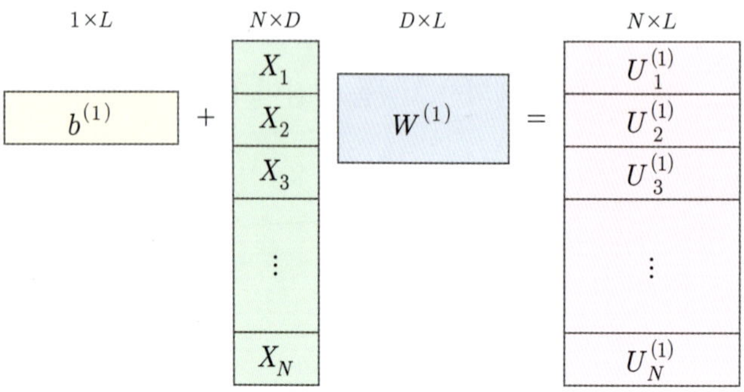

그림 24-4 bXW-형식 : 입력층과 은닉층 사이에서의 데이터 연산

따라서 출력층에서 은닉층으로의 가중합 연산을 다음과 같이 단순하게 표현할 수 있다.

$$U^{(1)} = b^{(1)} + XW^{(1)}$$

이와 같은 연산 방식을 **bXW-형식**이라 하자. 이는 데이터의 전부 또는 일부를 일괄 처리하기 때문에 일반적으로 **배치 처리**batch processing라 한다. 은닉층의 활성화 단계 $Z_i^{(1)} = \phi_{(1)}(U_i^{(1)})$에서 로지스틱 함수 $\phi_{(1)}$이 성분별 연산이기 때문에 행렬로 바뀐다고 해서 달라지는 것은 없다. 따라서 보다 단순하게 $Z^{(1)} = \phi_{(1)}(U^{(1)})$으로 단순하게 정의할 수 있다. 은닉층과 출력층의 관계도 이와 유사하다. 즉 $U_i = b^{(2)} + Z_i^{(1)}W^{(2)}$는 다음과 같이 배치 처리할 수 있다.

$$U = b^{(2)} + Z^{(1)}W^{(2)}$$

출력층의 활성화 함수는 소프트맥스이기에 단순히 성분별 연산이 아니라 $Y_i = \phi_o(U_i)$를 쌓아서 만든 행렬로 이해해야 한다. 그러므로 활성화 함수를 행별 연산[1]으로 이해하면 $Y = \phi_o(U)$라고

1 행별 연산row-wise computation : 각 행을 독립적으로 처리하여 연산을 수행

정의할 수 있다. 배치 처리를 고려한 인공신경망 구조를 그림으로 나타내면 [그림 24-5]와 같다.

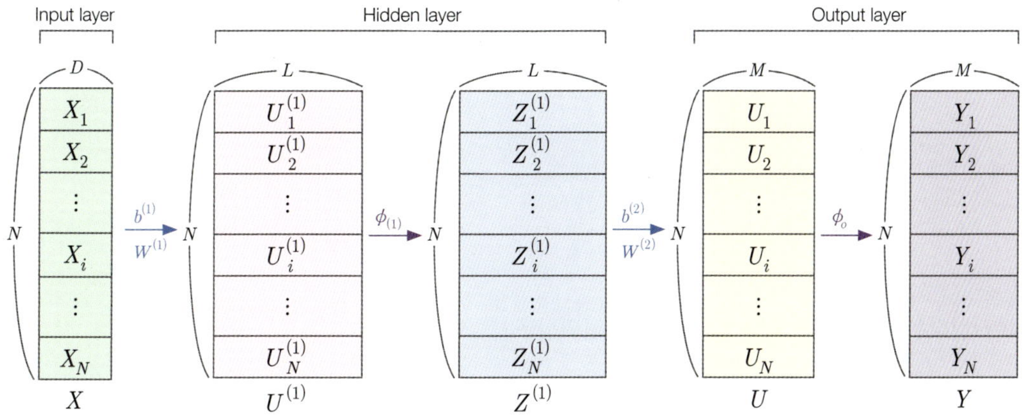

그림 24-5 배치 처리된 다중 분류문제를 위한 인공신경망

이와 같이 인공신경망에서 입력 데이터가 각 층을 통과하며 편향과 가중치, 활성화 함수를 통해 출력값을 계산하는 과정을 **순전파**forward propagation라고 한다. 반대로, 출력값과 타겟값의 오차를 역방향으로 전파하여 각 편향과 가중치에 대한 기울기를 계산하는 과정을 **역전파**backpropagation라고 한다. 지금까지 연쇄법칙을 적용하여 기울기를 계산하는 과정을 설명했다. 순전파는 다중 분류문제에서도 편향 b와 가중치 W가 주어져 있다면 쉽게 구현할 수 있다. 하지만 역전파는 미분 공식을 이용하여 기울기를 구하는 과정이므로 배치 처리할 때 무엇이 바뀌는지 바로 이해하기 어렵다. 따라서 이진 분류기에서 기울기 계산에 대한 배치 처리를 먼저 익힌 뒤 다중 분류기에서의 배치 처리를 이해해보자.

[그림 24-6]은 이진 분류문제를 위한 인공신경망 구조이다. 배치 처리를 반영한 행렬 X, $U^{(1)}$, $Z^{(1)}$, U, Y로 구성되어 있고 각 층 사이는 편향과 가중치의 가중합으로 정의되며 층 내부는 활성화 함수로 연결되어 있다.

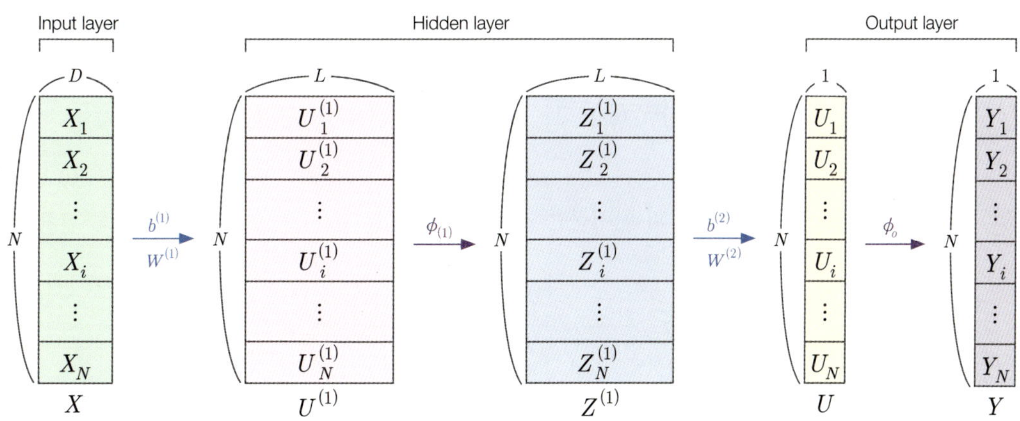

그림 24-6 배치 처리된 이진 분류문제를 위한 인공신경망

[그림 24-6]에 대응하는 순전파 과정을 i번째 데이터와 배치 처리된 데이터로 정리하면 다음과 같다. 은닉층과 출력층의 활성화 함수는 모두 로지스틱 함수를 적용한다.

$$
\begin{aligned}
U_i^{(1)} &= b^{(1)} + X_i W^{(1)}, & U^{(1)} &= b^{(1)} + XW^{(1)} \\
Z_i^{(1)} &= \phi_{(1)}(U_i^{(1)}), & Z^{(1)} &= \phi_{(1)}(U^{(1)}) \\
U_i &= b^{(2)} + Z_i^{(1)} W^{(2)}, & U &= b^{(2)} + Z^{(1)} W^{(2)} \\
Y_i &= \phi_o(U_i), & Y &= \phi_o(U)
\end{aligned}
$$

목적함수는 평균 제곱 오차로 정의하고 편의상 E_i를 사용한다.

$$E = \frac{1}{N}\sum_{i=1}^{N} E_i = \frac{1}{N}\sum_{i=1}^{N} \frac{1}{2}|Y_i - T_i|^2$$

일관성 있게 X_i의 성분 인덱스는 k로 두고 $U_i^{(1)}$과 $Z_i^{(1)}$의 성분 인덱스는 j로 둔다. 즉 $X_i = (x_{ik})$ 또는 $U_i^{(1)} = \left(u_{ij}^{(1)}\right)$과 같은 방식이다. 그러면 대응하는 편향과 가중치는 각각 $b^{(1)} = \left(b_k^{(1)}\right)$과 $W^{(1)} = \left(w_{kj}^{(1)}\right)$이다. 기울기 계산으로 나타나는 역전파를 구현하려면 출력층에 가까운 편향과 가중치부터 계산하는 것이 좋다. E_i의 $b^{(2)}$와 $w_j^{(2)}$에 대한 편미분은 연쇄법칙에 의해

$$\frac{\partial E_i}{\partial b^{(2)}} = \frac{\partial E_i}{\partial u_i} \cdot \frac{\partial u_i}{\partial b^{(2)}}, \quad \frac{\partial E_i}{\partial w_j^{(2)}} = \frac{\partial E_i}{\partial u_i} \cdot \frac{\partial u_i}{\partial w_j^{(2)}}$$

이고 각각의 편미분을 계산하면 다음과 같다.

$$\frac{\partial E_i}{\partial u_i} = (\phi_o(u_i) - t_i)\phi_o'(u_i), \quad \frac{\partial u_i}{\partial b^{(2)}} = 1, \quad \frac{\partial u_i}{\partial w_j^{(2)}} = z_{ij}^{(1)}$$

계산값을 대입하여 E_i의 편미분을 정리하면 다음과 같다.

$$\frac{\partial E_i}{\partial b^{(2)}} = (\phi_o(u_i) - t_i)\phi_o'(u_i) \cdot 1, \quad \frac{\partial E_i}{\partial w_j^{(2)}} = (\phi_o(u_i) - t_i)\phi'_o(u_i) \cdot z_{ij}^{(1)}$$

$b^{(2)} \in \mathbb{R}^{1\times 1}$이므로 $b^{(2)}$에 대한 E의 편미분은

$$\frac{\partial E}{\partial b^{(2)}} = \frac{1}{N}\sum_{i=1}^{N} \frac{\partial E_i}{\partial b^{(2)}} = \frac{1}{N}\sum_{i=1}^{N} (\phi_o(u_i) - t_i)\phi_o'(u_i) \cdot 1 \tag{24.2}$$

이다. 내적 또는 행렬 연산을 이용하면 다음과 같이 정리할 수 있다.

$$\frac{\partial E}{\partial b^{(2)}} = \frac{1}{N}\mathbf{1}^T[\,(\phi_o(U) - T) \circ \phi_o'(U)\,] \tag{24.3}$$

여기서 $\mathbf{1}$은 모든 성분이 1이고 크기가 $N \times 1$인 열 벡터이다. 이제 나머지 기울기를 계산하기 위해 다른 방식으로 생각해보자. 식 (24.2)가

$$\frac{\partial E_i}{\partial b^{(2)}} = \mathbf{1}_i \cdot [(\phi_o(U) - T) \circ \phi'_o(U)]_i$$

라고 할 때 인덱스 i에 대한 급수를 내적 또는 행렬 형식으로 표현한 것이 식 (24.3)이다. 그러면 비슷한 방식으로 $W^{(2)}$에 대한 편미분은

$$\frac{\partial E_i}{\partial W^{(2)}} = \left(\frac{\partial E_i}{\partial w_j^{(2)}}\right) = (Z_i^{(1)})^T[(\phi_o(U) - T) \circ \phi'_o(U)]_i \in \mathbb{R}^{L\times 1}$$

이고, 식 (24.3)과 같은 행렬 연산 구조를 적용하면 다음과 같이 정리할 수 있다.

$$\frac{\partial E}{\partial W^{(2)}} = \frac{1}{N}\sum_{i=1}^{N}\frac{\partial E_i}{\partial W^{(2)}} = \frac{1}{N}[Z^{(1)}]^T[(\phi_o(U) - T) \circ \phi'_o(U)] \in \mathbb{R}^{L\times 1}$$

이제 입력층과 출력층 사이의 편향과 가중치에서의 편미분을 계산하자. $b_j^{(1)}$과 $w_{kj}^{(1)}$에 대한 E_i의 편미분을 계산하면 연쇄법칙에 의해

$$\frac{\partial E_i}{\partial b_j^{(1)}} = \frac{\partial E_i}{\partial u_i}\cdot\frac{\partial u_i}{\partial u_{ij}^{(1)}}\cdot\frac{\partial u_{ij}^{(1)}}{\partial b^{(2)}}, \quad \frac{\partial E_i}{\partial w_{kj}^{(1)}} = \frac{\partial E_i}{\partial u_i}\cdot\frac{\partial u_i}{\partial u_{ij}^{(1)}}\cdot\frac{\partial u_{ij}^{(1)}}{\partial w_{kj}^{(1)}}$$

이다. $\partial E_i/\partial u_i$는 이미 알고 있고 나머지 편미분은 다음과 같다.

$$\frac{\partial u_i}{\partial u_{ij}^{(1)}} = w_j^{(2)}\phi'_{(1)}(u_{ij}^{(1)}), \quad \frac{\partial u_{ij}^{(1)}}{\partial b^{(2)}} = 1, \quad \frac{\partial u_{ij}^{(1)}}{\partial w_{kj}^{(1)}} = x_{ik}$$

$b_j^{(1)}$과 $w_{kj}^{(1)}$에 대한 E_i의 편미분을 정리하면 다음과 같다.

$$\frac{\partial E_i}{\partial b_j^{(1)}} = (\phi_o(u_i) - t_i)\phi'_o(u_i)w_j^{(2)}\phi'_{(1)}(u_{ij}^{(1)})\cdot 1$$

$$\frac{\partial E_i}{\partial w_{kj}^{(1)}} = (\phi_o(u_i) - t_i)\phi'_o(u_i)w_j^{(2)}\phi'_{(1)}(u_{ij}^{(1)})\cdot x_{ik}^{(1)}$$

이제 $b^{(1)}$과 $W^{(1)}$에 대한 E_i의 편미분은 다음과 같이 정리할 수 있다.

$$\frac{\partial E_i}{\partial b^{(1)}} = \mathbf{1}_i \cdot \left[\left[(\phi_o(U) - T) \circ \phi_o'(U)\right]_i \left[W^{(2)}\right]^T \circ \phi_{(1)}'(U_i^{(1)})\right] \in \mathbb{R}^{1\times L}$$

$$\frac{\partial E_i}{\partial W^{(1)}} = X_i^T \left[\left[(\phi_o(U) - T) \circ \phi_o'(U)\right]_i \left[W^{(2)}\right]^T \circ \phi_{(1)}'(U_i^{(1)})\right] \in \mathbb{R}^{D\times L}$$

마찬가지로 위의 두 식은 모두 행렬 연산 패턴이 있기에 다음과 같이 변형할 수 있다.

$$\frac{\partial E}{\partial b^{(1)}} = \frac{1}{N}\mathbf{1}^T \left[(\phi_o(U) - T) \circ \phi_o'(U)\left[W^{(2)}\right]^T \circ \phi_{(1)}'(U^{(1)})\right] \in \mathbb{R}^{1\times L}$$

$$\frac{\partial E}{\partial W^{(1)}} = \frac{1}{N}X^T \left[(\phi_o(U) - T) \circ \phi_o'(U)\left[W^{(2)}\right]^T \circ \phi_{(1)}'(U^{(1)})\right] \in \mathbb{R}^{D\times L}$$

실습예제 24-1

주어진 데이터에 대해 복층 구조를 이용하여 이차원 이진 분류기를 구현하라. 목적함수는 평균 제곱 오차로 정의하고, 은닉층과 출력층의 활성화 함수는 모두 로지스틱 함수를 적용한다. 은닉층의 노드는 5개라 하고, 최대반복수는 10,000으로 고정하며 학습률은 1로 정한다. 단, 기울기는 bXW-형식의 행렬 표현법을 반영하여 계산하라. 데이터는 산점도로 나타내고 분류함수에 대한 경계를 등위곡선을 통해 그려라.

```
import numpy as np
import matplotlib.pyplot as plt

np.random.seed(78)
N = 100
x1, x2 = 2*np.random.rand(N)-1, 2*np.random.rand(N)-1
xx = np.column_stack((x1,x2))
tt = np.column_stack((np.float64(x1**2+x2**2<0.5),))

fig = plt.figure()
ax = plt.axes()
ax.scatter(xx[:,0], xx[:,1], c=tt, cmap='bwr')
ax.set_aspect('equal')
plt.show()
```

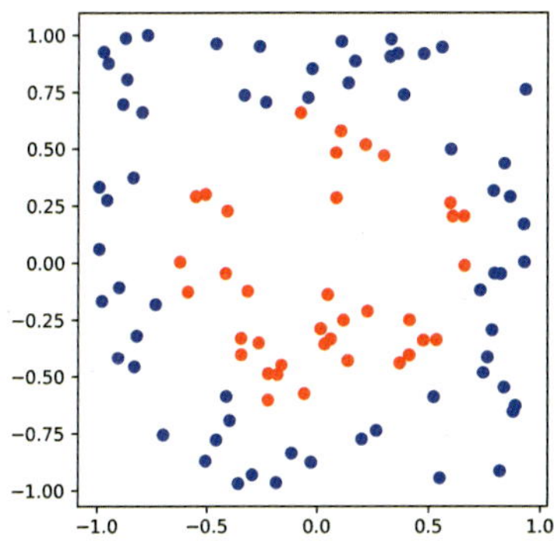

문제 해석

출력층의 활성화 함수를 로지스틱 함수로 정의한 복층 구조를 설계하고 평균 제곱 오차를 사용하여 목적함수를 정의한다. 은닉층의 노드를 5개로 설정하고 활성화 함수는 로지스틱 함수를 적용한다. 행렬 표현법과 배치 처리를 이용하여 목적함수의 기울기를 계산하고 bXW-형식의 경사하강법을 구현한다.

모범 답안

```
phi = lambda u: 1/(1+np.exp(-u))
dphi = lambda u: np.exp(-u)/(1+np.exp(-u))**2

L = 5
np.random.seed(1)
b1, W1 = np.random.rand(L), np.random.rand(2,L)
b2, W2 = np.random.rand(1), np.random.rand(L,1)

MaxIter = 10000
alpha = 1.0
ns = MaxIter/10

print('n={:5d}'.format(0))
for n in range(MaxIter):
    uh = b1 + xx@W1
    zz = phi(uh)
    uu = b2 + zz@W2

    dEdu = (phi(uu)-tt)*dphi(uu)
    gradb2 = 1/N*np.sum(dEdu,axis=0)
    gradW2 = 1/N*zz.T@dEdu

    dEduh = (dEdu@W2.T)*dphi(uh)
    gradb1 = 1/N*np.sum(dEduh,axis=0)
    gradW1 = 1/N*xx.T@dEduh

    b1, W1 = b1-alpha*gradb1, W1-alpha*gradW1
```

```
        b2, W2 = b2-alpha*gradb2, W2-alpha*gradW2

        uh = b1 + xx@W1
        zz = phi(uh)
        uu = b2 + zz@W2
        yy = phi(uu)

        Eval = 0.5/N*np.sum((yy-tt)**2)

        if (n+1)%ns == 0:
            print('n={:5d}, Eval={:.4f}'.format(n+1,Eval))
```

실행 결과

```
n=     0
n= 1000, Eval=0.1140
n= 2000, Eval=0.1082
n= 3000, Eval=0.0792
n= 4000, Eval=0.0381
n= 5000, Eval=0.0249
n= 6000, Eval=0.0197
n= 7000, Eval=0.0169
n= 8000, Eval=0.0151
n= 9000, Eval=0.0139
n=10000, Eval=0.0129
```

```
x1 = np.linspace(-1, 1)
x2 = np.linspace(-1, 1)
xx1, xx2 = np.meshgrid(x1, x2)
XX = np.column_stack((xx1.reshape(-1),xx2.reshape(-1)))
UH = b1 + XX@W1
UU = b2 + phi(UH)@W2
YY = phi(UU)
yy = YY.reshape(xx1.shape)

fig = plt.figure()
ax = plt.axes()
gcmap = plt.colormaps.get_cmap('bwr')
ax.scatter(xx[:,0], xx[:,1], c=tt, cmap=gcmap)
ax.contour(xx1, xx2, yy, [0.5])
ax.contourf(xx1, xx2, yy, [0.0,0.5,1.0], colors=[gcmap(0.),gcmap(1.)], alpha=0.3)
ax.set_aspect('equal')
plt.show()
```

실행 결과

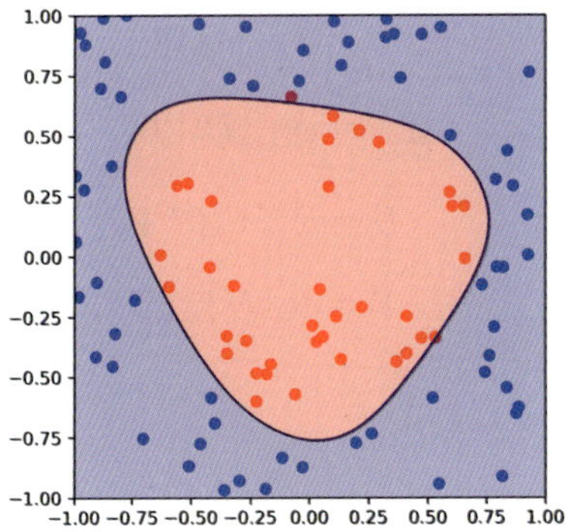

[실습예제 24-1]과 동일한 이진 분류문제를 구현 방식과 같이 정리하면 다음과 같다.

- **반복문 구현 방식** : 15절 [연습문제 2]
- **bWx-형식** : 17절 [연습문제 2]
- **bXW-형식** : 24절 [실습예제 24-1]

데이터를 열 벡터로 이해하거나 행 벡터로 이해하는 차이만 있고 데이터 분포는 동일하다. 각각의 코드에 대해 실행 시간을 측정하여 행렬 표현법과 배치 처리가 계산 속도에 미치는 영향을 알아보자. 필자의 컴퓨팅 환경[2]에서 실행한 결과는 [표 24-1]과 같다. 구현 방식에 따라 계산 시간에 큰 차이가 있음을 알 수 있다.

표 24-1 이진 분류문제에서 기울기 계산 방식에 따른 계산 시간

구현 방식	반복문	bWx-형식	bXW-형식
계산 시간(초)	135.4	93.83	1.548

bWx-형식은 반복문에 비해 계산 속도가 개선되었지만 시간이 많이 단축되지 않았다. 반면에 bXW-형식은 벡터화[3]가 효율적으로 적용되어 계산 속도가 상당히 개선되었다.

tip 사용자 환경에 따라 실제 계산 시간은 조금씩 차이가 날 수 있다.

이제 다중 분류문제를 위한 배치 처리를 구현해보자. 은닉층의 활성화 함수는 로지스틱 함수로 적용하고, 출력층의 활성화 함수는 소프트맥스로 적용한다. [그림 24-5]에 대응하는 순전파 과정을 i번째 데이터와 배치 처리된 데이터로 정리하면 다음과 같다.

2 컴퓨팅 환경 : 11th Gen Intel(R) Core(TM) i7-1160G7 @ 1.20GHz 2.11GHz, 16GB RAM

3 벡터화vectorization는 배열이나 행렬 같은 데이터 구조를 이용하여 반복문 없이 여러 데이터 요소의 연산을 한 번에 수행하는 것을 의미한다. 벡터화된 연산은 컴파일러에 의해 최적화되어 있으므로 계산 성능을 효과적으로 향상시킬 수 있다.

$$U_i^{(1)} = b^{(1)} + X_i W^{(1)}, \qquad U^{(1)} = b^{(1)} + XW^{(1)}$$

$$Z_i^{(1)} = \phi_{(1)}(U_i^{(1)}), \qquad Z^{(1)} = \phi_{(1)}(U^{(1)})$$

$$U_i = b^{(2)} + Z_i^{(1)} W^{(2)}, \qquad U = b^{(2)} + Z^{(1)} W^{(2)}$$

$$Y_i = \phi_o(U_i), \qquad Y = \phi_o(U)$$

목적함수는 평균 제곱 오차로 정의하고 편의상 E_i를 사용한다.

$$E = \frac{1}{N}\sum_{i=1}^{N} E_i = \frac{1}{N}\sum_{i=1}^{N} \frac{1}{2} \| Y_i - T_i \|^2$$

$Y_i \in \mathbb{R}^{1\times M}$이 벡터로 바뀐 것을 제외하면 이진 분류문제와 표현상 차이가 크지 않다. 일관성 있게 이해할 수 있도록 X_i의 성분 인덱스는 m으로 두고 $U_i^{(1)}$과 $Z_i^{(1)}$의 성분 인덱스는 l로 둔다. 순차적으로 U_i와 Y_i의 성분 인덱스는 각각 k와 j로 둔다. 즉 $X_i = (x_{im})$과 $U_i^{(1)} = \left(u_{il}^{(1)}\right)$ 같은 식이다. 그러면 대응하는 편향과 가중치는 각각 $b^{(1)} = \left(b_m^{(1)}\right)$과 $W^{(1)} = \left(w_{ml}^{(1)}\right)$이다.

목적함수를 정의했으므로 경사하강법을 적용하기 위해 기울기를 계산하자. 23절에서 계산한 결과를 적용하면 E_i의 편미분을 행렬 표현법으로 다음과 같이 나타낼 수 있다.

$$\frac{\partial E_i}{\partial b^{(2)}} = 1 \cdot \left[(Y_i - T_i) \left[\frac{\partial \phi_o(U_i)}{\partial U} \right] \right]$$

$$\frac{\partial E_i}{\partial W^{(2)}} = (Z_i^{(1)})^T \left[(Y_i - T_i) \left[\frac{\partial \phi_o(U_i)}{\partial U} \right] \right]$$

$$\frac{\partial E_i}{\partial b^{(1)}} = 1 \cdot \left[(Y_i - T_i) \left[\frac{\partial \phi_o(U_i)}{\partial U} \right] [W^{(2)}]^T \circ \phi'_{(1)}(U_i^{(1)}) \right]$$

$$\frac{\partial E_i}{\partial W^{(1)}} = X_i^T \left[(Y_i - T_i) \left[\frac{\partial \phi_o(U_i)}{\partial U} \right] [W^{(2)}]^T \circ \phi'_{(1)}(U_i^{(1)}) \right]$$

여기서

$$\frac{\partial \phi_o(U_i)}{\partial U} = \mathrm{diag}(Y_i) - Y_i^T Y_i \in \mathbb{R}^{M\times M}$$

이다. 식에 행렬 미분이 포함되어 있으므로 이진 분류문제와 달리 배치 처리가 쉽지 않다. 대각행렬과 벡터의 곱이 대각원소로 이루어진 벡터와의 아다마르 곱과 같음을 이용하면

$$(Y_i - T_i)\left[\frac{\partial \phi_o(U_i)}{\partial U}\right] = (Y_i - T_i)[\operatorname{diag}(Y_i) - Y_i^T Y_i] = (Y_i - T_i) \circ Y_i - (Y_i - T_i) Y_i^T Y_i$$

가 된다. 식의 마지막 항에서 $(Y_i - T_i)Y_i^T$는 열 벡터와 행 벡터의 행렬 곱이므로 내적이고 그 결과는 상수이다. 따라서 E의 편미분을 행렬 표현법으로 정리하면 다음과 같다.

$$\frac{\partial E}{\partial b^{(2)}} = \mathbf{1}^T \frac{\partial E}{\partial U}, \quad \frac{\partial E}{\partial W^{(2)}} = [Z^{(1)}]^T \frac{\partial E}{\partial U}, \quad \frac{\partial E}{\partial b^{(1)}} = \mathbf{1}^T \frac{\partial E}{\partial U^{(1)}}, \quad \frac{\partial E}{\partial W^{(1)}} = X^T \frac{\partial E}{\partial U^{(1)}}$$

여기서

$$\frac{\partial E}{\partial U} = (Y - T) \circ Y - \operatorname{diag}(\operatorname{diag}[(Y-T)Y^T])Y \in \mathbb{R}^{N \times M}$$

$$\frac{\partial E}{\partial U^{(1)}} = \frac{\partial E}{\partial U}[W^{(2)}]^T \circ \phi'_{(1)}(U^{(1)}) \in \mathbb{R}^{N \times L}$$

이다. 여기서 diag[·]는 행렬의 대각성분을 벡터로 추출하는 함수이다.

참고

- diag[·]는 벡터를 대각성분으로 하는 행렬을 정의하는 함수 diag(·)와 다르다.
- $\operatorname{diag}[(Y-T)Y^T]$는 $(Y-T)Y^T$의 대각원소만을 사용하므로 프로그래밍을 구현할 때 모든 행렬이 원소를 계산할 필요가 없다.

실습예제 24-2 도전!

주어진 데이터에 대해 복층 구조를 이용하여 이차원 다중 분류기를 구현하라. 목적함수는 평균 제곱 오차로 정의하고, 은닉층의 활성화 함수는 로지스틱 함수로 적용하며, 출력층의 활성화 함수는 소프트맥스로 적용한다. 은닉층의 노드는 7개라 하고, 최대반복수는 10,000으로 고정하며 학습률은 1로 정한다. 단, 기울기는 bXW-형식의 행렬 표현법을 반영하여 계산하라. 데이터는 산점도로 나타내고 분류함수에 대한 경계를 등위곡선을 통해 그려라.

```
import numpy as np
import matplotlib.pyplot as plt

np.random.seed(78)
N = 100
x1, x2 = 2*np.random.rand(N)-1, 2*np.random.rand(N)-1
xx = np.column_stack((x1,x2))
```

```
tf1, tf2 = x1**2+x2**2<0.5, x1+x2<0
t2 = np.logical_and(np.logical_not(tf1), tf2)
t3 = np.logical_and(np.logical_not(tf1), np.logical_not(tf2))
tt = np.float64(np.column_stack((tf1,t2,t3)))
labels = np.argmax(tt, axis=1)

fig = plt.figure()
ax = plt.axes()
ax.scatter(xx[:,0], xx[:,1], c=labels, cmap='brg')
ax.set_aspect('equal')
plt.show()
```

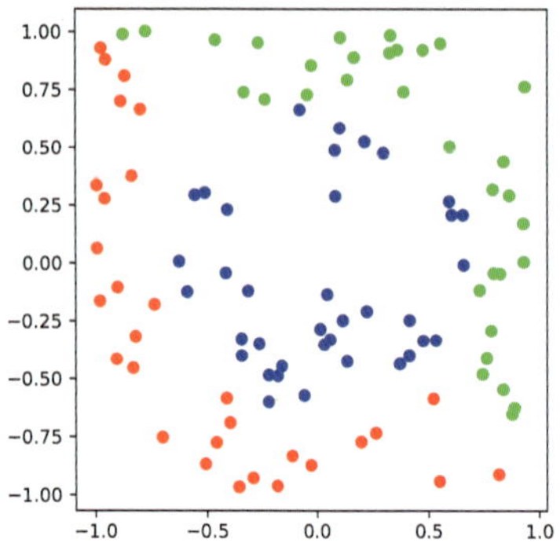

[실습예제 24-2]와 동일한 다중 분류문제를 구현 방식과 같이 정리하면 다음과 같다.

- bWx-형식 : 20절 [실습예제 20-1]
- bxW-형식 : 23절 [연습문제 2]
- bXW-형식 : 24절 [실습예제 24-2]

행렬 표현법을 설명한 뒤에 활성화 함수로 소프트맥스를 적용했으므로 반복문 구현 방식은 계산하지 않았다. 계산 시간을 비교하면 [표 24-2]와 같다. 다중 분류문제에서도 배치 처리를 하면 계산 속도가 상당히 개선됨을 알 수 있다.

표 24-2 다중 분류문제에서 기울기 계산 방식에 따른 계산 시간

구현 방식	bWx-형식	bxW-형식	bXW-형식
계산 시간(초)	72.9	73.0	1.63

bWx-형식과 bxW-형식은 데이터의 방향성만 차이가 있을 뿐 계산 시간에는 차이가 없다. 반면 bXW-형식은 이진 분류문제와 마찬가지로 벡터화가 효율적으로 적용되어 계산 속도가 상당히 개선되었다.

[표 24-1]과 [표 24-2]는 동일한 문제와 결과에 대해 배치 처리를 구현할 때와 구현하지 않을 때의 계산 효율을 보여준다. 계산 시간은 일반적으로 데이터 차원의 크기, 데이터의 개수, 그리고 가중치의 개수에 영향을 받는다. 즉 벡터화를 통해 최적화된 코드를 사용하더라도 데이터 개수가 많아지면 계산 시간이 더 길어진다. 지금까지 입력 데이터가 2차원이고 그 개수는 100개이며, 가중치가 30개 정도인 인공신경망을 위주로 구성 요소를 하나씩 살펴보았다. 반복문으로 구현할 때 계산 시간은 수 분에서 수십 분까지 걸렸지만, 배치 처리를 적용하면서 시간을 수 초까지 줄일 수 있었다. 이제 입력 데이터의 차원과 개수, 그리고 가중치를 훨씬 늘린 인공신경망 예제를 풀어볼 준비가 되었다.

MNIST 데이터셋[4]은 이미지 데이터 집합으로, 0부터 9까지의 손글씨 7만 개가 28×28 픽셀의 흑백 이미지[5]로 구성되어 있다. 보통 7만 개 데이터 중에서 6만 개는 훈련 데이터셋, 1만 개는 테스트 데이터셋으로 구분한다. 일반적으로 훈련 데이터셋으로 인공신경망을 학습시킨 후 테스트 데이터셋으로 정확도를 검증하지만, 이 책은 데이터의 학습 과정을 구현하는 것만을 목표로 한다.

MNIST 데이터셋은 아이리스 데이터셋처럼 사이킷런 라이브러리에 내장되어 있다.

[코드 24-9]는 `sklearn.datasets`의 `fetch_openml` 함수를 이용하여 데이터를 호출한다.

tip 옵션 설정과 데이터 구조는 라이브러리 버전에 따라 변경될 가능성이 있다.

코드 24-9

```
import numpy as np
from sklearn.datasets import fetch_openml
import matplotlib.pyplot as plt

mnist = fetch_openml('mnist_784', as_frame=False, parser='auto')
xx = mnist.data
labels = mnist.target.astype(int)

print('Number of samples: {}'.format(len(labels)))
print('Image size: {} pixels'.format(xx.shape[1]))

```

4 MNIST Modified National Institute of Standards and Technology 데이터셋 : 기계학습에서 다양한 알고리즘을 테스트하고 비교하는 데 사용되며, 주로 이미지 분류문제의 벤치마크로 활용함

5 흑백 이미지 gray image : 각 픽셀이 단일 채널로 구성된 이미지로, 각 픽셀은 0(검은색)에서 255(흰색) 사이의 값으로 표현

```
12    fig, axs = plt.subplots(3, 5)
13    for i in range(15):
14        ix, iy = divmod(i, 5)
15        img = xx[i].reshape(28, 28)
16        axs[ix,iy].imshow(img, cmap='gray')
17        axs[ix,iy].set_title('Label: {}'.format(labels[i]))
18        axs[ix,iy].axis('off')
19    plt.show()
```

실행 결과

```
Number of samples: 70000
Image size: 784 pixels
```

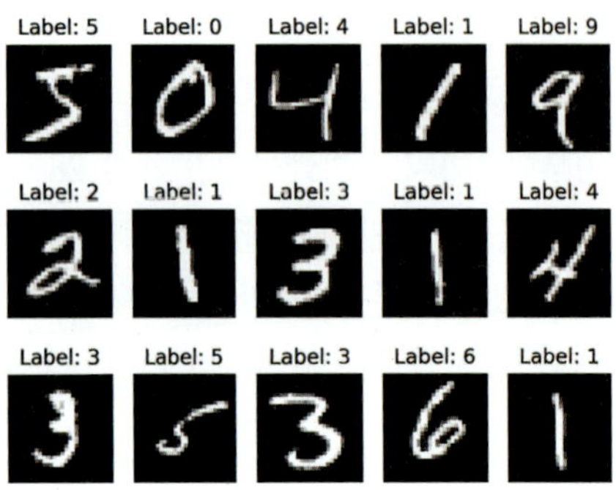

- **6줄** mnist의 data를 xx에 저장한다.
- **7줄** mnist의 target을 labels에 저장한다. target에는 0부터 9까지의 숫자가 문자형으로 저장되어 있어, astype 함수를 이용하여 정수형으로 형변환한다.
- **9줄** labels의 길이를 확인한다. 실행 결과에 의하면 데이터는 7만 개 있다.
- **10줄** xx.shape의 1번째 인수를 확인한다. 실행 결과에 의하면 데이터는 784차원이다. 참고로 xx.shape의 0번째 인수는 labels의 길이와 같은 값이다.
- **12~19줄** 초반 데이터 15개를 그림으로 출력한다.
- **14줄** divmod는 몫과 나머지를 출력하는 파이썬 내장함수이다.
- **15줄** 784의 크기를 갖는 일차원 배열을 28×28 크기를 갖는 이차원 배열로 변형한다.
- **16줄** imshow 함수로 픽셀을 채워서 그림을 만든다. 이때 색상 분포를 gray로 선택한다.

MNIST 데이터는 784차원으로 아이리스 데이터가 4차원임을 고려하면 문제 상황이 많이 달라졌다고 느낄 수 있다. 그러나 인공신경망을 구현할 때에는 데이터의 차원 변화가 크게 중요하지 않다. 지금까지 학습한 내용만으로도 분류문제를 충분히 풀 수 있다. [연습문제 2]를 참고하라.

참고

데이터 차원이 높아지면 자연스럽게 가중치 개수가 많아진다. 데이터 차원이 높지 않더라도 다층 구조를 적용하거나 각 은닉층의 노드 개수를 늘리면 가중치 개수를 늘릴 수 있다. 하지만 지금까지는 높은 복잡도를 요구하지 않았으므로 가중치 개수가 상당히 많아지는 문제를 MNIST 예제로 처음 소개했다.

가중치 개수는 결국 평균 제곱 오차 또는 교차 엔트로피 오차와 같은 목적함수의 차원을 의미한다. 그리고 이 책에서 다루는 최적화 문제는 목적함수의 최소점 또는 극소점을 찾는 문제이다. 정의역이 3차원 이상인 다변수함수의 그래프는 그릴 수 없지만, 초기 추정에 따라 경사하강법이 다른 극소점에 수렴할 수 있음을 알고 있다. 따라서 어떤 초기 추정을 선택하는가에 따라 학습 수준이 달라진다.

초기 추정을 선택하는 방법은 이 책의 목적에서 벗어나므로 언급하지 않는다. 하지만 지금까지 초기 추정이 양수의 편향성을 가짐은 확인하기 바란다. 이 책에서 다루는 문제들이 특별히 복잡하지 않으므로 $[0, 1]$에서 균등분포하는 난수를 초기 추정으로 정해도 결과를 확인할 때 큰 차이가 없었다. 하지만 MNIST 예제는 이와 같은 초기 추정으로는 결과를 얻기 어렵고 $[-1, 1]$에서 균등분포하는 난수를 이용해야 한다.

[그림 24-7]은 [연습문제 2]의 반복수에 대응하는 평균 제곱 오차와 정확도를 출력한 것이다. 참고로 필자의 컴퓨팅 환경에서는 계산 시간이 10분 정도였고 마지막 정확도는 83.8%였다.

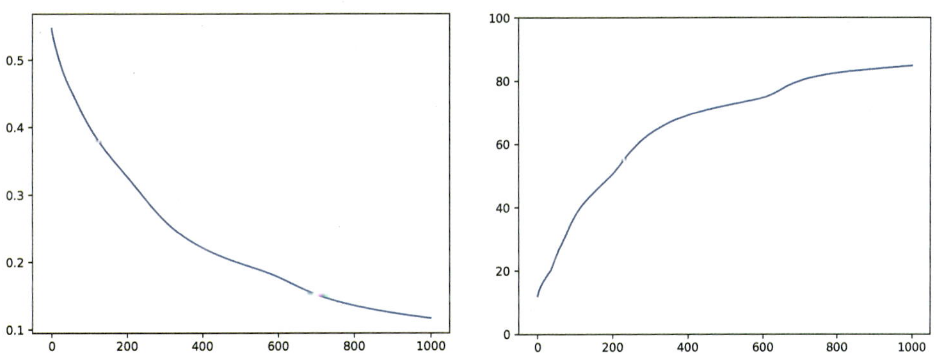

(a) 평균 제곱 오차 (b) 정확도

그림 24-7 [연습문제 2]의 평균 제곱 오차 및 정확도 출력

tip [표 24-2]는 MNIST 데이터 예제가 아니므로 직접 비교할 수는 없다. 다만 배치 처리를 할 때와 하지 않을 때 계산 효율성에 약 40배의 차이가 있다고 가정하면, 배치 처리하면 10분이 걸리지만 배치 처리를 하지 않으면 약 6.7시간이 걸린다는 의미이다. 따라서 인공신경망을 실제 빅데이터 문제에 응용한다면 배치 처리는 선택이 아닌 필수 요소라고 할 수 있다.

SECTION 24 연습문제

1 아이리스 데이터에 대해 복층 구조를 이용하여 다중 분류기를 구현하라. 목적함수는 평균 제곱 오차로 정의하고, 은닉층의 활성화 함수는 로지스틱 함수로 적용하며, 출력층의 활성화 함수는 소프트맥스로 적용한다. 은닉층의 노드 수는 7개로 설정하고, 최대반복수는 1,000으로 고정하며 학습률은 1로 정한다. 초기 편향과 가중치는 $[-1,1]$ 범위에서 균등분포하는 난수로 생성한다. 기울기는 bXW-형식의 행렬 표현법을 사용하여 계산하고, 평균 제곱 오차와 정확도를 100번 반복할 때마다 출력하라.

```python
import numpy as np
from sklearn.datasets import load_iris

iris = load_iris()
xx = iris.data
labels = iris.target
```

2 MNIST 데이터에 대해 복층 구조를 이용하여 다중 분류기를 구현하라. 목적함수는 평균 제곱 오차로 정의하고, 은닉층의 활성화 함수는 로지스틱 함수로 적용하며, 출력층의 활성화 함수는 소프트맥스로 적용한다. 은닉층의 노드 수는 30개로 설정하고, 최대반복수는 1,000으로 고정하며 학습률은 1로 정한다. 초기 편향과 가중치는 $[-1,1]$ 범위에서 균등분포하는 난수로 생성한다. 기울기는 bXW-형식의 행렬 표현법을 사용하여 계산하고, 평균 제곱 오차와 정확도를 100번 반복할 때마다 출력하라.

```python
import numpy as np
from sklearn.datasets import fetch_openml

mnist = fetch_openml('mnist_784', as_frame=False, parser='auto')
xx = mnist.data/255.0 # Normailization
labels = mnist.target.astype(int)
```

SECTION

25 확률경사하강법

24절에서 배치 처리를 적용하면서 계산 시간이 상당히 단축되었다. 그러나 24절 [연습문제 2]와 같이 데이터가 많아지거나 입력 데이터 차원이 높아지면 가중치 개수가 자연스럽게 증가한다. 데이터와 가중치가 많으면 결국 계산 시간이 늘어난다. 이번 절에서는 확률적인 방식을 이용하여 기울기를 변형함으로써 학습 성능을 향상하는 방법을 소개한다.

지금까지 배운 내용을 다음과 같이 정리할 수 있다. 먼저 23절 [그림 23-3]을 다시 살펴보자. 은닉층 1개를 갖는 복층 구조의 학습은 결국 하나의 함수를 찾는 과정이다. 설명하자면 다음과 같다. 목적함수를 평균 제곱 오차 또는 교차 엔트로피 오차 등으로 정하면, 인공신경망 구조의 편향과 가중치에 의해 다음과 같이 나타낼 수 있다.

$$E = E\left(b^{(1)}, W^{(1)}, b^{(2)}, W^{(2)}\right)$$

여기서 편향과 가중치의 행렬 크기는 다음과 같다.

$$b^{(1)} \in \mathbb{R}^{1\times L}, \quad W^{(1)} \in \mathbb{R}^{D\times L}, \quad b^{(2)} \in \mathbb{R}^{1\times M}, \quad W^{(2)} \in \mathbb{R}^{L\times M}$$

편의상 편향과 가중치를 하나의 벡터공간으로 정의하면 다음과 같이 나타낼 수 있다.

$$\mathcal{W} = \left(b^{(1)}, W^{(1)}, b^{(2)}, W^{(2)}\right) \in \mathbb{R}^{1\times L} \times \mathbb{R}^{D\times L} \times \mathbb{R}^{1\times M} \times \mathbb{R}^{L\times M} = \boldsymbol{V}$$

이제 목적함수를 간단히 $E = E(\mathcal{W})$로 나타낼 수 있고 기울기는 다음과 같이 계산한다.

$$\nabla E = \frac{\partial E}{\partial \mathcal{W}} = \left(\frac{\partial E}{\partial b^{(1)}}, \frac{\partial E}{\partial W^{(1)}}, \frac{\partial E}{\partial b^{(2)}}, \frac{\partial E}{\partial W^{(2)}}\right) \in \boldsymbol{V}$$

목적함수 E의 최적화 문제를 해결하기 위해 다음과 같이 경사하강법을 적용한다.

$$\begin{aligned} &\text{Given } \mathcal{W}^{(0)} \in \boldsymbol{V}, \\ &\mathcal{W}^{(n+1)} = \mathcal{W}^{(n)} - \alpha \nabla E(\mathcal{W}^{(n)}), \quad \text{for } n = 0, 1, 2, \cdots \end{aligned}$$

지금까지 학습이라고 표현한 모든 과정은 결국 적당한 목적함수를 정하고 그 기울기를 계산하여 경사하강법을 적용하는 것으로 귀결된다. 또한 노드나 은닉층의 개수를 바꾸거나 활성화 함수의 종류를 다르게 선택하는 등 인공신경망의 구조가 바뀔 때마다 어떤 차이가 생기는지를 살펴보았다. 이제 적당한 최적해 $\mathcal{W}$를 구했다고 가정하면 함수

$$y = f(x) = \phi_o\left(b^{(2)} + \phi_{(1)}(b^{(1)} + xW^{(1)})W^{(2)}\right)$$

를 정의할 수 있다. 적당한 목적함수와 인공신경망 구조를 통해서 주어진 데이터를 설명할 수 있는 함수, 즉 $x \in \mathbb{R}^D$에서 $y \in \mathbb{R}^M$으로의 f를 찾았다고 할 수 있다. 딥러닝[1]을 위해 은닉층을 추가하더라도 함수를 표현하는 복잡도가 증가할 뿐 설명이 크게 바뀌지 않는다.

지금까지 다량의 데이터를 다룰 때의 목적함수를

$$E = \frac{1}{N}\sum_{i=1}^{N} E_i(\mathcal{W})$$

로 정의했다. 그에 대한 경사하강법은 다음과 같이 표현된다.

$$\mathcal{W}^{(n+1)} = \mathcal{W}^{(n)} - \alpha\frac{1}{N}\sum_{i=1}^{N} \nabla E_i(\mathcal{W}^{(n)}) \tag{25.1}$$

확률경사하강법stochastic gradient descent은 무작위로 선택한 일부 데이터의 기울기만 계산하여 경사하강법을 적용하는 방법이다. 즉 무작위로 추출된 인덱스의 부분집합 $R \subset \{1, 2, 3, \cdots, N\}$에 대해서만 경사하강법으로 학습을 수행하며

$$\mathcal{W}^{(n+1)} = \mathcal{W}^{(n)} - \alpha\frac{1}{|R|}\sum_{i \in R} \nabla E_i(\mathcal{W}^{(n)}) \tag{25.2}$$

으로 나타낼 수 있다. 여기서 $|R|$은 집합 R의 원소 개수이다. 인공신경망은 대규모 데이터를 학습하기 때문에 확률경사하강법을 적용하면 학습 효율을 높일 수 있다.

확률경사하강법에서 학습이 무한히 반복되면 언젠가는 모든 데이터가 평균적으로 학습에 사용되겠지만 학습을 수십, 수백 번만 할 때 학습 데이터를 무작위로 선택한다면 학습에서 소외되는 데이터가 생길 수 있다. 그러므로 데이터 일부를 무작위로 선택하되 모든 데이터를 학습에 반영하는 방법을 고려할 수 있다. 이러한 문제를 해결하는 방법 중 하나가 전체 데이터를 여러 개의 작은 미니배치 데이터셋으로 구성한 뒤, 각각의 **미니배치**mini-batch를 사용하는 방법이다.

1 딥러닝deep learning : 인공신경망을 여러 층으로 깊게 구성하여 대규모 데이터에서 복잡한 패턴과 특징을 학습하는 기술

먼저 무작위로 추출된 인덱스의 부분집합 R_j에 대해

$$R_1 \cup R_2 \cup R_3 \cup \cdots \cup R_{B_n} = \{1, 2, 3, \cdots, N\}$$

이라 하자. 여기서 R_j가 미니배치를 의미하고 서로 다른 미니배치는 서로소[2]라고 가정하자. 따라서 미니배치들의 집합 $\{R_1, R_2, \cdots, R_{B_n}\}$은 $\{1, 2, 3, \cdots, N\}$의 분할[3]을 의미한다. 여기서 B_n을 미니배치 개수라고 하고 $|R_j|$는 j번째 미니배치의 크기라고 한다. 이 책에서는 편의상 미니배치의 크기를 $B_s = |R_j|$로 고정하여 $N = B_n \cdot B_s$로 구성한다. 이제 각각의 미니배치에 대해 경사하강법을 적용하면 다음과 같다.

$$\mathcal{W}_0^{(n)} = \mathcal{W}^{(n)}$$

$$\mathcal{W}_j^{(n)} = \mathcal{W}_{j-1}^{(n)} - \alpha \frac{1}{|R_j|} \sum_{i \in R_j} \nabla E_i\left(\mathcal{W}_{j-1}^{(n)}\right), \quad \text{for } j = 1, 2, \cdots, B_n$$

$$\mathcal{W}^{(n+1)} = \mathcal{W}_{B_n}^{(n)}$$

이와 같은 방법을 **미니배치 확률경사하강법(MSGD)** mini-batch stochastic gradient descent 이라고 한다. 줄여서 미니배치 경사하강법 mini-batch gradient descent 또는 미니배치 방법 mini-batch method 이라고 한다. 미니배치 방법은 한 단계 안에서 여러 미니배치 학습이 반복되는 특징이 있다. 따라서 전체 데이터셋에서 각각의 데이터가 한 번씩 학습에 반영되는 과정을 강조하기 위해 단계 또는 반복 대신 **에포크**[4]라는 용어를 많이 사용한다. 학습을 한 번 진행할 때 1 에포크 안에서 여러 번 미니배치 학습을 반복하며 모델을 개선하기 때문에, 일반적으로 1 에포크가 끝날 때 목적함수의 값이나 정확도를 측정하고 학습 성능을 확인한다.

참고

확률경사하강법과 미니배치 방법은 모두 무작위 추출을 사용하므로 확률론적 방법 stochastic method 으로 구분한다. 이 두 용어는 문맥에 따라 혼용되기도 하므로 상황에 따라 이해해야 한다. 반면 확률론적 방법이나 미니배치 방법과 대비하여 기존 경사하강법은 결정론적 방법 deterministic method 또는 배치 방법 batch method 이라 한다.

2 서로소 disjoint sets : 두 집합이 공통 원소를 전혀 가지지 않음

3 분할 partition : 집합을 서로소인 부분집합들로 나누는 것

4 에포크 epoch : 전체 데이터셋을 한 번 완전히 학습하는 과정

배열 무작위 조작 함수

[코드 25-1]은 random 모듈의 choice 함수를 이용하여 배열에서 요소를 지정된 개수만큼 무작위로 선택하는 코드이다.

코드 25-1

```
1 import numpy as np
2
3 numbers = np.arange(10)
4 print(np.random.choice(numbers,size=5))
5 print(np.random.choice(numbers,size=10,replace=False))
```

실행 결과

```
[6 2 2 7 9]
[1 0 5 7 9 2 3 6 8 4]
```

- **3줄** 넘파이 라이브러리의 arange 함수를 이용하여 크기가 10인 배열 [0,1,2,3,4,5,6,7,8,9]를 numbers 변수에 저장한다.
- **4줄** size 옵션을 5로 지정하여 첫 번째 입력 변수 numbers에서 5개의 원소를 무작위로 선택하여 반환한다.
- **5줄** replace 옵션은 중복을 허용할지의 여부를 묻는다. 디폴트 값은 True로, 중복을 허용한다. 5줄에서는 중복을 허용하지 않기 위해 False로 지정했다.

[코드 25-1]처럼 배열 크기와 무작위로 선택할 요소의 개수를 동일하게 주면 배열의 요소를 무작위로 섞은 결과를 얻는다. 배열의 요소를 무작위로 섞고 싶다면 choice 함수보다는 shuffle 함수가 더 유용할 수 있다. [코드 25-2]는 일차원 배열 numbers의 요소를 무작위로 섞는 코드이다.

코드 25-2

```
import numpy as np

numbers = np.arange(10)
np.random.shuffle(numbers)
print(numbers)
```

실행 결과

```
[2 9 6 4 0 3 1 7 8 5]
```

참고

shuffle 함수는 choice 함수와 비슷해 보이지만 차이가 있다. [코드 25-1]의 4~5줄처럼 [코드 25-2]의 3줄을 print(np.random.shuffle(numbers))로 두면 실행 결과는 None을 나타낸다. choice 함수는 새로운 배열을 만들지만, shuffle 함수는 해당 배열의 순서를 섞는다는 점이 다르다.

이제 이차원 배열에 대해 생각해보자. 하나의 행 벡터가 하나의 데이터에 대응하기 때문에 행 벡터 기준으로 섞는 것이 필요하다. 다행히 shuffle 함수는 이차원 배열을 행 단위로 섞는다. [코드 25-3]을 통해 이차원 배열 data에 shuffle 함수를 적용한 결과를 확인해보자.

코드 25-3

```
import numpy as np

data = np.column_stack((np.arange(4),np.arange(4)))
np.random.shuffle(data)
print(data)
```

실행 결과

```
[[2 2]
 [0 0]
 [1 1]
 [3 3]]
```

참고

이차원 배열을 열 단위로 섞어야 한다면 배열을 전치한 후 행 단위로 섞고, 이를 다시 전치하면 된다.

shuffle 함수를 이용하여 미니배치를 만드는 방법을 살펴보자. [코드 25-4]는 24절 [실습예제 24-2]에 주어진 데이터를 4개의 작은 데이터셋으로 분할하는 코드이다.

코드 25-4

```
import numpy as np
import matplotlib.pyplot as plt

np.random.seed(78)
N = 100
x1, x2 = 2*np.random.rand(N)-1, 2*np.random.rand(N)-1
xx = np.column_stack((x1,x2))
```

```
8     tf1, tf2 = x1**2+x2**2<0.5, x1+x2<0
9     t2 = np.logical_and(np.logical_not(tf1), tf2)
10    t3 = np.logical_and(np.logical_not(tf1), np.logical_not(tf2))
11    tt = np.float64(np.column_stack((tf1,t2,t3)))
12
13    index = np.arange(N)
14    np.random.shuffle(index)
15    xx, tt = xx[index,:], tt[index,:]
16    labels = np.argmax(tt, axis=1)
17
18    BS = 25
19    BN = N//BS
20    fig, axs = plt.subplots(nrows=1, ncols=4, figsize=(20,5))
21    for j in range(BN):
22        IDX = np.arange(BS*j, BS*(j+1))
23        axs[j].scatter(xx[IDX,0], xx[IDX,1], c=labels[IDX], cmap='brg')
24        axs[j].axis(np.array([-1,1,-1,1])*1.05)
25        axs[j].set_aspect('equal')
26
27    plt.tight_layout()
28    plt.show()
```

실행 결과

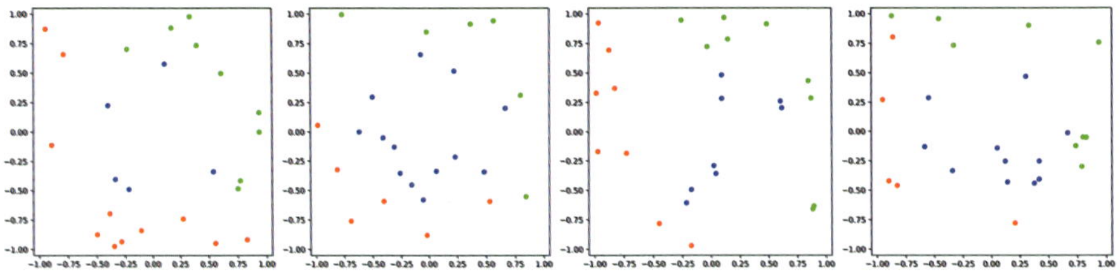

- **1~11줄** 24절 [실습예제 24-2]에 주어진 데이터와 동일하다.
- **13~16줄** 데이터를 무작위로 섞는다.
- **18줄** 데이터가 100개 주어졌으므로 미니배치 크기를 25로 정의한다.
- **20~29줄** 무작위로 나뉜 미니배치를 1×4 배열로 출력한다. 인덱스 배열이 저장된 IDX(22줄)를 xx와 labels 배열의 슬라이싱에 사용(23줄)한 결과를 확인할 수 있다.

참고

충분히 섞인 데이터가 주어지면 [코드 25-4]의 13~16줄을 반드시 실행할 필요는 없다. 다만 데이터가 섞여있지 않고 범주가 분류되어 나열된 데이터셋이 존재할 수 있다. 예를 들어 23절 [코드 23-8]의 아이리스 데이터셋은 정렬된 상태이다. 미니배치를 설정하는 방법에 따라 학습 속도가 달라지기 때문에 주어진 데이터가 충분히 섞인 것처럼 보여도 데이터를 저장하는 단계에서 편향성이 있을 수 있다. 그러므로 다시 한번 무작위로 섞어준다.

지금까지 미니배치를 이해하고 실제 구현 방법을 살펴보았다. 이제 경사하강법과 미니배치 경사하강법의 결과를 비교하여 성능에 어떤 차이가 있는지 확인해보자.

실습예제 25-1

주어진 데이터에 대해 복층 구조를 이용하여 이차원 다중 분류기를 구현하라. 목적함수는 평균 제곱 오차로 정의하고, 은닉층의 활성화 함수는 로지스틱 함수로 적용하며, 출력층의 활성화 함수는 소프트맥스로 적용한다. 은닉층의 노드 수는 7개로 설정하고, 최대에포크는 10,000으로 고정하며 학습률은 1로 정한다. 초기 편향과 가중치는 [0, 1] 범위에서 균등분포하는 난수로 생성한다. 기울기는 bXW-형식의 행렬 표현법을 사용하여 계산하고, 크기가 25인 미니배치 4개를 정의하고 미니배치 경사하강법을 적용한다. 평균 제곱 오차와 정확도를 1,000 에포크마다 출력하라. 데이터는 산점도로 나타내고 분류함수에 대한 경계를 등위곡선을 통해 그려라.

```
import numpy as np
import matplotlib.pyplot as plt

np.random.seed(78)
N = 100
x1, x2 = 2*np.random.rand(N)-1, 2*np.random.rand(N)-1
xx = np.column_stack((x1,x2))
tf1, tf2 = x1**2+x2**2<0.5, x1+x2<0
t2 = np.logical_and(np.logical_not(tf1), tf2)
t3 = np.logical_and(np.logical_not(tf1), np.logical_not(tf2))
tt = np.float64(np.column_stack((tf1,t2,t3)))
labels = np.argmax(tt, axis=1)

fig = plt.figure()
ax = plt.axes()
ax.scatter(xx[:,0], xx[:,1], c=labels, cmap='brg')
ax.set_aspect('equal')
plt.show()
```

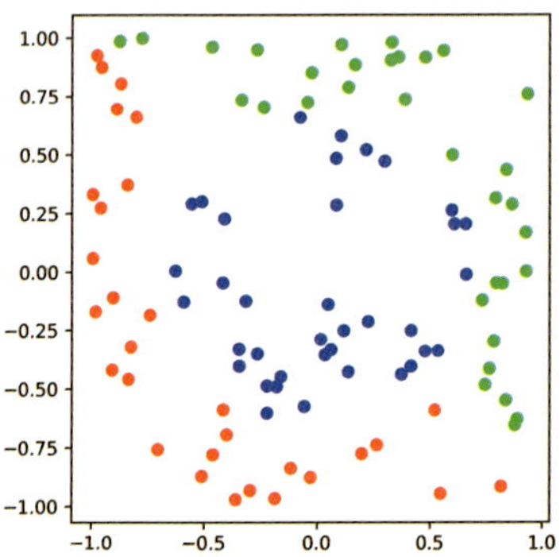

문제 해석

출력층의 활성화 함수를 소프트맥스 함수로 정의한 복층 구조를 설계하고 평균 제곱 오차를 사용하여 목적함수를 정의한다. 은닉층 노드의 개수를 7개로 설정하고 활성화 함수는 로지스틱 함수를 적용한다. bXW-형식의 행렬 표현법과 배치 처리를 이용하여 목적함수의 기울기를 계산한다. 크기가 25인 미니배치 4개를 구성하고 미니배치 경사하강법을 구현한다. 주어진 데이터는 24절 [실습예제 24-2]와 동일하며, 동등하게 비교하기 위해 초기 편향과 가중치를 [0, 1] 범위에서 균등분포하는 난수로 생성한다.

모범 답안

```
index = np.arange(N)
np.random.seed(1)
np.random.shuffle(index)
xx, tt = xx[index,:], tt[index,:]

phi = lambda u: 1/(1+np.exp(-u))
dphi = lambda u: np.exp(-u)/(1+np.exp(-u))**2
soft = lambda u: np.exp(u)/np.sum(np.exp(u),axis=1).reshape(-1,1)

L = 7
np.random.seed(1)
b1, W1 = np.random.rand(L), np.random.rand(2,L)
b2, W2 = np.random.rand(3), np.random.rand(L,3)

BS, BN = 25, 4
MaxEpoch = 10000
alpha = 1.0
ns = MaxEpoch/10

print('n={:5d}'.format(0))
for n in range(MaxEpoch):
    for j in range(BN):
        BX = xx[BS*j:BS*(j+1),:]
        BT = tt[BS*j:BS*(j+1),:]
        uh = b1 + BX@W1
        zz = phi(uh)
        uu = b2 + zz@W2
        yy = soft(uu)

        temp = np.sum((yy-BT)*yy,axis=1).reshape(-1,1)
        dEdu2 = (yy-BT)*yy-temp*yy
        gradb2 = 1/BS*np.sum(dEdu2,axis=0)
        gradW2 = 1/BS*zz.T@dEdu2

        dEdu1 = (dEdu2@W2.T)*dphi(uh)
        gradb1 = 1/BS*np.sum(dEdu1,axis=0)
```

```
        gradW1 = 1/BS*BX.T@dEdu1

        b1, W1 = b1-alpha*gradb1, W1-alpha*gradW1
        b2, W2 = b2-alpha*gradb2, W2-alpha*gradW2

    uh = b1 + xx@W1
    uu = b2 + phi(uh)@W2
    yy = soft(uu)
    val = 0.5/N*np.sum((yy-tt)**2)
    acc = np.sum(np.argmax(yy,axis=1)==np.argmax(tt,axis=1))/N*100

    if (n+1)%ns == 0:
        print('n={:5d}, Eval={:.4f}, Acc={:5.1f}%'.format(n+1,Eval,acc))
```

실행 결과

```
n=    0
n= 1000, Eval=0.0211, Acc= 99.0%
n= 2000, Eval=0.0091, Acc=100.0%
n= 3000, Eval=0.0061, Acc=100.0%
n= 4000, Eval=0.0045, Acc=100.0%
n= 5000, Eval=0.0035, Acc=100.0%
n= 6000, Eval=0.0029, Acc=100.0%
n= 7000, Eval=0.0024, Acc=100.0%
n= 8000, Eval=0.0021, Acc=100.0%
n= 9000, Eval=0.0018, Acc=100.0%
n=10000, Eval=0.0016, Acc=100.0%
```

```
xx1, xx2 = np.meshgrid(np.linspace(-1,1), np.linspace(-1,1))
XX = np.column_stack((xx1.reshape(-1),xx2.reshape(-1)))
UH = b1 + XX@W1
UU = b2 + phi(UH)@W2
YY = soft(UU)
yy = [YY[:,j].reshape(xx1.shape) for j in range(3)]
labels = np.argmax(tt, axis=1)

fig = plt.figure()
ax = plt.axes()
gcmap = plt.colormaps.get_cmap('brg')
ax.scatter(xx[:,0], xx[:,1], c=labels, cmap=gcmap)
for j in range(3):
    ax.contour(xx1, xx2, yy[j], [0.5])
    ax.contourf(xx1, xx2, yy[j], [0.5,1.0], colors=[gcmap(j/2)], alpha=0.3)
ax.set_aspect('equal')
plt.show()
```

실행 결과

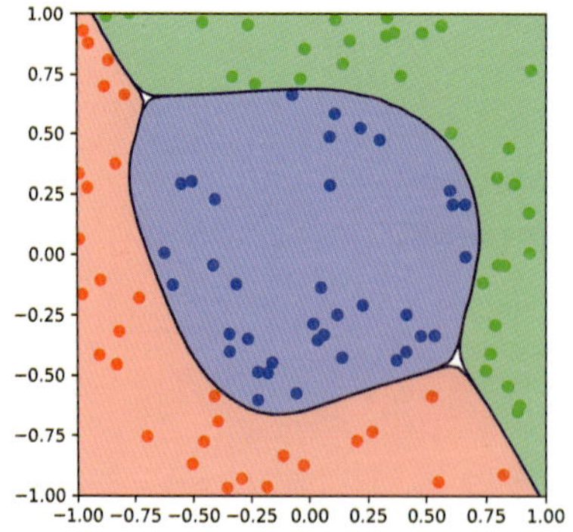

24절 [실습예제 24-2]와 [실습예제 25-1]은 배치 경사하강법과 미니배치 경사하강법의 성능을 비교하기 위해 학습률과 에포크를 동일하게 적용한 것이다. 출력 결과의 그림은 크게 차이가 없지만, 평균 제곱 오차의 정확도와 변화 양상에 분명한 차이가 있음을 알 수 있다. 어떤 차이가 있는지 하나씩 살펴보자.

[그림 25-1]은 배치 경사하강법과 미니배치 경사하강법을 적용할 때 에포크에 대응하는 평균 제곱 오차 값을 각각 나타낸다. 그림에서 알 수 있듯이 미니배치 경사하강법을 적용한 [실습예제 25-1]의 오차가 훨씬 빠르게 줄어든다. 이는 배치 경사하강법과 미니배치 경사하강법의 학습 속도에 차이가 있음을 의미한다.

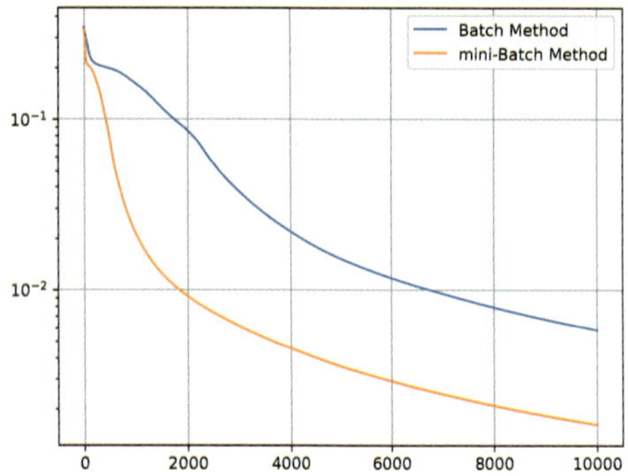

그림 25-1 학습 전략에 따른 평균 제곱 오차 출력 비교

인공신경망 학습을 최적화 문제로 보고 있으므로 평균 제곱 오차를 관찰했지만, 분류기가 성공적으로 구현되었는지는 정확도를 비교하면 명확하게 알 수 있다. 이제 배치 경사하강법과 미니배치 경사하강법을 적용할 때 에포크에 대응하는 정확도를 살펴보자. [그림 25-2]에서 볼 수 있듯이 기존 배치 경사하강법은 학습 에포크가 3,000번 정도일 때 정확도가 100%에 도달하지만, 미니배치 방식을 적용한 경사하강법은 학습 에포크가 1,000번 정도일 때 정확도가 100%에 근접한다.

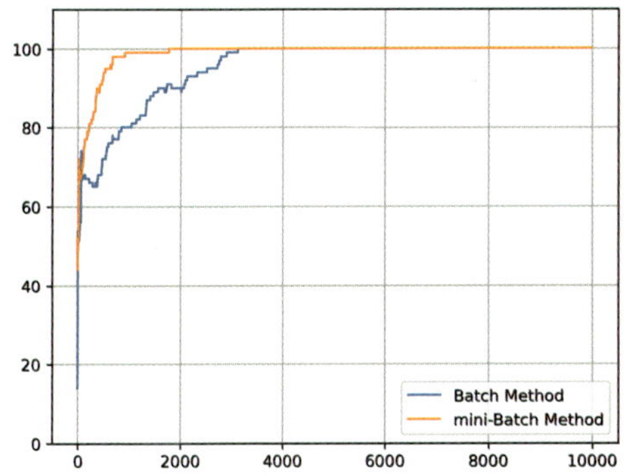

그림 25-2 학습 전략에 따른 정확도 출력 비교

24절 [실습예제 24-2]와 같은 배치 방법을 이용한 학습은 1 에포크 동안 전체 데이터에서 계산한 기울기를 이용하여 한 번 갱신하는 반면, [실습예제 25-1]과 같이 4개의 미니배치를 이용한 학습은 1 에포크 동안 각각의 미니배치에서 계산한 기울기를 이용하여 4번 갱신한다. 미니배치에 포함된 데이터는 25개로 전체 데이터보다는 적지만 전체 데이터를 어느 정도는 대표하므로, 4개의 미니배치로 나눠서 학습하는 것이 전체 데이터를 1번 학습하는 것보다 효율적이다. 즉 대량의 데이터를 한 번에 모두 반영하는 것보다 데이터를 작게 나눠서 반영하는 것이 최적화 문제를 더 효율적으로 풀 가능성이 있다.

[그림 25-3]은 [실습예제 25-1]에서 미니배치 크기를 100개, 10개, 1개로 줄여가면서 최대 에포크를 2,000으로 설정하여 학습 결과를 비교한 것이다. 미니배치의 적절한 크기는 특별히 정해지지 않았지만 미니배치 크기가 작아질수록 더 빠르고 좋은 결과를 도출하는 경향이 있다. 특히 미니배치의 크기가 1인 경우, 즉 데이터를 1개씩 순차적으로 학습하는 방식을 **온라인 학습** online learning[5]이라 한다.

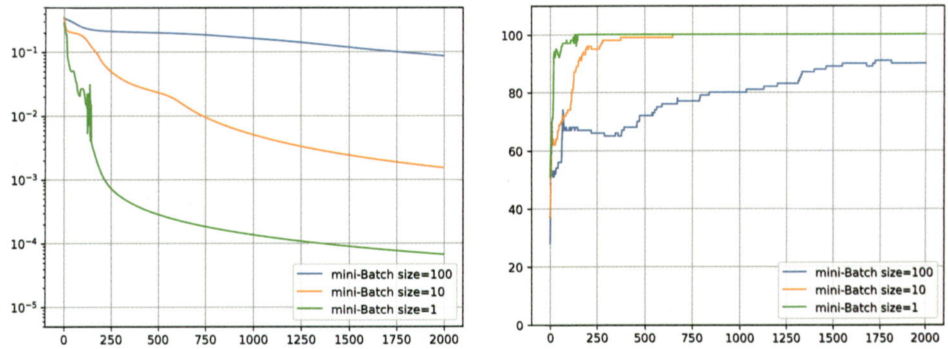

(a) 평균 제곱 오차 (b) 정확도

그림 25-3 미니배치 크기에 따른 학습 성능 비교

5 '온라인'이라는 이름은 데이터가 순차적으로 도착할 때마다 즉시 처리하고 모델을 업데이트하는 데서 유래했다.

참고

- 미니배치의 크기가 작을수록 좋다고 일반화하기는 어렵다. [그림 25-3]에서 미니배치의 크기가 너무 작으면 평균 제곱 오차가 불안정하게 작아지는 현상이 관찰된다. 따라서 문제에 따라 적절한 미니배치의 크기가 달라질 수 있다.
- [실습예제 25-1]에서는 1~4줄에서 섞은 데이터를 사용하여 미니배치 데이터셋 4개를 구성하고, 학습이 끝날 때까지 이를 고정한다. 그러나 일반적으로 미니배치 방법을 사용할 때는 매 에포크마다 데이터를 다시 섞는다. 이렇게 하면 모델이 데이터 순서에 의한 편향 없이 학습할 수 있다. [연습문제 1]을 통해 매 에포크마다 데이터를 섞어 학습한 결과를 비교해보자. 이 책에서는 특별한 언급이 없으면 매 에포크마다 데이터를 섞지 않는다.

[실습예제 25-2]를 풀어보고 24절 [연습문제 1]의 다중 분류문제와 비교해보자.

실습예제 25-2 도전!

아이리스 데이터에 대해 복층 구조를 이용하여 다중 분류기를 구현하라. 목적함수는 평균 제곱 오차로 정의하고, 은닉층의 활성화 함수는 로지스틱 함수로 적용하며, 출력층의 활성화 함수는 소프트맥스로 적용한다. 은닉층의 노드 수는 7개로 설정하고, 최대에포크는 100으로 고정하며 학습률은 1로 정한다. 초기 편향과 가중치는 $[-1, 1]$ 범위에서 균등분포하는 난수로 생성한다. 기울기는 bXW-형식의 행렬 표현법을 사용하여 계산하고, 크기가 10인 미니배치를 정의한 후 미니배치 경사하강법을 적용한다. 평균 제곱 오차와 정확도를 10 에포크마다 출력하라.

```
import numpy as np
from sklearn.datasets import load_iris

iris = load_iris()
xx = iris.data
labels = iris.target
```

[그림 25-4]는 아이리스 데이터의 다중 분류문제를 배치 경사하강법과 미니배치 경사하강법으로 풀었을 때의 정확도를 비교한 것이다. 배치 방법을 적용한 24절 [연습문제 1]과 다르게 미니배치 방법을 적용한 [실습예제 25-2]는 100 에포크만 되어도 정확도가 충분히 높아짐을 알 수 있다.

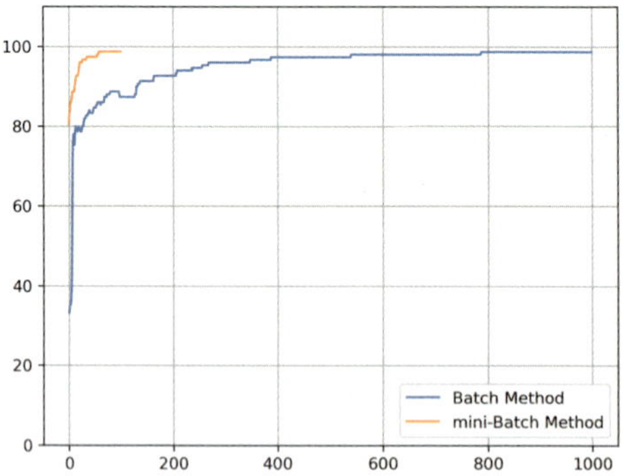

그림 25-4 아이리스 데이터를 위한 학습 전략에 따른 정확도 출력 비교

[그림 25-5]는 MNIST 데이터에 대해 배치 방법을 적용한 24절 [연습문제 2]와 미니배치 방법을 적용한 25절 [연습문제 2]의 정확도 변화를 동시에 출력한 것이다. 70,000개의 데이터를 한 번에 배치 학습하는 것과 여러 개의 미니배치로 나누어 학습하는 것에 어떤 차이가 있는지 비교해보기 바란다. 이처럼 미니배치 경사하강법을 적용하면 목표하는 정확도에 도달할 때까지 학습을 더 효율적으로 수행할 수 있다. 참고로 필자의 컴퓨팅 환경에서는 계산하는 데 1분 정도 걸렸고 마지막 정확도는 93.6%였다. 24절 [연습문제 2]는 10분 정도 걸렸고 정확도는 83.8%였다. 이와 비교하면 성능이 상당히 개선되었음을 알 수 있다.

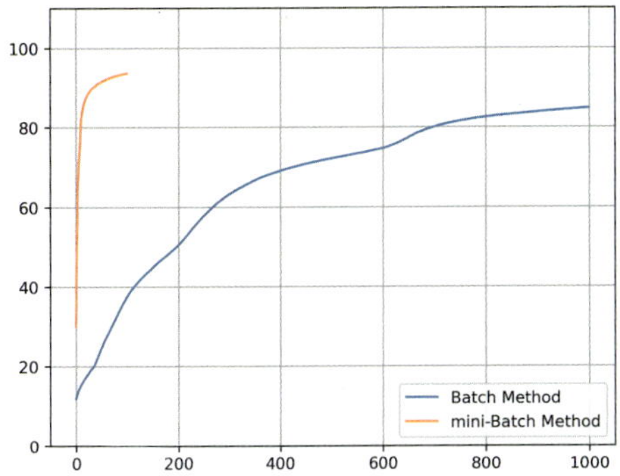

그림 25-5 MNIST 데이터를 위한 학습 전략에 따른 정확도 출력 비교

참고

[연습문제 2]를 약간 수정하면 미니배치 크기에 따른 학습 속도의 차이를 비교할 수 있다. 미니배치 크기를 1,000개, 100개, 10개로 줄여가면서 학습 속도를 확인해보면, 100 에포크 기준으로 정확도가 각각 93.6%, 98.0%, 98.9%였다. 적절한 미니배치 크기를 정하는 것은 명확히 설명하기 어렵지만, 계산 시간을 1분 정도 투자해서 98% 정도의 정확도를 얻었다는 점에 주목하기 바란다.

SECTION 25 연습문제

1 주어진 데이터에 대해 복층 구조를 이용하여 이차원 다중 분류기를 구현하라. 목적함수는 평균 제곱 오차로 정의하고, 은닉층의 활성화 함수는 로지스틱 함수로 적용하며, 출력층의 활성화 함수는 소프트맥스로 적용한다. 은닉층의 노드 수는 7개로 설정하고, 최대에포크는 2,000으로 고정하며 학습률은 1로 정한다. 초기 편향과 가중치는 [−1,1] 범위에서 균등분포하는 난수로 생성한다. 기울기는 bXW-형식의 행렬 표현법을 사용하여 계산하고, 크기가 25인 미니배치 4개를 정의하고 미니배치 경사하강법을 적용한다. 단, 에포크마다 데이터를 한 번씩 섞어서 새로운 미니배치 구성을 만든다. 평균 제곱 오차와 정확도를 200 에포크마다 출력하라. 데이터는 산점도로 나타내고 분류함수에 대한 경계를 등위곡선을 통해 그려라.

```
import numpy as np
import matplotlib.pyplot as plt

np.random.seed(78)
N = 100
x1, x2 = 2*np.random.rand(N)-1, 2*np.random.rand(N)-1
xx = np.column_stack((x1,x2))
tf1, tf2 = x1**2+x2**2<0.5, x1+x2<0
t2 = np.logical_and(np.logical_not(tf1), tf2)
t3 = np.logical_and(np.logical_not(tf1), np.logical_not(tf2))
tt = np.float64(np.column_stack((tf1,t2,t3)))
labels = np.argmax(tt, axis=1)

fig = plt.figure()
ax = plt.axes()
ax.scatter(xx[:,0], xx[:,1], c=labels, cmap='brg')
ax.set_aspect('equal')
plt.show()
```

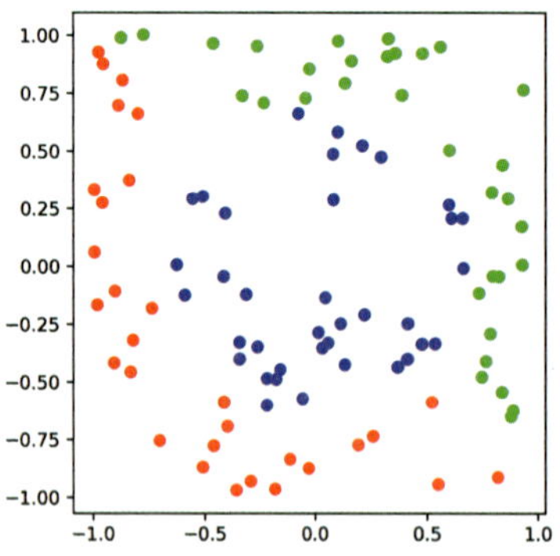

2 MNIST 데이터에 대해 복층 구조를 이용하여 다중 분류기를 구현하라. 목적함수는 평균 제곱 오차로 정의하고, 은닉층의 활성화 함수는 로지스틱 함수로 적용하며, 출력층의 활성화 함수는 소프트맥스로 적용한다. 은닉층의 노드 수는 30개로 설정하고, 최대에포크는 100으로 고정하며 학습률은 1로 정한다. 초기 편향과 가중치는 $[-1,1]$ 범위에서 균등분포하는 난수로 생성한다. 기울기는 bXW-형식의 행렬 표현법을 사용하여 계산하고, 크기가 1,000인 미니배치 데이터셋으로 구성하며 미니배치 경사하강법을 적용한다. 평균 제곱 오차와 정확도를 10 에포크마다 출력하라.

```
import numpy as np
from sklearn.datasets import fetch_openml
```

```

mnist = fetch_openml('mnist_784', as_frame=False, parser='auto')
xx = mnist.data/255.0
labels = mnist.target.astype(int)
```

3 MNIST 데이터에 대해 삼층 구조를 이용하여 다중 분류기를 구현하라. 목적함수는 평균 제곱 오차로 정의하고, 모든 은닉층의 활성화 함수는 로지스틱 함수로 적용하며, 출력층의 활성화 함수는 소프트맥스로 적용한다. 은닉층의 노드 수는 $(L_1, L_2) = (40, 20)$으로 설정하고, 최대 에포크는 100으로 고정하며 학습률은 1로 정한다. 초기 편향과 가중치는 $[-1, 1]$ 범위에서 균등분포하는 난수로 생성한다. 기울기는 bXW-형식의 행렬 표현법을 사용하여 계산하고, 크기가 100인 미니배치 데이터셋으로 구성하며 미니배치 경사하강법을 적용한다. 평균 제곱 오차와 정확도를 10 에포크마다 출력하라.

```
import numpy as np
from sklearn.datasets import fetch_openml

mnist = fetch_openml('mnist_784', as_frame=False, parser='auto')
xx = mnist.data/255.0
labels = mnist.target.astype(int)
```

SECTION

26 적응성 방법

적응성 방법 adaptive method은 최적화 과정에서 단계 크기 또는 하이퍼파라미터를 동적으로 조정하여 수렴 성능을 향상시키는 알고리즘이다. 여기서 하이퍼파라미터 hyperparameters는 최적화 과정과 성능에 영향을 미치는 변수들로, 알고리즘 외부에서 설정되는 값이다. 하이퍼파라미터의 예로 인공신경망의 학습률, 배치 크기, 최대에포크, 활성화 함수, 신경망 구조 등이 있다. 이 책에서는 전통적인 적응성 방법인 모멘텀과 네스테로프 모멘텀을 시작으로 인공신경망의 주요 적응성 방법인 AdaGrad, RMSprop, Adam을 소개한다.

인공신경망을 이용한 분류문제는 적당한 벡터공간 $\boldsymbol{V}$에서 정의한 목적함수 $E(\mathcal{W})$의 최소점 또는 극소점을 구하는 문제로 이해할 수 있다. 다만 벡터공간 $\boldsymbol{V}$의 차원이 크고 주어진 목적함수가 복잡하므로 직접적으로 해를 구하는 대신 반복법을 적용하여 근사해를 구한다. 일반적으로 반복법은 적절한 초기 추정 $\mathcal{W}^{(0)}$와 학습률 α, 탐색방향 $\Delta\mathcal{W}^{(n)}$을 이용하여 주어진 문제의 해를 근사적으로 찾아가는 과정이고, 다음을 반복하여 수행한다.

$$\begin{aligned}&\text{Given } \mathcal{W}^{(0)} \in \boldsymbol{V},\\ &\mathcal{W}^{(n+1)} = \mathcal{W}^{(n)} + \alpha\Delta\mathcal{W}^{(n)}, \quad \text{for } n = 0, 1, 2, \cdots\end{aligned}$$

여기서 탐색방향 $\Delta\mathcal{W}^{(n)}$을 기울기의 음수 방향 $-\nabla E(\mathcal{W}^{(n)})$으로 정한 식이 경사하강법이다. 25절에서는 주어진 목적함수에 대한 기울기를 무작위로 데이터를 추출하여 계산하는 방법인 25절의 식 (25.2)로 확률경사하강법을 소개했다. 이는 기존 경사하강법인 25절의 식 (25.1)과 비교하면 반복법의 탐색방향에 변형을 주었다고 이해할 수 있다.

최적화 문제는 인공신경망 문제를 비롯해 다양한 분야에서 활용되고 있으며, 수치 최적화 방법이 다양하게 존재한다. 기존 경사하강법은 잘못된 안장점에 접근하면 탈출하기 어렵고 학습이 느리다는 단점이 있다. 또 학습 과정에서 진동이 발생하거나 원치 않는 극소점에 빠질 위험이 있다. 이를 해결하기 위해 전통적인 수치 최적화 방법 중 하나인 모멘텀 momentum 방법을 사용할 수 있다. 모멘텀 방법은 이전 진행 방향의 정보를 기반으로 다음 탐색 방향을 설정하는데, 진행 방향을 유지하면서 현재 기울기를 이용하여 방향을 바꾸는 방법이다. 모멘텀 방법은 다음과 같이 나타낼 수 있다.

$$
\begin{aligned}
&\text{Given } \mathcal{W}^{(0)} \in \boldsymbol{V}, \quad \mathcal{V}^{(0)} = 0 \\
&\mathcal{V}^{(n+1)} = \epsilon \mathcal{V}^{(n)} - \alpha \nabla E(\mathcal{W}^{(n)}) \\
&\mathcal{W}^{(n+1)} = \mathcal{W}^{(n)} + \mathcal{V}^{(n+1)}, \quad \text{for } n = 0, 1, 2, \cdots
\end{aligned}
$$

즉 현재 기울기와 이전 진행 방향의 가중 평균을 사용하여 일정 비율만큼 이동한다. 여기서 ϵ을 모멘텀 상수라고 하며 0과 1사이의 값으로 설정하는데, 보통 0.9 정도를 많이 사용한다. 모멘텀 방법은 기울기 변화량에 관성을 부여하므로 목적함수가 빠르게 최적값에 수렴할 수 있다.

실습예제 26-1

이변수함수 $f(x,y) = 3(x-6)^2 + (y-5)^2$ 의 최적화 문제를 위한 경사하강법을 구현하라. 적응성 방법으로 모멘텀 방법을 적용하라. 주어진 정의역은 $\mathbb{R}^2$ 이고 초기 추정은 $(x^{(0)}, y^{(0)}) = (1,1)$이라 한다. 모멘텀 방법의 파라미터는 $\epsilon = 0.9$를 사용한다. 여기서 단계 크기는 $\alpha = 0.01$을 적용하고 50회 반복한 결과를 그림으로 출력하라.

문제 해석

목적함수인 이변수함수의 기울기를 구하고 모멘텀 방법이 적용된 경사하강법을 구현할 수 있다.

모범 답안

```
import numpy as np
import matplotlib.pyplot as plt

ff = lambda x, y: 3*(x-6)**2 + (y-5)**2
fx = lambda x, y: 6*(x-6)
fy = lambda x, y: 2*(y-5)

ox, oy = 1.0, 1.0
MaxIter = 50
alpha = 0.01
eps = 0.9

vx, vy = 0.0, 0.0
xp, yp = np.zeros(MaxIter+1), np.zeros(MaxIter+1)
xp[0], yp[0] = ox, oy
for n in range(MaxIter):
    gradx, grady = fx(ox,oy), fy(ox,oy)
    vx, vy = eps*vx-alpha*gradx, eps*vy-alpha*grady
    nx, ny = ox+vx, oy+vy
    ox, oy = nx, ny

    xp[n+1], yp[n+1] = ox, oy

```

```
xx, yy = np.meshgrid(np.linspace(0,10), np.linspace(0,10))
fig = plt.figure()
ax = plt.axes()
ax.contour(xx, yy, ff(xx,yy), 20, cmap='jet')
ax.set_aspect('equal')
plt.plot(6, 5, 'rs')
plt.plot(xp, yp, 'ko--')
plt.show()
```

실행 결과

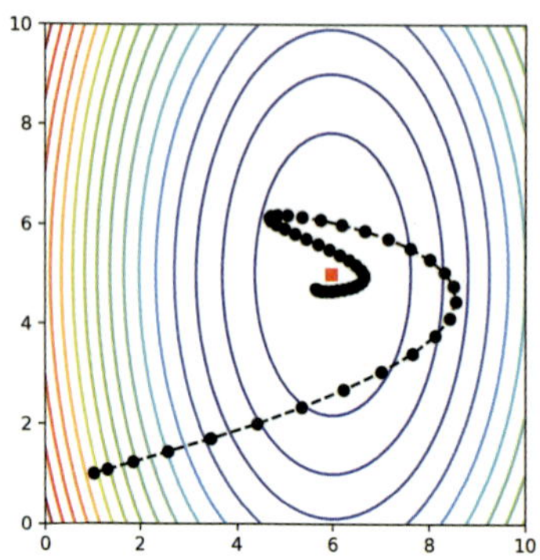

모멘텀 방법은 학습 속도가 빠르지만 관성에 의해 극소점을 찾지 못할 수 있다는 약점이 있어, 이를 보완하고 성능을 향상시키는 **네스테로프 모멘텀** Nesterov momentum 방법도 널리 사용한다. 모멘텀 방법에서는 현재 위치의 기울기를 사용하여 모멘텀 방향으로 이동하고도 현재 위치의 기울기를 사용하여 나아간다. 이에 비해 네스테로프 모멘텀 방법에서는 현재 위치에서 모멘텀 방향으로 일정 비율만큼 이동한 후, 이동한 위치의 기울기를 계산하여 다음 위치를 추정한다. 이때 이동한 위치에서 기울기는 다음과 같이 계산하며, 모멘텀 방법보다 조금 더 정확한 근삿값을 얻는다.

$$\begin{aligned}
&\text{Given } \mathcal{W}^{(0)} \in \boldsymbol{V}, \quad \mathcal{V}^{(0)} = 0 \\
&\mathcal{V}^{(n+1)} = \epsilon \mathcal{V}^{(n)} - \alpha \nabla E(\mathcal{W}^{(n)} + \epsilon \mathcal{V}^{(n)}) \\
&\mathcal{W}^{(n+1)} = \mathcal{W}^{(n)} + \mathcal{V}^{(n+1)}, \qquad \text{for } n = 0, 1, 2, \cdots
\end{aligned}$$

9절 [실습예제 9-1]에서 경사하강법을 모멘텀 방법으로 바꾸면 [실습예제 26-1]과 같다. 실행 결과만 보면 경사하강법이 최소점에 더 빨리 도달한 것처럼 보이지만, 단계 크기가 $\alpha = 0.25$와 $\alpha = 0.01$로 다름을 참고하라. 단계 크기를 $\alpha = 0.01$로 통일하고 경사하강법, 모멘텀 방법, 네스테로프 모멘텀 방법을 각각 적용하면 [그림 26-1]과 같은 결과를 얻는다. 여기서 [그림 26-1(c)]는 [연습문제 1]의 결과이다. 이 그림만으로 적응성 방법 중 어떤 것이 더 우월하다고 주장할 순 없지만, 모멘텀 방법과 네스테로프 모멘텀 방법의 특징을 분명하게 확인할 수 있다.

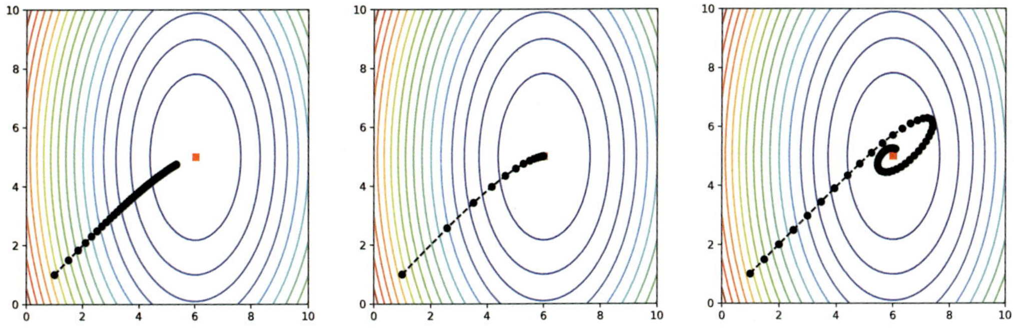

(a) 경사하강법　　(b) 모멘텀 방법　　(c) 네스테로프 모멘텀 방법

그림 26-1 모멘텀 방법의 결과 비교

확률경사하강법과 모멘텀 방법은 탐색 방향 $\Delta\mathcal{W}^{(n)}$을 수정한다. 이와 달리 단계 크기를 변경할 수도 있다. 먼저 기울기가 크면 작은 단계 크기를 적용하고, 기울기가 작으면 큰 단계 크기를 적용하는 전략을 생각할 수 있다. 이러한 방법으로 Adagard, RMSProp를 차례대로 소개한다. AdaGrad Adaptive Gradient algorithm 방법은 다음과 같이 표현할 수 있다.

$$\text{Given } \mathcal{W}^{(0)} \in \boldsymbol{V}, \quad \mathcal{R}^{(0)} = 0$$

$$\mathcal{R}^{(n+1)} = \mathcal{R}^{(n)} + \nabla E(\mathcal{W}^{(n)}) \circ \nabla E(\mathcal{W}^{(n)})$$

$$\mathcal{W}^{(n+1)} = \mathcal{W}^{(n)} - \alpha \frac{1}{\delta + \sqrt{\mathcal{R}^{(n+1)}}} \circ \nabla E(\mathcal{W}^{(n)}), \quad \text{for } n = 0, 1, 2, \cdots$$

여기서 0으로 나누는 것을 방지하기 위해 충분히 작은 양수 $\delta > 0$을 사용한다. 예를 들어 $\delta = 10^{-7}$과 같은 값이다. AdaGrad 방법은 각 변수마다 단계 크기를 계산하고, 그때마다 이전 기울기의 제곱값을 누적하여 반영한다. 즉 변수마다 단계 크기가 조절된다. 예를 들어 이전 단계에서 변수가 크게 변화했다면 다음 단계에서 단계 크기가 더 작아지는 식이다. AdaGrad 방법은 움직이는 방향에 따라 단계 크기를 적응적으로 조절할 수 있으므로 비등방성 anisotropic 문제를 다룰 때 효과적이다.

AdaGrad 방법은 실질적인 단계 크기 effective step size $\alpha / (\delta + \sqrt{\mathcal{R}^{(n+1)}})$이 감소한다는 단점이 있어, 이 문제를 해결하기 위해 RMSProp Root Mean Square Propagation 방법을 사용할 수 있다. RMSProp 방법은 적당한 $0 < \rho < 1$에 대해 다음과 같은 반복법을 적용한다.

$$\text{Given } \mathcal{W}^{(0)} \in \boldsymbol{V}, \quad \mathcal{R}^{(0)} = 0$$

$$\mathcal{R}^{(n+1)} = \rho\mathcal{R}^{(n)} + (1-\rho)\nabla E(\mathcal{W}^{(n)}) \circ \nabla E(\mathcal{W}^{(n)})$$

$$\mathcal{W}^{(n+1)} = \mathcal{W}^{(n)} - \alpha \frac{1}{\delta + \sqrt{\mathcal{R}^{(n+1)}}} \circ \nabla E(\mathcal{W}^{(n)}), \quad \text{for } n = 0, 1, 2, \cdots$$

RMSProp 방법은 누적된 기울기 제곱의 지수 이동 평균exponential moving average을 사용하여 단계 크기를 조절한다. 지수 이동 평균을 적용하면 이전 기울기의 제곱값이 지나치게 커져서 실질적인 단계 크기가 너무 작아지는 문제를 완화할 수 있다. 지수적 감쇠율 ρ 값은 보통 0.9를 선택하는데, 이전 기울기 방향을 유지하면서도 새로운 기울기 방향을 일부 반영할 수 있다.

AdaGrad 방법과 RMSProp 방법 모두 단계 크기 α를 변형하여 빠르고 정확한 결과를 기대한다. [연습문제 2]와 [연습문제 3]에서 이변수함수의 최적화 문제를 직접 구현해보자.

이제 탐색 방향과 단계 크기를 모두 수정하는 Adam Adaptive moment estimation 방법을 소개한다. Adam 방법은 $0 < \rho_1, \rho_2 < 1$에 대해 다음과 같이 나타낼 수 있다.

$$
\begin{aligned}
&\text{Given } \mathcal{W}^{(0)} \in \boldsymbol{V}, \quad \mathcal{R}^{(0)} = 0, \quad \mathcal{V}^{(0)} = 0 \\
&\mathcal{V}^{(n+1)} = \rho_1 \mathcal{V}^{(n)} + (1-\rho_1)\nabla E(\mathcal{W}^{(n)}) \\
&\mathcal{R}^{(n+1)} = \rho_2 \mathcal{R}^{(n)} + (1-\rho_2)\nabla E(\mathcal{W}^{(n)}) \circ \nabla E(\mathcal{W}^{(n)}) \\
&\hat{\mathcal{V}}^{(n+1)} = \frac{1}{1-\rho_1^{n+1}} \mathcal{V}^{(n+1)} \\
&\hat{\mathcal{R}}^{(n+1)} = \frac{1}{1-\rho_2^{n+1}} \mathcal{R}^{(n+1)} \\
&\mathcal{W}^{(n+1)} = \mathcal{W}^{(n)} - \alpha \frac{1}{\delta + \sqrt{\hat{\mathcal{R}}^{(n+1)}}} \circ \hat{\mathcal{V}}^{(n+1)}, \quad \text{for } n = 0, 1, 2, \cdots
\end{aligned}
$$

여기서 $\mathcal{V}^{(n+1)}$은 기울기의 이동 평균을 의미하는 모멘텀이고, $\mathcal{R}^{(n+1)}$은 기울기 제곱의 이동 평균을 나타낸다. 일반적으로 감쇠율은 $\rho_1 = 0.9$와 $\rho_2 = 0.999$를 사용한다. $\hat{\mathcal{V}}^{(n+1)}$과 $\hat{\mathcal{R}}^{(n+1)}$은 편향성을 보정하는 값이다. 반복 초기의 평균값이 0으로 초기화되어 있으므로 편향성과 단계 크기를 조정하기 위해 적용한다.

실습예제 26-2 **도전!**

이변수함수 $f(x,y) = 3(x-6)^2 + (y-5)^2$의 최적화 문제를 위한 경사하강법을 구현하라. 적응성 방법으로 Adam 방법을 적용하라. 주어진 정의역은 $\mathbb{R}^2$이고 초기 추정은 $(x^{(0)}, y^{(0)}) = (1,1)$이라 한다. 여기서 단계 크기는 $\alpha = 0.5$를 적용하고 50회 반복한 결과를 그림으로 출력하라. Adam의 파라미터는 $\rho_1 = 0.9$, $\rho_2 = 0.99$, $\delta = 10^{-7}$을 사용한다.

[실습예제 26-2]와 같은 최적화 문제에서 AdaGrad 방법, RMSProp 방법, Adam 방법을 각각 적용하면 [그림 26-2]와 같은 결과를 얻는다. [그림 26-2]의 (b)와 (c)는 각각 [연습문제 2]와 [연습문제 3]의 결과이다. [그림 26-2]의 세 가지 방법은 모두 단계 크기를 적응적으로 변경했으므로 적당한 단계 크기가 경사하강법 및 모멘텀 방법과 다를 수 있다.

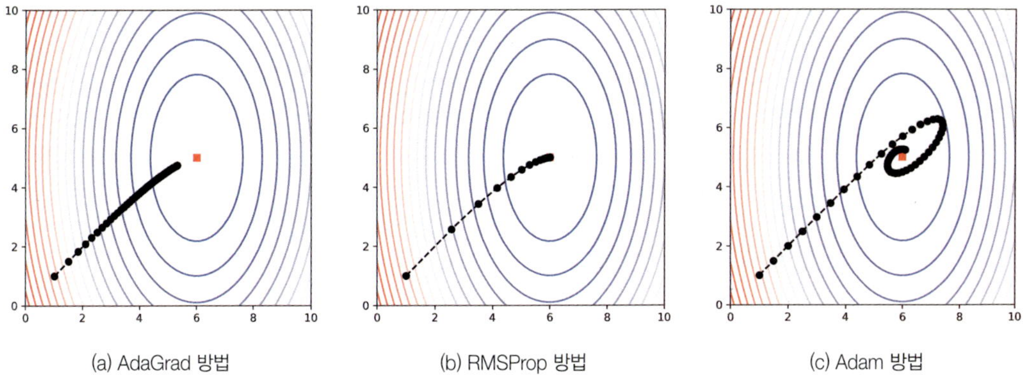

그림 26-2 적응성 단계 크기 방법의 결과 비교

> **참고**
>
> [그림 26-1]과 [그림 26-2]는 α 값이 서로 다르기 때문에 비교할 수 없다. 또한 [그림 26-1(a)]의 경사하강법에서 학습률을 $\alpha = 0.5$로 수정하면 해가 수렴하지 않고 발산한다.

각 방법에 따라 추정 위치가 어떻게 움직이는지, 또 어떤 특징이 있는지 살펴보자. [그림 26-2(a)]의 AdaGrad 방법은 [그림 26-1(a)]의 경사하강법에 비해 기울기 방향과 다르게 진행하는 경향이 뚜렷하게 보인다. AdaGrad 방법은 목적지에 가까워지면 움직임이 점점 느려지지만 [그림 26-2(b)]의 RMSProp 방법은 목적지로 성큼성큼 전진하는 차이가 있다. [그림 26-2(c)]의 Adam 방법은 RMSProp에 관성을 반영하고, 목적지를 스쳐서 지나갔다가 다시 돌아오는 모습을 보인다. 이로부터 차원이 높고 목적함수가 복잡해지면 Adam 방법이 다른 방법에 비해 유리할 수 있음을 짐작할 수 있다.

> **참고**
>
> [그림 26-2]만 보면 RMSProp 방법이 원하는 목적지에 가장 빠르고 정확하게 도달한 것처럼 보이지만, 문제와 데이터, 파라미터의 선택 등에 따라 결과가 달라질 수 있다.

지금까지 적응성 방법을 설명하기 위해 이차원 최적화 문제를 다시 다뤘다. 단계 크기와 기울기가 어떤 역할을 하는지 정확하게 이해했다면 인공신경망 문제에서도 적응성 방법을 충분히 구현할 수 있다. 이제 실습예제에서 이차원 데이터의 인공신경망 문제를 풀어보며 고차원 최적화 문제를 위한 적응성 방법을 구현해보자.

실습예제 26-3 도전!

주어진 데이터에 대해 복층 구조를 이용하여 이차원 다중 분류기를 구현하라. 목적함수는 평균 제곱 오차로 정의하고, 은닉층의 활성화 함수는 로지스틱 함수로 적용하며, 출력층의 활성화 함수는 소프트맥스로 적용한다. 은닉층의 노드 수는 7개로 설정하고, 최대에포크는 1,000으로 고정하며 학습률은 0.01로 정한다. 초기 편향과 가중치는 $[-1,1]$ 범위에서 균등분포하는 난수로 생성한다. 기울기는 bXW-형식의 행렬 표현법을 사용하여 계산하고, 적응성 방법으로 Adam 방법을 적용하라. Adam의 파라미터는 $\rho_1 = 0.9$, $\rho_2 = 0.999$, $\delta = 10^{-7}$을 사용한다. 100 에포크마다 평균 제곱 오차와 정확도를 출력하라. 출력함수와 데이터를 그림으로 표현하라.

```
import numpy as np
import matplotlib.pyplot as plt

np.random.seed(78)
N = 100
x1, x2 = 2*np.random.rand(N)-1, 2*np.random.rand(N)-1
xx = np.column_stack((x1,x2))
tf1, tf2 = x1**2+x2**2<0.5, x1+x2<0
t2 = np.logical_and(np.logical_not(tf1), tf2)
t3 = np.logical_and(np.logical_not(tf1), np.logical_not(tf2))
tt = np.float64(np.column_stack((tf1,t2,t3)))
labels = np.argmax(tt, axis=1)

fig = plt.figure()
ax = plt.axes()
ax.scatter(xx[:,0], xx[:,1], c=labels, cmap='brg')
ax.set_aspect('equal')
plt.show()
```

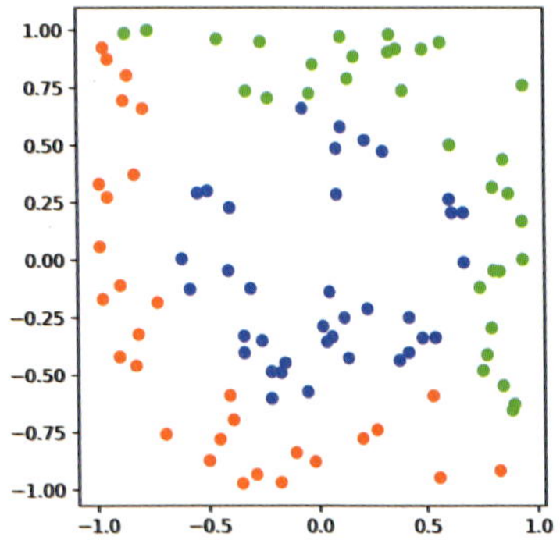

25절 [그림 25-5]는 MNIST 데이터에 대해 복층 구조의 인공신경망을 구성한 뒤 경사하강법과 확률경사하강법을 적용하여 정확도 추이를 비교한 것이다. 이번에는 같은 문제에 확률경사하강법 또는 적응성 방법을 적용하면 어떤 변화가 일어나는지 확인해보자.

[그림 26-3]은 경사하강법GDM, 미니배치 확률경사하강법MSGD, Adam 방법, MSGD-Adam 방법에 대한 정확도를 나타낸다. 각 방법이 적용된 문제를 정리하면 다음과 같다.

- **GDM 방법** : 24절 [연습문제 2]
- **MSGD 방법** : 25절 [연습문제 2]
- **Adam 방법** : 26절 [연습문제 5]
- **MSGD-Adam 방법** : 26절 [연습문제 6]

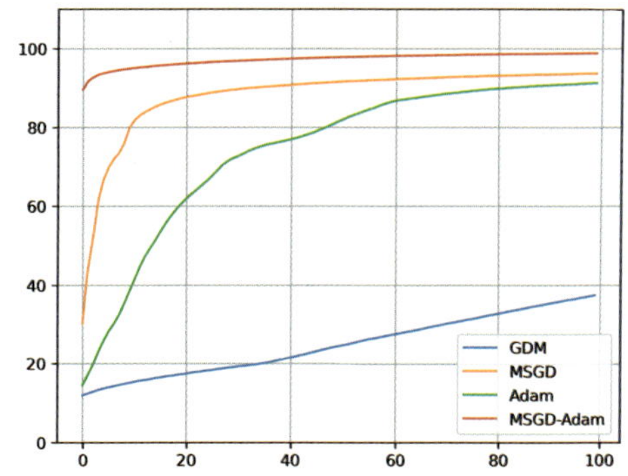

그림 26-3 MNIST 데이터의 학습 전략에 따른 정확도 출력 비교

100 에포크를 기준으로 정확도가 각각 37.4%, 93.7%, 91.3%, 98.7%에 도달했다. Adam이 MSGD 못지 않게 성능이 잘 개선되며, MSGD와 Adam 방법을 모두 적용한 MSGD-Adam의 속도가 가장 탁월하다.

지금까지 학습한 인공신경망에는 학습에 영향을 미치는 요소가 다양하게 존재한다. 학습 성능은 문제에 따라 달라질 수도 있지만 일반적으로 은닉층과 그 노드의 개수, 목적함수 선택, 활성화 함수 선택, 미니배치 크기, 학습률 크기 등에 영향을 받는다. 학습 성능에 영향을 미치는 요소가 다양하고 문제마다 그 영향이 다를 수 있으므로, 실험과 검증을 통해 최적의 구조를 찾아가는 과정이 필요하다. 예를 들어 [연습문제 7]은 25절 [연습문제 2]에서 은닉층의 노드 개수를 50으로 늘리고 Adam 방법을 적용하고, 목적함수를 교차 엔트로피 오차로 수정했다. [그림 26-4]는 [연습문제 7]의 정확도 결과를 출력한 것이다. 정확도가 10 에포크만에 98%를 넘고, 70 에포크에 100%까지 도달함을 확인할 수 있다. 즉 100 에포크까지 학습하는 데 70초가 걸리고 목표 학습률이 98%라면 10초 이내로 주파할 수 있다는 뜻이다.

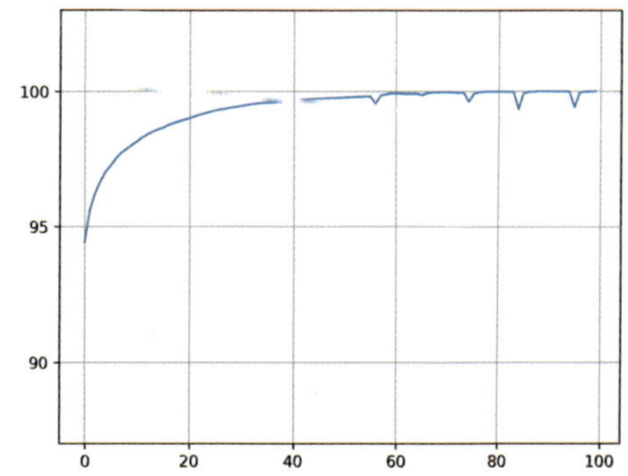

그림 26-4 MNIST 데이터를 위한 학습 정확도 출력

참고

정확도 100%는 인공신경망 모델과 학습 방법이 완벽함을 의미하지 않는다. 이 책에서 다루지 않았지만 학습 모델을 검증하려면 다른 전략이 필요하다.

SECTION 26 연습문제

1 이변수함수 $f(x,y)=3(x-6)^2+(y-5)^2$의 최적화 문제를 위한 경사하강법을 구현하라. 적응성 방법으로 네스테로프 모멘텀 방법을 적용하라. 이때 주어진 정의역은 $\mathbb{R}^2$이고 초기 추정은 $\left(x^{(0)},y^{(0)}\right)=(1,1)$이라 한다. 네스테로프 모멘텀의 파라미터는 $\epsilon=0.9$를 사용한다. 여기서 단계 크기는 $\alpha=0.01$을 적용하고 50회 반복한 결과를 그림으로 출력하라.

2 이변수함수 $f(x,y)=3(x-6)^2+(y-5)^2$의 최적화 문제를 위한 경사하강법을 구현하라. 적응성 방법으로 AdaGrad 방법을 적용하라. 이때 주어진 정의역은 $\mathbb{R}^2$이고 초기 추정은 $\left(x^{(0)},y^{(0)}\right)=(1,1)$이라 한다. AdaGrad의 파라미터는 $\delta=10^{-7}$을 사용한다. 여기서 단계 크기는 $\alpha=0.5$를 적용하고 50회 반복한 결과를 그림으로 출력하라.

3 이변수함수 $f(x,y)=3(x-6)^2+(y-5)^2$의 최적화 문제를 위한 경사하강법을 구현하라. 적응성 방법으로 RMSProp 방법을 적용하라. 이때 주어진 정의역은 $\mathbb{R}^2$이고 초기 추정은 $\left(x^{(0)},y^{(0)}\right)=(1,1)$이라 한다. RMSProp의 파라미터는 $\rho=0.9$, $\delta=10^{-7}$을 사용한다. 단계 크기는 $\alpha=0.5$를 적용하고 50회 반복한 결과를 그림으로 출력하라.

4 주어진 데이터에 대해 복층 구조를 이용하여 이차원 다중 분류기를 구현하라. 목적함수는 평균 제곱 오차로 정의하고, 은닉층의 활성화 함수는 로지스틱 함수로 적용한다. 출력층의 활성화 함수는 소프트맥스로 적용한다. 은닉층의 노드 수는 7개로 설정하고, 최대에포크는 1,000으로 고정하며 학습률은 0.01로 정한다. 초기 편향과 가중치는 $[-1,1]$ 범위에서 균등분포하는 난수로 생성한다. 기울기는 bXW-형식의 행렬 표현법을 사용하여 계산하고, 미니배치 방법과 Adam 방법을 동시에 적용하라. 크기가 25인 미니배치 데이터셋을 정의한다. Adam의 파라미터는 $\rho_1=0.9$, $\rho_2=0.999$, $\delta=10^{-7}$을 사용한다. 100 에포크마다 평균 제곱 오차와 정확도를 출력하라. 출력함수와 데이터를 그림으로 표현하라.

```
import numpy as np
import matplotlib.pyplot as plt

np.random.seed(78)
N = 100
x1, x2 = 2*np.random.rand(N)-1, 2*np.random.rand(N)-1
xx = np.column_stack((x1,x2))
tf1, tf2 = x1**2+x2**2<0.5, x1+x2<0
t2 = np.logical_and(np.logical_not(tf1), tf2)
t3 = np.logical_and(np.logical_not(tf1), np.logical_not(tf2))
tt = np.float64(np.column_stack((tf1,t2,t3)))
labels = np.argmax(tt, axis=1)

```

```python
fig = plt.figure()
ax = plt.axes()
ax.scatter(xx[:,0], xx[:,1], c=labels, cmap='brg')
ax.set_aspect('equal')
plt.show()
```

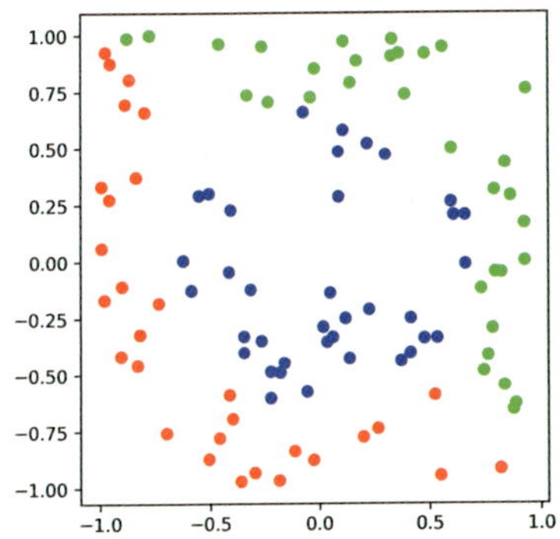

5 MNIST 데이터에 대해 복층 구조를 이용하여 다중 분류기를 구현하라. 목적함수는 평균 제곱 오차로 정의하고, 은닉층의 활성화 함수는 로지스틱 함수로 적용한다. 출력층의 활성화 함수는 소프트맥스로 적용한다. 은닉층의 노드 수는 30개로 설정하고, 최대에포크는 100으로 고정하며 학습률은 0.01로 정한다. 초기 편향과 가중치는 $[-1,1]$ 범위에서 균등분포하는 난수로 생성한다. 기울기는 bXW-형식의 행렬 표현법을 사용하여 계산하고, 적응성 방법으로 Adam 방법을 적용하라. Adam의 파라미터는 $\rho_1 = 0.9$, $\rho_2 = 0.999$, $\delta = 10^{-7}$을 사용한다. 10 에포크마다 평균 제곱 오차와 정확도를 출력하라.

```python
import numpy as np
from sklearn.datasets import fetch_openml

mnist = fetch_openml('mnist_784', as_frame=False, parser='auto')
xx = mnist.data/255.0
labels = mnist.target.astype(int)
```

6 MNIST 데이터에 대해 복층 구조를 이용하여 다중 분류기를 구현하라. 목적함수는 평균 제곱 오차로 정의하고, 은닉층의 활성화 함수는 로지스틱 함수로 적용한다. 출력층의 활성화 함수는 소프트맥스로 적용한다. 은닉층의 노드 수는 30개로 설정하고, 최대에포크는 100으로 고정하며 학습률은 0.01로 정한다. 초기 편향과 가중치는 $[-1,1]$ 범위에서 균등분포하는 난수로 생성한다. 기울기는 bXW-형식의 행렬 표현법을 사용하여 계산하고, 미니배치 방법과 Adam 방법을 동시에 적용하라. 크기가 1,000인 미니배치 데이터셋을 정의한다. Adam의 파라미터

는 $\rho_1 = 0.9$, $\rho_2 = 0.999$, $\delta = 10^{-7}$을 사용한다. 10 에포크마다 평균 제곱 오차와 정확도를 출력하라.

```
import numpy as np
from sklearn.datasets import fetch_openml

mnist = fetch_openml('mnist_784', as_frame=False, parser='auto')
xx = mnist.data/255.0
labels = mnist.target.astype(int)
```

7 MNIST 데이터에 대해 복층 구조를 이용하여 다중 분류기를 구현하라. 목적함수는 교차 엔트로피 오차로 정의하고, 은닉층의 활성화 함수는 로지스틱 함수로 적용한다. 출력층의 활성화 함수는 소프트맥스로 적용한다. 은닉층의 노드 수는 50개로 설정하고, 최대에포크는 100으로 고정하며 학습률은 0.01로 정한다. 초기 편향과 가중치는 $[-1, 1]$ 범위에서 균등분포하는 난수로 생성한다. 기울기는 bXW-형식의 행렬 표현법을 사용하여 계산하고, 미니배치 방법과 Adam 방법을 동시에 적용하라. 크기가 100인 미니배치 데이터셋을 정의한다. Adam의 파라미터는 $\rho_1 = 0.9$, $\rho_2 = 0.999$, $\delta = 10^{-7}$을 사용한다. 10 에포크마다 교차 엔트로피 오차와 정확도를 출력하라.

```
import numpy as np
from sklearn.datasets import fetch_openml

mnist = fetch_openml('mnist_784', as_frame=False, parser='auto')
xx = mnist.data/255.0
labels = mnist.target.astype(int)
```

마치며

이미 알고 있겠지만 이 책은 인공지능의 아주 작은 일부만 다룬다. 이 책의 목표는 데이터 분석이 아니라 인공신경망의 각 요소와 인공신경망의 학습을 수학 관점에서 이해하고 프로그래밍으로 구현하는 데 있다. 앞으로 데이터 분석을 다루거나 새로운 인공지능 모델을 개발할 수도 있고, 인공신경망을 구성하는 다양한 수학 이론을 연구할 수도 있을 것이다. 여기까지 도달한 여러분에게 깊은 감사를 표한다. 이 다음 과정이 무엇이든 항상 학습의 즐거움이 함께하길 바란다.

찾아보기

찾아보기

찾아보기

찾아보기